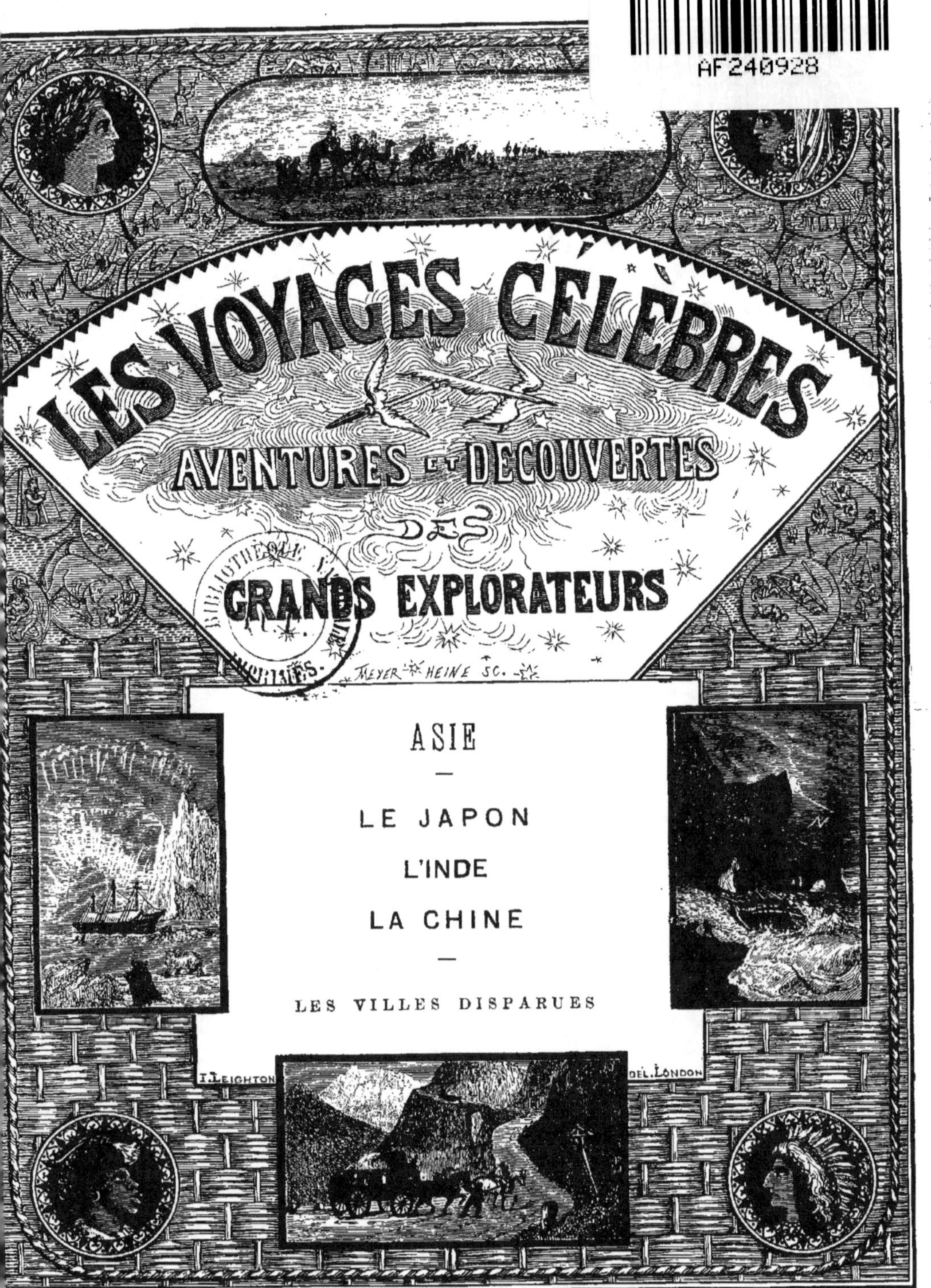

Bureau de vente, 16, rue du Croissant

LES
VOYAGES CÉLÈBRES

LE JAPON

Le Japon. — Vue de Yokohama.

CHAPITRE PREMIER

LE JAPON ET SES HABITANTS

L'archipel japonais. — Le Japon dans l'antiquité. — Le voyageur Marco Polo. — Découverte du Japon par Mendez Pinto. — Liberté des transactions à cette époque. — Les Portugais au Japon. — Leur prospérité, leur décadence. — Conduite imprudente des Jésuites. — Ce qui en résulte.

— Arrivée des Espagnols et des Hollandais. — Ces derniers réussissent à se fixer dans le pays. — Leurs factoreries à Firato et à Detsima. — Conditions qui leur sont imposées. — Grande méfiance des Japonais. — Tentative d'envahissement des Anglais. — Échec des Russes. — Les projets de Colbert sur le Japon. — L'empire japonais se départit de sa réserve. — Ses relations avec les grandes puissances occidentales. — Les traités. — Ambassade japonaise en Europe. — Mauvais vouloir des dignitaires japonais pour les étrangers. — Commencement d'hostilités. — Retour à la politique pacifique. — État actuel du Japon. — Son aspect. — Ses habitants, leur origine. — L'histoire et la légende. — L'empereur Sikouo et le médecin Siou-Fou. — Caractère des Japonais.

Le Japon est, de tous les pays d'Orient, le mieux fait assurément pour exciter tout à la fois l'intérêt et la curiosité. Son histoire et ses traditions remontent à la plus haute antiquité; son organisation sociale, sa civilisation, son langage, paraissent antérieurs à la constitution des sociétés les plus anciennes et des nations les plus policées; sa population est considérable. Et cependant ce peuple, qui a tant vécu, est le moins connu de tous les peuples.

Il y a quelques années seulement, l'Europe ne savait rien, en effet, ou presque rien du Japon; aujourd'hui encore, bien que le contact entre l'Occident et l'extrême Orient se soit établi peu à peu par les relations commerciales et les négociations diplomatiques, ce pays demeure pour nous aussi mystérieux qu'original.

On peut tenir pour certain que les peuples de l'antiquité ont ignoré l'existence du Japon. Ptolémée, le plus complet de tous les géographes anciens, n'en fait pas mention; il dit, au contraire, qu'au delà des pays habités par les Seres et les Sinœ, pays qui correspondent, d'après les indications qu'il donne, à la Chine actuelle, s'étendent des terres inconnues. Il croyait donc que le continent asiatique se prolongeait plus loin que la Chine. Ce fait, à lui seul, prouve suffisamment qu'il n'avait aucune notion des îles découvertes depuis par delà les frontières du Céleste-Empire.

Le Vénitien Marco Polo est le premier voyageur qui nous ait révélé l'existence du Japon. Dans la notice qu'il consacre à ce pays, il l'appelle Zipangu. Ce nom n'est qu'une variante de celui de Nipon, sous lequel les Japonais désignent toute leur contrée, tandis que nous autres Européens n'appelons ainsi que la principale d'entre les nombreuses îles dont elle se compose.

Le voyageur vénitien avoue n'avoir pas visité Zipangu ou la grande île de l'Orient; mais il n'en a pas moins rapporté plusieurs particularités dont les plus récentes relations confirment l'exactitude. Tel est ce qu'il raconte du commerce qui se faisait alors entre les habitants du Japon et ceux du Mangi, pays dans lequel il comprend sans doute le Tonquin; puis encore ce qu'il dit des grandes richesses de leurs mers et de leur sol, abondants surtout en or et en perles; de la forme du gouvernement, de la couleur, de la stature, de la religion des indigènes, et de la quantité d'îles secondaires environnant celle de Zipangu.

Ce qui plaide plus fortement encore en

faveur de la véracité de Marco Polo, c'est le récit assez circonstancié qu'il fait d'un événement important, resté célèbre dans le souvenir des deux grands peuples de l'extrême Orient. Cet événement est l'expédition de la flotte tartaro-chinoise de l'empereur Cublaï contre le Japon, qui eut lieu en 1281 de notre ère, comme on le sait aujourd'hui par les annales du Japon et de la Chine. Or le séjour de Marco Polo en Asie ayant duré de 1275 à 1295, il n'a donc pu en avoir connaissance, à l'époque même où il s'accomplissait, que par sa présence dans l'Empire chinois.

« Zipangu, dit le voyageur, est une île située à l'est (de la Chine) en pleine mer. Elle est très-grande. Les habitants sont blancs et ont de belles manières. C'est une superbe race, idolâtre et indépendante de toute autre nation. On trouve dans cette île de l'or en abondance. Cela tient à ce qu'aucun des habitants n'en sort jamais, et à ce que jamais non plus il n'y va de marchands de la terre ferme. Aussi possèdent-ils plus d'or que je ne pourrais dire et que l'on ne pourrait croire. Le palais du seigneur de cette île est extrêmement grand. Il est tout couvert d'or comme le sont de plomb nos maisons et nos églises.

« Les idoles de l'île de Zipangu, de celles qui l'avoisinent, et les figures des dieux du Cathay (la Chine), sont toutes faites de la même manière. Quelques-unes ont des têtes de bœufs, plusieurs de porcs ou d'autres animaux. Il y en a qui se distinguent par une tête à quatre visages. On en voit ayant quatre mains, dix, ou même cent, et ainsi des autres parties du corps. Plus ces monstrueuses figures ont de membres, plus sont grandes la dévotion qu'on leur porte et l'idée qu'on se fait de leur puissance. Les actions de ces idoles sont fort diverses ; c'est une complication de diableries qu'il me serait impossible de décrire... [1] »

Ces détails sur la religion des Japonais sont exacts aujourd'hui encore.

Le Japon formait, depuis plus de deux mille ans déjà, un puissant empire, lorsque le hasard en amena la découverte par des Portugais. Plusieurs navigateurs de cette nation se sont longtemps disputé ce titre de gloire, et chacun a eu ses partisans. Les historiens sont partagés sur cette question et sont même en désaccord à l'égard des dates ; les uns reculent la découverte jusqu'à l'année 1535, les autres en 1543, certains en 1548, et quelques-uns la rapprochent encore davantage de notre temps.

Mendez Pinto est, cependant, de tous les voyageurs de l'époque, celui en faveur duquel militent les plus fortes raisons et c'est à lui qu'on attribue généralement l'honneur d'avoir foulé le premier le sol japonais et d'avoir mis ce pays en communication avec l'Europe. Sa relation, remplie d'exagérations, d'ailleurs faciles à reconnaître, nous a été conservée ; elle renferme un grand nombre de détails confirmés par le témoignage des annales japonaises.

Le voyageur raconte que s'étant embarqué avec plusieurs de ses compatriotes pour revenir de Chine à Malacca, il

[1] Fraissinet. *Le Japon* (Tome I, chap. II.)

fut assailli par une tempête qui le jeta sur une terre inconnue. « Nous allâmes surgir, dit-il, droit en face d'un rivage et nous vîmes au même instant se détacher de terre deux petites almédias, dans lesquelles il y avait six hommes. Après avoir atteint notre bord et nous avoir fait des compliments à leur mode, ils nous demandèrent d'où venait notre jonque. Sur notre réponse qu'elle arrivait de Chine avec ses marchandises, et que nous avions l'intention de faire quelque commerce en ce lieu, si l'on nous en donnait la permission, il fut répondu que le Nautaquin, ou seigneur de l'île de Tanixumaa, où nous étions, le souffrirait très-volontiers pourvu qu'on acquittât les droits qu'il était d'usage de payer au Japon. Car, poursuivit notre interlocuteur, c'est ainsi que s'appelle ce grand pays que vous voyez là devant vous. »

Mendez Pinto et ses compagnons restèrent pendant plusieurs mois au Japon, et furent traités par les différents princes qu'ils visitèrent avec la plus grande bienveillance. Leurs mousquets émerveillèrent surtout les Japonais, et, d'après les annales du pays, il n'est pas douteux que ceux-ci doivent la connaissance des armes à feu à Mendez Pinto et à ses compagnons.

Aussitôt après la découverte du Japon, les Portugais envoyèrent tous les ans, soit un de leurs propres navires, soit une jonque chinoise, dans les mers japonaises; et comme à cette époque toute terre nouvelle semblait la conquête légitime de l'Eglise, les missionnaires accoururent.

En 1549, un Japonais de haut rang, qui s'était réfugié à Goa sous le poids d'une accusation capitale, et dont le baptême avait été considéré comme le premier acte de l'Eglise chrétienne au Japon, fit entrevoir aux marchands de la capitale des Indes portugaises les grands profits qu'ils pouvaient faire dans son pays. Cette perspective d'une part, et de l'autre, l'intérêt de leurs protégés les Pères jésuites, engagèrent les Portugais à fonder dans l'empire japonais, un établissement qui, entre leurs mains, devait nécessairement prendre la forme d'un comptoir.

L'entrée du pays était entièrement libre à cette époque. On était admis dans tous les ports, et les princes gouverneurs des différentes provinces, qui n'étaient pas autant assujettis à l'empereur qu'ils le sont aujourd'hui, se montraient fort hospitaliers envers les étrangers. Les Japonais, de leur côté, pouvaient voyager sans contrainte dans leur propre pays et à l'étranger, que ce fût dans un but d'instruction, d'agrément ou de commerce. Il y avait même parmi les princes une véritable émulation qui portait chacun d'eux, dans l'intérêt de ses sujets, à faire tous ses efforts pour que les nouveaux visiteurs du Japon descendissent dans ses ports plutôt que dans ceux de ses voisins.

Les indigènes, curieux de leur naturel, se disputaient les productions européennes et n'en connaissait pas la valeur réelle, les payaient le prix qu'on leur demandait. Il était d'autant plus facile aux Portugais de mettre leur commerce au Japon sur un pied florissant, que la ville de Macao. qu'ils occupaient en Chine, pouvait leur servir d'escale et d'entrepôt. En échange de leurs soieries, de leurs fines étoffes de tout genre, des médicaments et des curiosités de l'art et de la nature qu'ils apportaient, ils n'avaient pas de peine à s'emparer de trésors immenses.

Quant aux missionnaires, ils s'accréditaient par leur modestie exemplaire, par l'admiration qu'inspiraient leurs vertus, par l'assistance désintéressée qu'ils prêtaient aux pauvres et aux malades, par la splendeur même et la majesté des cérémonies de leur culte, auxquelles les indigènes prenaient le plus grand plaisir et gagnaient ainsi tous les cœurs à la doctrine de l'Évangile.

Comme si ce n'était pas assez de tant de circonstances favorables, les deux nations, formées à peu près sous le même climat, se rapprochaient par une certaine ressemblance dans le tour de l'esprit et dans les inclinations qui établissaient entre elles une grande sympathie. Leur caractère commun se distinguait par une extrême affabilité et par une gravité qui avait autant de noblesse que d'agrément. Il n'est donc pas surprenant que les Portugais, dès l'arrivée de leur première colonie au Japon, y soient montés en peu de temps au sommet de la prospérité.

Mais au premier enivrement pour les Portugais, succédèrent bientôt chez les indigènes des mécontentements assez vifs. Vers la fin du seizième siècle, l'orgueil de ces nouveaux venus, leur avarice, les extorsions dont un grand nombre d'entre eux se rendirent coupables, finirent par faire redouter toute la nation.

Les jésuites eux-mêmes, oubliant le sublime exemple de saint François-Xavier et des premiers missionnaires leurs prédécesseurs, étalèrent un grand faste, et, non contents d'être traités comme les plus grands personnages de l'empire, élevèrent les plus orgueilleuses prétentions.

Un jour l'un d'eux, parti pauvre prêtre, et qu'une bulle de Rome avait fait d'un coup évêque d'une ville japonaise, rencontrant sur la grande route un de ces conseillers d'État de l'empereur du Japon qui ont rang de ministre, refusa de faire arrêter sa chaise et de mettre pied à terre, comme l'exige la coutume du pays. Le trop fier prélat, sans se soucier des invitations qui lui furent faites, sans même donner à un aussi haut dignitaire le moindre signe de civilité, ordonna d'un air hautain à ses porteurs d'avancer et de passer outre. Et, comme pour rendre son dédain plus marqué encore, il voulut que son équipage passât tout auprès de celui du seigneur japonais.

Ce dernier conserva de cet affront le plus vif ressentiment, et le portrait qu'il fit à son souverain de l'insolence et de la vanité des étrangers devint la première cause de leur disgrâce. Les prétentions impudentes et ouvertement manifestées des jésuites, le zèle outré des néophytes japonais, lesquels lançaient à leurs compatriotes, restés païens, des malédictions et des menaces mystiques dont ceux-ci comprenaient mal l'inanité et s'alarmaient profondément ; leur audace contre les bonzes, dont ils renversaient les temples et les idoles ; tout cela fit réfléchir un monarque d'autant plus jaloux de son pouvoir, d'autant plus porté à concevoir de l'ombrage, qu'usurpateur de l'autorité suprême, et environné d'ennemis secrets, il avait à redouter, beaucoup plus qu'un prince légitime, tout ce qui pouvait jeter dans le pays le trouble et la confusion, ou provoquer des mouvements populaires.

Les bonzes irrités exploitèrent habilement ces appréhensions. L'aristocratie, alarmée par les empiétements des Européens, leur vint en aide. Le sentiment national conspira pour eux, et lorsque ces paroles, souvent trop vraies : « La conversion n'est qu'un moyen de conquête, » furent sorties de la bouche d'un Espagnol, la persécution éclata.

Dès l'année 1597, un édit impérial défendit, sous les peines les plus sévères, l'enseignement de la doctrine des jésuites. Les gouverneurs, princes et seigneurs des provinces, furent chargés de la faire abjurer de gré ou de force à leurs sujets. Les directeurs du commerce portugais reçurent l'ordre de ne plus amener d'ecclésiastiques sur leurs vaisseaux, et il fut prescrit aux prêtres et aux religieux établis dans l'empire d'en sortir dans le plus bref délai.

Cependant la cour du Japon n'avait pas eu d'abord l'intention d'envelopper dans sa proscription tous les étrangers. Le commerce des marchands et la propagande des religieux se présentaient à l'esprit des Japonais comme des matières qui n'avaient rien de commun; aussi les Portugais obtinrent-ils l'autorisation de se fixer dans l'île de Detsima, et d'y continuer leur négoce, à la condition toutefois de ne jamais en franchir les limites.

Les choses en étaient là, quand on découvrit une conspiration contre la vie de l'empereur, dans laquelle avaient trempé plusieurs Portugais et des chrétiens indigènes. A partir de ce jour, on ne leur accorda plus ni paix ni trève, et un édit solennel de l'empereur les exila pour jamais du Japon. Avec une rare audace, ils revinrent l'année d'après leur expulsion. L'empereur, justement indigné, les fit arrêter immédiatement et commanda qu'ils eussent tous la tête tranchée. Il ne fit grâce qu'à quelques domestiques, pour qu'ils pussent porter à la nation portugaise la nouvelle de cette sanglante exécution.

« Allez, leur dit-on en les congédiant; racontez à vos compatriotes ce qui vient de se passer, et dites-leur bien que si le roi de Portugal en personne, si le Dieu des chrétiens osait mettre le pied dans les États de l'empereur, ils seraient traités comme l'ont été les maîtres que vous avez accompagnés. »

Telle fut la fin des rapports de la nation portugaise avec le Japon, en l'année 1640 [1].

Peu de temps après les Portugais, les Espagnols et les Hollandais avaient également poussé jusqu'au Japon. Les destinées de ces deux peuples furent bien différentes ; elles nous sont révélées par les notes fort curieuses d'un Japonais, contemporain de la clôture de l'empire.

L'ambassadeur espagnol avait à remplir une double mission : il devait d'abord régler quelques petits différends survenus à propos de la capture d'un bâtiment espagnol, puis solliciter et exiger, au besoin, l'expulsion de tout Européen

[1] Fraissinet, t. I, ch. xii.

n'appartenant pas à l'Espagne ; il pouvait même employer les menaces, et faire comprendre aux Japonais, qu'en cas de refus, les Espagnols n'hésiteraient pas à envoyer chez eux une armée pour y faire la guerre.

L'empereur régnant fut profondément blessé de ces prétentions absurdes ; il ordonna que le bâtiment espagnol fût immédiatement investi et brûlé avec tout son équipage. Ainsi fut fait, non toutefois sans qu'il en coûtât la vie à plus de trois mille Japonais.

Dans le premier moment, l'irritation de l'empereur avait rejailli sur les Hollandais eux-mêmes ; mais ceux-ci, avec leur calme habituel, avaient laissé passer l'orage, et l'empereur avait bientôt senti de lui-même quelle était la différence entre leurs façons d'agir et celles des Espagnols. On leur donna une petite île nommée Firato, non loin de la ville de ce nom, et la liberté de faire le commerce dans toute l'étendue du Japon leur fut accordée.

Ils étaient depuis quelques années déjà commodément établis dans leur factorerie de Firato, lorsque, à leur grande surprise, ils reçurent l'ordre subit de faire démolir leurs comptoirs et magasins. Le directeur de la factorerie, s'écartant des règles de la prudence, avait fait bâtir un superbe édifice en pierres de taille, de plus belle apparence que les maisons du pays. Sur le rapport, peut-être malveillant, qui en avait été fait à l'empereur, ce prince, dont l'esprit était encore tout rempli des attentats qu'il reprochait aux Portugais, s'était imaginé que les Hollandais, à leur tour, pouvaient

bien nourrir des projets de conquête, et que, sous prétexte de commerce, ils avaient élevé un château fort. Une enquête avait été ordonnée.

Un commissaire impérial avait examiné l'édifice et avait remarqué, sur le pignon, le millésime 1638, date de la construction. Il avait voulu savoir comment se comptaient ces sortes de dates, et il avait appris que le chiffre suspect avait son point de départ dans la naissance précisément du fondateur de cette religion au nom de laquelle les Portugais venaient d'ensanglanter l'empire. Là-dessus, nouveau rapport au souverain qui, transporté de colère, avait alors rendu le décret impitoyable dont les paisibles facteurs hollandais avaient été si justement étonnés.

Les Hollandais se soumirent sans se permettre la moindre observation ; ils savaient que, d'après les lois ordinaires du pays, toute contravention, même involontaire, aux commandements de l'empereur, est considérée comme un crime entraînant le dernier supplice. Ils s'installèrent dans l'île de Detsima, située dans le port de Nagasaki, en face de la ville.

Cette île avait été construite pour les Portugais ; peu de temps avant leur expulsion. Les fondements ont 4 mètres de hauteur ; ils sont en pierres de taille. Le niveau s'élève à 1 mètre environ au-dessus des marées hautes. La surface de cette île artificielle est de 200 mètres de longueur sur 70 de largeur.

C'est là que, jusqu'à ces dernières années, c'est-à-dire pendant plus de deux cents ans végétèrent les Hollandais. Lorsque leurs navires avaient jeté l'ancre, ce qui arrivait une fois par an, et lorsqu'ils avaient été minutieusement visités par les officiers du port, qui dressaient une liste très-exacte de toutes les marchandises, ou accordait aux équipages la liberté de descendre à terre. Ils y restaient tout le temps du séjour des navires à Nagasaki, et ce séjour durait ordinairement deux ou trois mois. Après leur départ, le directeur du comptoir hollandais demeurait dans l'île avec quelques employés.

Pour empêcher la contrebande, les autorités japonaises ne se contentaient pas de faire un inventaire de toutes les cargaisons; elles les enfermaient sous clef dans des magasins auxquels on mettait les scellés. Ce qu'il y avait de plus curieux, c'est que même les draps et les autres étoffes que les Hollandais apportaient pour leur propre usage, devaient être donnés en garde à l'ottona ou premier de la rue, jusqu'à ce qu'un tailleur japonais, à qui l'on avait fait prêter serment, en eût coupé autant qu'il en fallait à chacun d'eux pour un habillement complet.

Les Hollandais s'abstenaient avec soin de tout ce qui pouvait avoir la moindre apparence d'une propagande religieuse; mais, malgré cette réserve, on entretenait auprès d'eux un nombre si considérable de gardes et de surveillants assermentés de toute espèce, qu'il semblait que ces paisibles négociants étaient les plus grands malfaiteurs du monde. Aussi la classe ignorante des Japonais les considérait-elle comme des otages de guerre.

En 1613, les Anglais, secondés par un de leurs compatriotes nommé Williams Adams, qui faisait partie comme second de l'équipage hollandais, avaient également pu s'établir à Firato. Dans le principe, ils vécurent en bonne intelligence avec leurs voisins; mais bientôt les deux comptoirs devinrent ennemis et travaillèrent à se nuire au lieu d'exploiter pacifiquement le vaste champ qui leur était ouvert.

Cependant les deux compagnies, pénétrées du danger que renfermait cette situation, conclurent, en 1619, un traité, qui fondait en une seule la double factorerie de Firato. Ce sage arrangement ne fit pas cesser toutefois les querelles devenues personnelles aux employés, et en 1624, les Anglais, tout entiers à leurs projets sur la Chine, dont le commerce paraissait alors plus avantageux, abandonnèrent complétement le Japon.

Treize ans plus tard, ils crurent le moment venu de faire une nouvelle tentative. Leur négoce n'avait pas fait de grands progrès dans le Céleste-Empire; et, d'un autre côté, le retour de la tranquillité au Japon leur permettait d'espérer des chances plus favorables. Ils envoyèrent donc quatre navires avec mission de nouer des relations avec l'empire japonais; mais ce fut en vain, les quatre navires revinrent sans avoir obtenu le moindre résultat.

En 1673, les Anglais tentèrent encore une fois une expédition au Japon; leurs avances furent repoussées, sous prétexte qu'un de leurs rois, Charles II, était l'allié des Portugais par son mariage avec une princesse de la maison de Bragance.

Plus d'un siècle après, le navire an-

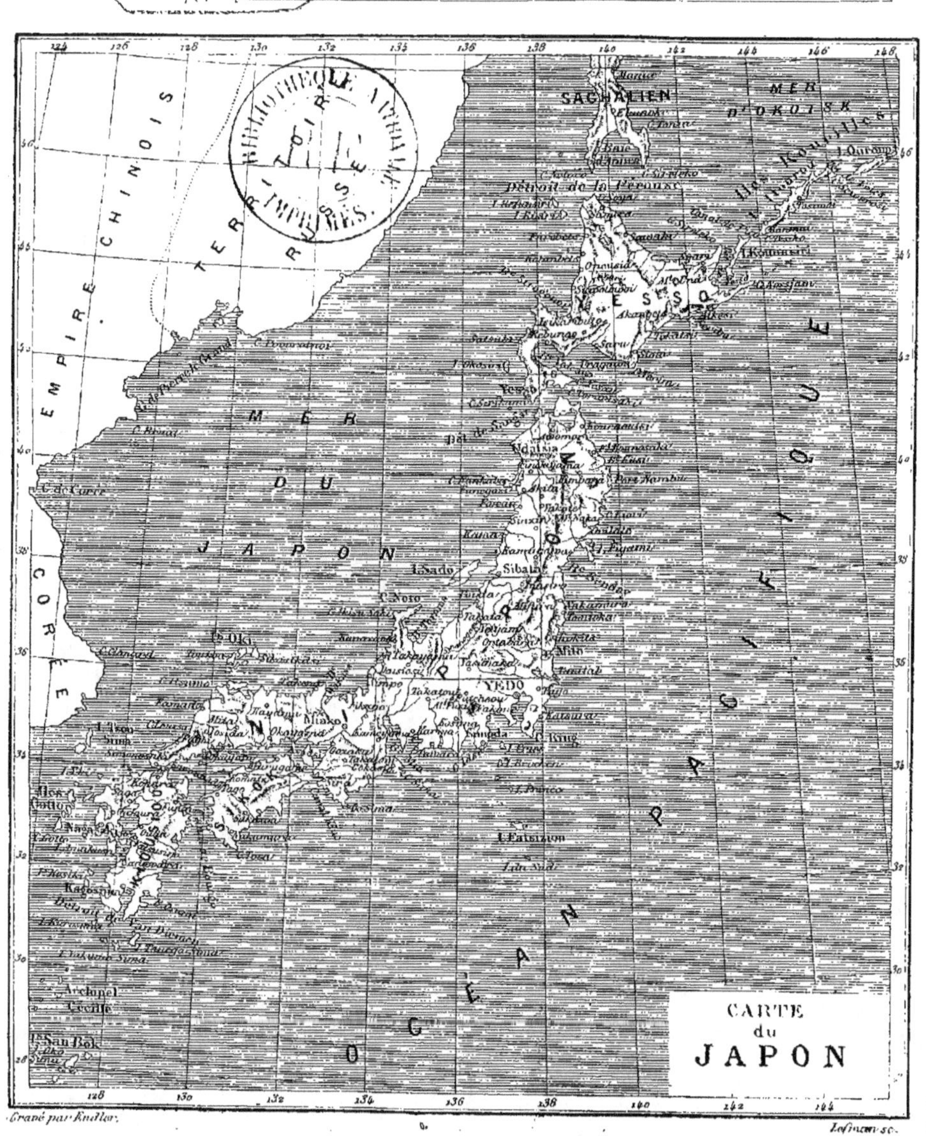

glais *l'Argonaute* ne put même entrer en communication avec la plage. L'expédition de lord Pellew contre Nagasaki, en 1808, et celle de sir Stamford Ruffles, en 1813, n'eurent pas plus de succès que l'essai pacifique de rapprochement tenté, en 1818, par le capitaine Gordon. Enfin, en 1849, le capitaine Matheson fut poliment éconduit, sans qu'on voulût entendre à aucune proposition de traité.

A la découverte du Kamstchatka, en 1696, la partie nord-ouest du Grand-Océan vit aussi flotter le pavillon moscovite. Cette nouvelle puissance ne s'était encore guère occupée que de voyages d'exploration dans les mers d'Ochotsk et du Kamstchatka, lorsque des naufragés japonais conduits à Saint-Pétersbourg, en 1732, firent songer la Russie à ce groupe d'îles si voisin de ses possessions asiatiques.

Plusieurs navigateurs reconnurent les côtes japonaises; mais la première ouverture d'alliance ne fut faite qu'en 1792. L'impératrice Catherine chargea un de ses officiers, Adam Laxmann, de ramener dans l'île de Yéso un marchand japonais, dont l'embarcation avait échoué sur les Kouriles russes. Le gouvernement japonais, sentant la faiblesse de ses possessions du Nord, fit alors concevoir à Laxmann l'espérance d'un traité commercial. Mais les propositions subséquentes de l'ambassadeur de Russie, de Resanoff, furent adroitement éludées. Cet ambassadeur se vit même traiter avec une méfiance et une sévérité offensantes par les plénipotentiaires de la cour de Yédo, et, malgré les ordres contraires de son cabinet, il fit exercer des hostilités contre plusieurs colonies japonaises.

Sur ces entrefaites, le capitaine russe Golownin, s'étant engagé dans les mers du Japon, fut pris et retenu prisonnier de 1811 à 1813. Cependant les éclaircissements donnés par la Russie sur ses intentions pacifiques, finirent par calmer les appréhensions de la cour du Japon.

Toujours en garde néanmoins contre les empiètements possibles d'un voisin si puissant qui s'agrandissait sans cesse, elle s'efforça, plus que jamais, d'éviter le contact des étrangers et de leur fermer les abords de l'empire.

Quant aux Français, ce n'est que dans ces dernières années seulement qu'ils se sont trouvés en rapport avec le Japon. Cependant Colbert, dont les vues s'étendaient à tout, avait projeté l'envoi d'une ambassade dans ce pays. Ce grand ministre avait parfaitement senti que ce qui dominait la politique étrangère des Japonais, c'était la question religieuse, et, dans ses instructions à son envoyé, se trouvait le curieux passage suivant, que nous reproduisons d'après l'historien Fraissinet :

« Sur l'article de la religion, vous direz que celle des Français est de deux sortes : l'une, la même que celle des Espagnols; l'autre, la même que celle des Hollandais; que Sa Majesté ayant appris que la religion des Espagnols était désagréable au Japon, elle a ordonné qu'on y envoyât de ses sujets qui professent la religion des Hollandais.

« On fera une objection, savoir si le roi de France dépend du pape, comme le roi d'Espagne et d'autres. Vous répondrez qu'il n'en dépend point, le roi de France ne connaissant personne au-dessus de lui, et qu'il est facile de voir la nature de la dépendance de Sa Majesté à l'égard du pape par ce qui arriva, il y a deux ans, pour un outrage fait à Rome, en la personne de l'ambassadeur de Sa Majesté (le duc de Créqui.) Car le Saint-Père ne l'ayant pas fait réparer assez tôt, Sa

Majesté envoya une armée en Italie, dont tous les princes et le chef de l'Eglise même ayant été effrayés, celui-ci lui envoya un légat chargé de supplications très-humbles et très-instantes, auxquelles Sa Majesté ayant égard, rappela ses troupes déjà campées dans les États romains [1]. »

Sans doute, on ne peut affirmer que le projet de Colbert dût réussir ; mais la direction qui était imprimée aux négociations présentait de grandes chances de succès, d'autant plus que le Japon, à cette époque, n'était pas encore affermi tout à fait dans son système d'isolement. Un événement inattendu, la mort de l'envoyé, fit abandonner l'entreprise.

Ce n'est qu'en 1847 que la marine française s'est trouvée pour la première fois en rapport avec le Japon. Le contre-amiral Cécille, croisant dans l'archipel oriental avec trois navires de guerre, voulut montrer le pavillon français à Nagasaki. Cet officier n'avait point reçu d'instructions spéciales de son gouvernement. Il ne pouvait donc négocier pour la France ; mais l'occasion lui parut bonne pour donner aux Japonais une idée de la puissance maritime de son pays, car il avait à sa disposition de plus grandes forces navales qu'aucun des officiers envoyés avant lui dans ces parages.

D'ailleurs, l'industrie française de la pêche à la baleine avait pris une grande extension dans les mers de l'Inde et dans l'Océan Pacifique. D'un moment à l'autre, un baleinier pouvait s'aventurer jusqu'à la côte du Japon, où ce colosse marin se trouve assez fréquemment. Il pouvait faire naufrage au milieu de ses périlleuses expéditions, et il pouvait être utile de faire connaître aux Japonais que la France possède les moyens de faire respecter en tous lieux ses droits et les intérêts de ses nationaux.

Parti du port de Melville le 18 juillet, le contre-amiral Cécille mouillait à Nagasaki le 28 du même mois. A peine les navires français eurent-ils jeté l'ancre, qu'ils se virent entourés par une multitude de bateaux chargés de curieux, de marchandises, de légumes, de volailles, de vivres qu'on venait offrir à la vente. Dans le nombre, quelques embarcations mieux ornées que les autres, portaient des officiers qui montèrent à bord avec leur suite, sans défiance comme sans hauteur.

Ils venaient demander, au nom des lois du pays, de ne faire aucune tentative pour descendre à terre. Du reste, ils étaient fort polis, suivant leur coutume, s'engageaient à fournir aux bâtiments tout ce dont ils pouvaient avoir besoin, et se montraient particulièrement curieux de visiter ces puissantes machines de guerre, inconnues à la plupart d'entre eux.

Le chef de l'escadre fit conduire partout les indigènes. Il ordonna qu'on leur montrât dans le plus grand détail les installations, les approvisionnements, les manœuvres, les canons, les armes et jusqu'à la manière de s'en servir.

Le lendemain, dès la pointe du jour, les visiteurs de la veille et d'autres plus nombreux, revinrent à bord. Tout se passa comme avant. C'était toujours la même

---

[1] Fraissinet, t. II, ch. i.

attitude bienveillante et la même curiosité à examiner tout ce qui frappait
leurs regards. Quand ils furent à bout
de questions, quand ils eurent bien pris
toutes leurs notes, car il y avait parmi
eux, comme toujours, des scribes qui ne
cessaient d'écrire, le contre-amiral leur
annonça qu'ayant complété ses vivres, il
allait en conséquence appareiller pour
continuer sa campagne. Ainsi se ter-
mina cette expédition toute pacifique.

Depuis l'expulsion des Portugais,
c'est-à-dire depuis plus de deux siècles,
les Hollandais étaient donc les seuls Européens qui eussent conservé des relations suivies avec le Japon.

Cependant cet empire ne pouvait, aux
yeux des grandes puissances maritimes,
persister dans son isolement du mouvement général de la civilisation et du
commerce modernes qui, grâce aux progrès de la navigation à vapeur, s'était
propagé jusqu'aux plus lointaines limites
de l'extrême Orient. Le moment était
venu où les États-Unis, la Russie, l'Angleterre, la France, allaient successivement tenter de nouer des relations avec
l'empire du Japon.

En 1844, le gouvernement hollandais,
profitant de l'effet que la guerre de
l'opium qui venait d'avoir lieu en Chine
avait dû exercer au Japon, conçut l'idée
d'une sorte d'intervention amicale auprès du gouvernement japonais, dans
l'intérêt du commerce européen.

Le roi Guillaume II écrivit au Sioyoun
ou Taïkoun, le souverain temporel, en
lui demandant d'ouvrir spontanément
quelques ports aux Européens, afin d'é-
carter tout projet d'une tentative pareille
à celle qui venait d'arracher des concessions à la Chine.

« Si vous refusez plus longtemps, disait le roi de Hollande, de prendre
parmi les nations commerçantes le rang
que vous devez tenir, on vous forcera
dans vos retranchements, et vous serez
humilié comme le Céleste-Empire vient
de l'être. Épargnez-vous cette honte en
temps opportun, par des mesures généreuses qui vous concilient l'estime et la
sympathie des puissances européennes. »

La réponse du Taïkoun se fit attendre
deux ans. Il répliqua qu'il avait suivi
avec attention les événements qui avaient
amené une réforme fondamentale dans
la politique de l'empire chinois. Ces événements mêmes, sur lesquels s'appuyaient
les conseils du roi de Hollande, étaient
pour lui la preuve la plus claire qu'un
royaume ne peut jouir d'une paix dura-
ble qu'à la condition d'exclure tous les
étrangers. Si la Chine n'avait jamais
permis aux Anglais de s'établir sur une
vaste échelle à Canton et d'y prendre
racine, les querelles qui ont causé la
guerre n'auraient pas éclaté, ou les Anglais se seraient trouvés si faibles, qu'ils
auraient succombé dans une lutte iné-
gale.

« Dès l'instant que l'on s'est laissé en-
traîner sur un point, ajoutait le Taïkoun,
on est devenu plus vulnérable sur tous
les autres. Ce raisonnement, continuait-
il, a été fait par mon trisaïeul, lorsqu'il
s'est agi de vous accorder de commercer
avec le Japon, et, sans les témoignages
d'amitié sincère que vous avez toujours
donnés à notre pays, il est certain que
vous auriez été exclus comme l'ont été

toutes les nations de l'Occident. Aujourd'hui que vous êtes en possession de ce privilége, je veux que vous continuiez d'en jouir, mais je me garderai bien de l'étendre à quelque autre peuple que ce soit, car il est plus facile de maintenir une digue en bon état de conservation, que d'empêcher l'agrandissement des brèches qu'on y laisse faire. J'ai donné à mes officiers des ordres en conséquence ; l'avenir vous prouvera que notre politique est plus sage que celle de l'empire chinois. »

Ainsi, la volonté bien arrêtée du gouvernement japonais était de se soustraire au contact de la civilisation occidentale; nous allons voir quelles en furent les conséquences.

Les Américains, dit l'historien Fraissinet, auquel nous empruntons les renseignements intéressants qui suivent [1], essayèrent les premiers de soumettre le Japon au droit commun. Il était urgent d'ailleurs d'en ouvrir les portes à leur commerce maritime; depuis quelques années, leurs navires fréquentaient en grand nombre les parages du nord de l'Océan Pacifique, et ils avaient besoin d'y trouver, soit des ports de ravitaillement, soit des ports de refuge ou des dépôts de charbon. Enfin, au point de vue de l'humanité, il fallait chercher à se faire un allié d'un peuple qui voyait annuellement plusieurs navires se briser sur les récifs ou sur les côtes mal connues de l'archipel qu'il habitait.

Une escadre américaine, commandée par le commodore Perry, fut chargée de

¹ Fraissinet, tome II, chap. xxvIII. — *Annuaire des deux Mondes*, années 1850 et suiv.

cette délicate mission. Le but que se proposait le gouvernement de Washington était nettement défini dans le passage suivant de la lettre que le président, le général Pierce, adressait à l'empereur du Japon.

« Nous désirons que notre peuple puisse obtenir la permission de trafiquer avec votre peuple, mais nous ne l'autorisons pas à violer aucune des lois de votre Empire. Notre but est d'établir des relations amicales et rien de plus. Vous pouvez avoir des produits que nous serions bien aises d'acheter, et nous en avons d'autres qui pourraient convenir à votre peuple. Votre Empire contient du charbon en abondance, et c'est là un produit que nos navires emploieraient très-utilement dans leurs traversées de la Californie en Chine. Il serait donc à souhaiter qu'une part de votre Empire fût désignée, où l'on apporterait le charbon et où nos bâtiments pourraient toujours venir le chercher. »

L'escadre américaine, composée du vaisseau de ligne *The Vermont*, des frégates à vapeur *Susquehannah*, *Mississippi* et *Owhatan*, de deux bricks *le Plymouth* et *le Saratoga*, ainsi que d'autres bâtiments de moindre importance, comptant environ 700 hommes de troupes de débarquement, mit à la voile des États-Unis, et, après avoir relâché aux Liou-Kiou, elle vint, le 8 juillet 1853, jeter l'ancre dans la baie d'Yédo, en face du village d'Ouraga.

L'apparition des steamers, inconnus jusqu'ici au Japon, remorquant les deux bricks aux voiles ferlées et marchant avec la vitesse de dix nœuds à l'heure, sembla produire une grande sensation parmi les Japonais. Les nombreuses jonques du commerce, dont la baie fourmillait, eurent soin de se ranger des deux côtés pour laisser libre passage aux frégates.

Au moment où les vaisseaux jetaient l'ancre, deux coups de canon furent tirés de la batterie placée une demi-lieue plus loin, mais plutôt pour donner le signal qu'en manifestation d'intentions hostiles. Plusieurs bateaux de police entourèrent immédiatement les navires, et les hommes qui les montaient s'efforcèrent de remettre à bord les notifications usuelles à l'adresse des étrangers, leur enjoignant de se retirer. Ces ordres furent refusés. Le lieutenant-gouverneur d'Ouraga, le seul Japonais reçu par le commandant du *Susquehannah*, fut averti que, si les autorités du pays faisaient entourer l'escadre d'un cordon de bateaux et de chaloupes, leur conduite amènerait sur-le-champ de très-graves conséquences.

Quelques bateaux restèrent toutefois dans le voisinage, mais la vue des préparatifs belliqueux faits à bord des deux steamers fit comprendre que le commodore Perry était décidé à tout; aussi se dispersèrent-ils sans retard. Dès ce moment, durant tout le séjour de l'escadre dans la baie, aucun bateau du pays, sauf les embarcations des autorités, n'osa plus approcher des navires.

Le lendemain Yézaïmon, gouverneur d'Ouraga, vint à bord. Après s'être assuré de l'objet de la visite, il demanda du temps pour transmettre, par un exprès, la dépêche à Yédo, et pour recevoir les instructions de son gouvernement au sujet de la conduite qu'il avait à tenir.

Durant les trois jours qui s'écoulèrent avant l'arrivée de la réponse, le *Mississipi* fit une excursion dans l'intérieur de la baie, 10 milles environ plus loin, et trouva de l'eau partout en profondeur suffisante. Au delà du promontoire d'Ouraga, point qu'aucun navire étranger n'avait encore dépassé, le commandant et les officiers du steamer découvrirent une crique large et belle, protégée par deux langues de terre, et offrant un ancrage aussi sûr que commode.

En remontant la baie, le *Mississipi* fut suivi par les bateaux du gouvernement japonais; mais aucun d'eux ne s'avisa d'apporter le moindre obstacle à la marche ni du steamer ni des différentes chaloupes qui faisaient des sondages. Du reste, la présence de l'escadre paraissait n'interrompre en rien le commerce intérieur, car les jonques se croisaient constamment, allant et venant dans toutes les directions.

Le 12 juillet, la réponse arriva d'Yédo. Elle annonçait que l'empereur (le Taïkoun) venait de désigner un fonctionnaire du premier rang pour se rendre à Ouraga afin de recevoir le message du président des États-Unis. Des preuves satisfaisantes ayant été données au commodore Perry, que cette nomination émanait directement de l'empereur, il fut convenu que l'entrevue aurait lieu dans la matinée du 14. Cependant le gouverneur d'Ouraga ne manqua pas de représenter au commodore que Nagasaki était le seul lieu où l'on pouvait négocier avec le gouvernement japonais; mais il lui fut répondu qu'une demande de se rendre à Nagasaki serait regardée par le commodore comme une insulte faite aux États-Unis.

Les Japonais choisirent donc un lieu de réception, la petite ville de Gori-Hama, située à environ une lieue au sud d'Ouraga. Le matin du 14, le *Susquehannah* et le *Mississipi*, avec leurs rangées de canons, s'embossèrent devant ce bourg, le long du rivage. Le gouverneur d'Ouraga, son lieutenant, et le commandant des forces militaires, vinrent à bord, pour accompagner le commodore à la jetée de débarquement. Trois maisons furent construites par les Japonais : l'une pour recevoir le commodore et sa suite, les deux autres pour les princes arrivés d'Yédo, et chargés de porter à l'empereur le message américain.

Les officiers, les soldats et les matelots qui accompagnaient le commodore étaient au nombre de 400, pendant que la force des Japonais pouvait être de 5 à 7,000 hommes. Leurs rangs s'étendaient tout autour de la tête de la crique, sur un espace d'un mille, présentant, avec leurs enseignes de couleur écarlate et leurs drapeaux de toutes formes et de toutes nuances, un coup d'œil vraiment imposant.

Le commodore fut escorté avec beaucoup de pompe, précédé des bannières étoilées des États-Unis, et d'un corps de musique jouant l'air national, jusqu'à la maison de réception, où il vit s'avancer au devant de lui le prince d'Ydsou, premier conseiller de l'empereur, et le prince d'Ywami. Le message du président et les lettres de créance du commodore furent alors remis officiellement en échange d'un reçu signé par les deux princes.

L'entrevue finit ainsi, les envoyés japonais n'ayant pas les pouvoirs nécessaires pour négocier. Le commodore leur déclara que, afin de laisser au gouvernement tout le temps nécessaire pour délibérer, il partirait dans trois ou quatre jours, avec l'intention de revenir au bout de quelques mois pour recevoir la réponse. En effet, après être restée quatre jours encore dans la baie, l'escadre quitta, le 18 juillet, le mouillage d'Ouraga, et s'éloigna des côtes du Japon.

A peine l'escadre des États-Unis avait-elle quitté la baie d'Yédo, qu'une escadre russe, commandée par l'amiral Poutiatine, se présentait sur les côtes du Japon; le 20 août, elle mouilla à Nagasaki, et, le lendemain, l'amiral remit au gouverneur de la ville les dépêches adressées par son gouvernement au cabinet d'Yédo. La réponse se fit attendre, et l'escadre dut séjourner pendant plusieurs mois à Nagasaki.

Cependant, ainsi qu'il l'avait annoncé, lors de sa première visite, le commodore américain Perry reparut, le 12 février 1854, dans la baie d'Yédo, à la tête d'une escadre plus nombreuse que la première, composée des frégates à vapeur *la Susquehannah*, *le Mississipi* et le *Owhatan*. de la frégate à voiles *Macedonian*, des corvettes *la Vendelia*, *la Saratoga* et *le Southampton*, et de deux navires de charge *le Supply* et *le Lexington*. Dès le 13, il recevait un message qui lui annonçait la venue prochaine d'un grand personnage chargé de traiter avec lui.

En même temps, les autorités japonaises cherchaient à obtenir du commodore qu'il voulût bien changer le mouillage de son escadre ; elles la trouvaient trop avancée dans la baie, trop rapprochée de la capitale de l'empire. Les négociations, à ce sujet, durèrent dix jours, et se terminèrent par un mouvement des navires américains, qui vinrent définitivement jeter l'ancre à Yokohama, à 10 milles environ d'Yédo. Après avoir réglé ce point important, les étrangers durent encore attendre jusqu'au 7 mars pour avoir leur première entrevue à terre avec les quatre plénipotentiaires envoyés par le gouvernement japonais. Les détails du cérémonial suivi en cette occasion ressemblent trop à ce qui se passe en pareille circonstance en Chine, pour qu'il soit nécessaire de les raconter ; le thé, la collation, les toast, le plaisir avec lequel les Japonais boivent le vin de Champagne et admirent les cristaux ; les démonstrations de politesse, les innombrables échanges de saluts, etc., etc.; c'est encore comme à l'ordinaire en Chine. La seule chose qui vaille la peine d'être notée, c'est la profusion de tentures composées de crêpe et de soie rouge ; c'est l'admiration des Américains présents à l'entrevue, pour la beauté et la perfection de tous les produits de l'industrie locale qui parurent devant leurs yeux ; l'élégance des nattes blanches qui tapissaient les parquets, la magnificence des *braseros* de cuivre qui garnissaient la salle, la qualité des couleurs et des vernis qui couvraient les meubles et les murs. Tout ce que virent les officiers américains les convainquirent de la supério-

rité de l'industrie des Japonais sur celle des Chinois, supériorité que ces derniers, d'ailleurs, reconnaissent hautement. Dans les courses qu'ils eurent occasion de faire à l'intérieur, sans que les Japonais parussent y mettre obstacle, ils purent s'assurer que l'agriculture, et plus particulièrement l'horticulture, étaient beaucoup plus avancées au Japon qu'en Chine. La classe agricole paraissait plus riche, mieux vêtue, mieux nourrie, plus propre dans ses habitudes. Sous le rapport intellectuel, les Américains eurent bientôt reconnu qu'ils avaient affaire au peuple le plus intelligent et le plus cultivé de l'Asie. Parmi les officiers qui leur furent envoyés, ils en trouvèrent plusieurs qui savaient lire, écrire, et parler l'anglais et le hollandais. Ils paraissaient au courant de ce qui s'était passé au dehors, et n'étaient pas étrangers aux découvertes et aux travaux du génie moderne européen.

Un télégraphe électrique, un petit chemin de fer d'un parcours d'environ 400 mètres, que l'on fit fonctionner en leur présence, provoqua leurs intelligentes observations, et produisit un grand effet sur leur esprit.

Cependant les négociations suivaient leur cours ; elles aboutirent à une convention générale de paix et d'amitié qui fut signée le 31 mars 1854. Cette convention se composait de 12 articles qui stipulaient l'ouverture immédiate du port de Simoda aux navires des États-Unis, ainsi que l'ouverture, dans le délai d'un an, du port de Hakodadi. Sur ces deux points, les bâtiments américains pouvaient se procurer le bois, l'eau, les

LE JAPON. — Types japonais.

provisions, le charbon et tous les autres articles dont ils auraient besoin; ils avaient, en outre, la faculté d'échanger des marchandises. Les naufragés devaient être secourus, le cas échéant, par les autorités japonaises, et convoyés vers l'un des ports ouverts. Le gouvernement des États-Unis était encore autorisé à nommer des consuls ou agents à Simoda, dix-huit mois après la date de la signature du traité, d'accord avec les autorités japonaises. Les résidents américains, dans les deux ports, devaient avoir la faculté de parcourir un rayon déterminé. Enfin les États-Unis jouiraient, à l'avenir, en toute circonstance, du traitement de la nation la plus favorisée.

Telles étaient les principales clauses

de la convention signée à Yokohama. C'était un premier point important de gagné sur l'immobilité et l'isolement du Japon ; la brèche était faite ; il fallait laisser au temps et à des relations prudemment menées le soin de l'agrandir. Le commerce maritime y trouvait surtout d'heureux et, depuis longtemps désirables avantages ; mais il ne s'agissait encore que des États-Unis.

L'Angleterre ne pouvait se laisser ainsi distancer au Japon par les États-Unis, elle se hâta de pénétrer dans ce pays par la brèche que la mission américaine avait ouverte, et, le 14 octobre 1854, l'amiral Stirling, commandant la station navale de l'Angleterre dans les mers de la Chine, concluait, à Nagasaki, avec les plénipotentiaires japonais, un traité par lequel les ports de Nagasaki et de Hakodadi étaient ouverts aux navires anglais qui pouvaient s'y réparer et s'y procurer les approvisionnements d'eau et de vivres qui leur seraient nécessaires. Nagasaki devait être ouvert immédiatement, et Hakodadi cinquante jours après le départ de l'amiral. Cependant les bâtiments en détresse pouvaient, par exception, entrer dans les autres ports. Les Anglais devaient se conformer aux lois du Japon. Enfin, dans les ports du Japon qui étaient déjà ouverts, ou pourraient l'être, dans la suite, aux bâtiments d'une autre nation étrangère, les bâtiments anglais devaient être admis sur le pied de la nation la plus favorisée (sauf les avantages particuliers accordés aux Hollandais et aux Chinois, en vertu des relations qui existaient depuis longtemps entre ces peuples et le Japon). L'Angleterre, on le

voit, n'avait pas perdu son temps, et se trouvait admise au Japon sur le même pied que les États-Unis.

Mais, quelque temps auparavant, l'amiral Poutiatine, le 20 août 1854, s'était présenté de nouveau à Nagasaki, chargé de dépêches itératives pour la cour d'Yédo; on a tout lieu de croire qu'elles furent bien accueillies, et que la Russie obtint aussi, pour son propre compte, ce que les deux grandes puissances qui l'avaient précédée au Japon avaient obtenu.

Cependant ces concessions successives, plus étendues que celles qui régissaient depuis plusieurs siècles les relations des Hollandais avec le Japon, devaient naturellement porter ombrage à ces derniers ; des réclamations, des pourparlers eurent lieu à ce sujet avec le gouvernement japonais; elles aboutirent à une convention qui fut signée à Nagasaki, le 9 novembre 1855. Cette convention confirmait et étendait les facilités commerciales dont les Hollandais étaient depuis longtemps en possession à Nagasaki. Ils conservaient l'établissement de Detsima; de plus, il leur était assuré que, lorsque le gouvernement japonais jugerait à propos d'ouvrir un ou plusieurs de ses ports à d'autres nations étrangères, le pavillon hollandais serait immédiatement admis à profiter de la même faveur.

Ainsi qu'on peut le voir, le gouvernement japonais paraissait donc décidé à se départir de son système d'exclusion, et, une fois forcé dans ses retranchements, il admettait toutes les puissances européennes aux mêmes concessions qui venaient de lui être arrachées. C'est pour obéir à cet esprit de conduite que le

Taïkoun accueillait favorablement le représentant des États-Unis d'Amérique le 20 juillet 1858, et lui accordait des concessions nouvelles qui complétaient l'œuvre commencée quelques années auparavant par le commodore Perry. Le comte Poutiatine réclama et obtint, au nom de la Russie, les mêmes faveurs. La Russie d'ailleurs, par ses nouvelles acquisitions à l'embouchure de l'Amour, le long des côtes de la Mandchourie jusqu'au golfe d'Anville (de Pierre le Grand), et par ses tentatives sur la partie méridionale de l'île Sakhaline, était devenue voisine du Japon ; les intérêts commerciaux des deux nations se trouvaient mêlés, et le Japon avait tout à gagner de l'établissement de bonnes relations avec sa puissante voisine qui, d'ailleurs, a toujours su conduire à bonne fin ses négociations avec les Asiatiques.

Cependant les deux principales puissances maritimes de l'Occident, l'Angleterre et la France, poursuivaient leur grande expédition contre la Chine; l'occasion était belle pour profiter de l'impression que devait nécessairement produire la présence des flottes et des armées alliées dans les mers du Japon pour obtenir la révision et l'amélioration des conventions diplomatiques qui avaient été précédemment conclues, peut-être un peu à la hâte, sans trop de connaissance des besoins mutuels du commerce des Occidentaux et des Orientaux. Lord Elgin et le baron Gros, envoyés par l'Angleterre et par la France en qualité d'ambassadeurs extraordinaires pour régler les affaires de Chine, reçurent donc des instructions spéciales pour traiter avec le Japon. Le 12 août 1858, lord Elgin, qui montait la frégate *Furious*, jetait l'ancre dans le port d'Yédo, en face même des forts ; il était accompagné par la *Rétribution*, frégate à vapeur, par la canonnière *Lee* et par un petit yacht à vapeur dont la reine d'Angleterre se proposait de faire don à l'empereur.

On peut juger quelle fut la sensation que produisit sur les Japonais la vue de cette flottille armée ; elle fut d'autant plus grande que l'on n'ignorait pas, à Yédo, les incidents de la dernière campagne de Chine et la prise de Pékin par les *étrangers*. Les autorités japonaises auraient bien désiré que lord Elgin se retirât avec ses navires au mouillage de Kanagawa, en dehors des eaux de la capitale, mais celui-ci refusa, assurant d'ailleurs qu'il n'était mû que par les intentions les plus amicales.

Après différents pourparlers, les conférences s'ouvrirent à Yédo même, le 19 août, entre lord Elgin et six commissaires japonais ; les clauses du traité furent discutées les 21, 22 et 23 du même mois; enfin, le 26 août, il fut signé par les parties contractantes. Il admettait la faculté, pour l'Angleterre, d'entretenir une mission diplomatique à la résidence d'Yédo et des consuls dans les ports ouverts aux étrangers : les Anglais devaient être admis dans plusieurs villes et ports de l'empire; ils étaient autorisés à avoir une justice consulaire, à débarquer et à emmagasiner en franchise de droit à Hakodadi, à Kanagawa et à Nangasaki tous les objets d'approvisionnements nécessaires à la marine britannique ; ils pouvaient désormais faire leurs achats et leurs ventes directement avec les Japonais, sans intervention du gouvernement. Les monnaies étrangères étaient admises au même taux que les monnaies japonaises de même nature, à poids égal; les taxes de tonnage et de transit demeuraient supprimées; les droits d'exportation et d'importation recevaient une réduction notable; en un mot, le traité du 26 août 1858 ouvrait sur la base la plus large les relations commerciales entre le Japon et l'Angleterre.

Le traité signé, lord Elgin remit aux officiers japonais le yacht à vapeur destiné au Taïkoun; le soir même, il se rembarquait sur le *Furious* et retournait à Shang-Haï.

Mais jusqu'alors il n'a pas encore été question de la France; à la vérité, notre pavillon s'était déjà, à plusieurs reprises, montré dans les mers du Japon, mais sans engager des relations diplomatiques avec la cour d'Yédo. Lorsque l'amiral Cécille s'était présenté, en 1845, pendant sa croisière, dans le port de Nagasaki, il n'avait eu avec les autorités japonaises que de courtoises relations et le souvenir de son séjour ne devait pas être oublié. Le temps était enfin venu où la France allait à son tour réclamer du gouvernement du Japon les mêmes immunités commerciales qui venaient d'être accordées aux autres pavillons qui avaient précédé le sien à Yédo.

Dans le mois qui suivit le départ de l'ambassade anglaise, le baron Gros, ambassadeur de France, se présenta sur les côtes du Japon. Il était embarqué sur la corvette *le Laplace* et accompagné de l'aviso *le Prégent*, et d'un bateau à vapeur de la marine du commerce, *le Rémi*. Arrivé le 13 septembre 1858 à Simoda, il fut informé, le 19, de la mort du Taïkoun. Cet événement ne compromit pas, comme on aurait pu le croire, le succès des négociations. Le baron Gros se rendit à Yédo même, s'établit, le 26 septembre, dans la ville, et engagea sans retard la discussion du traité, qui fut signé le 9 octobre 1858; il contenait les mêmes clauses que le traité anglais. Le 12, il quitta Yédo et se rendit en cinq jours à Nagasaki, d'où il repartit le 22 pour retourner en Chine.

Par suite de ces traités successifs avec les États-Unis, la Russie, la Hollande, l'Angleterre et la France, le Japon allait donc se trouver enfin ouvert au commerce européen. Mais il était important que les procédés des nouveaux venus fussent pleins de réserve et de prudence; on allait avoir affaire à un peuple, bien différent des Chinois quant au caractère moral, qui tenait tout autant à ses anciens usages, mais qui de plus n'avait pas encore eu de rapport avec les étrangers; un peuple brave, poli dans ses relations, instruit de sa dignité et résolu à la faire respecter. »

Les heureux résultats des négociations entreprises par les différentes puissances européennes avec le gouvernement du Japon, laissaient le libre essor aux plus flatteuses conjectures sur la suite des relations avec cet empire.

Quand on lut le récit des ambassades du commodore Perry, de lord Elgin, du baron Gros, on en vint à se demander s'il était bien vrai que, pour cette fois, la civilisation, le progrès, la liberté, allaient être accueillis sur un point du globe, sans conflit, sans effusion de sang. Et, comme il fallait bien se rendre à l'évidence des faits, c'est-à-dire aux démonstrations amicales qui avaient accompagné la signature des traités ; comme on ne pouvait nier les résultats obtenus, c'est-à-dire les engagements souscrits sur le papier par les puissances contractantes, chacun fut porté, sans y regarder plus loin, à faire honneur aux hommes de notre génération de l'exemple inouï qu'ils venaient de donner au monde, en faisant tomber les barrières de préjugés, de priviléges et de haines séculaires, sans brûler une amorce, si ce n'est pour des salves de réjouissances.

Ce qui ajouta encore aux riantes espérances qu'on était en droit de concevoir, ce fut l'envoi en Europe d'une ambassade japonaise extraordinaire qui devait visiter les principales cours de l'Occident, et transmettre directement aux souverains le témoignage des bonnes dispositions qui animaient le gouvernement du Taïkoun. Les ambassadeurs séjournèrent successivement à Paris, à Londres, à La Haye, à Berlin, mettant dans chacun de ces pays le même empressement à tout voir et à tout connaître, se faisant expliquer dans les moindres détails les institutions, les coutumes, les procédés administratifs, l'organisation industrielle, visitant les fabriques, les usines, recueillant des observations, prenant des notes, achetant des échantillons, des livres, des machines, gardant pour eux les diverses impressions qu'ils ressentaient et se contentant de laisser échapper de

temps en temps le cri : C'est merveilleux !

Cependant les événements ne tardèrent pas à rappeler qu'on avait affaire au Japon à la même humanité qu'en Europe : dans ce pays, comme ailleurs, la marche du progrès aura été marquée par des ruines et se sera accomplie au milieu du sang, des flammes et des larmes.

Le gouvernement du Taïkoun avait bien accordé l'ouverture des ports de Nagasaki, de Simoda, d'Hakodadi, de Yokohama, aux navires des nations qui venaient de traiter avec lui, mais il laissait en vigueur la loi organique qui excluait les étrangers du Japon, et cette loi, il faut le reconnaître, était toujours parfaitement d'accord avec les intérêts des classes supérieures de la société japonaise.

Comme nous le verrons dans le cours de cet ouvrage, le Japon est en effet gouverné par une sorte de confédération aristocratique qui ressemble à plusieurs égards à celle de la France au moment de l'avénement de Hugues Capet. Un certain nombre de princes et de seigneurs, appelés Daïmios, possèdent le pays et paraissent investis de droits importants qui rappellent ceux des possesseurs des grands fiefs au temps de la féodalité. Or, le premier corps atteint par les traités, fut cette noblesse même.

Après l'ouverture du Japon, certains produits naturels, tels que la soie, le thé, le coton, qui autrefois se consommaient dans le pays exclusivement et conséquemment à très-bas prix, devinrent tout à coup l'objet d'une demande toujours plus forte sur les places ouvertes au commerce étranger ; il en résulta qu'ils subirent une hausse croissante, excessive, qui provoqua elle-même par contre-coup le renchérissement des articles de première nécessité. Il semble que les Daïmios, qui ne possèdent pas de ressources pécuniaires, mais seulement des revenus territoriaux, aient dû voir, par suite de ce renchérissement général, leurs revenus acquérir aussi une plus grande valeur. Ce fait se serait produit, en effet, si le commerce avait été libre, si les seigneurs avaient pu vendre directement leurs produits aux étrangers ; mais tel ne fut pas le cas, car ils durent livrer leurs produits aux agents du Taïkoun, et c'est à celui-ci, vendeur privilégié, que revinrent les énormes bénéfices du marché.

Quant à la noblesse inférieure, infiniment plus nombreuse, celle qui, ne possédant pas un pouce de terre, ne vivait que du métier des armes ou des emplois publics, elle tomba nécessairement dans la gêne, dans les dettes, dans une détresse toujours plus profonde, car les salaires ne suivirent pas le mouvement ascendant des objets nécessaires à la vie.

Mais ce qui porta aux dernières limites le mécontentement des seigneurs et des nobles, ce fut l'atteinte dont la civilisation moderne frappa leur orgueil et leurs prérogatives de caste.

« Il avait été expressément convenu, écrivirent-ils au Taïkoun, que les traités de commerce conclus avec les étrangers ne devaient être qu'une grande faveur qu'on leur accordait, après des demandes réitérées et bien humbles de leur part. Ceci ne ressemble en rien à un contrat légal. Au lieu d'accepter ces priviléges comme une faveur, ils osent dire maintenant que ces traités constituent pour eux un droit légal. La dignité et la majesté du Grand Nippon ne souffrent pas que nous tolérions des prétentions si audacieuses. On peut leur permettre, comme dans les temps passés, de gagner de l'argent sans trop voler ; mais nous ne voyons pas la nécessité de ces yakounines (les ministres ou autres chefs de légations) qui les accompagnent. Il ne leur faut que des chefs de comptoirs, et nous ne pouvons recevoir que des marchands soumis à nos lois et à nos propres règlements de commerce. Vous nous dites que les étrangers ne l'entendent pas ainsi. Eh bien, qu'on leur retire les priviléges que nous leur avons accordés ! car c'est une loi universelle, que celui qui abuse d'une faveur la perde par le fait même.

« Tout bon patriote soupire, en songeant au glorieux passé du pays et en considérant son présent état. Rappelez-vous donc combien les barbares respectaient autrefois la majesté du Grand Nippon, et nos ordres, et nos moindres désirs ! Une seule nation était tolérée ici comme otage, en gage de la bonne foi des autres. Cette tolérance a été cependant une grosse erreur, car la présence de cette nation au Japon a fini par exciter la cupidité des autres.

« Il nous est difficile de vous comprendre, lorsque vous nous dites que le monde est changé, et qu'il est impossible à une nation de s'isoler des autres. Pensez-vous donc que le Japon soit comme une autre nation, comme la Chine par exemple? Nous vous entendons parler du mode de gouvernement des nations étrangères. Y a-t-il, en réalité, parmi les nations étrangères, des pouvoirs dignes de porter le nom de gouvernement? Est-ce qu'elles ont un Mikado, qui est le grand fils des dieux? Est-ce que nos principales familles n'ont pas une origine céleste [1]? »

Dans ces conditions, on comprendra aisément que les relations des étrangers avec le Japon soient devenues bientôt hostiles. La malveillance de la noblesse féodale ne se traduisit d'abord que par des faits isolés. Le 25 août 1859, à peine le dernier traité était-il signé, qu'un officier et un matelot russe tombaient assassinés dans les rues de Yokohama; le commandant russe dut exiger une satisfaction immédiate qui lui fut, à la vérité, accordée. On rejeta la responsabilité du crime sur la grossièreté des meurtriers qui appartenaient, dit-on, à la lie du peuple, et ignoraient la nature bienveillante des nouveaux rapports qui devaient désormais avoir lieu entre les Japonais et les étrangers.

Quelques mois plus tard, le 6 novembre, on massacrait le domestique du consul de France; le 29 janvier 1860, l'interprète de la légation britannique était poignardé à Yédo même, au pied du mât de pavillon; et quelques jours plus tard, deux capitaines hollandais étaient hachés en morceaux dans la grande rue de Yokohama. Tous ces crimes restèrent impunis.

Sir Rutherford Alcock, le premier

[1] A. Humbert. *Le Japon* (le Tour du monde, année 1869. Libr. Hachette et Comp.).

agent diplomatique régulièrement accrédité au Japon, eut lui-même à repousser trois tentatives d'assassinat dirigées contre la légation; son secrétaire fut traîtreusement massacré au milieu de la nuit. Le secrétaire américain fut tué; enfin deux soldats de marine qui montaient la garde à la porte du colonel Neale furent égorgés. C'étaient là, comme on peut le voir, des preuves flagrantes de l'inimitié témoignée aux étrangers par les Japonais.

Le 14 septembre 1862, eut lieu un déplorable événement qui devait combler la mesure. Quatre résidents anglais, parmi lesquels étaient M. Richardson, accompagnés d'une dame, se promenaient à cheval aux environs de Yokohama, lorsqu'ils virent venir vers eux le cortège d'un Daïmio, précédé et suivi de quelques soldats. Les Européens continuèrent d'avancer, laissant, selon l'usage de leur pays, la moitié de la chaussée libre pour les survenants. Ils ne comprirent pas les signes que leur faisait l'officier marchant en avant du détachement, ou du moins ils ne jugèrent pas convenable de s'arrêter, aussi se virent-ils tout à coup attaqués à l'improviste par les soldats japonais qui les massacrèrent. La dame, à demi folle de terreur, grièvement blessée elle-même, revint bride abattue, emportée par son cheval, jusqu'à la demeure de l'ambassade anglaise, y répandant l'alarme et l'effroi.

Aussitôt le personnel de l'ambassade et quelques marins anglais allèrent recueillir les restes inanimés de leurs compatriotes; plainte fut portée à l'instant même devant les ministres du Taïkoun, les menaçant que, si justice n'était faite, dans les vingt-quatre heures, de cet odieux guet-apens, le stationnaire anglais se rendrait sous les murs d'Yédo et bombarderait la ville et le palais impérial. Les ministres du Taïkoun, tout en témoignant de la sincérité de leurs regrets, demandèrent un délai plus considérable, afin d'ouvrir une enquête, et en attendant permirent d'inhumer avec la plus grande pompe les victimes.

Le colonel Neale épuisa tous les moyens de conciliation vis-à-vis du Taïkoun ; voyant l'impuissance de celui-ci, il résolut de se faire justice. Après avoir réuni dans les eaux du Japon quelques navires de la croisière anglaise des mers de la Chine, il arriva avec son escadre, le 12 août 1863, devant Kago-Sima, capitale de la principauté de Satsouma. Du reste, le gouvernement japonais, pour donner aux Européens une preuve de ses dispositions favorables, s'était empressé d'envoyer un vapeur pour accompagner l'escadre de répression. Dans la matinée du 13, un bateau monté par un des officiers supérieurs du prince, et par une suite nombreuse, se rendit à bord du bâtiment amiral *Euryalus*, pour y demander l'objet de la présence des forces anglaises dans le port. Le colonel Neale fit connaître l'objet de ses réclamations, consignées dans une lettre préparée à l'avance, et fit demander à l'envoyé du prince qu'on répondît à sa communication dans un délai de vingt-quatre heures.

Le lendemain 14, le délai fixé par le colonel Neale étant expiré, le chargé d'affaires britannique envoya à terre rappeler aux autorités du prince qu'il attendait une réponse, et que, si elle ne lui était pas donnée dans la journée même, il se trouverait en droit de faire procéder à des mesures coercitives. Dans l'après-midi, et assez tard, un bateau où se trouvaient des officiers d'un ordre inférieur à ceux qui étaient venus la veille, fut envoyé de terre au chargé d'affaires britannique. Ils apportaient la réponse suivante du prince de Satsouma : « Le prince de Satsouma déclare qu'en ordonnant le meurtre des quatre résidents anglais à Yokohama, le 14 septembre dernier, le prince Schimato-Saboro avait droit d'agir ainsi, attendu que les étrangers qu'il rencontrait devaient lui rendre les mêmes honneurs que lui rendaient ses propres compatriotes ; que, du reste, si cette question soulevait quelque récrimination de la part des Anglais, ce n'était pas directement, mais bien par l'intermédiaire du gouvernement du Taïkoun qu'on devait la faire valoir. »

Le samedi 15 août, dans la matinée, l'amiral Ruper ordonna la saisie de trois bâtiments à vapeur, qui étaient à l'ancre à quelque distance, et qui contenaient, dit-on, de riches cargaisons de soie, sucre, etc. L'amiral songeait probablement à renouer les négociations à l'aide de ces gages, lorsque, vers midi, les batteries des forts ouvrirent un feu formidable sur les bâtiments anglais et plus particulièment sur la frégate amirale. Un boulet emporta du même coup le chef de pavillon de l'amiral et le commandant en second de l'*Euryalus*. L'amiral fit alors brûler les prises et ouvrir à son tour le feu

LE JAPON. — Intérieur d'un temple.

sur les batteries qui venaient de l'attaquer si inopinément. L'action dura quatre heures. Une batterie de 70 pièces fut
réduite au silence, et les bombes anglaises incendièrent bientôt les factoreries,
les fonderies et une partie de la ville
de Kagosima. Le lendemain 16, l'escadre
de l'amiral Ruper sortit de la baie, après
avoir détruit les batteries qui se trouvaient à sa portée[1].

Quelque temps auparavant, le pavillon
français avait eu à subir de la part d'un
autre Daïmio puissant une injure qui dut
être également vengée. Un de nos bâti-

[1] Fraissinet, t. II, ch. xxx.

ments, en franchissant la passe qui conduit dans le Suwonada, ou mer Intérieure, avait, en passant devant la ville de Simonosaki, été salué par plusieurs boulets.

L'amiral Jaurès, qui commandait l'escadre française, quitta Yokohama avec les frégates *Sémiramis* et *Tancrède*, dans la matinée du 16 juillet. L'escadre arriva dans la mer Intérieure, par le canal de Boungo, le samedi matin 19, tandis que la frégate *Sémiramis* surveillait la côte. Le *Tancrède* se dirigea vers Simonosaki ; mais, arrivé dans la partie étroite du canal, les batteries japonaises firent feu sur lui. On riposta, et, dans l'après-midi, l'amiral envoya à terre la compagnie de débarquement du capitaine Daquillot; elle comptait 250 hommes, 80 matelots et 70 chasseurs du 3ᵉ bataillon d'Afrique. Le débarquement ne fut pas trop inquiété par les Japonais. Arrivé à la batterie, on la trouva presque abandonnée. Le parapet avait été labouré par nos boulets ; un canon était renversé, un autre hors de service et tout taché de sang ; mais on ne trouva pas un seul cadavre, tous avaient été emportés. Les canons étant encloués, le commandant fit entasser des broussailles, des nattes et d'autres matières inflammables sous les trains des canons, et on y mit le feu. Le magasin à poudre, situé en dehors de la batterie, était intact; la poudre et toutes les autres munitions furent jetées à la mer.

Cependant tandis que ces tristes événements se passaient, le gouvernement du Taïkoun, comprenant la gravité de la situation, manifestait des dispositions conciliantes, et s'attachait à faire oublier aux étrangers le décret d'expulsion qu'il ne pouvait rétracter ostensiblement. Il cherchait surtout à empêcher les agents européens d'exiger la continuation des relations directes avec Yédo même ; on rendit aux Européens le séjour de Yédo impossible et ils furent cantonnés à Yokohama. C'était alors un pauvre village; il devint, en trois ans, une ville riche et florissante.

Enfin, une assemblée générale des Daïmios eut lieu. Le Taïkoun et ses ministres, plus en contact avec les étrangers, et, par conséquent, mieux à même de juger de l'état des choses, parvinrent enfin, soit par la persuasion, soit par la crainte qu'inspiraient les représailles européennes dont ils firent un énergique exposé, à ramener les Daïmios à des vues plus pacifiques. Soixante-cinq voix contre quarante-sept décidèrent, après de longs débats, qu'il n'y avait pas lieu de déclarer la guerre aux étrangers. Le gouvernement du Taïkoun continua, dès lors, à entretenir de bonnes relations avec les Européens, et elles furent resserrées plus étroitement lorsqu'à leur retour d'Occident les ambassadeurs japonais purent dire les soins, les attentions et les prévenances honorables dont ils avaient été l'objet en France, en Angleterre, en Hollande et en Prusse.

Cette seconde victoire, plus décisive que la première, de la civilisation moderne sur le gouvernement japonais, n'a pas tardé à porter ses fruits. Les excursions dans l'intérieur du Japon se sont succédé, nombreuses et fructueuses, malgré toutes sortes d'entraves apportées par la surveillance d'une police tracassière, et, quoique imparfaits encore, les renseignements déjà obtenus permettent de se faire une idée vraie et juste de ce pays et de ses habitants, dont les mœurs et les coutumes contrastent si étrangement avec les nôtres.

Ce qu'on nomme l'empire du Japon est un vaste ensemble d'îles aux contours bizarres, situé à l'est du continent asiatique. Les principales de ces îles sont celles de Yeso, de Nippon ou Niphon, de Sikoff et de Kiousiou. Une quantité d'îlots et de rochers, dont le nombre est de quatre mille environ, forme comme une ceinture de défense autour des grandes îles. La superficie de ce pays si morcelé, est évaluée à 370,000 kilomètres carrés environ, et sa population a plus de 30 millions d'individus.

L'aspect général du Japon est encore peu connu ; mais si l'on en juge par les environs des villes accessibles aux étrangers, on peut dire qu'aucune terre ne possède une apparence plus riante. La végétation, d'une vigueur et d'une beauté remarquables, commence au bord même de l'eau et gravit gaiement les collines, respectant à peine quelques maisons de campagne bâties par de riches Japonais, et de nombreux temples admirablement situés ; on ne trouve nulle autre part un mélange pareil des plantes des tropiques et des climats tempérés ; à côté des plus beaux arbres d'Europe, on aperçoit un groupe de bambous ou un bouquet d'énormes camélias, et le parfum du camphrier se répand au loin. Ici des champs fertiles que l'industrie des cultivateurs a su étager gracieusement jusqu'à de gran-

des hauteurs ; là, des hameaux aux maisons propres et gaies, perdues dans le feuillage des ravines.

Le peuple qui habite un aussi beau pays, ne peut être que doux et bienveillant ; aussi tous les voyageurs s'accordent-ils à faire l'éloge des Japonais, à vanter leur affabilité, leur politesse excessive, leurs sentiments délicats, leur goût pour les belles choses ; en un mot, à en faire un portrait qui est l'exacte contre-partie de celui qui nous les représentait naguère roulant de gros yeux et la main toujours sur la poignée de leurs grands sabres.

Bien des opinions ont été émises relativement à l'origine des Japonais ; les unes les font descendre des Chinois leurs voisins ; les autres les considèrent comme une des migrations sorties de la division des premiers habitants de Babylone ; d'autres enfin leur donnent les Tartares pour ancêtres.

Suivant l'historien Fraissinet, il ressort positivement des annales de la Chine, que sous le règne d'Ou-Yé, vingt-cinquième empereur de la dynastie des Xams, les nations barbares qui habitaient au nord du Céleste-Empire, étant devenues trop nombreuses, il s'en détacha plusieurs colonies qui allèrent peupler les îles situées dans l'Océan Oriental. Or Ou-Yé monta sur le trône dans l'année 1196 avant notre ère, et cette date semble très-bien correspondre à l'époque où doivent avoir vécu les premiers habitants du Japon.

Cinq cents ans après l'émigration que signalent les historiens chinois, Zin-mou, chef de l'une des tribus encore presque sauvages qui, alors, peuplaient quelques parties de l'archipel, s'empara par les armes et la politique d'une autorité absolue sur tous les habitants. Ce fut lui qui fonda la dynastie des Mikados et la religion des Kamis, le culte des aïeux. Ces événements eurent lieu vers l'an 660 avant notre ère. Si le peuple japonais était autochtone, pourquoi aurait-il ainsi continué la vie nomade et patriarcale jusqu'à l'époque de Zinmou, quand la Chine, si rapprochée, était déjà un puissant empire depuis plus de quinze siècles? Il est bien plus rationnel d'admettre que, réfugiés sur les terres du Japon, les Tartares expatriés les peuplèrent de 1196 à 660, époque à laquelle, étant suffisamment préparés à la vie civilisée, ils reçurent une constitution politique et religieuse.

Quelques auteurs japonais parlent cependant d'une immigration de Chinois qu'ils racontent ainsi :

Sikouo, empereur de la Chine, grand tyran et fort détesté de ses sujets, mais qui tenait beaucoup à la vie, fit un jour de profondes et tristes réflexions sur la brièveté de l'existence humaine. Il se dit à lui-même qu'il était bien dur de quitter l'empire, avec toute la grandeur et la puissance dont il était entouré, dans un espace de temps aussi court que celui auquel notre vie est bornée.

Cette pensée, une fois entrée dans son esprit, n'en sortit plus ni la nuit ni le jour. Elle le conduisit insensiblement à chercher s'il ne serait pas possible de trouver quelque panacée qui pût le garantir de la mort. L'autocrate promit une magnifique récompense à celui qui résoudrait le problème ; il envoya à cet effet des hommes sages et savants dans toutes les parties du monde.

Un des premiers médecins de la cour, Siou-Fou, se sentait, depuis longtemps, fort peu tranquille au sujet du caractère de Sikouo. Rien n'était plus naturel que son inquiétude, car ce prince, pour le plus léger caprice, ou sur le plus frivole soupçon, faisait tomber la tête de ses meilleurs serviteurs. Notre médecin ne sentait donc pas la sienne très-assurée sur ses épaules. Il épiait constamment une occasion de quitter la compagnie d'un maître aussi dangereux. Cette occasion, il crut l'avoir trouvée dans la nouvelle fantaisie de l'empereur, et, bien loin de le détourner de sa folle recherche, il eut soin de l'y encourager.

« Oui, très-éclatant Fils du Ciel, lui dit-il, certainement il est possible de constituer ce remède universel qui peut vous procurer une existence sans limites. Les ingrédients qui doivent le composer se trouvent dans des îles situées sous le soleil levant. Mais ils sont d'une organisation si subtile et si délicate, qu'ils se flétriraient à l'instant même et perdraient toute leur vertu, s'ils n'étaient pas cueillis par des mains chastes et pures. Donnez-moi trois cents jeunes garçons et autant de jeunes filles, vierges de corps et d'esprit, tous d'une constitution saine et robuste. Je m'offre à les conduire moi-même, et nous vous apporterons bientôt le baume désiré. »

Sikouo donna dans le piége. Il équipa la colonie à ses frais et la fit partir. Mais au lieu d'aller chercher l'herbe d'immortalité, à laquelle d'ailleurs il ne croyait pas le moins du monde, le rusé médecin, qui ne voulait que se soustraire à la domination du tyran, fut s'établir au Japon avec ses jeunes compagnons et n'en revint plus.

Cette légende est-elle vraie? Tout ce qu'elle dit de Sikouo se trouve confirmé par les souvenirs des Chinois, qui le représentent comme un des trois Nérons de leur histoire. D'un autre côté, la tradition populaire du Japon est fort précise sur le chapitre de la colonie chinoise. On montre encore l'endroit de la côte où aborda le médecin du Céleste Empereur, celui où il fixa son séjour, et les pierres d'un temple érigé jadis en son honneur, pour le récompenser d'avoir apporté les premiers éléments de la civilisation, des arts et des sciences.

Mais si les Japonais adoptent le fait de cette immigration, ils ne regardent pas pour cela les Chinois comme les fondateurs de leur pays. Ils placent, en effet, l'arrivée des étrangers à une époque où la monarchie japonaise avait déjà plus de quatre cents ans d'existence.

Quoiqu'il en soit, ce qu'il y a de plus vraisemblable, c'est que cette nation, aujourd'hui si nombreuse et si puissante, n'a été, pendant plusieurs siècles, qu'une pauvre tribu retirée dans les montagnes du Japon, le plus loin possible de la terre ferme d'où elle s'était enfuie pour échapper à des ennemis plus forts. Ces premiers habitants menaient une vie simple et nécessiteuse, se nourrissant de bétail, de plantes, de racines, de fruits. Ce n'est que très-lentement qu'ils ont fait des progrès dans l'agriculture et dans les autres arts de première nécessité.

N'est-ce pas un merveilleux phénomène que cette nation, qui après avoir été contemporaine des plus puissantes sociétés antiques, a survécu aux ruines de l'Égypte, de la Perse, de la Grèce et de Rome, et se retrouve encore aujourd'hui debout, avec sa vieille civilisation, en face de la civilisation européenne? Et n'est-ce pas aussi un spectacle curieux de voir les résultats étranges de cette civilisation plus de mille fois séculaire; car les Japonais sont nos antipodes de toutes manières, et, comme l'a dit un auteur humoristique, lorsqu'on a passé quelque temps au milieu d'eux, on n'a plus le droit de s'étonner de rien au monde.

CHAPITRE II

LA RELIGION ET LE GOUVERNEMENT AU JAPON

La cosmogonie japonaise. — Légende d'Izanaghi et d'Izanami. — Rapide extension du Bouddhisme. — Troubles religieux. — Les missionnaires chrétiens. — Progrès du Christianisme. — Premières persécutions. — Les supplices. — Extinction du Christianisme au Japon. — Les cultes actuels. — Le Sinto et le Bouddhisme japonais. — Les dieux domestiques. — Les temples et les sanctuaires. — Les bonzes. — Pratiques religieuses. — Les Matsouris ou fêtes anniversaires. — Le Mikado. — Son origine et son caractère sacré. — Les Taïkouns, leur histoire. — Les Daïmios. — Situation politique actuelle du Japon. — L'armée japonaise. — Administration et législation pénale.

La science, confirmant les données de la tradition, constate qu'à l'époque où s'ouvre l'ère historique du Japon, c'est-à-dire six siècles environ avant Jésus-Christ, il existait déjà dans ce pays une religion qui lui était propre, qui n'a jamais été introduite ni pratiquée ailleurs, et qui s'est conservée jusqu'à nos jours, quoique sous une forme altérée et dans un état d'infériorité à l'égard d'autres sectes d'une origine postérieure.

Cette religion, qu'on peut considérer comme la religion nationale du Japon, plutôt à cause de son caractère patriotique et de son antiquité qu'à cause du nombre actuel de ses adhérents, est le Sinto, ou culte des Kamis ou des aïeux. Mais ce ne sont pas les aïeux en général, ni les aïeux de telle ou telle famille en particulier qui sont ainsi vénérés ; ce sont les personnages fabuleux de la cosmogonie nationale, c'est-à-dire les gé-

nies protecteurs du Japon et du peuple qui l'habite.

Au commencement, dit la tradition japonaise, il n'y avait ni ciel ni terre. Les éléments de toutes choses formaient une masse liquide et trouble, semblable au contenu d'un œuf dont le blanc et le jaune auraient été mêlés.

Dans l'espace infini que remplissait ce chaos, il surgit un dieu qui s'appelle le divin Être suprême, dont le trône est au milieu du ciel. Ensuite vint le dieu créateur, haut élevé sur la création ; puis le dieu créateur, qui est le sublime esprit. Chacun de ces trois dieux primitifs avait son existence propre, mais ils ne s'étaient pas encore révélés hors de leur nature spirituelle.

Alors il s'opéra peu à peu un travail de séparation dans le chaos. Les atomes subtils roulant dans diverses directions formèrent le ciel. Les atomes plus grossiers s'attachant et adhérant les uns aux autres produisirent la terre. Les atomes subtils constituèrent très-promptement la voûte céleste arrondie au-dessus de nos têtes. Les atomes grossiers s'agrégeant plus lentement en corps solide, la terre ne fut faite que longtemps après le ciel.

Quand la matière terrestre flottait encore comme un poisson qui s'ébat à la surface des eaux, ou comme l'image de la lune qui tremble dans une onde limpide, il apparut entre le ciel et la terre quelque chose de semblable à une branche d'épine douée de mouvement et susceptible de transformation.

Elle fut changée en trois dieux, qui sont : Kouni-toko-datsi, no Mikoto, Kouni-satsou-tsi, no Mikoto, et Toyo-Koumou-Sou, no Mikoto. Après ces trois premiers dieux, il y eut quatre couples de dieux et de déesses, savoir : Wouhidsi-ni, no Mikoto, et sa compagne ; Ooto-tsi, no Mikoto, et sa compagne ; Omotarou, no Mikoto, et sa compagne ; enfin Izanaghi, no Mikoto, et sa compagne Izanami.

Un jour, Izanaghi, le septième des dieux célestes, résolut d'appeler à l'existence un monde inférieur. Quand il l'eut vu s'élever au-dessus des flots de l'Océan, il se sentit attiré vers cette nouvelle création, et s'adressant à sa divine compagne Izanami, il lui proposa de descendre sur la terre.

La déesse accepta avec plaisir cette aimable invitation, et les deux célestes époux, appuyés sur la balustrade de leurs demeures éthérées, se demandèrent quel serait le lieu qu'ils choisiraient pour but de leur pérégrination. Leurs regards parcourant les gracieux bassins de la mer intérieure du Japon, ils décidèrent, d'un commun accord, de se diriger vers la belle île d'Awadsi : elle repose, comme une corbeille de feuillages et de fleurs, sur les eaux calmes et profondes que protégent d'un côté les rochers de Sikoff et de l'autre les fertiles rivages de Nippon.

Lorsqu'ils y furent arrivés, ils ne pouvaient se rassasier des charmes de cet asile solitaire. Tantôt ils parcouraient les campagnes émaillées de fleurs, qui s'étendent au bord de la mer, sur la côte septentrionale ; tantôt gravissant les collines, ils respiraient les parfums des bosquets de myrtes et d'orangers, ou s'asseyaient au bord d'une fraîche cascade dont le murmure se mêlait au gazouillement des oiseaux, Le centre de l'île leur offrait, sur les croupes des hautes montagnes, le vaste ombrage des pins, des camphriers et d'autres arbres aromatiques, ou la mystérieuse retraite de grottes tapissées de mousse et voilées d'un rideau de lianes ondoyantes.

En voyant cette île qui était leur ouvrage, cette belle nature dont ils avaient eux-mêmes évoqué les éléments, ces oiseaux qui suspendaient gaiement leurs nids aux branches des bocages, il leur sembla que l'existence terrestre n'était pas indigne des dieux mêmes. Les jours, les saisons, les années s'écoulèrent, et un temps vint où le couple divin n'errait plus solitaire dans les prairies et sur les collines : une troupe de gais enfants s'ébattaient sous ses yeux, au seuil de sa demeure, dans une riante vallée de la belle Awadsi.

Cependant, à mesure qu'ils grandissaient, un voile de tristesse obscurcissait parfois les regards de leurs parents. Le céleste couple, en effet, ne pouvait ignorer que tout ce qui naît sur la terre est assujetti à la mort. Ses enfants, tôt ou tard, devaient donc subir l'impitoyable loi du trépas. Cette pensée faisait frémir la douce Izanami. Il ne lui était pas possible de se représenter qu'un jour elle dût fermer les yeux de ses enfants, et continuer de jouir elle-même de l'immortalité. Il lui semblait préférable de descendre avec eux dans la tombe.

Izanaghi résolut de mettre fin à une situation qui devenait toujours plus angoissante. Il persuade son épouse de remonter avec lui aux célestes demeures, avant que le spectacle de la mort ait attristé leur bonheur domestique.

« Il est vrai, lui dit-il, que nos enfants ne pourront pas nous suivre au séjour de la félicité immuable ; mais je saurai, en les quittant, adoucir la douleur de la séparation par un legs qui leur donnera le moyen de se rapprocher de nous, autant que le permet leur condition mortelle. »

Il dit, et l'heure des adieux étant arrivée, il invita ses enfants à essuyer leurs larmes et à prêter une oreille attentive à ses dernières volontés. Il commença par leur dépeindre, en des images pour lesquelles la parole humaine n'a pas d'expressions, cet état d'immuable sérénité, qui est l'apanage incorruptible des habitants du ciel. Il le fit resplendir à leurs yeux comme la pure lumière d'un astre, inaccessible sans doute, mais que déjà l'on croit pouvoir atteindre du sommet de la montagne qui borde l'horizon.

« Ainsi, ajouta-t-il, sans posséder ici-bas cette félicité réservée seulement à un monde supérieur, il ne tiendra qu'à vous d'en avoir, dès votre vie terrestre, comme la contemplation, la jouissance anticipée, pourvu que vous suiviez religieusement mes recommandations. »

A ces mots, élevant de la main droite le disque d'argent poli qui tant de fois avait reflété la pure image de sa divine compagne depuis qu'elle était descendue sur la terre, il fit agenouiller ses enfants et poursuivit d'un ton solennel :

« Je vous laisse ce précieux souvenir. Il vous rappellera les traits bienheureux de votre mère. Mais, en même temps, vous y contemplerez votre propre image. Ce sera pour vous, il est vrai, l'occasion de comparaisons humiliantes.

« Toutefois, ne vous arrêtez pas à faire un douloureux retour sur vous-mêmes. Efforcez-vous de vous assimiler la divine expression du modèle adorable que désormais vous ne pourrez plus chercher qu'au ciel.

« Chaque matin vous vous mettrez à genoux en face de ce miroir. Il vous signalera les rides que tel ou tel souci terrestre pourrait graver sur votre front, ou le désordre qu'une passion funeste jetterait parmi les traits de votre physionomie. Effacez ces empreintes du mal ; revenez à l'harmonie, à la sérénité, et alors adressez-nous votre prière en toute simplicité et sans hypocrisie, car soyez bien persuadés que les dieux lisent dans votre âme comme vous lisez dans vos yeux quand vous regardez ce miroir.

« Que si, dans la journée, vous sentez dans vos cœurs quelque mouve-

LE JAPON. — Guerriers japonais.

ment tumultueux, d'impatience, d'envie, de cupidité, de colère, dont vous ne puissiez spontanément réprimer les premières atteintes, accourez au sanctuaire de votre invocation matinale ; venez-y renouveler vos ablutions, vos actes de recueillement et vos prières.

« Enfin, que chaque soir, avant de vous livrer au repos, votre dernière pensée soit un retour sur vous-mêmes et une nouvelle aspiration à la félicité de ce monde supérieur où nous vous précédons [1] ! »

Ici s'arrête la légende ; mais la tradition ajoute que les enfants d'Izanaghi consacrèrent, par un monument de leur

[1] A. Humbert. *Le Japon* (le Tour du monde, année 1866. Libr. Hachette et Comp.).

piété filiale, l'endroit où ils avaient reçu les adieux de leurs divins parents. Ils y élevèrent un autel de bois de cèdre, sans autres ornements que le miroir d'Izanami et deux vases formés de deux tronçons de bambou, supportant l'un et l'autre un bouquet des fleurs qu'elle aimait. Une simple cabane de forme carrée, recouverte d'une toiture de jonc, protégeait le rustique autel. On la fermait au moyen de deux châssis à coulisse, mais seulement quand le mauvais temps rendait cette précaution nécessaire. C'est là que, matin et soir, les enfants d'Izanaghi célébraient le culte que leur avait enseigné leur père.

Ils régnèrent sur la terre, de génération en génération, durant une période de deux à trois millions d'années, et devinrent à leur tour des esprits bienheureux, des Kamis immortels.

Le culte des aïeux resta pendant longtemps le seul en honneur au Japon. Ce n'est que vers l'an 550 de notre ère, qu'une nouvelle doctrine fut introduite dans le pays. Cette doctrine, originaire de l'Inde, et qui compte plusieurs centaines de millions d'adhérents, est le bouddhisme.

Loin de renier l'origine étrangère du bouddhisme, les Japonais se font un devoir de la rappeler par divers symboles, et ils racontent ainsi l'introduction de ce culte au Japon.

Kin-Meï, le trentième Mikado, reçut un jour du roi de Petsi, en Corée, une statue de Bouddha, ainsi que des livres, des bannières, un baldaquin et d'autres objets destinés à l'usage du culte. Une lettre, jointe à ces présents, les accompagnait des recommandations suivantes : « Voici la meilleure de toutes les doctrines. Venue de l'Inde lointaine, elle nous révèle ce qui fut un mystère pour Confucius lui-même, et nous transporte dans un état final dont la félicité ne peut être surpassée. Le roi de Petsi la communique à l'empire du Mikado, afin qu'elle s'y répande et qu'ainsi s'accomplisse ce qui est écrit dans les livres de Bouddha : Ma doctrine s'étendra vers l'Orient. »

Les progrès du bouddhisme furent extrêmement lents, jusqu'au jour où un ministre de cette religion imagina un moyen de se rendre favorable le Mikado lui-même. Aussitôt qu'il aperçut à la cour le petit-fils de ce dernier, jeune garçon de six ans, dont la naissance avait eu quelque chose d'extraordinaire, il se prosterna aux pieds de l'enfant miraculeux et l'adora, en annonçant qu'il reconnaissait en lui l'incarnation d'un émule de Bouddha, un nouveau patron de l'empire, un futur propagateur de la lumière religieuse.

Le Mikado se laissa persuader de vouer cet enfant au sacerdoce et de confier son éducation au ministre bouddhiste. Le reste se devine. Ce jeune garçon devint l'initiateur et le premier grand prêtre du bouddhisme dans l'empire du Japon. Il est aujourd'hui révéré sous le nom de Sjô-Tok-Daïsi, le saint et vertueux prince héréditaire.

La grande majorité de la population japonaise, sans abandonner tout à fait le culte des aïeux, ne tarda pas à embrasser la religion nouvelle. Celle-ci est d'ailleurs flexible, conciliante, insinuante et s'accommode facilement au génie et aux usages de peuples les plus divers ; elle l'emporte de plus, à quelques égards, sur les religions qu'elle a détrônées. Cette supériorité relative, elle la doit à la justesse de son point de départ, qui est l'aveu d'un besoin de délivrance, basé sur le double fait de l'existence du mal dans l'homme, ainsi que d'un état universel de misère et de souffrance dans le monde.

Les promesses du culte des aïeux se rapportaient à la vie présente. Les règles de la purification devaient préserver le fidèle des cinq grands maux, qui sont : le feu du ciel, la maladie, la pauvreté, l'exil et une mort précoce. Les pompes des fêtes religieuses avaient pour but la glorification des héros de l'empire. Mais dût le patriotisme être idéalisé jusqu'à la puissance d'un culte national, il n'en est pas moins vrai que ce sentiment si précieux et si respectable ne suffit pas pour remplir l'âme et assouvir tous ses besoins. L'âme humaine est plus grande que le monde. Il lui faut une religion qui la détache de la terre.

Le bouddhisme, en un certain sens, répondait à des aspirations de ce genre, jusqu'alors méconnues, et cette circonstance expliquerait, à elle seule, le succès avec lequel il s'est propagé au Japon. Mais il faut ajouter que les premiers ministres bouddhistes surent agir avec une habileté qui contribua puissamment à ce résultat.

Dès leur début, ils parvinrent à se faire confier des châsses et même de petites chapelles de Kamis pour les garder dans l'enceinte de leurs sanctuaires. Ils s'empressèrent de joindre à leurs cérémonies des symboles empruntés à l'ancien culte national. Enfin, pour mieux confondre les deux religions, ils introduisirent dans leurs temples à la fois des Kamis revêtus de titres et d'attributs de divinités indoues, et des divinités indoues transformées en Kamis japonais.

Il n'y avait rien d'inadmissible dans de pareils échanges, qui s'expliquaient tout naturellement par le dogme de la transmigration. A l'envisager superficiellement, le bouddhisme semblait même ne faire autre chose que d'ajouter sa sanction aux anciens souvenirs nationaux et de nouveaux objets de vénération à ceux dont s'alimentait la dévotion des masses.

C'est ainsi que chacune des mille divinités de la mythologie bouddhiste se fit place au Japon ; elle y posséda bientôt des temples, des statues, des confréries monastiques. Les bonzes, les religieux, les nonnes abondèrent dans tout l'empire, et principalement dans le centre et le sud. Chaque couvent rivalisa d'industrie avec ses voisins pour se procurer la plus grasse clientèle.

Peu à peu, cependant, la concurrence devint si effrénée, que la jalousie, l'aigreur, la haine enfin envenima les rapports mutuels de certains ordres puissants et ambitieux. Des invectives, l'on passa aux voies de fait. La police japonaise se jeta au travers des premières mêlées de têtes tonsurées ; mais bientôt elle fut hors d'état d'opposer une digue au torrent.

Des bandes de furieux en froc et en soutane, armés de bâtons, de piques, de fléaux, se ruaient pendant la nuit sur les propriétés de la confrérie qui leur portait ombrage. Ils ravageaient tout ce qu'ils rencontraient sur leurs pas, maltraitaient, tuaient ou dispersaient les conventuels, victimes de leur guet-apens, et ne se retiraient qu'après avoir mis le feu aux quatre coins de la bonzerie. Mais tôt ou tard les agresseurs, assaillis à leur tour à l'improviste, subissaient le même traitement.

Pour protéger leurs couvents contre un coup de main, de riches prieurs les convertirent en forteresses. Leur audace s'accrut de l'impéritie du gouvernement. Des confréries ennemies se rencontrèrent en armes aux abords des temples qu'elles possédaient, et plusieurs fois les incendies allumés à la suite de ces échauffourées, se communiquèrent aux quartiers voisins et occasionnèrent d'immenses désastres.

Un des plus illustres Taïkouns du Japon, Fidé-Yosi, résolut d'en finir, une fois pour toutes, avec les moines et leurs querelles. Il surprit et occupa militairement tous les couvents les plus remuants, en rasa les défenses, fit déporter dans des îles lointaines les conventuels qui s'étaient rendus coupables d'atteintes à la paix publique, et soumit tout le clergé japonais, indistinctement, à la surveillance d'une police active, sévère, inexorable.

Il statua que les bonzes seraient désormais de simples usufruitiers des terres qu'ils possédaient, tandis que le gouvernement en aurait la nue-propriété et s'en réserverait la libre et entière disposition. Enfin, il ordonna aux dignitaires du clergé, tant régulier que séculier, de se renfermer strictement, eux et leurs subordonnés, dans le cercle de leurs attributions religieuses. C'est une loi dont les prêtres japonais ne se sont plus départis.

Peu de temps après que Fidé-Yosi eut ainsi délivré l'empire de ses troubles monastiques, des événements importants, dont nous avons déjà dit quelques mots [1], plongèrent le pays dans de nouveaux troubles.

Les Portugais venaient d'obtenir l'autorisation d'expédier chaque année de Goa au Japon, un navire chargé de marchandises. Dans l'un de ces premiers voyages, le navire portugais, au moment de retourner à Goa, donna secrètement asile à un gentilhomme japonais nommé Hansiro, qui avait commis un homicide.

L'illustre jésuite François Xavier, tout nouvellement débarqué à Goa, entreprit l'instruction religieuse du fugitif japonais et lui administra le baptême. En 1549, une première mission des jésuites s'installait dans l'île de Kiousiou, sous la direction de saint François Xavier lui-même et avec l'aide de Hansiro.

Un mouvement de surprise et de sainte terreur saisit d'abord les missionnaires, lorsqu'ils rencontrèrent au Japon tant d'institutions, de cérémonies et d'objets de culte presque tout à fait semblables à ceux qu'ils venaient y apporter. Sans prendre garde à l'antiquité du bouddhisme, ils s'écrièrent que cette religion ne pouvait être qu'une façon diabolique de la véritable Église.

[1] Chap. I, p. 4.

Cependant ils ne tardèrent pas à découvrir qu'il y avait moyen de tirer quelque profit de la circonstance dans l'intérêt de leur propagande. Rien dans la doctrine du bouddhisme ne s'oppose à l'admission de Jésus au nombre des bouddhas, qui, durant la suite des siècles, sont apparus sur la terre. Il n'y avait pas non plus de difficulté insurmontable à donner à la Vierge la prééminence sur les reines du ciel de l'ancien panthéon. En un mot, le culte dominant fournissait tout au moins d'utiles points de contact et toutes sortes de prétextes ou de bonnes occasions pour entrer en matière.

Quoi qu'il en soit, cette première mission eut un succès prodigieux, et ce qui s'est passé dès lors autorise même à croire que, grâce au zèle apostolique et à la puissance de persuasion de saint François Xavier, il s'opéra dans toutes les classes de la société japonaise de nombreuses et sincères conversions au christianisme.

Quelques hauts dignitaires du bouddhisme en conçurent des inquiétudes pour leur religion, et portèrent aux pieds du Mikado leurs très-humbles remontrances :

— Combien, leur demanda le Mikado, estimez-vous qu'il existe de sectes dans mes États ?

— Trente-cinq, lui répondiront-ils instantanément.

— Eh bien ! celle-ci fera la trente-sixième, répliqua le jovial empereur.

Le Taïkoun Fidé-Yosi envisagea la question sous un autre point de vue.

Frappé de la circonstance que les missionnaires étrangers s'appliquaient non-seulement à répandre leurs doctrines parmi le peuple, mais à gagner la faveur des grands vassaux de l'empire, et que les tendances anarchiques de ces derniers puisaient un mystérieux aliment dans leurs relations avec ces prêtres, il découvrit que ceux-ci relevaient d'un souverain pontife portant une triple couronne et pouvant à son gré déposséder les plus grands princes, distribuer à ses favoris les royaumes de l'Europe, et disposer même des continents nouvellement découverts.

Il réfléchit que déjà les émissaires de ce redoutable dominateur de l'Occident s'étaient créé un parti à la cour du Mikado, et avaient fondé une maison dans sa capitale; que l'ancien Taïkoun Nobunaga s'était ouvertement montré leur protecteur et leur ami, et que dans son propre palais, à lui, Taïkoun en charge, il avait lieu de croire qu'il se tramait de ténébreuses intrigues parmi l'entourage de son jeune fils, héritier présomptif de son pouvoir,

Fidé-Yosi communiqua ses observations et ses craintes à un serviteur expérimenté, qu'il avait déjà chargé des missions les plus délicates. Le sombre et profond génie de ce confident, devenu célèbre dans l'histoire du Japon sous le nom de Hiéyas, s'appliqua sans relâche à sonder la gravité du danger. Une ambassade de chrétiens japonais, dirigée par le P. Valignani, supérieur de l'ordre des jésuites, était en route pour Rome. Hiéyas fournit à son maitre la preuve que les princes de Boungo, d'Omoura et d'Arima avaient écrit, à cette occasion, à l'empereur spirituel des chrétiens, le pape Grégoire XIII, des lettres dans lesquelles ils déclaraient se jeter à ses pieds et l'adorer comme leur seigneur suprême, en sa qualité de seul et unique représentant de Dieu sur la terre.

Le Taïkoun contint son exaspération. mais ce fut pour rendre sa vengeance d'autant plus éclatante. Il employa près d'une année à organiser avec son favori le coup qu'il méditait, Enfin, au mois de juin 1587, ses troupes sont à leur poste, réparties dans les provinces suspectes de Kiousiou et de la côte méridionale de Nippon, et en état de réprimer toute tentative de résistance. Aussitôt, le même jour, d'un bout à l'autre de l'empire, on affiche un édit du Taïkoun par lequel celui-ci ordonne, au nom et comme lieutenant du Mikado, la suppression du christianisme dans un délai de six mois, en prescrivant, comme mesures d'exécution, que les missionnaires étrangers soient bannis à perpétuité, sous peine de mort ; que leurs écoles soient immédiatement fermées, leurs églises rasées; les croix abattues partout où elles se trouvent ; et que les indigènes convertis abjurent la nouvelle doctrine entre les mains des officiers du gouvernement.

En même temps, pour constater l'accord des deux pouvoirs, le Mikado fait une visite solennelle à son lieutenant, tandis que celui-ci, pour récompenser les services de son fidèle Hiéyas, l'élève au rang de son premier ministre et l'institue gouverneur de huit provinces.

Toutes les mesures prévues par l'édit du Taïkoun s'accomplirent ponctuellement, à l'exception d'une seule, et c'était précisément celle qui, dans l'esprit de l'ancien palefrenier du palais, devait lui

causer le moins d'embarras. A sa profonde stupéfaction, les chrétiens indigènes de toute classe, de tout sexe, de tout âge, refusèrent absolument d'abjurer.

Il frappa dans leurs biens ceux qui possédaient des terres, et enrichit ses officiers de leurs dépouilles. D'autres furent mis en prison ou exilés dans les îles de déportation. Ces exemples de rigueur ne produisirent aucun effet.

La peine capitale menaça les récalcitrants. Ils présentèrent leurs têtes au sabre des bourreaux, avec une résignation jusqu'alors inconnue. Souvent le témoignage qu'ils rendaient de leur foi attirait les sympathies de la foule.

On varia les supplices. On alluma des bûchers, comme l'Inquisition portugaise le faisait à Goa. La crucifixion aussi fut la part d'un grand nombre de victimes.

Au Japon, l'on attache le patient à une croix à quatre branches : ses deux bras sont étendus sur les deux branches supérieures, et ses jambes sur les branches inférieures. On le laisse exposé du matin au soir dans cette situation. Au coucher du soleil, deux bourreaux, placés l'un à sa droite, l'autre à sa gauche, lui enfoncent sous les aisselles deux longues piques, dont le fer doit ressortir et se croiser sur la nuque, puis le cadavre est abandonné pendant vingt-quatre heures sur la croix.

Les martyrs japonais rivalisèrent, pour la constance de leur foi, avec les premiers confesseurs de l'Évangile. Le Hollandais François Caron, témoin oculaire des dernières phases de la persécution, dit que les rares exemples d'abjuration qui sont parvenus à sa connaissance, ont été dus principalement à l'emploi d'une torture plus affreuse que les supplices de la croix ou du bûcher. Elle consistait à pendre la victime, la tête en bas, dans l'intérieur d'une citerne, les pieds sortant de la margelle, que l'on fermait avec des planches pour rendre le puits tout à fait obscur. La mort ne délivrait le supplicié qu'au bout de huit à dix jours de souffrances [1].

Pendant trois années consécutives la fureur des officiers du Taïkoun s'épuisa en raffinements de barbarie et de brutalité, en inventions atroces, hideuses, indicibles, sur plus de vingt mille victimes, hommes et femmes, jeunes gens et jeunes filles, vieillards et petits enfants.

Tout à coup la persécution se ralentit, grâce à la guerre qui éclata entre le Japon et la Chine. Les chrétiens conçurent quelques espérances ; mais bientôt de nouveaux édits furent lancés contre eux, et ils périrent tous jusqu'au dernier.

De nos jours, trois ou quatre missionnaires français, jetés dans les îles Liou-Tchou, et sentinelles avancées du christianisme dans l'extrême Orient, attendent avec une religieuse impatience le moment de marcher sur les traces du grand apôtre des Indes. Mais leur zèle, jusqu'ici, est bien infructueux.

Uue armée de satellites est, nuit et jour, occupée à empêcher toute communication de leur part avec les insulaires. Leurs domestiques sont sans cesse renouvelés. Toutes les maisons qui ouvraient du côté de leur modeste demeure ont muré leurs fenêtres et leurs portes, et ont tourné leurs issues de l'autre côté. Lorsqu'ils sortent pour se promener dans la campagne, chacun a ordre de s'éloigner sur leur passage.

Les deux grandes religions qui existent actuellement au Japon sont donc le Sinto ou culte des aïeux, et le Bouddhisme, ce dernier adapté au génie et aux usages particuliers des Japonais.

Le Sinto est extraordinairement sobre de dogmes. Il se résume dans la croyance que les dieux qui ont créé le Japon, continuent de prendre intérêt à leur œuvre, et que les héros auxquels l'empire a dû sa puissance, habitent le séjour des dieux et y remplissent auprès de ceux-ci un rôle d'intercession en faveur de leur patrie.

Ces héros des premiers âges étaient des chevaliers errants, faisant la justice par la vigueur de leur bras, dans des temps où il n'y avait pas encore de lois, de magistrats et de force armée pour la faire respecter. Ils brisaient la tyrannie des géants, des dragons et des monstres altérés de sang humain. Plusieurs grandes villes ont tiré leur nom de ces hauts faits, et l'on conserve religieusement dans les temples les épées victorieuses de ces Hercules et de ces Thésées.

Le respect des grands hommes est tellement ancré dans le cœur de la nation, que tout Japonais, à quelque croyance qu'il appartienne, leur donne des marques publiques de vénération pour leurs vertus, et de reconnaissance pour les services importants qu'on a reçus d'eux. Mais pour leur être agréable, il faut s'approcher d'eux dans un état de pureté, célébrer dignement les fêtes consa-

[1] A. Humbert. *Le Japon.*

crées à leur mémoire, et visiter les lieux qu'ils ont illustrés par leur naissance ou leurs exploits.

L'accomplissement de ces courtes prescriptions ne rencontre aucune difficulté sérieuse. Quelques règles de conduite, en deux ou trois articles, fournissent à tout fidèle le moyen de s'assurer par lui-même s'il se trouve dans les conditions de pureté requises, ou d'aviser à la purification dont il peut avoir besoin, il n'est astreint à d'autres devoirs religieux qu'à entretenir soigneusement chez lui les deux éléments purificateurs, l'eau et le feu ; à témoigner sur sa personne, par des ablutions journalières, des bonnes dispositions de son âme, et à ne présenter au temple que des offrandes d'une fraîcheur incontestable.

On devient impur par des relations coupables, par la mort de parents consanguins, par l'attouchement d'un cadavre ; en répandant du sang, en se souillant de sang, en mangeant de la chair d'animaux domestiques. Pour sortir de cet état, il faut se soumettre aux formalités de l'expiation, pendant un temps plus ou moins prolongé, selon la gravité du cas. Elles consistent, pour les hommes, à laisser croître leur barbe et leurs cheveux, et à se couvrir la tête d'un vulgaire chapeau de paille ; pour les femmes, à se coiffer d'une pièce d'étoffe blanche ; pour les uns et les autres, à s'enfermer dans leurs appartements ou entreprendre un pélerinage, et à s'abstenir de certains mets et de toute distraction bruyante.

Le but principal que se proposent les sintoïstes , c'est le bonheur dans ce monde. Ils n'ont qu'une idée fort obscure et imparfaite de l'immortalité de l'âme, des peines et des récompenses au-delà du tombeau. Aussi ne s'inquiètent-ils pas de ce qu'ils deviendront après la mort. Tous leurs soins ont pour objet de se concilier la faveur des dieux qui gouvernent et dirigent les affaires d'ici-bas.

Le bouddhisme est aussi compliqué que le sinto est simple. Bien qu'on ait des documents immenses sur cette religion, il est impossible de faire aujourd'hui son histoire complète, et peut-être ne pourra-t-on la faire jamais à cause de son énorme étendue et de sa longue durée puisqu'elle comprend quinze ou vingt peuples au moins, depuis le Cachmire jusqu'à la Chine et le Japon et qu'elle embrasse un espace de deux mille cinq cents ans.

Bouddha, c'est-à-dire l'Intelligent, le Sage, est mort en l'an 543 avant notre ère, à l'âge de 80 ans. Fils d'un roi du nord de l'Inde, il se nommait Siddhârtha, de son nom de prince, et il ne prit celui de Bouddha que quand il eut arrêté, après de longues méditations, les bases de la doctrine nouvelle qu'il apportait au genre humain pour l'instruire et le sauver.

Cette doctrine part de cet axiome : que l'homme a été condamné de toute éternité à une rénovation perpétuelle d'existences qui se succèdent sans fin, et que la vie actuelle, exposée à la maladie, à la vieillesse et à la mort, est une chaîne effroyable dont on doit essayer de se délivrer à tout prix, de manière à ne jamais retomber dans cet abîme. Cela posé, le seul moyen de se délivrer de

LE JAPON. — Réception à la cour du Mikado.

cette chaîne et de se soustraire à la loi des renaissances perpétuelles, c'est de se plonger dans le nirvâna, c'est-à-dire dans le néant, d'où l'on ne revient pas, puisque l'on n'est plus. Mais comment arriver à ce merveilleux résultat? Par la contemplation. La contemplation est une sorte d'échelle mystique à deux étages, divisés l'un et l'autre en quatre degrés.

Pour franchir le premier échelon, l'ascète doit être détaché de tout autre désir que celui du néant. Dans cette situation d'âme, il juge et raisonne encore, mais il est à l'abri des séductions du mal; et le sentiment, que ce premier pas lui ouvre la perspective du néant, le jette dans une disposition extatique qui lui permet bientôt d'atteindre au second degré.

A ce second pas, la pureté de l'ascète reste la même ; mais, en outre, il a mis de côté le jugement et le raisonnement, en sorte que son intelligence, qui ne songe plus aux choses et ne se fixe que sur l'idée du néant, ne ressent que le plaisir de la satisfaction intérieure, sans le juger ni même le comprendre.

Au troisième degré, le plaisir de la satisfaction intérieure a disparu ; le sage est tombé dans l'indifférence à l'égard même du bonheur qu'éprouvait tout à l'heure encore son intelligence. Tout le plaisir qui lui reste, c'est un vague sentiment de bien-être physique dont tout son corps est inondé. Il n'a point perdu cependant la mémoire des états par lesquels il vient de passer, et il a encore une conscience confuse de lui-même, malgré le détachement à peu près absolu auquel il est arrivé.

Enfin, au quatrième degré, l'ascète ne possède plus ce sentiment de bien-être physique, tout obscur qu'il est ; il a également perdu toute mémoire ; bien plus, il a même perdu le sentiment de son indifférence, et, désormais libre de tout plaisir et de toute douleur, quel qu'en puisse être l'objet, soit au dehors soit au dedans, il est parvenu à l'impassibilité aussi voisine du néant qu'elle peut l'être durant cette vie.

C'est alors qu'il est permis à l'ascète d'aborder le second étage de la contemplation, les quatre régions superposées du monde sans formes. Il entre d'abord dans la région de l'infinité en espace. De là il monte un degré nouveau, dans la région de l'infinité en intelligence. Parvenu à cette hauteur, il atteint une troisième région, celle où il n'existe rien. Mais comme dans ce vide et ces ténèbres on pourrait supposer qu'il reste du moins encore une idée, qui représente à l'ascète le néant même où il se plonge, il faut un dernier et suprême effort, et l'on entre dans la quatrième région du monde sans formes, où il n'y a plus ni idées, ni même une idée de l'absence d'idées [1].

Tels sont les mystiques exercices du bouddhisme, et Boddhi-Dharma en fut le promoteur au Japon. Le premier effet de la prédication d'une semblable doctrine dut être de défrayer largement la curiosité des Japonais, questionneurs et musards autant que les Indous sont taciturnes et contemplatifs. Comme ils n'éprouvaient d'ailleurs aucune impatience de se plonger dans le néant, ils se préoccupèrent surtout de ce qui pouvait se passer entre la mort et l'extinction finale. Bientôt, les bonzes aidant, il y eut en circulation, dans les villes et les campagnes, un certain nombre d'idées convenues sur l'âme, la mort et la vie à venir, sans préjudice, bien entendu, de ce que l'on avait appris de ses pères touchant les anciens dieux et les vénérables Kamis nationaux.

L'âme de l'homme, disait-on, c'est comme une vapeur flottante, allongée, indissoluble, ayant la forme d'un têtard et un mince filet de sang qui va du

[1] Barthélemy Saint-Hilaire. *Bouddha et sa religion.*

sommet de la tête à l'extrémité de la queue. Si l'on y prenait garde on la verrait s'échapper des maisons mortuaires, à l'instant où le moribond rend le dernier soupir. En tout cas, il est facile de distinguer le craquement des châssis sur son passage. Où va-t-elle? on n'en sait rien ; mais elle ne manque pas d'être recueillie par les esprits servants du grand juge des enfers. Ils l'amènent devant son tribunal, et le juge la fait agenouiller devant un miroir qui lui retrace impitoyablement tout le mal qu'elle a commis. Les âmes chargées de crimes errent, suivant la gravité du cas, dans l'un ou l'autre des dix-huit cercles concentriques de l'enfer. Les âmes en voie de purification séjournent dans un purgatoire, dont on leur ouvre le couvercle quand elles peuvent reprendre, sans crainte de rechute, le cours progressif de leur pèlerinage.

Outre leurs deux religions nationales, les Japonais ont encore une sorte de culte privé qui s'adresse à des dieux particuliers appelés communément dieux du bonheur, et qui ne sont autre chose que la personnification des béatitudes humaines. C'est ainsi qu'à côté des cultes officiels et de leurs théogonies nuageuses, le peuple a formulé sa pensée intime en se créant une mythologie à son usage, purement symbolique et purement humaine comme celle des Grecs, avec cette différence toutefois qu'elle se borne aux seuls types de la félicité terrestre, et qu'elle est franche de toute prétention à la beauté idéale.

Les dieux du bonheur sont au nombre de sept et leur rôle est de procurer aux hommes les béatitudes suivantes : la longévité, la richesse, la nourriture quotidienne, le contentement, les talents, la gloire et l'amour. C'est dans la pièce la plus reculée de la maison que se trouve leur sanctuaire. L'autel se compose d'un léger échafaudage en bois de cèdre généralement à deux étages et tout entier recouvert d'un tapis rouge. Le rayon supérieur supporte deux idoles en bois dur, flanquées de deux lampes en métal, et le rayon inférieur, trois petits guéridons en laque chargés des prémices de l'année. A la paroi qui sert de rétable, sont déroulées et suspendues de saintes images montées sur toile, et à quelques pas en avant de l'autel s'élèvent deux hauts chandeliers de bronze, surmontés chacun d'une grosse bougie. C'est là, entre les deux candélabres, que le père de famille viendra s'agenouiller, seul, ou accompagné de sa fidèle ménagère, pour invoquer les divinités tutélaires de sa maison.

Il arrive rarement qu'une famille se place sous leur patronage collectif. Le plus souvent l'homme du peuple se borne à invoquer le dieu de la nourriture quotidienne ou à lui adjoindre le dieu des richesses. La classe des marchands associe volontiers aux deux premiers ceux du contentement et de la longévité. Les quatre, réunis, s'appellent communément les dieux de la fortune et de la prospérité.

Le patron de la longévité est naturellement le plus vénérable des sept types de la mythologie du peuple japonais. On lui donne le nom de Fkourokou-Shiou, et, par abréviation, celui de Shiou-Rô.

Comme sa vie est incommensurable, il a tant observé, tant médité, tant réfléchi, que son front chauve en a pris un développement d'une élévation prodigieuse. Sa grande barbe blanche lui couvre la poitrine. Lorsqu'il marche à pas lents, plongé dans ses rêveries, il traîne d'une main sa rustique houlette, et de l'autre il tire délicatement entre deux doigts le plus long des poils de ses sourcils. Ses principaux attributs sont la tortue et la grue. On le représente aussi accompagné d'un cerf, blanc de vieillesse. Pour lire plus commodément, il suspend son rouleau à l'un des andouillers du docile animal. Shiou-Rô a de jeunes disciples, dont l'un, à force de tension d'esprit, n'a pas trop mal réussi à se doter d'un soulèvement frontal, digne de rivaliser un jour avec les dimensions de la tête du maître. Celui-ci ne doit jamais manquer aux festins de noces dans les familles de la classe bourgeoise. Son image, ordinairement esquissée à grands traits sur de la toile d'ortie, est suspendue à la paroi, au-dessus de l'autel domestique. L'artiste y ajoute volontiers quelques accessoires qui donnent au tableau un sens allégorique. Telle est cette peinture qui représente Shiou-Rô tenant en main une grosse perle et descendant du haut des airs, porté sur une grue : elle signifie que la longévité est le plus précieux des dons du ciel.

Le dieu de la nourriture quotidienne est personnifié sous les traits du patron des pêcheurs, Yébis, frère disgracié du Soleil, réduit lui-même à la condition de pêcheur et de marchand de poisson ; car le poisson, pour les Japonais, c'est, comme le pain dans nos contrées, l'aliment universel et journalier. Aussi n'est-il pas de divinité plus populaire parmi eux que ce bon Yébis, toujours à l'œuvre et toujours souriant, soit qu'il ait la chance exceptionnelle de prendre à l'hameçon le beau poisson Taï, soit qu'il porte modestement au marché quelques vulgaires produits de sa pêche en les chargeant, selon les cas, sur son épaule ou dans les paniers de son vieux cheval de somme.

Son confrère et son compagnon le plus habituel dans les oratoires domestiques, c'est Daïkok-Ten, ou Daïkokou, le dieu des richesses. Grâce à cette association, le pêcheur, l'agriculteur, l'artisan, le marchand même, tous fervents adorateurs de Yébis, déclarent, d'une part, se contenter de la nourriture quotidienne, sans dissimuler, de l'autre, que les largesses de Daïkokou ne leur seraient pas désagréables. Les artistes indigènes semblent traiter ce dieu sans grande révérence. Ils en font un vilain petit ragot, coiffé d'une toque aplatie, chaussé de grosses bottes, et planté sur deux balles de riz fermées d'un nœud de perles. Tenant de la main droite un marteau de mineur, il porte de la gauche, sur son épaule, un grand sac propre à resserrer ses trésors. On lui donne plaisamment pour attribut le rat, cet ennemi par excellence de la propriété.

Les bonzes, témoins du culte assidu que la classe marchande rend à Daïkokou, ainsi que de la faveur plus ou moins ironique que lui accordent les pauvres et les peintres très-spécialement, ont imaginé une légende selon laquelle ce divin patron des richesses souterraines se serait engagé envers le grand Bouddha de l'Inde à entrer au service de sa religion en qualité de simple frère lai; et c'est pourquoi l'on trouve la grotesque image du patron des richesses dans le vestibule de tous les temples bouddhistes, afin que sa présence serve d'exemple et d'encouragement à toute la multitude de ses adorateurs.

Hoteï, c'est-à-dire le bonhomme au sac de chanvre, personnifie le contentement d'esprit au sein de l'indigence : c'est le sage sans feu ni lieu, détaché de tous les biens terrestres ; c'est le Diogène du grand Nippon. Il ne possède en propre qu'un lambeau de serpilière, une besace et un éventail. Quand sa besace est vide, il ne fait qu'en rire et la prête aux enfants de la rue, qui l'utilisent pour leurs jeux. De son côté, il la convertit tour à tour en matelas, en oreiller, en moustiquaire ; il s'assied dessus comme sur une outre, pour traverser un cours d'eau. Hoteï paraît mener une existence quelque peu vagabonde. On le rencontre parfois monté sur le buffle d'un cultivateur de rizières. Tous les campagnards sont ses amis. Ils le conduisent sur les collines où l'on trouve les plus beaux ombrages. Qu'il fait bon y rêver en paix et se laisser aller doucement aux charmes du sommeil !

Parfois une troupe d'enfants s'approche en tapinois pour contempler, puis taquiner le bienheureux dormeur. Hoteï s'éveille en souriant, prend dans ses bras les petits lutins, leur conte des histoires, ou leur parle du ciel, de la lune, des étoiles, de toutes les magnificences de la nature, trésors incomparables dont nul plus que lui n'a le secret de jouir.

Le dieu des talents, le noble vieillard Tossi-Tokou, ne se montre pas moins accessible aux petits enfants, et c'est même dès la jeunesse qu'il faut s'approcher de lui. Il inspire leurs jeux et se plaît, entre autres, à leur enseigner toutes sortes de merveilleux ouvrages en papier. Rien n'altère la dignité du grave personnage. Il a pour attributs l'étole, le manteau, le bonnet et les pantoufles de docteur, ainsi qu'une crosse à laquelle il suspend quelquefois un rouleau de parchemin manuscrit et son éventail de palmier. Un jeune daim l'accompagne dans toutes ses pérégrinations.

Bisjamon, le dieu de la gloire, se pare d'un casque et d'une cuirasse d'or et tient de la main droite une lance ornée de banderoles ; mais il ne figure, en quelque sorte, que pour mémoire au nombre des sept béatitudes japonaises. Jamais il ne prend place à l'humble autel domestique, et comment, en effet, serait-il populaire dans un pays où la gloire ne peut presque jamais être l'apanage que de gens appartenant à la caste privilégiée !

Les bonzes, toutefois, l'honorent de leur prédilection. Ils le représentent portant sur la paume de sa main gauche un élégant modèle de pagode. On ne saurait être plus insinuant envers les nobles personnages qui ont le droit de passer deux sabres à leur ceinture ; construire des pagodes, doter des bonzeries, protéger l'autel aussi bien que le trône et constamment appuyer l'un par l'autre, tel est évidemment, de l'avis de Bisjamon, le meilleur usage qu'ils puissent faire de leurs armes glorieuses.

Enfin la plus remarquable peut-être des sept divinités, et, parmi ces créations populaires, celle qu'il serait le plus intéressant de dégager de tout alliage clérical, c'est une divinité féminine surchargée d'un double symbolisme, terrestre et astronomique, tel qu'on le voit se reproduire dans d'autres religions, autour de la sainte image consacrée à la glorification de la femme.

Ben-Zaï-tennjo, ou tout simplement Benten, est la personnification de la femme, de la famille, de l'harmonie, et aussi de la mer, cette féconde nourrice du Japon. Elle porte l'étole sacrée, un manteau d'azur et une coiffure en cheveux rehaussée d'un diadème où resplendit l'image du Foô, le phénix de l'extrême Orient.

Aux yeux des femmes du peuple, Benten est par dessus tout le type de la maternité ou plutôt tout uniment le modèle des bonnes mères, car elle a quinze garçons, tous, à l'exception d'un seul, bien élevés, bien sages, pourvus de bons états : l'un est devenu fonctionnaire public, on le reconnaît à son écharpe ; l'autre, écrivain public, car il porte une écritoire et une cassette à papier ; celui-là, c'est le fondeur de métaux, et près de lui se tient le banquier, muni d'une balance à peser l'or ; voilà le cultivateur à côté de ses gerbes ; le marchand, tenant un boisseau ; le boulanger, une écuelle à mesurer le riz ; le tailleur, un paquet de kirimons confectionnés ; l'éleveur de vers à soie, une corbeille de feuilles de mûrier ; le brasseur, un puisoir et un tonne-

let de saki ; et voici le théologien, nanti des trois bijoux de la triade bouddhiste ; le médecin, en costume de ville ; l'éleveur d'animaux domestiques, toujours accompagné du buffle et du cheval ; l'entrepreneur de transports par eau et par terre, ayant à ses côtés une barque et un chariot rustique ; et finalement nous arrivons au quinzième, avec lequel la légende se termine par une énigme, car seul parmi tous ses frères il se présente sans attribut quelconque.

Telle est, en ses principaux éléments, cette mythologie, dont la morale, à tout bien considérer, est peut-être ce qu'il y a de mieux au monde, en dehors du christianisme. Sa pureté vraiment extraordinaire, sa bonhomie, son prosaïque mais malicieux bon sens, doivent avoir, plus que toute autre cause, contribué à garantir le peuple japonais de la décadence à laquelle il se trouve constamment exposé sous l'énorme pression du bouddhisme. C'est là qu'il faut chercher la source de cette jovialité, de cette fraîcheur d'esprit, de ce caractère d'enfant et de bon enfant, qui forment les traits distinctifs des classes laborieuses du Japon. Et ce qui leur fait encore plus honneur que tout le reste, c'est qu'au fond le culte qu'elles adressent à leurs divinités favorites porte à un très-faible degré le cachet de la superstition. A peine mérite-t-il le nom d'idolâtrie. Le Japonais reconnaît dans les sept dieux du bonheur les enfants de son imagination, et il n'éprouve aucun scrupule à s'en amuser quand bon lui semble. Il en a fait le sujet d'innombrables caricatures. Ici, le dieu de la longévité joue au trictrac avec sa noble amie Benten, et quatre de leurs collègues, accroupis à leurs côtés, ont l'air de parier en faveur de la déesse. Le cinquième, Yébis, apporte un énorme poisson, dont il vient faire hommage au vainqueur. Ailleurs les sept divinités courent les aventures en qualité d'histrions ambulants. L'humble dieu de la gloire est chargé de porter au bout de sa lance le poisson de Yébis. Benten, dans une hôtellerie, déploie son talent de couturière pour remonter la garde-robe de la troupe. Pendant les représentations, elle chante et joue du luth, et Daïkokou l'accompagne en frappant à coups de baguettes sur son gros marteau de bois. Les rats qui lui servent d'attribut ont été dressés à faire des tours de saltimbanques. Revêtus d'un joli costume de fantaisie, ils grimpent au sommet de la longue houlette de Shiou-Rô, que sa vieille tortue porte en équilibre. Le dieu donne les explications au public et commande les exercices en jouant de l'éventail. Sur une autre planche, le dieu du contentement se fait masser par Yébis, et le dieu des talents s'applique avec dextérité des moxas sur les jambes.

Il est superflu de multiplier les exemples de ce genre pour démontrer jusqu'à quel point le peuple japonais se joue de ses divinités les plus chères, celles-là même qu'il s'est créées à son image et selon son cœur, en mettant de côté et les cultes officiels et leurs Kamis et leurs Bouddhas, qui ne lui offrent plus le moindre charme. S'il y a quelque part un peuple qui en ait fini avec ses anciennes idolâtries, et qui n'ait même plus d'illusions à perdre au sujet de la morale qu'il

s'est donnée de son chef, en se riant de celle des prêtres, ce peuple est à coup sûr celui qui habite les îles du soleil levant. Peuple enfantin, si l'on en juge d'après les apparences extérieures, mais, au fond, peuple génial jusque dans ses divertissements publics, et plus encore dans ses caricatures religieuses : car elles ne sont autre chose qu'une implicite protestation contre les anciens objets de son culte et un tacite hommage offert au Dieu inconnu [1].

Une chose vraiment digne de remarque, c'est que cette sorte de scepticisme religieux qui caractérise les Japonais ne les empêche pas de couvrir pour ainsi dire leur pays de temples, de sanctuaires et de couvents. D'après des calculs que l'on regarde comme officiels, on ne compte pas moins de 150,000 monuments religieux dans toute l'étendue de l'empire; 25,000 environ sont consacrés au culte des aïeux et 125,000 au culte de Bouddha.

Les premiers, appelés plus particulièrement *Mias*, sont établis en général dans les lieux les plus riants et les plus agréables du pays, sur les meilleurs terrains, et communément près des grandes villes. On y arrive par une allée vaste et spacieuse, bordée de deux rangs de cyprès d'une grande hauteur. On entre dans une immense cour où se trouvent quelquefois plusieurs temples; mais la verdoyante avenue conduit le visiteur jusqu'au principal édifice. A l'entrée se trouvent une cloche, un bassin toujours rempli d'eau pour les ablutions, et un

[1] A. Humbert. *Le Japon.*

grand coffre de bois où l'on dépose les offrandes. Le bâtiment par lui-même est d'une extrême simplicité ; toutefois la structure en est fort ingénieuse et consiste en poutres bizarrement entrelacées. Le plus célèbre des temples dédié aux Kamis nationaux, celui qui est en quelque sorte le panthéon des gloires du Japon, c'est le temple placé sous l'invocation d'Hatchiman, dans la ville de Kamakoura. Il se distingue de tous les autres par les glorieux trophées qu'il renferme.

Les seconds, c'est-à-dire les monuments bouddistes, diffèrent sensiblement les uns des autres par la raison qu'ils sont consacrés à des milliers de divinités ayant chacune des attributs particuliers. Leur description nécessiterait plusieurs volumes. Le plus remarquable de ceux que des voyageurs européens ont pu visiter est celui qui est dédié au Daïboudhs, c'est-à-dire au grand Bouddha. Il peut être envisagé comme l'œuvre la plus accomplie du génie japonais, au double point de vue de l'art et du sentiment religieux.

Ce temple, situé également à Kamakoura, revêt un caractère particulier. Au lieu de grandes dimensions en étendue, il présente une retraite solitaire, mystérieuse, propre à disposer l'âme à quelque révélation surnaturelle. Le chemin qui y conduit, s'éloigne de toute habitation ; il serpente d'abord entre des haies de hauts arbustes, puis monte en ligne droite au milieu du feuillage et des fleurs. Après un contour qui semble fait comme pour aller à la recherche d'un but éloigné, il débouche tout à coup en face d'une gigantesque divinité d'airain, accroupie, les mains jointes et la tête inclinée, dans une attitude d'extase contemplative,

« Le saisissement involontaire que l'on éprouve à l'aspect de cette grande image, dit M. A. Humbert, fait bientôt place à l'admiration. Il y a un charme irrésistible dans la pose du Daïboudhs, ainsi que dans l'harmonie des proportions de son corps, la noble simplicité de son vêtement, le calme et la pureté des traits de sa figure. Tout ce qui l'environne est en parfait rapport avec le sentiment de sérénité que sa vue inspire. Une épaisse charmille, surmontée de quelques beaux groupes d'arbres, ferme seule l'enceinte du lieu sacré, dont rien ne trouble le silence et la solitude. A peine distingue-t-on, cachée dans le feuillage, la modeste cellule du prêtre desservant. L'autel, où brûle un peu d'encens, se compose d'une table d'airain, ornée de deux vases de lotus, du même métal et d'un travail remarquable. Les marches et le parvis de l'autel sont revêtus de larges dalles formant des lignes régulières. L'azur du ciel, la grande ombre de la statue, les tons sévères de l'airain, l'éclat des fleurs, la verdure variée des haies et des bosquets, remplissent cette retraite des plus riches effets de lumière et de couleurs. »

L'idole du Daïboudhs, avec le socle qui la supporte, est haute d'environ 20 mètres ; un paisible oratoire est ménagé dans ses fondations. Elle répond, dans ses traits essentiels, au signalement du grand réformateur indou, conservé minutieusement depuis sa mort ; elle en reproduit scrupuleusement la pose, l'attitude mé-

LE JAPON. — Un veilleur de nuit.

ditative: c'est ainsi que le sage joignait les mains, les doigts allongés et pouce contre pouce; c'est ainsi qu'il se tenait accroupi, les jambes ployées et ramenées l'une sur l'autre, le pied droit étendu sur le genou gauche. On reconnaît pareillement son front large et uni, ainsi que sa chevelure formée d'une multitude de boucles écourtées. Enfin, l'on distingue jusqu'à cette singulière protubérance du crâne qui lui déformait un peu le sommet de la tête, et même une certaine touffe de poils blancs qu'il avait entre les sourcils.

A côté de ces temples sévères de forme et d'aspect, s'en trouvent d'autres d'une bizarrerie qui va souvent jusqu'au grotesque. Un voyageur plein d'humour [1], rapporte en avoir visité un dans les jardins duquel environ trois cents divinités indescriptibles, adorées dans l'ancienne Grèce, étaient érigées en tuyaux d'orgue, dans une attitude martiale. « Les couleurs les plus variées des marbres veinés dont elles étaient faites, ajoute-t-il, donnaient à cet ensemble quelque chose de réjouissant. » Il y a aussi le temple des trente-trois mille trois cent trente-trois divinités (en japonais : Sanman sansin sanbiak sansin santaï). Deux d'entre elles sont en grand honneur : à l'une, les jeunes femmes viennent demander la faveur d'avoir un fils et non une fille et apportent un coq en offrande; les prêtres mangent le coq, et le dieu, dit-on, se charge du reste. L'autre, représentée par cinquante tableaux les plus bizarres, est le dieu du mal de dents. Les patients viennent lui offrir leur obole, puis mâchent et remâchent une boulette de papier jusqu'à ce qu'elle devienne comme du mastic, ils la projettent sur des tableaux et se retire avec la conviction d'être guéris.

Les Japonais qui desservent ces nombreux monuments du culte sont appelés bonzes. Leur vie se passe tout entière à répéter des formules de prières, à sonner les cloches, à battre la caisse, à mendier et surtout à bien manger, boire et dormir. Tous, du reste, à quelques rares exceptions près, paraissent aussi fainéants que stupides; et, bien qu'ils appartiennent à une caste qui tient le mi-

lieu entre la noblesse et la bourgeoisie, ils ne jouissent d'aucune considération. Dans les temps de ferveur du bouddhisme, au septième et au huitième siècle, il n'en était pas de même. A cette époque, il est vrai, les bonzes contribuaient par leurs travaux à la prospérité du pays. Les arts, particulièrement la sculpture et l'architecture, n'avaient pas d'autres représentants; mais aujourd'hui leur vie est complétement oisive. Leurs religions ne leur imposent, d'ailleurs, que très-peu d'obligations; tout au plus ont-ils à présider quelques cérémonies, entre autres les fêtes anniversaires au Matsouris.

Parmi eux, il en est cependant qui exercent certaines fonctions assez délicates; par exemple, celles de directeur du grand chapelet de famille. Il faut savoir que le chapelet bouddhiste ne peut déployer sa vertu que si on le défile correctement; or, rien ne garantit que, dans une famille nombreuse, il ne se commette des erreurs dans son usage : de là l'inefficacité qu'on lui reproche quelquefois. Au lieu de récriminer en cas pareil, le parti le plus sage consiste à faire venir à domicile un bonze du grand chapelet pour remettre les choses en bon point. Le digne homme s'empresse d'accourir avec son instrument, qui offre à peu près les dimensions d'un honnête serpent boa; il le dépose entre les mains de la famille agenouillée et rangée en cercle, tandis que lui, placé devant l'autel du dieu domestique, dirige l'opération au moyen d'un timbre et d'un petit marteau. Au signal donné, le père, la mère, les enfants entonnent de tous leurs pou-

[1] Le comte de Beauvoir. *Voyage autour du monde.*

mons les prières convenues. Les petits grains, les gros grains, les coups de marteau se succèdent avec une régularité cadencée, entraînante. La ronde du chapelet s'anime, les cris deviennent passionnés, les bras et les mains obéissent avec la précision d'une machine, la sueur ruisselle, les corps s'engourdissent de fatigue. Enfin la cérémonie terminée laisse tout le monde haletant, épuisé, mais rayonnant de bonheur, car le dieu domestique doit être satisfait.

Comme l'Olympe japonais compte un grand nombre de dieux et de demi-dieux, les fêtes anniversaires ou matsouris abondent dans le calendrier. Ces fêtes sont loin d'avoir conservé l'élévation patriotique et la noble simpiité qui les distinguaient autrefois. Chaque temple, ou peu s'en faut, a sa matsouri annuelle, et chaque matsouri est l'occasion de foires, de réjouissances et de divertissements qui lui sont propres. Le sens mystique de la solennité s'est perdu, sa signification morale est tombée dans l'oubli. Ce qui n'était que l'accessoire de la fête, en est devenu l'objet principal, ou plutôt l'unique intérêt. C'est ainsi que certaines fêtes du moyen âge ont disparu en nous léguant cependant la foire populaire qui, d'année en année, s'était développée sous leur protection.

Les matsouris sont caractérisées par la pompe théâtrale et les séductions de tout genre que l'on y déploie : ici, les processions, les chœurs de musique, les danses et les pantomimes des prêtres; là, les mascarades et les représentations scéniques en plein vent; ailleurs, les illuminations; ou encore, certaines spé-

cialités de jeux publics : un tir à l'arc, des courses de chevaux, des luttes d'athlètes, des loteries publiques, et presque partout un marché quelconque de fruits ou de poissons de la saison, de pâtisseries, de sucreries, de fleurs, et même d'objets usuels, tels que des éventails, des parapluies, des objets en paille tressée, des lanternes de papier et des jouets d'enfants. La plus belle de ces fêtes est celle que donnent annuellement à Yédo, capitale du Japon, les prêtres du temple de Sannoô, consacré à Zinmou, le fondateur de l'empire. Voici, d'après un témoin oculaire, M. A. Humbert, en quoi elle consiste.

Tengou, le fidèle portier et messager des dieux, ouvre la marche. Paré de son plus beau costume céleste, il déploie à demi une paire de grandes ailes aux couleurs de l'iris. Son air souriant, ses yeux malins, son teint cramoisi, son nez d'une longueur démesurée, disposent le peuple à la gaieté et assurent au cortége l'accueil le plus sympathique. Lorsque les mauvais esprits aperçoivent l'image du Tengou à la porte des temples de la religion nationale, ils ont hâte de passer leur chemin. La procession n'a donc point à redouter leur funeste rencontre.

Quant à l'ordre public, la police municipale s'en charge. Plus d'un million de spectateurs sauront observer en ce grand jour la plus exacte discipline. Dans toutes les rues et sur toutes les places que doit parcourir le cortége, il y a des estrades en amphithéâtre pour les femmes, les vieillards, les enfants; des places marquées pour quiconque veut en payer le tarif; des stations libres pour les prolétaires ; mais chacun est tenu de demeurer tranquille à son poste pendant toute la durée de la fête. Les marchands ambulants qui vendent des fruits, des gâteaux, du thé et du saki, ont seuls le privilége de circuler en dehors des cordeaux qui séparent la foule de la voie réservée au cortége.

La procession de Sannoô est une sorte d'encyclopédie nationale en action, où se trouvent réunis pêle-mêle, et agencés l'on ne sait comment, toutes sortes de souvenirs historiques, de symboles mythologiques, de traditions et de mœurs populaires. La liberté scénique est aussi complète que possible. Quand l'art atteint cette largeur démocratique, la critique n'a plus qu'à s'incliner. Passons donc aux détails les plus pittoresques de la cérémonie.

Voici le patron des danses sacrées. L'image, revêtue d'un vieil accoutrement théâtral, est exhaussée sur un tambour très-élevé, supporté par des figurants en habits de fête et à chapeaux couronnés de fleurs.

Vient ensuite la procession de l'éléphant blanc. L'animal en papier carton marche au pas de ses porteurs, dont on ne distingue que les pieds qui se remuent sous les jambes du colosse. Il est précédé d'une musique tartare, où les sons des flûtes et des trompettes s'allient au bruit de la grosse caisse, des cymbales, des gongs et des tambourins. Les hommes de ce groupe portent la barbe, un chapeau pointu surmonté d'une aigrette, des bottes, une longue robe retenue par une ceinture, et quelques-uns d'entre eux font flotter dans les airs des bannières chinoises couvertes d'images de dragons.

Plus loin, une langouste gigantesque chemine montée par un prêtre du culte kami et entourée d'une troupe de nègres. A sa suite, une centaine de cultivateurs sont attachés au char du buffle : le roi des animaux domestiques, placé sur le véhicule, à l'ombre d'un sapin et d'un pêcher en fleurs, est accompagné du demi-dieu qui l'a introduit au Japon. Six autres chars sont consacrés à étaler en pittoresques trophées les instruments et les produits de la culture du riz. D'antiques bannières, dont quelques-unes ornées d'esquisses de chevaux, précèdent une cavalcade d'officiers supérieurs, costumés, pour la plupart, selon les modes de la cour.

Tout à coup deux monstres terribles apparaissent. Ils ont la face d'un tigre et les cornes d'un taureau. Leur croupe énorme s'élève au-dessus des casques des hommes d'armes qui les environnent. Peut-être rappellents-ils, sous une forme fantastique, le souvenir de ces tigres qui, dans la campagne de Corée, causèrent tant d'ennuis aux soldats de l'héroïque mère d'Hatchiman. C'est à ce groupe que se rattache l'exhibition des armes antiques de l'arsenal de Sannoô : lances et hallebardes, sabres à deux mains, arcs, flèches, éventails de guerre et enseignes de commandement.

Peu à peu cependant cette exposition perd son caractère belliqueux, et l'on voit défiler, sous des bannières couvertes de signes hiérographiques, les prêtres et les bonzes chargés des châsses, des vases du sanctuaire et de tout le mobilier du temple et de ses dépendances. Une autre troupe de bonzes balance, au bout de longues perches, des lanternes de papier formant un gracieux assemblage de transparents variés. On reconnaît dans le nombre les armes du quartier de Sin-Yosiwara, et voici le bouquet de la fête !

Les sept plus belles dames de cette partie de la capitale réservée aux courtisanes s'avancent majestueusement l'une après l'autre dans leur costume de parade. Chacune est accompagnée de sa fille de chambre et d'un bonze, porteur d'un haut et ample parasol de soie, destiné à protéger la belle contre les rayons du soleil. Elle est coiffée en cheveux, dont l'orgueilleux édifice à deux ou trois étages exige le soutien de larges peignes entre'acés de crêpe et renforcés de toute une auréole de gigantesques épingles en écaille blonde. Sa figure resplendit de l'éclat des plus savantes préparations cosmétiques. Sa toilette permet de compter le nombre de ses robes, grâce aux cinq ou six collets, si ce n'est plus, que celles-ci étalent sur sa poitrine. Un ample manteau les recouvre et même il balayerait la terre s'il n'était quelque peu relevé, de manière à bouffer sur la taille, au moyen d'une énorme ceinture composée d'une pièce entière de soie ou de velours. Enfin la coquette a eu soin d'adopter pour ce jour de gloire la haute chaussure à planchettes, qui ajoute, sans qu'il y paraisse, quelques centimètres à sa noble stature.

Au surplus, les sept figurantes sont bien connues du peuple. A leur passage, il les désigne par leurs noms, et ces noms sont brodés sur leur riche costume de parade. Celle-ci, c'est la dame à l'éventail de guerre : elle l'étale sur sa grande ceinture de velours et elle y ajoute comme agréments quatre coqs de divers plumage, dont deux sont blancs, brodés en relief sur les pans et sur les larges manches de son manteau ; les plumes de soie de leur queue flottent gracieusement en l'air à chaque mouvement de la belle. La seconde est la dame au poisson d'or : elle en porte un de chaque côté de sa robe, sur un fond de vagues et d'écume en fil d'argent ; les broderies accessoires représentent de petits enfants qui jouent avec des rubans de toutes sortes de couleurs voltigeant librement sur le manteau. Viennent ensuite la dame aux têtes de mort, la dame aux candélabres, la dame aux grues, la dame aux chrysanthèmes. Mais où faudrait-il s'arrêter, si l'on voulait décrire dans tous ses détails le tableau des hommages rendus aux courtisanes par les prêtres et par le peuple de Yédo.

Les scènes des matsouris sont loin d'épuiser ce ridicule sujet. Ce n'est pas assez que les bonzes de Sannoò invitent des courtisanes à se produire dans des processions religieuses périodiques : il y a chaque année dans l'enceinte de Sin-Yosiwara une foire accompagnée d'une parade, d'une exhibition générale des cinq mille privilégiées qui habitent ce quartier ; et les bonzes d'un grand temple du voisinage, se font délivrer régulièrement les portraits des reines de la fête pour les suspendre, comme dans un panthéon, aux parois de leur sanctuaire. En présence de pareilles mœurs, on ne peut qu'admirer l'à-propos avec lequel la grande matsouri de Sannoô admet au rang de ses idoles et promène solennellement dans les rues de la ville la grotesque statue d'un singe à face rouge, coiffé de la mitre sacerdotale et armé du goupillon. Du haut de son tambour orné de riches tentures, cette moqueuse image domine au loin la foule et semble étaler aux yeux des spectateurs l'ironique caricature des parades religieuses auxquelles ils viennent d'assister.

Cependant, toute croyance n'a pas disparu de l'esprit des Japonais, ainsi qu'on pourrait le croire après avoir été témoin de leurs fêtes. Il en est une encore qui est solidement affermie chez eux, c'est le respect dû à la hiérarchie, à l'autorité, à la grandeur humaine : leur fanatique dévouement au Mikado en est la preuve la plus éclatante. Petit-fils du Soleil, le Mikado ou empereur continue la tradition des dieux, des demi-dieux, des héros, des souverains héréditaires qui ont régné sur le Japon, par voie de succession non interrompue, depuis plus de deux mille cinq cents ans. C'est incontestablement du ciel qu'il tient le pouvoir qui lui est dévolu sur son peuple ; mais, pendant longtemps, ce pouvoir a été plus fictif que réel ; il a dû s'effacer devant celui d'un autre souverain, le Taïkoun, à la suite d'événements importants dont voici le récit abrégé.

Il y a environ deux cent quatre-vingts ans, un général connu dans l'histoire sous le nom de Taïkosama, fut chargé par le Mikado de faire rentrer dans l'obéissance plusieurs grands vassaux qui s'étaient révoltés Taïkosama, au lieu d'exécuter les ordres de son souverain,

profita des pouvoirs dont il était investi pour se mettre lui-même à la tête du gouvernement. Il relégua le Mikado dans son sérail, l'entoura de dignitaires auxquels il donna des titres pompeux et de faibles revenus, en fit une sorte de roi fainéant et ne lui laissa que l'apparence de l'autorité. Le fils de Taïkosama était trop jeune pour recueillir impunément les fruits de cette audacieuse usurpation ; il périt bientôt, assassiné par son propre tuteur, le général Hiéas. Celui-ci laissant le Mikado en possession de ses vains titres, alla s'établir à Yédo, dont il fit la seconde capitale de l'empire, et fonda cette dynastie de chefs militaires qui, sous le nom de Shiogoun ou Taïkoun, ont régné depuis au Japon. L'organisation féodale du pays s'opposait toutefois à la réalisation immédiate de ses plans, et un grand nombre de princes refusèrent de reconnaître son pouvoir : il soumit quelques-uns des mécontents et força les autres à adhérer aux lois dites de Gongensama, espèce de pacte politique qui devint la base de la nouvelle constitution.

Le nouveau souverain, soutenu par les princes qu'il avait créés, s'établit donc sur le trône de Yédo. Quant au Mikado, gardant toujours ses prétentions au pouvoir absolu, mais réduit à l'impuissance, il vécut d'une pension que lui octroyait le Taïkoun. Après cette révolution, une paix profonde régna comme par le passé dans l'empire japonais.

L'arrivée des Européens, les rivalités qui en résultèrent entre le Taïkoun et les princes de l'empire, changèrent de nouveau la face des choses et fournirent à l'empereur légitime l'occasion de rentrer en possession de sa pleine autorité, d'abaisser la puissance et la richesse du gouvernement de Yédo, de secouer l'injure d'en recevoir une pension, de reprendre l'influence, de cesser enfin d'être un simulacre de roi. Des deux factions qui partageaient le pays à cette époque, la plus forte et la plus populaire était la faction hostile aux réformes inaugurées par le Taïkoun. Il ne s'agissait pour le Mikado que de se mettre à la tête de cette faction réactionnaire et de personnifier en lui-même le principe patriotique qu'elle défendait. Des agents secrets se rendirent auprès des princes que la voix publique désignait comme opposés à la cour de Yédo, et les exhortèrent à s'unir à l'empereur légitime, en leur démontrant que leurs intérêts se confondaient avec les siens. En même temps, on fit circuler divers pamphlets avec l'intention évidente de pousser à la guerre contre le Taïkoun. Les princes, tenus depuis longtemps en jalousie ou en défiance par la puissance sans cesse croissante du Taïkoun, écoutèrent favorablement les paroles des agents du Mikado. Plusieurs d'entre eux se liguèrent, et, au mois de mai 1862, ils déposèrent publiquement une plainte contre le Taïkoun. Le Mikado, qui s'attendait à recevoir cette plainte, dépêcha aussitôt un de ses officiers, qui arriva à Yédo le 12 juin 1862, porteur d'une lettre par laquelle il était enjoint au Taïkoun de se rendre, dans le plus bref délai, à Kioto, résidence du Mikado, pour se justifier devant son maître de l'accusation portée contre lui. Le Taïkoun essaya d'abord de décliner cet ordre ;

mais, en voyant le parti du Mikado prendre chaque jour de l'extension, il se vit obligé de faire des concessions importantes. Ce ne fut pas assez. Les anciens souvenirs se réveillèrent ; les puissants seigneurs des provinces du sud de l'Empire, conspirèrent ouvertement, achetèrent des fusils, des canons, des steamers, et un beau jour, l'Europe étonnée apprit que le puissant Taïkoun était en fuite, que le Mikado avait relevé l'antique bannière de Zinmou, et avait repris le pouvoir exécutif direct. Le Japon est arrivé ainsi à l'unification, non pas au moyen d'une monarchie taïkounale, mais, au contraire, par le relèvement de l'empereur théocratique et héréditaire ; il reste une confédération sous la présidence du Mikado.

Les différentes classes de la société japonaise, sans être aussi rigoureusement séparées les unes des autres que le sont les castes dans l'Inde, ne se rapprochent cependant pas autant que les diverses classes de la société européenne. Ces classes sont au nombre de trois : la noblesse, qui comprend la maison du Mikado, les hauts fonctionnaires de la cour, les Daïmios ou pairs du Japon, les Yakounines, ou fonctionnaires et soldats de la maison des princes, les Lonines, ou hommes nobles sans emploi. Tous les nobles, depuis le Mikado jusqu'au Lonine, portent deux sabres. Ensuite viennent la classe des lettres, dans laquelle figurent les prêtres, qui ont le droit de porter deux sabres, et les médecins ; puis la classe des bourgeois, dans laquelle sont rangés les agriculteurs et fermiers, les artisans, les marchands, les pêcheurs et matelots.

Sont exclus de la société proprement dite : les mendiants ou Kotsedjikis, les Hettas et les Christans, qui demeurent généralement en dehors des villes et ne peuvent se marier qu'entre eux. Les kotsedjikis sont divisés en quatre classes, dont chacune reconnaît un chef ; les Hettas sont les hommes du peuple qui travaillent le cuir et versent par état le sang des animaux, ils sont regardés comme impurs ; les christans sont les descendants des anciens chrétiens, ils sont confinés dans certains quartiers, à peu près comme les Juifs l'étaient dans les villes du moyen âge[1].

Mais cette division de la société japonaise tend à disparaître par suite de la transformation qui s'opère actuellement dans toute l'économie de l'empire. Depuis quelques années, en effet, le gouvernement du Japon est animé d'un sincère esprit de nivellement. Tous les hommes au pouvoir semblent n'avoir qu'un but : dénationaliser le Japon aussi vite que possible et le faire ressembler à un État européen. Déjà l'armée a presque complétement abandonné le casque, la cotte de mailles, la hallebarde, le sabre à deux mains, en un mot tout l'attirail militaire de la féodalité. Les soldats ont, pour la plupart, des fusils, et sont exercés et habillés à la française.

Le système de l'administration a également subi de graves changements. Les Daïmiats ou possessions des seigneurs ont été transformés en domaines impériaux, dont les gouvernants sont nommés par le pouvoir central, et une grande partie du

pays a été divisée en préfectures d'égales dimensions.

Le Mikado lui-même, autrefois invisible pour ses propres sujets, sort fréquemment maintenant, soit en voiture, soit à cheval, et un décret a été lancé portant que le public devrait s'abstenir désormais des manifestations respectueuses qui jusque-là avaient été en usage. Il semble que ce souverain, naguère entouré de tant de vénération, n'ait plus aujourd'hui d'autre souci que de se dépouiller lui-même de ses attributs divins. Il n'est pas jusqu'au costume de cour national qui n'ait été aboli, pour être remplacé par un habillement européen au choix de chacun. Mais comme les tailleurs, les cordonniers et les chapeliers japonais sont incapables de confectionner des vêtements tant soit peu semblables aux nôtres, on ne voit que des accoutrements grotesques.

Une réforme, par exemple, dont s'applaudissent les étrangers comme les indigènes, c'est celle qui autorise les nobles, et les invite même à cesser de porter leurs armes, ce qui est d'un grand avantage pour la sécurité publique. A l'avenir, les nobles devront aussi s'abstenir de tuer les personnes appartenant aux classes inférieures, à moins d'une provocation sérieuse, tandis qu'ils pouvaient jusqu'ici s'adonner à ce genre d'exercice sans encourir le moindre châtiment. La législation pénale du Japon a, d'ailleurs, été établie beaucoup plus pour le peuple que pour les personnes de haute naissance et de qualité ; car celles-ci jouissent du privilége de se juger et de s'exécuter elles-mêmes : elles s'ouvrent le ventre et,

[1] R. Lindau. *Un voyage autour du Japon.*

LE JAPON. — Une rue de Yédo.

par ce genre de suicide, se soustraient, avec leurs descendants, à toutes les conséquences de l'infamie.

En résumé, la civilisation européenne envahit le Japon de tous les côtés, et l'on peut dire que dans quelque temps, l'empire séculaire des Mikados aura cessé d'exister.

CHAPITRE III

LA VIE PUBLIQUE AU JAPON

Une journée à Yédo. — Les Yakounines et les Bettos. — Promenade dans la ville. — Aspect général. — Le port et les fortifications. — Le Hondjo ou quartier aristocratique. — Le Midsi ou ville proprement dite. — Le Siro ou château impérial. — Le Soto-Siro, ou environs du château. — Les rues de la Cité. — Les environs de Yédo. — Les Lonines. — Le Tokaïdo. — Rencontre d'un cortége de prince. — Passage des rivières. — La population de Yédo. — Les maisons de bains. — Impudeur ou innocence ? — Les tscha-jas et les djoro-jas ou maisons de thé. — Les courtisanes. — Les saltimbanques. — Leur adresse merveilleuse. — Le jeu des papillons. — Les histrions et les lutteurs. — Les figurines. — Le dîner dans une tscha-ja. — Le théâtre. — La salle et les acteurs. — Yédo la nuit. — Les veilleurs de nuit.

Yédo, la capitale du Japon, ouverte aux étrangers depuis quelques années seulement, est située au nord du golfe qui porte son nom, sur la côte orientale de la grande île de Nippon. Elle occupe une plaine onduleuse, traversée dans son extrémité méridionale, parallèlement à la mer, par une chaîne de bas coteaux, et dans son extrémité septentrionale, par une autre rangée de collines se dirigeant vers l'ouest. Presque au centre de cette plaine, s'élève un tertre arrondi qui porte un vaste château, ancienne résidence des Taïkouns, et occupé depuis 1868 par le Mikado ; tout autour s'étend la ville : elle a une circonférence de 38 kilomètres environ et couvre une superficie de 85 kilomètres carrés. Un fleuve large et majestueux à son embouchure, mais d'ailleurs sans importance, appelé Okava, grande rivière, la traverse du nord au sud et la divise en deux parties inégales : la plus petite, à l'est du fleuve, porte le nom de Hondjo ; l'autre, située à l'ouest, est la ville de Yédo proprement dite.

Il y a très-peu de temps encore, il était extrêmement dangereux de parcourir Yédo, et, en général, toutes les parties du territoire japonais au delà d'une certaine limite, appelée frontière des traités, et tracée autour des cinq ports ouverts de Yokohama, Hiogo, Nagasaki, Niigata et Hakodaté. Seuls, les chefs des légations et les consuls généraux étaient, en vertu des conventions, autorisés à voyager dans l'intérieur des terres.

Aujourd'hui, les dangers ont sinon complétement disparu, du moins considérablement diminué, par suite des importantes réformes apportées dans l'organisation de la société japonaise. Ce n'était pas le peuple, en effet, qui était à craindre, car il est bon, aimable, bienveillant ; c'était l'homme à deux glaives, le fier daïmio, et, encore plus, le terrible samurai ou noble de la classe militaire. Rencontrer un samurai, c'était courir la chance d'être tué immédiatement. L'influence de la civilisation européenne a modifié cet état de choses ; les samurais ne sont plus aussi difficiles qu'ils l'étaient ; ils sont, d'ailleurs, presque complétement désarmés maintenant.

Quoi qu'il en soit, il est sage de tenir compte du proverbe : prudence est mère de sûreté ; et avant de s'engager dans les rues de Yédo, le mieux à faire est de se composer une escorte.

On trouve, pour cela, des indigènes dont la mission est d'accompagner le touriste, de veiller sur lui et de le surveiller lui-même. Ces guides, appelés yakounines, ce qui veut dire officiers de police, sont de gentils cavaliers coiffés d'un chapeau plat et rond, en laque dorée, posé comme un plateau à dessert sur le sommet de la tête : deux grands sabres à gardes brillantes sont passés dans leur ceinture ; leur casaque est généralement ornée dans le dos de figures emblématiques ; ils ont un large pantalon de soie de couleur, des sandales de paille et de longs étriers de bronze laqué, vrais petits bateaux d'un pied et demi de long, sur lesquels le pied tout entier repose à plat ; de larges écharpes d'étoffe servent de rênes à leurs chevaux, petits et assez laids, mais harnachés avec goût, même avec une certaine magnificence. Ces braves cavaliers font l'office de gendarmes ; plusieurs d'entre eux ouvrent la marche

et écartent la foule au cri de : « Haï ! haï ! abounaï ! » Tantôt ils prennent des airs menaçants, quand la route est obstruée, tantôt enjoués, ils galopent deux par deux, côte à côte, en se donnant la main comme dans une gaie fantasia.

L'escorte est complétée par des bettos, grooms-coureurs, qui, pour être plus propres aux longues et rapides courses qu'ils fournissent d'ordinaire, se dépouillent de leurs vêtements et ne gardent qu'une étroite écharpe ceinte autour des reins. Quoique nus, ils sont cependant habillés ; car tout leur corps est couvert de tatouages représentant soit des sujets allégoriques, soit des formes de vêtements. Un des voyageurs que nous avons déjà eu occasion de citer, eut une fois un betto dont le tatouage figurait une jaquette bleue à boutons blancs, à coutures rouges, à armes écarlates dans le dos, plus une culotte, très-collante naturellement, à carreaux noirs et blancs.

Ainsi accompagné d'une petite troupe de yakounines et de bettos, le touriste peut entreprendre ses excursions.

Yédo a un caractère de gaieté et de prospérité qui fait plaisir à voir. Qu'on s'imagine des temples répandus partout, de petites maisons toutes semblables entre elles, les unes isolées, les autres entourées de communs à un étage, des rues peu larges en réalité, mais qui le paraissent par suite du peu d'élévation des maisons, et dans ces rues, des hommes, des femmes du peuple, car les dames de qualité ne se montrent guère, des enfants, des aveugles en quantité, des bonzes, des files de palanquins remplis de Japonais et de Japonaises, exactement pareils aux images qu'on voit peintes sur des vases, sur des éventails, sur des feuilles de papier de riz, et l'on aura une idée de la grande capitale du grand Nippon. Cette idée, cependant, ne sera que très-imparfaite, car on ne peut se figurer, sans l'avoir vu, tout ce monde s'agitant dans les rues, s'adressant des sourires gracieux, s'inclinant profondément les uns devant les autres; s'il s'agit de quelque gros personnage, se prosternant, mais avec une agilité, une dignité qui ôtent à la démonstration ce qu'elle pourrait avoir d'humiliant, et ne lui laissent que le caractère d'une manifestation un peu exagérée de politesse et de déférence.

Vue du côté de la mer, Yédo ressemble à un parc immense, dont l'entrée est interdite. Les collines, richement boisées, sont parsemées de chalets et de vieux temples aux énormes toitures; à leur pied s'étendent de longues rues de maisons en bois; mais sur toute la vaste étendue de l'arc de cercle que décrit le port de Yédo, l'on ne distingue rien qui réponde à nos notions de quais, de bassins, de débarcadères; partout des murs, des planches, des palissades; nulle part des escaliers, des jetées, quoi que ce soit qui invite à prendre terre. Cela s'explique, jusqu'à un certain point, par l'absence presque complète de commerce par eau sur les côtes du Japon; c'est à peine si quelques jonques font le cabotage.

Six forts, de figure polygone, construits sur pilotis en travers de la baie, à quelques encablures du rivage, défendent l'accès de Yédo. Au sud-ouest de ces forts se trouve l'ancrage des navires euro-

péens; ils y stationnent généralement en compagnie de trois ou quatre gros vaisseaux de guerre japonais et d'une demi-douzaine de jonques, que leur tirant d'eau empêche de rejoindre, ce que l'on appelle le port des jonques, à l'entrée du fleuve Okava.

Le Hondjo, situé, comme nous l'avons dit, à l'est du fleuve, a une circonférence de 13 à 14 kilomètres, et une superficie de 12 kilomètres environ. Cinq grands canaux, dont deux vont du nord au sud, et trois de l'est à l'ouest, se coupant à angles droits, divisent le Hondjo en huit quartiers, qui sont presque entièrement occupés par des temples, des palais de daïmios et des chantiers du gouvernement. L'animation y est presque nulle.

Quatre ponts en bois, d'une construction solide et simple, réunissent le Hondjo à Yédo; le plus long a 320 mètres environ. Yédo se subdivise en trois parties principales: le Midsi, qui est la ville proprement dite, le Siro ou château impérial, et le Soto-Siro, ou quartier autour du Siro. Le Midsi est un mélange de rues fréquentées et désertes, de jardins, de potagers, de rizières, de parcs, de temples; c'est le quartier du peuple. Au centre se trouve le Siro; de hautes et fortes murailles en font une espèce de citadelle, ayant 8 kilomètres de circonférence. Avant d'y arriver, il faut traverser deux larges fossés, sur lesquels sont jetés dix-huit ponts, à des distances à peu près égales, et que longent des promenades larges et sablées.

Autour du Siro s'étend le Soto-Siro, dont la partie orientale, renfermant les habitations bourgeoises et les maisons de commerce, peut être considérée comme la cité de Yédo. Cette cité contient, sur une étendue de 4 kilomètres carrés environ, cinq rues longitudinales et vingt-deux rues tranversales, se coupant à angles droits et formant soixante-dix-huit carrés de maisons, presque complétement identiques les uns aux autres. Prise dans son ensemble, elle présente donc la figure d'un parallélogramme allongé. Deux canaux navigables l'entourent des quatre côtés ; quinze ponts la mettent en communication avec les quartiers adjacents : deux à l'ouest, cinq à l'est, cinq au sud et trois au nord. Parmi ces derniers, celui du milieu est le pont du Nippon, le Nippon-Bassi, qui donne son nom au quartier. On en a fait le centre géométrique du Japon ; c'est de là que l'on mesure toutes les distances géographiques de l'empire.

Bien qu'elles aient un caractère complétement homogène, les rues de la cité japonaise ne laissent point l'impression de fastidieuse monotonie que les rues des autres quartiers ne tardent pas à produire. Les maisons bourgeoises, non plus que les palais, ne s'éloignent du type d'architecture qui leur est propre : ce sont de simples constructions en bois, n'ayant au-dessus du rez-de-chaussée qu'un étage bordé le plus souvent d'une galerie sur la rue, et une toiture basse, en tuiles couleur d'ardoise, ornée de quelques moulures en gypse aux deux extrémités du faîtage. Mais si le cadre est uniforme, les tableaux qu'il étale aux yeux sont ravissants de variété et d'originalité.

Voici, à l'entrée d'une rue, une bouti-que de barbier, où deux ou trois bourgeois, dans le plus simple appareil, viennent faire leur toilette matinale. Assis sur la sellette, ils tiennent gravement, de la main gauche, le plateau de laque destiné à recueillir. après chaque coup de rasoir ou de ciseaux, les dépouilles de l'opération. De leur côté les artistes coiffeurs, débarrassés de tout ce qui pourrait gêner la liberté de leurs mouvements, se penchent tantôt à droite, tantôt à gauche de la tête de leur patient, pour y promener tour à tour l'instrument et la main, comme les sculpteurs antiques modelant des cariatides. Inutile d'ajouter que l'illusion cesse, lorsque, serrant entre leurs dents un long cordonnet de soie, ils l'entourent et le nouent aux deux extrémités de la mèche en boudin des fils du grand Nippon.

A quelques pas plus loin, se voit l'échoppe d'un cordonnier. Elle est hérissée de chevilles de bois, auxquelles d'innombrables paires de sandales de paille sont suspendues par de longues attaches tressées de la même matière. Le marchand, accroupi sur son reposoir, rappelle par son attitude les idoles de Bouddha. Des personnes des deux sexes s'arrêtent devant l'étalage, examinent ou essayent la marchandise, échangent quelques paroles amicales avec le patron, et, sans le déranger de sa quiétude, déposent à ses pieds le prix convenu.

L'étalage des magasins de graines présente un vif attrait. La quantité et l'infinie variété des produits exposés, la diversité de leurs formes et de leurs couleurs, l'art avec lequel ils sont distribués sur les étagères, tout concourt, dès le premier coup d'œil, à captiver l'attention ; mais bientôt la surprise et l'admiration succèdent à la curiosité, lorsqu'on s'aperçoit que chacun des paquets déjà enveloppés de papier, chacun des cornets prêts à être livrés, porte avec le nom des graines, le dessin colorié des plantes elles-mêmes. Le plus souvent ce dessin est un petit chef-d'œuvre que l'on dirait détaché de quelque charmant album de la flore du Japon. Cependant l'on ne tarde pas à découvrir le peintre lui-même et son atelier, c'est-à-dire quelque jeune ouvrière de la maison, gisant tout de son long sur des nattes jonchées de fleurs et de feuilles de papier, et trouvant moyen de ne pas perdre un coup de pinceau dans cette singulière attitude.

A mesure qu'on approche du point central de la cité, la foule augmente, et, des deux côtés de la rue, les boutiques font place aux restaurants populaires, aux pâtisseries de riz et de millet, aux débits de thé et de saki chaud. On est dans le voisinage d'un grand marché au poisson.

Le canal est couvert de barques de pêcheurs. On décharge la marée fraîche et le produit de la pêche des rivières, les poissons des courants océaniques qui descendent du pôle, et ceux du courant équatorial, les tortues et les moules, les poulpes difformes et les crustacés fantastiques. Les halles, grossièrement installées près du débarcadère, sont assiégées de pourvoyeurs qui viennent faire leurs provisions dans les ventes à la criée. Du sein de la cohue tumultueuse, des bras vigoureux enlèvent les corbeilles pleines, et les versent dans les paniers ou dans les caisses laquées des coulies. De temps en temps, la foule s'entr'ouvre pour laisser passer deux coulies chargés d'un marsouin, d'un dauphin ou d'un requin suspendu par des cordes à une longue et forte tige de bambou, qu'ils portent sur leurs épaules. Les Japonais font bouillir la chair de ces animaux ; ils mettent en salaison le lard de la baleine.

Ce n'est pas l'un des moindres tableaux des abords du Nippon-Bassi, que le groupe des marchands de requin et de baleine en gros et en détail. La stature, la tenue et le geste de ces personnages, la haute fantaisie de leur accoutrement, les dimensions du couperet qu'ils plongent dans les flancs des monstres de la mer, tout semble dire que pour satisfaire à la consommation de la grande cité, il ne faut rien moins qu'un déploiement prodigieux de forces humaines, et l'emploi des ressources alimentaires les plus phénoménales de la nature.

Du point culminant du Nippon-Bassi, qui est un pont fortement cintré, Yédo se présente sous l'aspect le plus pittoresque. Le canal est bordé sur ses deux rives de nombreux entrepôts de soie, de coton, de riz et de saki. Des centaines de longues barques, transportant du bois, du charbon, des cannes de bambou, des nattes, des paniers couverts, des caisses, des tonnelets, des poissons énormes, sillonnent en tous sens les voies de communication, tandis que les rues semblent être exclusivement abandonnées à la circulation du peuple. On distingue, il est vrai, de temps en temps, parmi la foule des piétons, tantôt un convoi de chevaux de somme pesamment chargés, tantôt des charrettes supportant quatre ou cinq étages de ballots artistement empilés. Ces véhicules à deux roues sont traînés par des coulies. Aucun autre bruit de voiture ne se fait entendre. Le retentissement des socques de bois sur les trottoirs, les grelots des chevaux et les timbres des quêteurs, les cris cadencés des coulies et les bruits confus qui montent du canal, forment ensemble une harmonie étrange. sans analogie avec la voix d'aucune autre ville [1].

Le contraste est profond lorsque de la cité on passe aux quartiers extérieurs de Yédo. On se trouve alors au milieu d'un véritable parc anglais, plus la végétation si singulière du Japon. Rarement on rencontre de la foule, et là où il y en a, elle glisse doucement. Ce n'est pas qu'on soit taciturne; au contraire, on bavarde beaucoup, mais on entend plus de rires que de paroles.

Le plus curieux de ces quartiers extérieurs, est celui de Sinagava; c'est en même temps le plus mal famé et le plus dangereux. Une partie est occupée par des pêcheurs, des bateliers, des hommes de peine; l'autre par la même écume de la société qu'on trouve dans nos grandes villes d'Europe, et, en outre, par une certaine classe d'hommes sans aveu, qui est propre à la capitale du Japon. Ces derniers sont les lonines ou officiers sans emploi, appartenant à la caste militaire et ayant, par conséquent, le droit d'être armés.

Les uns sont des fils de famille qu'une vie de débauche a jetés hors de la maison paternelle; les autres ont perdu, par leur inconduite, la place qu'ils occupaient; d'autres encore ont été renvoyés par un chef que le malheur des temps forçait à restreindre ses dépenses au moyen de réductions opérées dans le personnel de sa suite. Le lonine, privé de la solde qui le faisait vivre, et ne connaissant que le métier des armes, n'a pas d'autre ressource, en attendant un nouvel engagement, que de se réfugier dans les repaires du vice, où il rémunère par d'ignobles offices l'hospitalité qu'il y reçoit.

La clientèle qu'il y attire ajoute de nouveaux éléments de perversité à ceux dont le quartier abonde. Il s'établit une organisation, une discipline dans le désordre même. Il y a des chefs de lonines qui tiennent sous une dépendance aveugle des bandes de misérables. C'est à eux que s'adressent, pour leur œuvre de sang, les mystérieux racoleurs qui se font les instruments des vengeances de familles ou des haines politiques de la noblesse japonaise. Ces lonines ont si bien le sentiment de l'abjection dans laquelle ils vivent, que, lorsqu'ils sortent de leur gîte, ils prennent ordinairement la précaution de se cacher la figure sous un grand chapeau à bords rabattus, ou au moyen d'une pièce de crêpe dont ils s'enveloppent la tête, de manière à ne laisser voir que leurs yeux.

Sinagava est traversé par une grande route appelée Tokaïdo ou chemin de l'ouest, qui va de Nagasaki à l'extrémité sud de l'empire, jusqu'à Hakodaté, au nord, et qui relie entre elles les grandes cités de Kiousiou, de Sikoff et de Nippon. C'est une chaussée fort bien entre-

[1] A. Humbert.

tenue, et qui est des plus pittoresques. Dans le voisinage de Yédo surtout, elle est toujours très-animée et ressemble plutôt à une rue. Des voyageurs à pied, en norimon, en kangho ou en jinrikishas, des femmes, des enfants, des hommes à deux sabres, des prêtres à tête rasée se suivent presque sans interruption.

Le norimon et le kangho remplacent le palanquin. Le premier est un panier fermé, le kangho un panier ouvert suspendu à un gros bambou qui repose sur les épaules du coulie. Le jinrikisha n'existe que depuis peu de temps; c'est un véhicule à deux roues, bien laqué, couvert d'une capote blanche et tiré par un homme. Le nom veut dire voiture mue par la force de l'homme. Le coulie va au petit trot et fait quatre à cinq kilomètres à l'heure.

De temps à autre, on voit passer un messager, ayant pour tout vêtement une ceinture, et coiffé d'un grand chapeau rond complétement plat et miraculeusement perché sur l'occiput. Il porte sur l'épaule un long et mince bâton de bambou; à l'une des extrémités, est attaché un petit paquet contenant ses dépêches; à l'autre son léger bagage. Ses pieds, selon l'usage du pays, sont chaussés de sandales de paille. Il court avec une grâce et une agilité merveilleuse : c'est à peine s'il touche le sol.

Tout à coup le silence se fait comme par enchantement dans la foule : les travaux s'interrompent, beaucoup de maisons se ferment et les habitants se hâtent d'y rentrer. Un cri vient de retentir, annonçant à la population l'approche d'un haut personnage. Le cortége appa-

rait bientôt. Deux hommes le précèdent, marchant tête nue malgré l'ardeur du soleil. Derrière viennent des soldats, armés les uns de fusils, les autres de lances, tous des deux sabres passés dans la ceinture ; puis voici le lourd norimon reposant sur les épaules de douze hommes vigoureux, que suit en bon ordre le reste de l'escorte.

Le Tokaïdo est interrompu sur plusieurs points de son parcours par des rivières plus ou moins torrentueuses. Celles sur lesquelles les constructeurs indigènes n'ont pu, malgré toute leur habileté, établir des ponts, sont franchies sur des bateaux plats ou sur les épaules de porteurs, spécialement préposés au service des gués. C'est une profession qu'ils exercent de père en fils. Ils forment même une corporation, qui indemnise les voyageurs en cas d'accidents personnels ou d'avaries de bagages.

Un mouchoir noué sur le front et une ceinture autour des hanches, composent tout leur costume. Pour le reste du corps, le tatouage supplée au vêtement, selon l'usage généralement répandu parmi les coulies des grandes cités japonaises. Ce genre de peinture n'admet que des sujets héroïques, tels que la lutte d'un héros contre un dragon fantastique, le tribunal du grand juge des enfers, et l'image de ce brave incomparable qui, au moment même où sa tête tombait sous le glaive, sut encore arracher d'un coup de dent un pan de la cotte de mailles de son ennemi.

Les prix de passage, toujours extrèmement modérés, varient selon que l'on engage huit hommes pour se faire trans-

LE JAPON. — Une maison de thé à Yédo.

porter en norimon, ou quatre hommes avec une litière, ou deux hommes et un brancard, ou enfin un simple porteur. Dans ce dernier cas, qui est le plus fréquent, le voyageur se met à cheval sur la nuque du porteur, et celui-ci, l'empoignant par les deux jambes et lui recommandant de bien garder l'équilibre, s'avance dans l'eau à pas lents, fermes et mesurés. Le procédé est le même pour les indigènes des deux sexes. Ils s'y prêtent avec une égale docilité, et cheminent de concert en fumant leur pipe et se communiquant leurs observations sur la hauteur des eaux et la longueur du trajet.

Il est impossible de fixer d'une manière précise le chiffre de la population de Yédo, le gouvernement japonais n'ayant pu y établir encore aucun cens régulier. Suivant un voyageur, M. Lindau, cette population était, en 1862, de 1,700,000 individus environ, dont près de 600,000 bourgeois, marchands, artisans, et 500,000 nobles avec leurs maisons ; mais la chute du Taïkoun et le départ des familles princières, semblent avoir considérablement diminué ce chiffre, et avoir fait perdre en même temps à Yédo le principal élément de son opulence. Elle n'en reste pas moins la ville la plus importante de l'empire, celle où se trouve réuni tout ce qui peut servir à peindre le peuple japonais.

Parmi les établissements publics, les plus curieux sont les maisons de bains et les maisons de thé. Les premières occupent souvent toute une rue. « Chacun, dit un voyageur[1], y vient jusqu'à deux et trois fois par jour faire ses ablutions : tous sont là pêle-mêle, hommes, femmes, jeunes gens et jeunes filles, en costume d'archange, au nombre de cinquante à soixante par maison, accroupis et sautillants sur un plan incliné, entourés de pyramides de petits baquets cerclés de cuivre et remplis d'eau chaude. Toutes ces grenouilles humaines s'aspergent de la tête aux pieds, et deviennent peu à peu de la couleur du homard. On frotte, on frotte ! On se promène, on vient gaiement demander une cigarette aux nobles étrangers. Les tatouages les plus splen-

[1] Le comte de Beauvoir. *Pékin, Yédo, San-Francisco.*

dides des hommes brillent au milieu des roses couleurs des nymphes enjouées que des frotteurs en titre savonnent et essuient : ces braves gens font tout cela avec un tel sang-froid, ayant l'air de trouver la chose si naturelle, que pour un rien, je crois, nous nous mettrions de la partie, sans croire déroger à ce préjugé social qu'on appelle shocking... »

On a souvent reproché au Japonais, à propos de cette coutume de prendre leurs bains en commun, d'être privés de toute pudeur. « Il me semble, dit M. Lindau[1], qu'on s'est un peu pressé de les blâmer. Il y a là une grande différence entre la dépravation et le manque de pudeur. L'enfant ne connaît pas la honte, mais il n'est pas éhonté. La pudeur, Rousseau l'a dit avec raison, est « une institution « sociale » ; elle se développe avec la civilisation ; chaque climat, chaque époque exerce sur les manifestations de ce sentiment, une influence que voyageurs et historiens ont été à même de constater. Non-seulement la pudeur française est autre que la pudeur musulmane, mais notre pudeur d'à présent diffère en beaucoup de points de la pudeur de nos ancêtres. Chaque race s'est fait, dans son éducation morale et dans ses habitudes, un criterium de ce qui lui paraît décent ou non. En bonne conscience, on ne devrait pas taxer d'impudeur l'individu qui, dans sa patrie, ne blesse aucune des convenances sociales au milieu desquelles il a été élevé.

« Le Japonais le plus délicat et le plus rigide ne s'offusque pas de voir une jeune

[1] R. Lindau. *Un Voyage autour du Japon.*

fille prendre un bain au seuil de sa porte devant les passants, et les gens de tout âge et de tout sexe qui se réunissent dans des salles communes pour y faire leurs ablutions, n'ont jamais cru commettre une action honteuse. Un Japonais fort bien élevé, avec qui je m'entretenais des singulières habitudes de ses compatriotes, ne put absolument rien répondre à l'indignation des Européens et aux scrupules que je tâchai de lui expliquer. « Oui, me dit-il, quand je vois au bain « une femme nue, je la vois tout entière. « Quel mal y a-t-il à cela ? » Je ne pus tirer autre chose de lui, et il me resta démontré que nous partions de points de vue trop différents pour arriver à la même conclusion... »

Les bains tiennent le premier rang parmi les pratiques hygiéniques des Japonais. Indépendamment de leurs ablutions matinales, chaque jour, ou peu s'en faut, ils prennent un bain d'eau chaude. Ils aiment que la température en soit élevée, c'est-à-dire plutôt au-dessus qu'au dessous de cinquante degrés centigrades. Ils restent quinze à trente minutes dans l'eau, tantôt s'y plongeant jusqu'aux épaules, tantôt n'en ayant que jusqu'à la ceinture, selon qu'ils se tiennent couchés ou accroupis ; et, pendant tout ce temps, ils évitent avec le plus grand soin de se mouiller la tête. Il n'est pas rare que des congestions au cerveau et même des coups de sang, ne soient la conséquence de cette accumulation d'habitudes déraisonnables.

Une coutume passée ainsi à l'état de besoin journalier et pratiquée par l'universalité d'une énorme population, ne saurait évidemment se renfermer dans le secret du huis clos. Il s'est donc établi au Japon une sorte de convention tacite, d'après laquelle le bain rentre dans la catégorie des actions que l'on peut appeler indifférentes, au point de vue de la morale publique, ni plus ni moins que le repos, la promenade, le sommeil, le manger et le boire.

Comme les gens des classes supérieures de la société jouissent de dortoirs et de salles à manger, chaque maison de la haute bourgeoisie ou de la noblesse possède également une ou deux salles de bains réservées à l'usage domestique ; et même il n'est pas de petit ménage bourgeois qui n'ait quelque modeste réduit où se trouve une baignoire munie de son appareil de chauffage. Quand le bain est prêt, la famille en profite successivement : en premier lieu, le père, puis la mère, puis les enfants, et toute la maisonnée, y compris les domestiques.

Cependant, il est rare que l'on utilise la baignoire commune, parce que les frais de combustible qu'exigerait son emploi plus ou moins habituel, dépasseraient de beaucoup la dépense d'un abonnement de famille à un établissement de bains publics. Aussi le gros de la population ne fait-il régulièrement usage que de ceux-ci.

L'empire de la convention qui régit les maisons de bains s'étend au delà du seuil de ces établissements, c'est-à-dire que si des baigneurs de l'un ou de l'autre sexe éprouvent le besoin de prendre l'air sur le trottoir, chacun les considère respectueusement comme étant au bénéfice de la fiction réglementaire, et, qui plus est, celle-ci les couvre jusqu'à leur propre demeure, lorsqu'il leur plaît d'y apporter intacte la belle teinte de homard que leur corps a reçue dans l'eau chaude.

« Quelque étranges que ces mœurs nous paraissent, dit M. Humbert, il est avéré qu'aucun Japonais, avant l'arrivée des Européens, ne se doutait qu'elles pussent avoir un côté répréhensible. Elles lui semblaient, au contraire, en parfaite harmonie avec les convenances de sa vie domestique, et au surplus irréprochables au point de vue moral, puisqu'elles excluaient toute préoccupation étrangère au devoir hygiénique et religieux de la purification du corps.

« L'Européen, de son côté, n'a pas voulu croire à la réalité de cette absence de préoccupation, à la possibilité de cette vertu d'abstraction, dont l'indigène se faisait fort. Mettant lui-même le pied dans les maisons de bains, son regard et son sourire ont rendu inconvenant ce qui ne l'était jusqu'alors aux yeux de personne : « ce peuple n'a pas de pudeur », s'est-il dédaigneusement écrié. « Cet « étranger n'a pas de moralité », a répliqué le Japonais. Sans avoir, de mon côté, ni la prétention de clore le débat, ni la velléité de le prolonger, il m'est impossible de souscrire à l'opinion couramment admise, qui refuse aux habitants du Japon, le sentiment de la pudeur. L'un de ceux qui ont pris part à l'Exposition universelle, disait avec beaucoup de raison : « Nous voyons en plein « jour à Paris, des choses que nul de « nous ne se permettrait de nuit, en pré- « sence de témoins. »

Mais une observation beaucoup moins contestable, et qui peut expliquer bien des singularités, c'est que les Japonais n'ont décidément pas le sentiment de la beauté plastique, et qu'elle n'exerce donc point sur leur imagination ces séductions que nos modes, nos mœurs et notre genre de vie tendent constamment à provoquer. Rien de plus caractéristique à cet égard, que la manière dont les peintres indigènes dessinent les héros et les héroïnes de leurs scènes de genre et de galanterie. Mais, encore un peu de temps, et le Japon sera sous l'influence des Japonais qui ont visité l'Europe, et spécialement de ceux qui y font actuellement un séjour prolongé. Si la comparaison qu'ils auront faite des deux civilisations ne les engage pas à recommander d'enthousiasme l'adoption de la nôtre dans ses moindres détails, on peut être bien certain qu'ils réformeront, en tout cas, leurs coutumes nationales sur les points qui ont provoqué les moqueries des étrangers.

Les maisons de thé, très-répandues à Yédo, surtout dans certains quartiers extérieurs, sont de deux sortes : les tscha-jas et les djoro-jas.

Les premières sont des établissements respectables fréquentés par la bonne société, et où le voyageur trouve du repos et des rafraîchissements. On en rencontre non-seulement dans les villes, mais aussi dans la campagne. Le choix des sites où on les construit d'ordinaire, caractérise bien le goût généralement répandu chez les Japonais : le sentiment des beautés de la nature. Dans tous les lieux accessibles d'où l'œil peut embrasser un paysage attrayant, une maison de thé invite les

passants à s'arrêter pour jouir un instant
du spectacle qui se déploie devant eux.
Sur les routes fréquentées, l'établissement devient une grande auberge ; dans
les lieux plus écartés, c'est tout simplement une maison en miniature, bâtie
en bois et en papier, et couverte d'un
toit en chaume ; une famille composée
du père, de la mère et d'une nichée
d'enfants, gagne là sa vie, Dieu sait
comment.

Jusque dans les endroits qui paraissent
tout à fait abandonnés, et où les caprices
de la fantaisie conduisent les promeneurs
par des sentiers couverts d'une herbe
épaisse qui semble n'être jamais foulée,
sur le bord des ruisseaux, près des lacs
et des cascades que l'on rencontre fréquemment, sont disposés de gracieux
bosquets, quelquefois vides, mais le plus
souvent habités par une vieille femme
qui a établi sur un banc son modeste
ménage ambulant : quelques tasses, des
théières et un brasero. Pour un szeni.
c'est-à-dire pour la centième partie d'une
pièce de monnaie qui ne vaut pas quatre
sous, le voyageur japonais reçoit en
échange une tasse de thé et une petite
coupe de riz ; il ne s'éloigne pas avant
d'avoir fumé quelques pipes, pendant
qu'il jouit silencieusement du spectacle
qu'il a sous les yeux.

Dans toutes les maisons de thé, le service est fait par des jeunes filles qu'on
appelle nésans. Aussitôt qu'un client
se présente, les nésans le reçoivent
avec force amabilités et lui apportent
des œufs, du riz, du poisson, du saki,
espèce d'eau-de-vie de riz, et du thé,
qu'il consomme lentement, assis, les

jambes croisées, sur une natte moelleuse.

Les djoro-jas ne se trouvent que dans
certains quartiers seulement, et diffèrent
sensiblement des tscha-jas ; elles ne sont
guère fréquentées que la nuit. Voici la
description qu'en donne M. Lindau [1].
« Après avoir franchi une porte solide
gardée par un poste de soldats, nous
nous trouvâmes à l'entrée d'une rue d'un
aspect tout à fait singulier. Longue et
très-large, cette rue était silencieuse,
sombre et presque déserte. Les maisons
qui la bordaient ne ressemblaient point
à celles que j'ai déjà vues : elles étaient
plus vastes que les habitations de marchands et d'artisans, mais l'on n'y voyait
pas la grande porte qui sert d'entrée
aux hôtels de la noblesse. De fortes grilles en bois en défendaient les abords,
sans empêcher néanmoins d'apercevoir
ce qui se passait dans l'intérieur. On y
pénétrait par des portes basses et massives, ménagées sur un des côtés de la façade. Tout contribuait à prêter à ce lieu
isolé un caractère d'étrangeté et de mystère.

Le jour avait baissé. Çà et là, on allumait des lanternes en papier. Les passants marchaient vite, et plusieurs
d'entre eux avaient l'air de se cacher ;
car, en dépit d'une chaleur assez forte,
ils s'étaient enveloppés la tête de grands
mouchoirs, de façon à ne laisser dans
leur figure que les yeux à découvert. On
nous avait conduit dans la partie la plus
mal famée de la ville, en plein quartier
des djoro-jas ou maisons de thé.

Nous nous étions approchés d'un de

<hr>

[1] *Revue des Deux Mondes*, année 1863.

ces établissements, et, à travers les barreaux de la grille, nous distinguâmes une salle spacieuse, garnie de nattes en bambou, et faiblement éclairée par quatre grandes lanternes en papier de couleur. A nos côtés se trouvaient une douzaine de Japonais qui, la figure collée contre la grille, examinaient comme nous ce qui se passait dans la salle. Il y avait là huit jeunes filles magnifiquement habillées de longues robes d'étoffes précieuses ; accroupies sur leurs talons, suivant l'usage, elles demeuraient droites et immobiles, les yeux attachés sur la grille qui nous séparait d'elles, et ayant dans leurs regards brillants cette fixité particulière à ceux qui ne se rendent pas compte de ce qu'ils voient. Leurs beaux cheveux, d'un noir de jais, étaient arrangés avec art et ornés de longues épingles en écaille jaune. Elles étaient dans la première jeunesse : la plus âgée comptait vingt ans à peine; les plus jeunes n'en avaient guère plus de quatorze. Quelques-unes se faisaient remarquer par leur beauté, mais toutes avaient un air résigné, fatigué, indifférent surtout, qui s'accordait mal avec leurs jeunes visages et qui faisait peine à voir.

Exposées comme les bêtes curieuses le sont dans une ménagerie, examinées et critiquées à loisir par chaque curieux, pour être vendues ou louées au premier offrant, ces malheureuses présentaient un spectacle qui me causa l'impression la plus pénible. Une vieille femme parut à l'entrée de la salle, et prononça quelques mots ; l'une des jeunes filles se leva aussitôt, mais avec la lenteur d'un auto-

mate. Il y avait, dans cette manière de se mouvoir, quelque chose d'inconscient, comme chez les animaux dressés qui exécutent, sur l'ordre de leur maître, certaines manœuvres dont ils ont l'habitude.

Nous franchîmes la porte voisine de la grille, et traversâmes un couloir étroit et sombre, fermé aux deux extrémités, et qui donnait accès à une vaste salle exhaussée de quelques pieds au-dessus du sol. La prolongation du couloir par où nous étions entrés la partageait en deux moitiés inégales. A droite, nous vîmes une trentaine de personnes; c'étaient des enfants de huit à quatorze ans, des jeunes filles et des femmes, dont il était difficile de déterminer l'âge, puisque les Japonaises, dès qu'elles ont dépassé la trentaine, paraissent souvent plus vieilles qu'elles ne le sont en réalité. C'est surtout à l'abus des bains très-chauds, et pris fréquemment, qu'il faut attribuer cette vieillesse précoce. Quelques-unes des petites filles étaient déjà couchées et dormaient d'un profond sommeil, la tête appuyée sur un oreiller en bois rembourré. Celles qui étaient encore debout portaient, en l'honneur de la matsouri, leurs habits les plus riches. Femmes et jeunes filles se tenaient assises autour des braseros, mangeant et buvant, fumant et causant.

A notre arrivée, une vieille femme proprement vêtue vint à notre rencontre et demanda ce que nous désirions. L'officier, notre guide, répondit que nous voulions voir des danseuses et des chanteuses, et qu'il fallait nous préparer un bon repas dans le plus bel endroit de la maison. La vieille nous conduisit alors, à travers un jardin planté de beaux arbres, jusqu'à un pavillon, où elle alluma des lanternes de couleur et une douzaine de mauvaises bougies de cire végétale, fichées sur des candélabres en fer. Le rez-de-chaussée du pavillon ne formait qu'une seule pièce ; le premier étage, au contraire, se divisait en un grand nombre de chambres ou plutôt de cellules, séparées les unes des autres par des châssis tendus de papier. Les nattes qui couvraient le plancher étaient partout fort propres et de qualité supérieure, le papier des murailles était neuf ; de fines sculptures en bois ornaient les piliers et les dessus de porte. En somme, le pavillon où nous étions formait une habitation japonaise fort agréable.

La femme qui nous avait conduits, espèce de surveillante qu'on appelle o-bassan, s'éloigna après avoir reçu nos ordres. Bientôt elle revint, accompagnée de trois petites filles qui, comme elle-même, portaient des guéridons en bois noir verni, des coupes de la même matière, mais de couleurs différentes, des tasses et des bouteilles de porcelaine, enfin tous les ustensiles nécessaires à un repas. Elles allaient et venaient, sérieuses et affairées ; d'autres petites compagnes se joignirent à elles, et, dans quelques minutes, nous eûmes devant nous un souper japonais fort bien servi. Il se composait, comme le repas que j'avais déjà pris, d'œufs durs, de homard, de poisson cru et bouilli, de riz, de fruits et de sucreries ; le vin doux d'Osakka, le saki et le thé n'avaient pas été oubliés. Les mets étaient appétissants et bien

préparés, et nous fûmes servis avec autant d'adresse que de complaisance par les petites domestiques. Ces enfants, connues sous le nom de kabrousses ou kamérons, sont élevées par les djoros (courtisanes) et par l'o-bassan, et sont destinées à les servir, ainsi que les personnes qui sont dans la maison.

Pendant le souper, nous vîmes entrer plusieurs jeunes filles ; c'étaient les djoros. Elles se présentèrent l'une après l'autre, et nous adressèrent un profond salut, en se mettant à genoux et en touchant la terre de leurs fronts, puis elles se retirèrent dans un coin de la salle. Sur notre invitation, elles vinrent s'asseoir auprès de nous, et prirent une part modeste à notre repas. Elles étaient d'ailleurs silencieuses et réservées, et ne répondaient à nos questions que par quelques timides paroles. Leur costume ne différait de celui des jeunes Japonaises que par le haut prix et l'éclat des étoffes. Quelques-unes avaient piqué dans leur chevelure des épingles d'écaille de la plus belle qualité.

Le souper terminé, les petites filles desservirent, et d'autres personnes pénétrèrent dans la salle. C'étaient quatre ghékos ou chanteuses, dont les costumes rivalisaient de richesse avec celui des djoros ; chacune d'elles portait à la main le sam-sin, l'instrument favori des Japonais. Après avoir mis leurs sam-sins d'accord, elles commencèrent à jouer, en se servant, pour frapper les cordes, d'un morceau d'ivoire taillé en forme de hache. La musique japonaise ne peut entrer en comparaison avec la nôtre ; cependant, on distingue dans les chants populaires quelques motifs faciles et agréables. Il faut reconnaître aussi que les Japonais sont doués d'une grande justesse d'oreille; ils jouent et chantent parfaitement à l'unisson, et observent avec exactitude le rhythme, souvent très-difficile, de leurs mélodies. Sur l'ordre de l'o-bassan, les jeunes filles se levèrent pour exécuter des pas de danse à un ou plusieurs personnages. Leurs gestes forcés, leurs contorsions bizarres, étaient fort peu en harmonie avec les idées que nous avions de la grâce ; mais ces mouvements souples et précis s'adaptaient fidèlement au caractère de la musique, tantôt lent et triste, tantôt rapide et bruyant, et qui servait d'accompagnement à un poëme récité par les ghékos.

Après la danse, qui avait duré assez longtemps, il y eut un moment de repos et de silence. Les ghékos acceptèrent avec force remerciements les gâteaux et le saki que nous leur fîmes offrir ; les danseuses, encouragées par l'o-bassan, commencèrent à se sentir plus à l'aise, et causèrent à voix basse. Quelques-unes étaient fort jolies ; mais, ce qui me frappa plus encore que les traits de leur visage, c'était l'air modeste qui les rehaussait toutes. A les voir ainsi timides et réservées, on les eût prises pour d'honnêtes filles de la bourgeoisie. Une seule se faisait remarquer par une hardiesse d'allures qui contrastait singulièrement avec sa figure pâle et distinguée. « Il n'y a rien là d'étonnant, me dit un de nos amis à qui j'avais fait part de mon impression ; cette jeune fille passe pour une beauté à la mode et fort recherchée. L'année dernière, elle était timide à l'excès ;

depuis, elle a passé quelques mois à Detsima et à Oora, et c'est en fréquentant nos compatriotes, qu'elle est devenue telle que vous la voyez. Vous pouvez admettre comme règle générale que les indigènes dégénèrent moralement, aussitôt qu'ils entrent en rapport avec nous. »

A quelles causes attribuer ce phénomène, peu flatteur pour notre amour-propre ? Ce n'est pas le lieu de le chercher ; mais j'affirme qu'au Japon comme en Chine, la bonne, l'aimable société indigène a disparu partout où règne l'influence des Européens. Les coulies (portefaix) de Detsima sont d'incorrigibles larrons, les marchands de Yokohama deviennent de jour en jour plus insolents, et les Japonaises qui sont obligées de subir la compagnie des étrangers, y perdent très-vite la modestie, qui fait leur principal charme.

Je ne saurais autrement définir l'état de démoralisation des djoros, dans la compagnie desquelles je m'étais trouvé, qu'en le qualifiant d'état inconscient. Toute loi morale se fonde sur la conscience. Où la conscience fait défaut, il ne peut pas y avoir de démoralisation. Ce qui est certain, c'est que la vie des djoros n'a rien qui blesse la conscience japonaise. Dans un des temples les plus vénérés de Yédo, dans le temple de d'Akatza ou Quanou Sama, on a suspendu près de l'autel les portraits de quelques djoros, célèbres pour leur beauté et leur charité ; on les montre aux jeunes filles vendues aux maisons de thé comme les modèles à suivre. Dans la grande ville de Simonoséki, il y a un véritable monastère de djoros, qui a été fondé par la

LE JAPON. — Un Cirque de lutteurs.

femme d'un ancien empereur du Japon, afin de subvenir aux frais d'une guerre entreprise contre des sujets rebelles. Une djoro peut en quelque sorte ne pas déchoir et rentrer dans la société par la voie d'un mariage honorable. Ce fait s'est, à ma connaissance, renouvelé trois fois pendant mon séjour au Japon, et il s'explique par l'organisation particulière de l'institution à laquelle appartiennent les djoros.

Une famille pauvre est elle surchargée d'enfants ou la mort de son chef la prive-t-elle de ses principales ressources, il arrive fréquemment que les filles qui font partie de cette famille, sont livrées à quelque maison de thé. On rédige à cette occasion deux espèces de contrat, suivant que la fille est encore en bas âge ou qu'elle est déjà nubile. Dans le dernier cas, de beaucoup plus rare, la jeune fille est louée à la maison de thé pour un certain nombre d'années, et sa famille reçoit pour elle une somme qui varie de 10 à 20 rios (100 à 200 francs) par an, et qui constitue une augmentation considérable de ses revenus. Si l'enfant est jeune, le prix de vente se règle en une fois, et n'excède pas 50 ou 100 francs en tout ; de plus, l'acquéreur s'engage à subvenir à tous les besoins de l'enfant, et à lui donner une bonne éducation. Jusqu'à l'époque de sa nubilité, l'enfant est habillée et nourrie ; on lui apprend à lire et à écrire, à danser, à chanter et à jouer du sam-sin ; on lui enseigne en un mot tout ce qui convient à une jeune fille bien élevée. A quinze ou seize ans, son éducation doit être terminée. On fait alors d'elle une ghéko (chanteuse), une o-doori (danseuse), ou bien une djoro ; elle subit l'un ou l'autre de ces états, sans avoir le droit ni la pensée de se plaindre. Sa volonté n'a pas été consultée lorsque, kamérou (petite fille), elle a été livrée à la maison de thé ; sa volonté n'a pas à s'exercer davantage lorsqu'il lui faut s'acquitter de la dette qu'elle a contractée en recevant, pendant plusieurs années, tous les soins que son maître lui a donnés, car elle ne s'appartient pas ; elle est victime de la misère ou de la cupidité de ses parents, qui, étant ses maîtres naturels, l'ont cédée par contrat légal, et pendant un temps déterminé, au propriétaire de la maison

de thé. Dès lors, celui-ci se substitue aux parents, il devient son maître absolu, et il a le droit de disposer d'elle comme de sa chose. Quoi qu'elle fasse, ghéko, o-doori ou djoro, elle n'est plus qu'une esclave dont la vie se résume dans le mot obéir ; elle agit sous l'impulsion d'un autre, elle exécute ses ordres, elle travaille pour lui, elle ne retient pas une obole de tout l'argent que lui rapporte son malheureux état.

C'est donc en réalité une créature fort misérable et qu'il serait inhumain de mépriser, puisqu'elle exerce sans volonté et sans profit pour elle sa honteuse profession. Vers l'âge de vingt-quatre ou vingt-cinq ans, elle devrait, suivant la teneur du contrat qui l'a liée à la maison de thé, être rendue à elle-même et reconquérir son indépendance. Tel n'est pas le dénouement ordinaire de ces sortes de marchés, à moins qu'elle ne soit laide ou disgraciée de la nature, ce qui est à peu près son unique chance d'être libre au temps fixé. Si, au contraire, elle est jolie, le maître abuse de son ignorance pour la retenir en son pouvoir ; il lui fait contracter des dettes, en lui servant une nourriture plus succulente, ou en lui vendant des bijoux ou des étoffes plus précieuses qu'il n'est obligé de lui en fournir. Bien peu d'entre elles ont assez de force pour résister à des tentations si attrayantes. Elles s'endettent, et comme elles ne possèdent, au terme de leur engagement, nulle autre chose au monde que leur corps, elles sont forcées, afin de se libérer, de le vendre pour un nouveau délai.

Ainsi, par un enchaînement de cir-

onstances qui les dominent, il arrive
rdinairement à ces infortunées créatures
le s'éteindre dans la maison même où
lles sont entrées petites filles, où elles
nt flétri leur jeunesse dans un métier
l'ignominie, et où, vieilles et enlaidies,
lles trouvent un dernier asile comme servantes (kosts-koï), comme surveillantes
(o-bassan), ou comme maîtresses d'école,
le danse ou de musique. On en voit çà
et là quelques-unes dont les charmes ou
les bonnes qualités captivent des hommes
qui les rachètent en payant leurs dettes;
mais la plupart se résignent à mourir
dans l'état où elles ont vécu. »

Quoique les fêtes soient très-fréquen-
tes, le bon peuple de Yédo s'est créé
mille ressources de divertissement et de
récréation. Il y en a pour le jour et pour
la nuit; les unes s'étalent sur la voie publique; d'autres ont pour siége les temples ou leurs dépendances ; d'autres
encore, des bâtiments spéciaux, bara-
ques, cirques ou théâtres. La plupart
sont à la portée de toutes les bourses;
même la Shibaya, qui correspond à notre
grand Opéra, est accessible aux gens du
peuple et n'a cependant jamais reçu ni
sollicité la moindre subvention, soit de
la ville, soit du gouvernement.

Une certaine gradation se remarque
dans la nature, le goût et la valeur artistique des réjouissances populaires, selon
les groupes caractéristiques que forment
les quartiers de Yédo; mais les parties de
la ville les plus curieuses sont Yamasta
où se tient une foire permanente, et
Asaksa qui est à la fois l'Athénée et le
Pandémonium du Japon.

Comme on voit sur les grands fleuves
de la Chine une île verdoyante s'élever
au-dessus des eaux fangeuses et sillon-
nées de milliers de jonques, telles apparaissent les collines touffues de Yamasta,
entre les grandes artères de circulation,
tant fluviales que terrestres, des quartiers du nord de Yédo. Un vaste temple
à hautes galeries, entouré de bosquets,
forme le point culminant de la scène.
Tout autour sont des maisons de thé où
se pressent des milliers de visiteurs de
tout âge et des deux sexes, qui viennent
prendre leur repas ou simplement se reposer tout en dégustant une tasse de thé.

L'animation est extrême; les nésans
ou servantes vont et viennent dans tous
les sens, portant dans de petites tasses
tout ce qui compose un dîner japonais :
soupe au poisson, poissons bouillis et
crus, riz, œufs, sucreries, fruits, etc. La
cuisine du Japon est très-variée et tout à
fait celle d'un peuple civilisé; mais elle
se distingue de la nôtre par certains
traits essentiels.

D'abord la viande de boucherie y fait
absolument défaut; le règne animal n'y
est représenté que par la volaille et le
poisson. Les pauvres gens ne consomment que du riz et des légumes ; ils relèvent cette nourriture un peu fade en l'as-
saisonnant avec force raifort et piment.
Parmi les gens plus aisés, on accompagne
le riz de poisson cru et bouilli, d'œufs
durs, de fruits tels que pommes, poires,
raisins, oranges et de sucreries. Ce n'est
que dans les grands galas que l'on sert des
soupes au poulet et des fricassées de volailles. Mais chez les riches comme chez
les pauvres, le riz forme la base de l'alimentation et tient lieu tout à la fois de

pain et de viande. La boisson ordinaire et universelle est le thé. On boit aussi, mais par exception, du saki, eau-de-vie de riz, et du vin doux d'Osakka, dont l'agréable saveur rappelle de loin celle du vin de Tokaï.

Le champ de foire de Yamasta constitue les Champs-Élysées de Yédo. Sur les larges trottoirs plantés d'érables, qui bordent, de part et d'autre, la chaussée principale, de petits industriels, accroupis à la file, chacun sur son paillasson, ne se lassent pas de vanter la marchandise étalée devant leurs genoux. Quelle agréable variété de produits exposés à l'attention du public ! Quelle pittoresque exhibition d'enseignes à images coloriées et à gros caractères chinois ! Faut-il des pièces encore plus persuasives ? Le marchand de mort-aux-rats jonche le sol, autour de lui, d'une collection de ses victimes, dont les cadavres, horriblement ballonnés, démontrent aux spectateurs les plus incrédules le prodigieux effet de sa drogue. Son voisin, affublé d'une pelisse de Yéso, rehausse l'effet de cette réclame en mettant sous les yeux des passants une tête et deux pattes d'ours, pour prouver indubitablement que c'est bien de la graisse d'ours qu'il vend, au choix des amateurs, soit dans des coquilles de mer, soit dans de longs cornets de papier imperméable. Les Japonais font grand usage de ce spécifique pour certaines maladies de la peau. Il est moins facile de comprendre à quoi leur servent les peaux de grenouilles, qui rentrent aussi dans les articles de commerce de Yamasta.

Voici, sur d'élégants dressoirs, le sé-duisant étalage des lots d'une banque en plein vent, ainsi que les petits livres mystérieux d'un diseur de bonne aventure. Un diablotin cornu et cramoisi répond, en frappant du marteau sur un timbre, aux questions que le sorcier lui pose.

Plus loin, un groupe de curieux s'approchent tour à tour des verres d'un stéréoscope. Survient une espèce de bonze-jongleur, dont la spécialité consiste à jouer impunément avec le feu. Une pièce d'artifice est attachée à son bras gauche, la mèche tout allumée. Chacun se hâte d'éloigner l'importun personnage, en lui jetant un zéni dans la boîte qu'il porte sur sa poitrine. Les petits marchands ambulants qui lui succèdent, rencontrent un meilleur accueil. Celui-ci vend des tranches de melons d'eau ; celui-là de l'eau tiède, légèrement infusée de thé. Le troisième est un colporteur de tabac, de pipes et de sacs à tabac. Lui aussi aborde les promeneurs en leur montrant une mèche allumée, et, pour le coup, c'est le moyen de les attirer, car, chez ce peuple, où tout le monde fume, personne ne connaît l'usage du briquet. Nos allumettes phosphoriques n'ont pas de succès au Japon. Elles y arrivent avariées ou s'y détériorent sous l'action d'une atmosphère presque constamment humide. Dans chaque maison, l'on entretient, jour et nuit, un brasier. Les voyageurs allument leur pipe à celle des fumeurs qu'ils rencontrent sur leur route. Au surplus, tous les indigènes s'entendent à faire du feu à la manière des sauvages, par la friction de deux bûchettes en bois d'essence différente.

Plus l'on approche de la grande place

de Yamasta, plus la foule augmente. Les trottoirs sont envahis par des boutiques volantes, en perches de bambou et en paillassons. Çà et là cependant quelques hardis industriels savent se passer de tout abri et tenir néanmoins le public à une distance respectueuse. Tels sont, entre autres, l'astronome populaire et le marchand de nouvelles et faits divers. Le premier expose à un cercle d'auditeurs le meilleur des systèmes planétaires et joint au charme de sa démonstration le mystérieux attrait d'une longue lunette, au moyen de laquelle chacun peut faire, aux moindres frais possible, toutes les observations qu'il lui plaira, sur le soleil, sur la lune et sur les étoiles. Le second, vieux bonhomme à la voix nasillarde, répète machinalement la complainte de la dernière exécution capitale, et lentement, sans s'interrompre, il distribue feuille par feuille, aux passants qui lui tendent la pièce de monnaie, les paquets d'imprimés dont il s'est chargé l'épaule et le bras gauche.

Les mille bruits de la foule sont dominés par les cris, les chants, les coups de tambourins des saltimbanques, des histrions et des jongleurs qui se donnent rendez-vous à Yamasta. Tous les spectacles sont offerts aux promeneurs par ces gens à professions ambulantes.

Celui-ci fait danser sur le pavé une marionnette revêtue du costume des prêtres sauteurs. Celui-là exhibe sur une table le modèle d'un temple : une souris blanche en gravit les degrés, donne un coup de sonnette sous le portail et fait ses dévotions devant l'autel. Un troisième montre des oiseaux dressés à tirer de l'arc, à piler du riz, à puiser de l'eau d'un puits, à traîner un chariot de balles de coton. Un jongleur de rue se tient en équilibre sur deux hautes planchettes posées de champ et fait faire la roue au-dessus de sa tête à trois ou quatre flacons ou tasses en porcelaine ; il casse un œuf et en tire vingt mètres de lacet ; il broie un peu de papier dans la paume de sa main, et une nuée de moucherons artificiels en sort un instant après.

Plus loin, l'appel discordant du fifre, du timbre et du tambourin fait accourir le monde : c'est le Lion de Corée qui va donner une représentation. L'histrion s'est affublé d'un très-ample manteau rayé ou tigré, surmonté d'une énorme tête de lion fantastique. Le monstre s'allonge à volonté et domine soudainement d'un à deux mètres les gens qui l'accompagnent.

Les enfants tout à l'entour poussent des cris où l'effroi se mêle à la provocation. Quelques petits audacieux s'ayenturent jusqu'à soulever les pans du manteau et même à pincer les jambes du mystérieux saltimbanque. Tantôt celui-ci les menace et tourne la tête de leur côté, en ouvrant la gueule et en secouant l'épaisse crinière de morceaux de papier blanc qui encadre sa face écarlate ; tantôt il se met à sauter, aux sons des instruments de ses acolytes.

Lui-même est d'ailleurs muni de son propre tambourin ; mais, dès qu'il cesse de danser, il le dépose, et s'affaissant tout d'un coup, il se transforme en quadrupède, exécute quelques grotesques cabrioles et finit par se dépouiller de son accoutrement.

Alors le monstre s'évanouit, mais le jongleur reste. Il saisit une baguette de tambour et la fait tenir en équilibre sur le pouce de la main gauche, puis il superpose une seconde baguette à la première, et une troisième en croix au-dessus des deux autres ; enfin, il les jette en l'air, les reçoit dans ses mains et les fait circuler, toujours plus vite, sans interruption, en y ajoutant successivement une, deux, trois boules, sortant on ne sait d'où.

L'admiration des spectateurs est à son comble. L'un des musiciens fait passer l'assiette, c'est-à-dire l'éventail. La représentation est close, et le jongleur, pour se reposer, allume sa pipe à celle de quelque voisin bénévole.

Voici deux troupes de saltimbanques installées à deux angles de la place. L'une travaille en plein air ; ses héros sont l'avaleur de sabres et le sauteur prodigieux. Celui-ci passe impunément entre deux cerceaux entrecroisés, fixés au sommet d'une perche, qui supporte en outre une cruche posée en équilibre au point d'intersection des cerceaux.

Mais le tour le plus fort consiste à franchir d'outre en outre un gros cylindre en treillis de bambou, long de deux mètres environ et couché sur deux chevalets. Quand il veut porter au comble la stupéfaction des spectateurs, le saltimbanque allume et aligne à intervalles égaux, dans l'intérieur du cylindre, quatre grosses bougies, au-dessus desquelles il passe comme un trait, sans les éteindre ni les déranger.

Sa tendre épouse, assise sur une caisse à côté du cylindre, accompagne d'un air de guitare les diverses phases de la représentation. Aux sons criards de l'instrument, elle allie par intervalles les accents d'une voix tantôt caverneuse, tantôt glapissante, selon qu'elle juge à propos d'encourager sourdement ou de célébrer avec une juste fierté les prouesses de l'homme étonnant dont elle est la vilaine moitié.

L'autre troupe de saltimbanques est formée de gymnastes. Ils se produisent sous un vaste hangar, où sont disposés des engins tels que mâts, barres et parallèles, qui diffèrent peu des instruments de nos salles de gymnastique. Le bambou en fournit presque complétement la matière première. La troupe est nombreuse, sûre de son fait, rompue à tous les exercices de bravoure et à toutes les gentillesses du métier. Elle n'a pas de comique en titre, chacun est son propre bouffon, et pratique avec la plus parfaite aisance, l'art de passer, à la minute, du plaisant au sublime et réciproquement.

Ce que la représentation offre de plus original, aux yeux de l'étranger, c'est la simplicité du costume des acteurs : privés jusqu'à ce jour de la notion du tricot, leur garde-robe, à tous ensemble, tiendrait dans une couple de mouchoirs de poche. Leur coiffure, burlesque contrefaçon des bonnets des nobles, ne les quitte jamais, même pour exécuter le tour qui consiste à saisir entre deux doigts du pied une ruche de paille, à l'enlever de terre, en demeurant les bras croisés, et à s'en couvrir la tête sans perdre l'équilibre.

Les équilibristes et les acrobates japonais sont d'ailleurs d'une adresse qu'il est impossible de surpasser. Ce qu'ils font de plus extraordinaire, ce sont une série de tours d'équilibre, opérés au moyen d'un faux nez démesurément long, ou même d'une perche de bambou, fixée, on ne sait comment, au milieu de leur figure.

L'un des chefs, par exemple, se couche sur le dos, et fait monter au bout de son nez un enfant qui s'y tient en équilibre sur un pied et met un parasol en équilibre sur son propre nez; non content de cela, le même homme, sans rien déranger au premier tableau, dresse une jambe en l'air, et un autre enfant, appuyant son nez sur la plante du pied de cette jambe, se soulève peu à peu jusqu'à ce qu'il ait les deux pieds en l'air, et il reste immobile dans cette position. Les exercices avec une perche à la place du nez sont tellement fabuleux, qu'ils doivent recéler quelque supercherie, telle qu'un point d'appui quelconque, dissimulé par une décoration de théâtre.

La troupe qui exécute ces prouesses est sous l'invocation du divin Tengou, et parée de ses principaux attributs, c'est-à-dire: outre le long nez, une grande paire d'ailes, un sabre et un costume de héraut.

Une autre corporation, infiniment plus intéressante, est celle des jongleurs prestidigitateurs. Leurs troupes les plus savantes se produisent principalement à la foire de Yamasta et dans les dépendances du grand temple de Quannon d'Asaksa. Elles font aussi des voyages en province.

« M. de Polsbroek, dit M. Humbert, en invita une à Benten pour y donner une représentation aux notabilités de l'Occident qui se trouvaient alors en résidence à Yokohama. Ma chambre de travail étant à côté du salon, que nous avions converti en théâtre, et les deux pièces ouvrant sur la véranda, dont les jongleurs firent leur vestiaire et leur place de répétition, j'eus le plaisir d'assister à tous les préparatifs de leur soirée.

Ils étaient au nombre de six, accompagnés de quatre musiciens et de plusieurs domestiques. Leur mobilier comprenait, entre autres, de hauts trépieds, divers dressoirs et d'élégantes tables basses en beau laque rouge, ainsi que de grands vases en porcelaine, des chimères en cuivre jaune et des caisses et des boîtes de toute grandeur, en laque noir et en bois blanc, à double fond, à tiroirs ou à secret.

Ils en sortirent des chandeliers, des bougies, une petite lanterne magique, des tasses de porcelaine remplaçant les gobelets de nos escamoteurs, des poupées inversables, des marionnettes, des écharpes, des rubans, des turbans, des lacets, du papier, des pipes, des sabres, des éventails, et tout un assortiment de toupies, depuis les dimensions d'une assiette à soupe jusqu'à celles d'une coquille de noix.

L'orchestre se composait d'un sam-sin, d'une paire de cliquettes en bois, d'un tambourin et d'une grosse caisse. Il faut dire qu'il n'avait pas d'autre ambition que d'assourdir le tympan et de distraire, à point nommé, l'attention des spectateurs, comme aussi de la provoquer, dans certaines occasions solennelles, particulièrement pour annoncer que l'un des chefs de la troupe allait ouvrir une nouvelle série d'exercices par un discours approprié à l'importance du sujet.

Admettant que les tours de passe-passe de l'Europe valent bien ceux de l'extrème Orient, je laisse de côté ce détail de la représentation. Quant à celle-ci, prise dans son ensemble, je ne puis mieux en définir le caractère qu'en donnant à ce genre de spectacle la qualification de charmante mystification. Il est difficile, en effet, de se jouer plus agréablement de la crédulité du peuple et de sa propension au merveilleux, que ne le font les jongleurs de Yédo. A l'exception des tours d'adresse et d'escamotage, dans lesquels ils déploient une dextérité étonnante, tout le reste n'est au fond et d'un bout à l'autre, en parole et en action, qu'une sorte de persiflage ou de moqueuse négation du prodigieux, opérée au moyen de prestiges de leur invention, admirables de simplicité, sublimes de niaiserie.

Que l'on ajoute à cela les mérites d'une troupe consommée dans l'exercice de son art; une ingénieuse mise en scène, un goût exquis ou plutôt un esprit d'à-propos parfait, dans le costume, les décors, les draperies, l'arrangement des machines et du mobilier; un aplomb, une grâce, un sérieux comique imperturbables, alliés à l'adresse, à la verve, à l'entrain le plus soutenus, et l'on comprendra que cette catégorie toute spéciale de jongleurs occupe une place distincte et des plus honorables parmi les nombreuses confréries des gens de leur métier. »

Ce que ces jongleurs ont de particulièrement remarquable dans l'agencement de leurs exercices, c'est l'habileté avec laquelle ils passent des simples tours d'adresse aux artifices de la jonglerie, et réciproquement, sans que le spectateur se doute du changement, ni s'aperçoive de la transition.

L'un d'eux, par exemple, s'accroupit devant un haut chandelier de fer, et, agitant d'une main son éventail, il saisit de l'autre la bougie allumée, la lance en l'air, la reçoit, et sans jamais l'éteindre, la fait sauter comme une balle, en observant la mesure d'une chanson de circonstance, accompagnée par l'orchestre; puis remettant la bougie en place, il la souffle et en fait jaillir, comme par le jeu de son éventail, un jet d'eau qu'il reçoit dans un bol de porcelaine.

Son camarade, à genoux devant un tabouret recouvert d'un tapis et éclairé, sur les côtés, par deux grosses lanternes de papier, y exhibe deux jolies marionnettes, auxquelles il fait jouer une petite comédie, entremêlée de couplets et de danses ; et c'est une comédie à quatre personnages : les changements de rôles se font à vue, sans que le jongleur bouge un instant de sa place. La pièce finie, il passe ses marionnettes à un autre, qui les range soigneusement dans leur caisse, et lui-même exécute une scène de travestissement, au bout de laquelle, étendant et agitant les larges manches de sa jaquette, comme les ailes d'un oiseau, il saute tout à coup sur une grosse lanterne de papier et s'y tient immobile sur la pointe des pieds.

Le compère, de son côté, rouvre la

LE JAPON. — Célébration d'une *Matsouri* ou fête religieuse.

caisse des marionnettes et en tire un déjeuner complet. Saisissant la théière, il offre à boire aux spectateurs en leur présentant sur un plateau une tasse qu'il remplit à pleins bords; mais l'on ne trouve plus rien dedans lorsqu'on veut y porter la main. Le jongleur étonné y touche du bout des lèvres, mais se détourne avec dégoût pour rejeter tout un essaim de mouches. Les œufs qui accompagnent le thé n'ont rien d'extraordinaire, si ce n'est que le jongleur peut les faire tenir debout sur son front, et même les surmonter d'une soucoupe qui y reste en équilibre.

L'entr'acte est animé d'intermèdes comiques, dont l'un des plus curieux représente le repos des jongleurs. Accroupis silencieusement au pied d'une tenture blanche, ils y dessinent, en exhalant la fumée de leurs pipes, des caractères chinois parfaitement lisibles.

Les tours variés qu'ils exécutent avec les éventails vont de plus fort en plus fort, jusqu'à ce qu'ils se confondent avec des artifices d'optique et de fantasmagorie. Ainsi, pour terminer la série des premiers exercices, le jongleur fait passer sous les yeux du public un grand éventail ouvert, qui se tient debout sur le dessus de sa main droite, puis il le lance en l'air, le reçoit de la main gauche par la pointe, s'accroupit, s'évente, et tournant la tête de profil, pousse un long soupir qui fait sortir de sa bouche l'image d'un cheval au galop. Il continue à se donner de l'air et secoue du fond de sa manche droite toute une armée de petits bonshommes qui s'évanouissent en dansant et en faisant la révérence.

Il se baisse, ferme l'éventail et le tient des deux mains : pendant ce temps sa tête a disparu ; elle reparaît, mais avec des dimensions colossales, puis sous sa forme naturelle, mais reproduite en trois ou quatre exemplaires. On apporte devant lui une espèce d'amphore, et bientôt il sort tout de son long du col étroit de cette bouteille et s'évapore dans les nuages suspendus au plafond.

Cependant on prépare la grande scène des toupies. Un jongleur exhibe les deux plus grosses et les prend par le manche, qu'il roule un instant entre les deux paumes de ses mains. Dès lors, le mouvement de rotation qu'il leur a imprimé ne s'arrêtera plus. Son camarade saisit la première et la fait rouler de flanc sur un long tuyau de pipe, puis il la lance en l'air et la reçoit dans le fourneau de la pipe ; enfin, il l'envoie tourner au poste qui lui est assigné, et la toupie obéit en gravissant jusque sur une table en laque un viaduc entrecoupé d'un pont cintré.

En même temps, l'autre jongleur apporte un haut dressoir, sur lequel il dispose un bol de porcelaine qu'il remplit d'eau jusqu'au bord. Il étend sur la surface liquide une feuille de lotus, enlève du sol la seconde toupie et l'installe sur cette feuille, où elle continue de tourner. Bientôt un charmant jet d'eau sort de la pointe de la toupie.

Tandis que les deux grosses toupies restent en place, on déballe les moyennes et les petites. Un simple choc, un contact presque imperceptible avec les premières, suffit pour mettre toute la troupe en mouvement. Mais l'on ne se bornera pas à la laisser tourbillonner sur le sol. Le régisseur montre aux spectateurs des boîtes et des raquettes tout ordinaires, des fils de fer parfaitement lisses, des sabres dont il fait examiner le tranchant ; puis il donne le signal de la danse : trois artistes entrent en scène, saluent profondément le public et se mettent simultanément à l'œuvre, au son de toute la symphonie.

L'un jongle au cerceau avec quatre ou cinq toupies ; le second en fait sauter dans les boîtes, puis ressortir et tourner à la file tout à l'entour ; le troisième en lance sur les fils de fer tendus, où elles courent et reviennent d'un bout à l'autre, sous sa direction. Le même jeu se répète sur le tranchant d'un sabre. Une partie de raquettes achève de mettre à l'épreuve les héroïnes du bal : ce sont elles qui servent de volants. Quelque incroyable que cela puisse paraître, aucune des toupies, grosses, moyennes ou petites, ne cesse d'être en rotation pendant toute cette série d'exercices.

Il n'y a pas de terme qui rende l'impression de l'ensemble et des moindres détails de ce spectacle. Il en . est de même de la scène où le jongleur découpe nonchalamment une feuille de papier en petits morceaux carrés qu'il jette en l'air, chasse de l'éventail, et change peu à peu en une troupe d'oiseaux qui détalent.

Et quoi de plus charmant que de voir un autre morceau de papier s'échapper de ses mains sous la forme d'un papillon, qui bientôt voltige tout autour de sa tête et qu'il semble à chaque instant sur le point de saisir. L'insecte brave ses efforts, se pose même sur l'éventail qui le menace, et s'envole enfin sur un bouquet de fleurs.

Un instant après il en sort, accompagné d'un autre papillon, et tous les deux s'élèvent et se bercent dans les airs, descendent, remontent, se poursuivent, lorsque soudain le jongleur les attrape dans une boîte dont il se hâte de fermer le couvercle. Mais aussitôt qu'il le soulève, les deux prisonniers s'échappent, et la lutte recommence avec une nouvelle ardeur. Enfin, il saisit de sa main les deux papillons à la fois, il s'approche triomphant pour les montrer aux spectateurs, et quand il entr'ouvre ses doigts, il n'en sort plus qu'un léger nuage de poudre d'or.

Ce tour est, avec raison, l'un de ceux qui excitent au plus haut degré l'enthousiasme du public. Les Japonais, toutefois, ne connaissent pas les applaudissements frénétiques : tenant de la main droite leur éventail fermé, ils en frappent plus ou moins vivement le plat de la main gauche, en accompagnant ce geste d'un léger cri de satisfaction.

Il n'y a qu'un spectacle qui les fasse sortir de leur impassibilité, c'est celui de la lutte de l'homme contre l'homme ou contre les lois du monde matériel. Aussi les jeux publics des lutteurs de profession sont-ils très en faveur à Yédo.

Les luttes athlétiques sont au nombre des plus anciens divertissements du peuple japonais. La tribu des lutteurs fait remonter sa charte de fondation au septième mois de la troisième année du règne de Zinmou, le premier des Mikados, c'est-à-dire à l'an 658 avant Jésus-Christ.

Placée sous la protection impériale, c'est de concert avec le gouvernement que la corporation organise pour chaque année le programme de ses représentations en les répartissant de côté et d'autre, au moyen d'escouades détachées dans les principales villes du Japon. Nulle part elle ne possède de cirque permanent. Les constructions que l'on improvise en son honneur, lorsqu'elle répond à l'invitation de quelque ville ou de quelque bonzerie, ont parfois des dimensions considérables ; mais l'on n'y déploie aucun luxe.

L'ordonnance des cirques de lutteurs est toujours la même, Il est rare que l'on n'y fasse plus d'un rang de galeries.

Celles-ci sont mises en communication avec le parterre au moyen de simples échelles de bambou. Hommes et femmes prennent leur place pêle-mêle. A l'exception d'un petit nombre de loges réservées aux autorités, l'on n'admet pas d'autre distinction que celle des deux classes du tarif, d'après lequel le public des galeries paye le prix le plus élevé.

La multitude envahit le cirque longtemps avant l'heure de la représentation. Les chances de la lutte étant l'objet de paris passionnés, les spectateurs qui ont l'habitude de s'intéresser à cette loterie, ne manquent pas d'occuper souverainement les postes d'observation qu'ils trouvent à leur convenance, ordinairement les derniers rangs de l'amphithéâtre que forme le parterre autour de l'arène et du champ clos des lutteurs.

Aucun de ceux-ci ne se montre dans le cirque pendant que le public achève de s'installer. Tous sont consignés au vestiaire, où ils doivent déposer leurs vêtements, ceindre leurs reins d'une fine écharpe de soie à longues franges, et se parer du tablier de velours où ils ont fait broder leurs armes et suspendre les diplômes de leurs victoires.

Ces préparatifs sont d'une longueur interminable. Jamais, malgré l'assistance de leurs camarades, les nobles athlètes ne trouvent leur ceinture assez serrée, leur coiffure assez ramassée sur la nuque, leur tablier assez dignement assujetti sur les hanches. Et puis il leur faut passer en revue toutes les articulations de leurs bras, de leurs jambes, les faire craquer l'une après l'autre, s'étirer les membres aux bourrelets de paille qui

pendent au bout de grosses cordes attachées au plafond du vestiaire.

Enfin le son d'une caisse retentit au sommet de la tour, ou plutôt de la haute cage en bois, qui s'élève au-dessus du grand portail du cirque. La tumultueuse impatience de la foule fait place au recueillement, car l'on ne s'attend à rien de moins qu'à une apparition phénoménale. Les estampes qui ornent les affiches du spectacle ont surexcité toutes les imaginations. Ce ne sont pas de simples mortels que l'on va voir défiler dans le cirque, mais plutôt des géants, des colosses, des héros fabuleux, qui dépassent toutes les proportions de l'espèce humaine !

Cependant un obséquieux personnage, de très-petite taille, costumé avec la dernière recherche, et saluant, tout autour de lui, avec les formes de la plus exquise politesse, le régisseur, enfin, s'installe au centre de l'arène, d'où il débite, d'une voix claire et cadencée, le programme de la représentation, ainsi que la nomenclature et les titres glorieux des deux troupes rivales qui vont entrer en lice.

Le tambour se fait entendre pour la seconde fois, et c'est le signal de la parade. Les lutteurs s'avancent à la file, pas à pas, les bras pendants, la tête haute, dominant de toute leur stature les spectateurs accroupis sur les degrés du parterre. Un sourd murmure d'admiration accompagne leur marche triomphale. Le fait est qu'il serait difficile de composer en aucun autre lieu du monde une procession comparable à celle des athlètes de Yédo. Ils suivent de père en fils une certaine tradition hygiénique, perfectionnée de siècle en siècle, dont les produits rivalisent avec des résultats que les éleveurs britanniques eux-mêmes n'ont encore obtenus que dans l'ordre des ruminants.

Après cette parade de mardi gras, les lutteurs se divisent en deux camps, ôtent leurs tabliers et s'accroupissent dessus, à droite et à gauche de l'arène. Celle-ci forme un petit tertre circulaire, exhaussé d'un demi-mètre au-dessus de la base de l'amphithéâtre. Elle est sablée, entourée d'un double bourrelet de sacs de paille, et protégée par une élégante toiture que supportent quatre piliers de bois passé en couleur. Tout le reste du cirque est à ciel ouvert.

A l'un des piliers de l'arène est suspendu un goupillon (le gohéï) ; à un autre, un sac de papier, contenant du sel ; le troisième est orné d'un sabre d'honneur ; au pied du quatrième et au dehors de l'arène, on a déposé un seau d'eau, dans lequel plonge un petit puisoir.

Il y a quatre juges du camp. Chacun se poste au pied ou à proximité d'un pilier. Le régisseur ne sort pas de l'arène. Armé d'un éventail de commandement, à longs cordons de soie, il invite un représentant de chacune des troupes rivales à monter sur le tertre, puis il proclame avec emphase, aux applaudissements de la foule, les titres des deux illustres champions.

« Je n'ai jamais vu, dit M. R. Lindau, d'hommes aussi gros et aussi épais que les lutteurs japonais ; ce sont de véritables colosses, des Bacchus de six pieds, dont le plus mince pèse deux cents livres,

et dont le chef atteint, comme on le disait avec orgueil, au poids de trois cent quarante livres. Ces choix paraissent bizarres, mais ils sont justifiés par la nature de l'exercice auquel les lutteurs japonais doivent se livrer. Rester maître de l'arène et en expulser son adversaire, tel est l'objet de la lutte. Pour en arriver là, une forte corpulence est d'un puissant secours, et c'est pour cela que les lutteurs se recrutent parmi les hommes les plus lourds qu'on puisse trouver.

Ceux qui allaient s'exercer devant nous étaient presque nus, car ils ne portaient qu'une écharpe en soie verte étroitement serrée autour des reins ; accroupis le long de l'estrade, fixant devant eux des regards stupides et mornes, ils offraient un spectacle curieux, mais nullement agréable. Une des luttes venait de finir lorsque nous prîmes place dans le cirque. Un officier s'avança sur l'estrade et annonça au public quels étaient les deux athlètes qui allaient paraître, puis il lut sur un papier une longue liste de noms propres et de chiffres ; c'était l'état des paris engagés entre les spectateurs au sujet du prochain combat, et qui, suivant l'usage japonais, avaient été communiqués au commissaire de la fête pour être lus à haute voix, dans l'intention de stimuler l'ardeur des lutteurs. La lecture terminée, l'officier se rangea pour laisser la place libre au milieu de l'arène ; deux lutteurs se présentèrent, et après avoir salué le public en levant les bras au-dessus de leurs têtes, ils se disposèrent pour le combat.

Les préparatifs durèrent longtemps ; la foule, qui devait y être accoutumée, ne s'en plaignait pas, mais les étrangers perdirent patience, et leur exclamation haïakko (dépêchez-vous) se fit entendre plus d'une fois, à la grande joie des Japonais, qui en riaient aux éclats. Les lutteurs commencèrent par répandre dans l'arène quelques grains de riz et quelques gouttes d'eau pour se rendre le dieu des gladiateurs favorable; puis ils mouillèrent légèrement leurs épaules, leurs bras et leurs jambes, se frottèrent les mains avec du sable, exécutèrent des mouvements grotesques, ayant sans doute pour effet d'assouplir leurs membres, et finirent par se camper l'un en face de l'autre au milieu de l'arène, dans la posture des hommes qui, de toutes leurs forces, se préparent à se frayer passage. Accroupis sur la pointe de leurs larges pieds, les coudes serrés contre le corps, le cou tendu, le buste un peu incliné en avant, leur attitude était grotesque et menaçante à la fois.

Sur un signal donné par le commissaire de la fête, les deux hommes poussèrent un cri rauque et se ruèrent l'un sur l'autre, chacun avec l'intention de culbuter son adversaire. Le choc dut être terrible; le bruit en retentit sourdement dans tout le cirque, et les chairs des combattants, à l'endroit où ils avaient été touchés, se couvrirent à l'instant d'une vive rougeur; mais le coup avait été calculé avec tant d'adresse que l'effet en avait été pour ainsi dire neutralisé. Les deux hommes avaient rebondi sur eux-mêmes comme deux masses inertes et du même poids qui auraient été lancées l'une contre l'autre avec une vitesse égale. Ils revin-

rent immédiatement à la charge, se heurtant à l'envi de toutes leurs forces, chacun faisant de puissants efforts pour rester seul maître de l'arène.

Après quelques tentatives infructueuses, ils renoncèrent à terminer le combat de cette manière, et aux immenses applaudissements de la foule qui suivait les phases de la lutte avec un intérêt fébrile, ils se saisirent enfin corps à corps. Ce fut alors un spectacle émouvant que celui des deux colosses nus, étroitement unis dans une puissante étreinte, épaule contre épaule, poitrine contre poitrine, les bras entrelacés, les jambes écartées et soutenant sans fléchir le poids énorme qui pesait sur elles. Les membres se roidissent, les muscles tendus se dessinent vigoureusement. Aucun d'eux n'a encore été ébranlé. Soudain en voici un qui empoigne son adversaire à la ceinture; d'un bras, il le soulève de terre et le tient plusieurs secondes suspendu en l'air, puis avec violence, il lance cette masse en dehors de l'arène, et l'envoie rouler parmi les lutteurs, qui, comme le public, ont suivi d'un œil curieux toutes les péripéties du combat. Haletant, chancelant et ruisselant de sueur, le vainqueur s'avance au milieu du cirque, salue en levant les bras, et se retire au bruit d'interminables applaudissements. »

Les athlètes japonais, appelés soumos, forment une caste particulière. Ils jouissent d'une certaine considération. Les bourgeois sont tout fiers d'être vus en leur compagnie, et ils les invitent chez eux à fumer et à boire; les nobles mêmes ne dédaignent pas de les fréquenter. Il y a différentes sociétés de lutteurs. Le champion de chaque société en est en même temps le chef; il possède, comme les héros du ring anglais, une ceinture d'honneur qui d'ordinaire lui a été donnée par le seigneur de sa province natale, et dont il se pare au commencement et à la fin de chaque représentation.

La lutte, comme profession, ne s'exerce pas librement. Tout athlète doit être affilié à une société, et il est obligé de se contenter du salaire qu'il y reçoit; quant au chef, il prélève sur les bénéfices la part du lion. Cependant, il n'est pas maître absolu de sa troupe; il est placé à son tour sous la dépendance du roi des lutteurs, qui préside la grande société de Yédo ou de Kioto, et il lui paye un tribut annuel. Les chefs des sociétés ont rang d'officier, et portent deux épées, signe distinctif de la noblesse japonaise. Ils sont continuellement en voyage et conduisent leurs troupes dans les diverses provinces, séjournant dans les grandes villes durant un temps fixé par l'autorité. Ils recueillent beaucoup d'argent, car les Japonais sont enthousiastes amateurs de leurs exercices.

Les théâtres en plein vent et les figurines ont aussi un grand succès. Dans les premiers, on joue généralement des pièces qui répondent au vaudeville et à la comédie chez nous. « J'assistai, dit un voyageur [1], à une de ces représentations théâtrales. Une femme galante est entretenue par un vieillard chauve et caduc. Un jeune homme élégant jouit en même temps des faveurs de l'épouse et de la maîtresse du vieillard. Cette dernière est jalouse de la dame, la dame de son mari, le jeune galant du vieillard et le vieillard du jeune galant. Le sujet, on le voit, est des plus lestes, l'exécution d'une liberté extrême, mais l'intrigue est bien nouée et les acteurs sont parfaits. J'ai vu au Palais-Royal des vaudevilles moins spirituels et plus libres, avec cette différence toutefois que chez nous tout se dit, et qu'au Japon, tout se fait sur la scène. Le public se composait principalement de femmes et de jeunes filles, qui riaient à gorge déployée. C'étaient en grande partie, m'assure-t-on, des personnes honnêtes; mais toutes appartenaient aux classes populaires. »

Dans les maisonnettes qui contiennent les figurines, on voit des scènes miraculeuses, des apparitions de dieux, des combats, des faits transmis par les légendes. Les figures, grandes comme nature, sont faites de bambou et de papier mâché, et habillées d'étoffes de soie. Chaque groupe est isolé et placé dans une niche représentant le lieu où l'événement s'est passé.

Le mérite de ces figurines, c'est la recherche du réel, le sentiment de la nature, l'étude de la connaissance du cœur humain et une facilité prodigieuse d'exprimer, à peu de frais, les émotions et les passions: la colère, la frayeur, l'impatience, l'amour physique. Ici encore la tendance à la caricature est évidente. L'intention première est d'impressionner le spectateur et non de l'amuser. Mais involontairement, ou à son insu, l'artiste mêle l'humour au tragique, comme s'il voulait vous dire: Ne soyez

[1] Le baron de Hübner. *Promenade autour du monde.* (Lib. Hachette et Comp.)

pas trop ému ; vous n'êtes pas tenu de croire ce que je vous raconte.

A côté de ces petits théâtres de baladins, de jongleurs, de conteurs de légendes et de joueurs de farces bourgeoises ou de mascarades historiques, qui font les délices de la population, il y a, à Yédo, plusieurs grandes scènes dramatiques, ayant leurs troupes d'acteurs permanentes et parfaitement composées ; la plus célèbre, celle où se rend de préférence la véritable fashion, est la grande scène du quartier d'Asaksa.

La Shibaya, comme on appelle ce théâtre, est l'une des curiosités les plus intéressantes du monde. Si elle n'atteint, ni au mérite littéraire des pièces, ni à la perfection de jeu des acteurs du théâtre chinois, elle l'emporte sur celui-ci en valeur poétique, parce qu'elle a un caractère plus naïf, plus passionné, plus franchement humain. En Chine, le public assiste à la pièce et juge les acteurs ; au Japon, le public prend part à la pièce de concert avec les acteurs, il échange avec eux ses sentiments.

Ce n'est pas, rapporte un voyageur, [1] comme à Paris, l'heure du dîner, c'est celle du réveil qu'il faut avancer pour se rendre au spectacle. Les représentations commencent à six heures du matin pour se terminer à huit ou neuf heures du soir, et l'on aura une idée du souffle des dramaturges et des spectateurs, si l'on songe que trois journées ne suffisent pas toujours pour l'exécution de certaines pièces.

A peine le soleil est-il levé, qu'à l'appel du tambour une foule nombreuse et bigarrée se presse aux guichets. Ce sont des marchands qui ont pour ce jour-là fermé boutique, des paysans basanés qui viennent alléger leur escarcelle avant de rapporter au logis le prix de quelque bon marché conclu la veille, de petits fonctionnaires qui, sous le prétexte banal de maladie, se débarrassent pour un jour de leur service, des artisans qui se donnent à eux-mêmes une journée de congé, des gens du peuple, portefaix, bateliers et autres, qui viennent dépenser le gain de la veille sans avoir assuré celui du lendemain.

L'étiquette défend encore aux grands dignitaires, aux lettrés, aux fonctionnaires de haut grade, de se montrer au théâtre : leurs femmes seules s'y aventurent incognito ; mais la grande majorité du public est composée de familles endimanchées qu'escortent les enfants et les domestiques.

Si pour les hommes il a suffi d'endosser un costume plus propre que leur vêtement de travail, quoique toujours très-sombre, il n'en va pas de même pour leurs compagnes. C'est une grande affaire que la toilette d'une jeune fille, celle des femmes mariées est quelquefois plus négligée. Il a fallu la veille convoquer la coiffeuse et dormir le cou posé sur un billot de bois qu'on appelle makura, pour ne pas détruire ce savant échafaudage ; puis il a fallu se lever bien avant la pointe du jour, et, après les soins de propreté ordinaires, se badigeonner le cou, les épaules, la poitrine et les bras d'un lait d'amidon qui produit de loin, mais de très loin seulement, l'illusion de la peau blanche, si enviée des Japonaises, puis foncer les sour-

[1] George Bousquet. *Le Théâtre au Japon* (Revue des Deux-Mondes, 15 août 1874).

LE JAPON. — Un norimon ou chaise à porteurs.

cils au moyen d'un crayon noir, passer sur les lèvres une mince couche d'or qui, au bout de quelques heures, prendra la teinte du vermillon; enfin endosser les robes superposées et échancrées sur la gorge et s'enfermer dans l'obi, cette ceinture de soie large de 40 centimètres, longue de 2 toises, qu'on enroule autour des reins et qu'on noue par derrière en forme de gigantesque rosette. Il a fallu répéter tous ces soins pour les enfants, prendre un léger repas, faire une provision de friandises, enfiler l'incommode chaussure des guetta, puis prier très-poliment « messieurs les porteurs de norimon de vous conduire dans leur véhicule jusqu'à la porte du théâtre, si toutefois cela ne leur donne pas trop de peine. »

Enfin on arrive, on va prendre son billet, louer des coussins, acheter un programme illustré dans une maison de thé voisine, qui joue le rôle de nos bureaux de location ; on s'installe dans sa loge, et de toutes ces fatigues il ne reste pas trace sur les visages. On y voit s'épanouir au contraire cette naïve ardeur de plaisir, cette inébranlable résolution de s'amuser dont les hommes et les peuples gardent le secret tant qu'ils sont enfants.

La salle comprend un rez-de-chaussée à quelques degrés du sol et un étage. C'est un grand quadrilatère éclairé par les fenêtres du haut, dont la scène, dissimulée par un rideau de toile, forme un côté ; tout le rez-de-chaussée est divisé en petits carrés réguliers offrant l'aspect d'un damier et que, faute d'autre terme plus juste, nous appellerons des loges. L'étage supérieur contient les loges de pourtour, les plus recherchées, et un amphithéâtre où sont relégués les spectateurs les moins huppés. Au centre s'élève une petite estrade d'où une sorte d'inspecteur veille à l'ordre général et embrasse d'un coup d'œil toute la salle. Sur la gauche, dans une loge d'avant-scène, se tiennent le chœur et l'orchestre, composé de tambours, de flûtes et de guitares à trois cordes.

Les musiciens, vêtus d'habits sacerdotaux en souvenir des premiers ballets consacrés aux dieux, ne cessent guère de jouer, soit pour égayer le public pendant les entr'actes, soit pour accompagner le récitatif pendant la pièce. Ce qui caractérise bien la placidité japonaise, c'est

que 1500 personnes peuvent écouter ce glapissement pendant douze heures sans qu'aucune donne le moindre signe de trouble mental.

De chaque côté de la scène partent deux longues et étroites plates-formes planchéiées qui, à travers les loges du rez-de-chaussée et au même niveau, gagnent le fond de la salle. C'est le plus souvent par là que les acteurs font leur entrée, juste sous le nez des spectateurs. Cette disposition singulière permet même quelquefois de mener trois actions parallèlement, l'une à gauche, l'autre à droite de la salle, la principale sur la scène proprement dite. Elle donne de plus à l'artiste le temps de faire connaître, avant d'entrer en scène, l'état de son âme par une pantomime expressive.

Les loges ne sont séparées entre elles que par une petite cloison de bois, sur laquelle un rebord posé en barre de T sert à la circulation silencieuse des gens de service. Cette circulation ne s'arrête guère ; tantôt c'est l'ouvreuse qui apporte un coussin de supplément ou ranime le petit brasier, tantôt c'est un enfant endormi que sa sœur aînée emporte sur son dos ; les marchands de friandises bondissent sur un signe, et ne font pas faute dans les entr'actes de crier leur marchandise avec ce ton nasillard si spécial à l'emploi.

Chaque loge contient quatre personnes, qui s'accroupissent de manière à se faire face les unes aux autres, ne regardant la scène que de côté. Au milieu d'elles est le petit brasier où l'on allume incessamment les petites pipes en cuivre ; puis un plat de riz et de poisson ne tarde pas d'arriver avec les baguettes qui servent de couvert, les fioles de saki, les tasses de thé, tout un arsenal de choses qu'à chaque instant on enlève vides pour les rapporter pleines. Malgré ces sujets de distraction, on accorde une attention assez soutenue à la pièce et surtout aux incidents visibles qu'elle présente, car de longs morceaux du chœur échappent par leur obscurité à la majeure partie du public.

A l'entrée d'un de ses acteurs favoris, cette foule est électrisée. Des cris qu'aucune combinaison de consonnes ne parviendrait à rendre se font entendre çà et là, et se prolongent de proche en proche comme le bruit de la chute d'une pierre. Parfois, c'est une explosion générale et instantanée.

« Dans un drame que je vis représenter dernièrement, raconte M. Bousquet, un samurai altéré de vengeance poursuit, le glaive au poing, son ennemi, dont il a forcé la porte : la tradition que ce drame reproduit veut que le samurai perce à coups de sabre le paravent qui abrite la victime et passe au travers ; l'acteur fit ce geste attendu de tout le monde avec tant de bonheur ; sortit, la lame nue à la main, avec une telle expression de férocité, que ce fut dans la salle entière un délire, une tempête d'exclamations, et qu'il fallut, chose rare, interrompre la scène. » D'ordinaire le public est plus calme, et, s'il sort de son indolence, c'est moins volontiers pour acclamer, on ne connaît pas l'applaudissement, les situations pathétiques que les acteurs en renom.

Quoique appartenant aux derniers rangs de la société, ces acteurs sont l'objet d'un engouement très-vif ; des amateurs passionnés les soutiennent souvent de leur crédit, leur ouvrent leur bourse et ne croient pas pouvoir payer trop cher le droit de fréquenter le foyer, pourtant assez misérable, où ils s'habillent. On en a vu quelques-uns qui ont été pleurés après leur mort par toute la population et magnifiquement enterrés par souscription. Le salaire fixe ne dépasse pas en général pour les meilleurs 1,000 rios (5,500 francs) par an ; mais ils sont souvent associés par l'impresario aux bénéfices de l'entreprise. Quelques-uns jouent gratis et sans autre profit que l'avantage de se faire connaître du public.

Il ne paraît jamais de femmes sur la scène, et, quoique les hommes qui remplissent ces rôles n'aient pas, comme les Grecs, le secours du masque tragique, l'illusion, pour les yeux du moins, est complète, grâce à l'ampleur des vêtements et au développement de la coiffure, qui dissimulent les formes et amollissent les traits. L'organe seul les trahit : au lieu de la douceur remarquable de la voix féminine, l'oreille est écorchée par un débit traînant et nasillard qui dissimule mal un gosier masculin.

L'art du machiniste est plus avancé au Japon qu'en Chine ; et laisse bien loin derrière lui les grossiers agencements du théâtre de Shakspeare. Si les décors pèchent, comme tous les dessins japonais, par la perspective, les accessoires du moins sont exacts et même empreints d'un caractère de réalité excessif.

Les changements à vue s'opèrent au

moyen d'une plaque tournante, semblable à celles de nos gares de chemin de fer, qui embrasse toute la scène dans un demi-cercle antérieur : elle tourne à un signal, emporte avec elle tous les personnages, entre lesquels le dialogue semble continuer, puis vient présenter le demi-cercle opposé, où d'autres acteurs sont déjà en cours de conversation. Cette disposition vient très-heureusement au secours de dramaturges inexpérimentés en supprimant la difficulté des entrées et des sorties.

Un autre instrument plus bizarre, c'est l'*ombre*. On ne peut désigner autrement cet individu, tout de noir habillé et de noir encapuchonné, qui se tient derrière l'acteur, suit tous ses mouvements et ne le quitte pas plus que son reflet. Il lui passe tous les accessoires dont il a besoin, lui tend un petit tabouret pour s'asseoir d'une manière dissimulée au lieu de s'accroupir incommodément sur les pieds ; enfin il est un *truc* vivant et prévoyant. L'œil a besoin de s'habituer à cette forme noire qui se promène sur les planches ; mais au théâtre tout n'est-il pas convention ? Celle-là une fois admise, l'*ombre* rend de grands services, entre autres, quand le jour baisse, celui de tendre une chandelle au bout d'une perche sous le nez de l'acteur pour éclairer ses gestes et sa physionomie.

« Pourquoi, demandais-je à un acteur en renom, le célèbre Sodjuro, faites-vous de si grands éclats de voix et de si grands gestes dans vos rôles tragiques ? Ce n'est pas ainsi, ce me semble, que parle et qu'agit un daïmio ou un soldat. — Non, me répondit-il ; mais, s'ils se comportaient sur la scène comme tout le monde, qui pourrait reconnaître en eux des héros ? » Cette réponse contient à la fois le secret de l'art scénique et celui de l'art dramatique des Japonais. Ils sentent confusément qu'au-dessus du niveau commun des passions humaines il s'en agite de plus fortes et de plus nobles qui appartiennent au domaine du drame, qu'au-dessus de l'homme vulgaire et banal il y en a un autre qu'il faut découvrir et représenter. En un mot, ils cherchent l'idéal ; mais c'est dans cette recherche même qu'ils s'égarent. L'extrême Orient, il faut bien le dire, n'a pas connu la beauté simple et nue des Grecs, apanage de la race aryenne ; la conception du monde supérieur ne s'est jamais traduite pour lui que par l'informe grossissement du réel. Au-delà de la trivialité journalière, il n'a trouvé que le monstre. Il a cru faire beau en faisant énorme, obtenir l'admiration en causant la stupeur et toucher par l'effroi [1]. »

Les acteurs renchérissent sur les auteurs en cette matière ; ce n'est pas assez que les héros répandent leurs lamentations ou leurs fureurs dans d'interminables monologues, il faut que les interprètes les débitent avec une amphase et une exagération insupportables. La voix enflée et caverneuse tantôt s'élève, éclate et remplit la salle, tantôt s'affaisse et tombe dans les notes sourdes et gutturales, presque indistinctes. C'est moins une déclamation qu'une mélopée où l'harmonie imitative la plus maladroite remplace la diction.

[1] George Bousquet.

Les gestes sont à l'avenant. Le héros est-il en colère, ne cherchez ni Othello, ni même Triboulet : il écume, il rugit, il se démène, tombe épuisé pour se relever plus furieux, montre les dents, roule les yeux, s'arrache de vraies touffes de cheveux et se tord dans d'épouvantables convulsions, puis reprend encore haleine pour s'abandonner de nouveau au paroxysme de la rage. « Bien rugi, lion ! » semble s'écrier la foule, et forcément la toile tombe pour interrompre une pantomime sans conclusion, qui exténue l'acteur avant de lasser le public.

Parfois au contraire l'arrivée d'un nouveau personnage fait rentrer en lui-même cet énergumène qui ne se possédait plus, et sans transition le voici qui reprend le dialogue sur un ton parfaitement calme, s'assoit, fume sa pipe et cause de l'air le plus naturel du monde.

On prévoit déjà que la brutalité des détails correspond à celle du jeu. Si, dans les scènes familières, on boit, on mange, on fume, dans les scènes tragiques on feint de vraies douleurs. La tête de l'ennemi mort roule infailliblement sur le sol ; toute agonie se prolonge, non pour prophétiser, maudire ou blasphémer, mais pour exhaler des plaintes d'une douleur toute physique.

Il serait à souhaiter pour les adeptes de notre jeune école réaliste qu'ils pussent assister à ces exhibitions lugubres, comme les jeunes Spartiates à l'ivresse des ilotes ; ils y verraient jusqu'à quel degré de fatigue peut conduire l'application illimitée de leur théorie. Cette fatigue est telle que, malgré la bizarrerie du contraste, les yeux et l'esprit sont pour ainsi dire soulagés par les pas cadencés, les points d'orgue et les mouvements rhythmés, qui viennent de temps à autre interrompre les scènes les plus pathétiques.

On comprend du reste que cette mimique à outrance ne peut se faire supporter pendant toute une journée : aussi fait-elle place très-fréquemment à des épisodes de franche comédie, d'une verve un peu prosaïque, mais d'une gaieté pétillante, joués avec un naturel parfait, qui font pâmer de rire le public, assez froid aux scènes tragiques. Cette partie du mélodrame a d'ailleurs l'avantage d'être écrite en langue vulgaire, accessible à tout l'auditoire, tandis que la tragédie n'admet que le grand style, inintelligible pour lui.

Le caractère excessif et réaliste de l'art japonais, de même qu'il a poussé la tragédie dans le mélodrame, devait faire verser la comédie dans le vaudeville ; mais dans ce genre inférieur, il est arrivé à un développement plus complet et à des qualités plus saisissantes. On s'amuse de bon cœur à ces représentations, et l'Européen, qui s'y rend par curiosité plus que par attrait, est tout étonné d'y avoir ri. Les sujets sont tous empruntés à la vie familière, et les personnages finement observés ; l'action, qui n'est plus gênée par la fidélité historique, comme dans le drame, marche avec plus de hâte et d'unité. La justesse des caractères et des sentiments n'est pas moindre ; elle ressort d'autant mieux que, les types légendaires et les grands sentiments de convention étant écartés, il ne reste à étudier que de simples mortels et des passions communes. Le ton devient infiniment plus simple. Un jeu d'un naturel exquis, d'une vérité frappante, met les acteurs d'Yedo à la hauteur de nos bons comédiens. Comme eux, les auteurs se sentent en communion beaucoup plus intime avec un public auquel pas un mot du dialogue n'échappe. On fait donc une part plus grande à l'invention dramatique, à la recherche de situations nouvelles, dans les limites encore étroites tracées par les mœurs théâtrales, et ce que la pièce y gagne d'intérêt se devine sans peine. D'ailleurs, il faut le dire, si parmi les génies de l'antiquité, les Japonais avaient le droit, toutes proportions gardées, de réclamer un patron, c'est à Aristophane qu'ils devraient s'adresser. Ils ont à un haut degré « la force comique, » le don de saisir les ridicules, de faire saillir le côté grotesque des choses humaines.

Voici, emprunté à l'article de M. Bousquet, le compte rendu d'une comédie japonaise appelée *Kami-ya Djiyé* ou *Djiyé le papetier*.

« Un mot tout d'abord sur la qualité des personnages. Au Japon, la famille est une arche sainte qu'on ne saurait découvrir sans profanation. La mère, la jeune fille, la femme, ne peuvent sortir de limites très-restreintes, et, tout en conservant une grande liberté d'aller et de venir, elles n'en ont aucune dans leurs affections. La liste des sentiments qu'elles peuvent avouer est très bornée, et l'amour même le plus chaste n'en fait point partie. Une jeune fille amoureuse révolterait les spectateurs les moins délicats et serait aussi difficilement admise que

le serait en France une liaison purement vénale.

C'est donc ailleurs que le drame, la comédie et le roman vont prendre leurs héroïnes ; c'est parmi les seules femmes à qui les convenances sociales laissent la liberté du cœur, je veux dire celles qui habitent au Yoshivara. Tant s'en faut que la courtisane succombe ici sous le poids du mépris qui l'accable chez nous, son infériorité n'est pas une souillure. Le spectateur japonais peut sans dégoût la voir sur les planches occuper les premiers rôles, suivre le cours de ses instincts bons ou mauvais et même exercer son triste métier. Elle n'est point rejetée du monde moral, et cela s'explique, si l'on songe que jamais elle n'est responsable de sa conduite, que, vendue en bas âge par l'autorité paternelle, elle ne fait que subir un joug et servir d'objet à une spéculation dont elle ne profite pas.

Il n'est point si humble condition sociale qui n'ait sa hiérarchie : dans ce monde étrange, c'est la guécha ou ghéko (chanteuse) qui tient le premier rang. Celle-ci du moins jouit de certains priviléges ; si elle ne peut point disposer de sa personne comme il lui convient, elle peut la refuser quand il lui plaît. Sa guitare suffit à satisfaire l'avidité de ses maîtres. Au surplus ses rôles sont courts, et la femme, au théâtre comme dans la vie réelle, n'est qu'un instrument utile rejeté au deuxième plan. On lui fait payer par le mépris le dépit qu'on a de ne pouvoir se passer d'elle. Nous allons voir cependant qu'on sait lui prêter à l'occasion les grands sentiments de son sexe.

L'héroïne de notre comédie est une

guécha nommée O'Haré. Elle est aimée avec passion par un pauvre marchand de papier, Djiyé, qu'elle aime de son côté ; mais l'argent manque à Djiyé pour la racheter de la servitude qu'elle endure et la conduire chez lui en qualité de mekaké[1]. Il a déjà contracté des dettes à cause d'elle, penche vers sa ruine et fait le désespoir de sa femme légitime et de toute sa famille. Un autre soupirant, Kahé, a été éconduit par la guécha. Celui-là est riche, mais on le traite comme un importun.

Le décor représente l'intérieur d'une maison de thé le soir. D'abord une de ces scènes sans but qui n'ont d'autre utilité que de faire comprendre au spectateur le lieu de la scène. Entrée d'O'Haré, escortée d'un koskaï[2] ; elle s'installe avec la maîtresse de la maison auprès d'un brasero, et elles entament une exposition assez rapide de la situation. Le dialogue touche à sa fin lorsqu'arrive un koskaï porteur d'une lettre que sa maîtresse lui a recommandé de ne remettre à O'Haré que s'il la trouvait seule. Cette lettre est de la femme de Djiyé, l'épouse délaissée. Que dit-elle ? Nous n'en savons rien : la chanteuse réfléchit un instant avant d'écrire, puis, comme si elle accomplissait un sacrifice, elle trace les caractères d'une main tremblante d'émotion.

Pendant ce temps, le koskaï, une sorte de jocrisse, sous prétexte de faire le guet à la porte, fait dans la rue un sabbat à réveiller la police endormie. Voici la

[1] C'est le mot qui sert à désigner les concubines que le mari entretient dans sa maison.
[2] Commissionnaire.

réponse prête ; elle la remet au porteur et le renvoie, après avoir caché avec soin dans sa ceinture la lettre qu'elle a reçue. « N'avez-vous rien oublié ? dit le koskaï. — Non, » répond la jeune femme distraite. Alors le jocrisse de s'arrêter avant de franchir la porte en examinant la fermeture, la lanterne ; il sort enfin, mais feint d'être assailli par un chien menaçant, et rentre en répétant : « N'avez-vous rien oublié ? » Elle comprend enfin et lui remet, pliée dans du papier, suivant l'usage, la petite gratification réglementaire. Le voilà rassuré dès lors contre les aboiements du chien.

A peine a-t-il accompli sa sortie grotesque que nous voyons paraître Kahé, l'amant repoussé, escorté de son koskaï. La scène qui suit est d'un comique irrésistible. Kahé poursuit de ses déclarations l'intraitable guécha ; mais ce n'est point un amoureux transi que ce riche marchand ; il le prend de haut avec la malheureuse fille, raille amèrement le pauvre hère qu'elle aime, lui fait un tableau de l'aisance qu'elle trouverait auprès de lui, si elle se laissait convaincre. Elle le repousse durement. Alors s'engage un colloque entre le maître et le serviteur sur ce refus étrange. Kahé, désespérant de se faire aimer, veut du moins se venger par une mordante épigramme ; il cherche une guitare. N'en trouvant pas, il saisit en place un balai de chiendent, et, imitant avec les contorsions les plus amusantes les soupirs de l'amoureux et le grincement du shamissen, il entame, accompagné par son koskaï, une chanson moqueuse qui roule sur l'infortuné Djiyé : « Il était une fois un pauvre papetier, — battu par sa femme ; — dans sa maison, on mourait de faim, — tout cela par la faute d'une guécha... » « Assez, assez ! » s'écrie la pauvre fille. — « Encore, encore ! » hurle le public.

La chanson est désopilante, et l'habileté de l'acteur à contrefaire les accents criards de la musique japonaise nous montre que leurs propres ridicules n'échappent pas à ces grands sceptiques. De même la platitude des formules de salutation est à chaque instant l'objet d'une amusante parodie. Enfin les deux femmes finissent par perdre patience, et le galant est invité à décamper ; mais en se retirant il fera encore un tour de sa façon ; il guette à la porte Djiyé, qui ne peut manquer de venir. En effet paraît un homme, la tête enveloppée du capuchon noir que portent, pour n'être pas reconnus, ceux qui se rendent dans les quartiers de plaisir. Nos deux plaisants fondent sur lui, mais au premier assaut il les jette de côté en leur montrant son sabre. Ce n'est pas un marchand comme Kahé, ce n'est pas Djiyé, c'est un *homme à deux sabres*, un inconnu. « Je devrais, dit-il, vous punir de votre insolence ; mais, comme je suis dans un lieu habité, je vous fais grâce. Passez votre chemin. » Ils ne se font pas répéter l'injonction.

A cette clémence insolite, à certains détails de costume et de manières, le public a reconnu que cet homme n'est pas un samurai, et qu'il doit cacher son nom et sa profession dans quelque secret dessein. Disons tout de suite que c'est le père de Djiyé, qui vient arracher, s'il le peut, son fils à une passion funeste. Il se

présente dans la maison de thé comme un samurai qui veut se reposer et s'amuser. Tout doit s'incliner devant le désir d'un samurai, et la maîtresse de la maison veut faire danser et chanter O'Haré à la prière de son hôte ; mais celle-ci refuse, elle est trop triste. Le personnage mystérieux interroge l'hôtesse sur cette jeune fille revêche ; il apprend tout ce qu'il veut savoir. Il ne peut obtenir d'elle que cette réponse : « Quel est le meilleur moyen pour se tuer, le fer ou la corde ? » On passe dans la salle voisine pour y verser le thé.

A l'autre bout de la rue apparaît Djiyé, la tête à demi cachée sous son mouchoir posé en cornette, le teint pâle, l'œil cave, les jambes flageolantes, offrant tous les signes d'un complet épuisement physique et les traces toutes matérielles des ravages que produit une passion désordonnée. Dans une longue scène muette, l'acteur fait comprendre sa douleur, son désespoir et son accablement. Il arrive en guettant de tous côtés de peur de rencontrer les surveillants qui l'empêchent d'approcher de la belle O'Haré. Il ne s'en présente aucun, mais, entendant des bruits de voix dans la maison, il hésite à entrer.

Mangoyémon, c'est le nom du père, a mis à profit le temps écoulé dans l'intervalle pour arracher à la jeune femme le secret de ses projets. « Vous voulez vous tuer par désespoir, dit-il en rentrant, mais votre amant aussi attentera à ses jours. Vous allez causer bien des malheurs ; d'ailleurs n'avez-vous pas une mère qui vous aime ? Qui la consolera de votre mort ? » O'Haré fond en larmes

LE JAPON. — Intérieur d'une maison japonaise.

et garde longtemps le silence en proie à une lutte douloureuse ; enfin son parti est pris. « Eh bien ! dit-elle, venez chaque jour, pendant trois mois, à cette heure-ci, il ne pourra plus me voir et m'oubliera bientôt... »

Ces dernières paroles, Djiyé, aux écoutes derrière la porte, les a entendues. Furieux de jalousie, il saisit son sabre, et, à travers le grillage de bois de la maison, veut poignarder l'infidèle ; mais Mangoyémon saisit le sabre, désarme celui qu'on prend pour un voleur, et, s'emparant de sa main retenue aux barreaux du châssis, il l'attache solidement. En ce moment, O'Haré jette un cri, elle a reconnu dans le sabre arraché par Mangoyémon celui de Djiyé, ce petit sabre

court et unique toléré chez les marchands.
Le père le remarque à son tour, l'enveloppe soigneusement sans rien dire, et le
dépose près du prisonnier. N'a-t-il pas
reconnu quelque vieille relique de famille
autrefois donnée à son fils pour un plus
noble usage?

Sur ces entrefaites revient Kahé, toujours suivi de son acolyte. Ils avancent
avec toute sorte de précautions, craignant
de trouver encore là le samurai de tout
à l'heure. Ils voient un homme à la porte,
croient que c'est lui, reculent, se concer-
tent, s'avancent et finissent par reconnaître leur ennemi Djiyé. Belle occasion
de le dauber. Ils crient au voleur : la
police arrive avec une ponctualité absente
de la vie réelle et commence comme toujours par bousculer ceux qui l'appellent.
A ce bruit, Mangoyémon sort et apaise
le tumulte. Kahé tremble comme la
feuille. « Pourquoi, lui dit le faux samurai, appelez-vous cet homme un voleur ?
— Parce qu'il me doit 20 rios qu'il ne
me paye pas. — Où est votre titre? —
Le voici. » Le père saisit la reconnaissance signée par son fils et la déchire en
mille morceaux. Kahé se croit joué.
« Allez, lui dit le père, je ne veux pas
vous tromper, voilà vos 20 rios. » Le
créancier satisfait disparaît avec force
génuflexions.

Mangoyémon délie le prisonnier.«Vous
êtes mon bienfaiteur, lui dit Djiyé sans
lever les yeux. Je ne suis qu'un pauvre
homme et ne puis vous rendre tout de
suite cette somme ; mais dites-moi votre
nom et votre adresse afin qu'un jour je
puisse m'acquitter. — Mon nom et mon
adresse, tu n'as pas besoin de les con-

naître ; mais, si tu veux voir ma figure,
lève ta lanterne et regarde-la. — Mon
père ! » Ici commence un long sermon
sur la conduite immorale du fils, ses
désordres, ses dettes et jusqu'à la honte
qu'il a eue d'être appelé voleur dans la
rue et de perdre son sabre. Et tout cela
pour une femme, et quelle femme ! L'aime-
t-elle? Mais non, elle est prête à l'abandonner.

Le fils a écouté respectueusement les
reproches de son père, mais au nom de
celle par qui il se croit trompé, il entre
en fureur, pénètre dans la maison, accable O'Haré d'injures, la frappe même, et
c'est le père qui est obligé de la protéger
contre l'emportement du jaloux. Alors
commence une de ces scènes favorites du
vaudeville japonais, scènes dont la vertu
comique réside dans un contraste bizarre
entre la nature des sentiments exprimés
et la situation de celui qui en est l'interprète. Ce pauvre garçon raconte à son
père ses peines amoureuses, lui fait des
tableaux que le père ne peut entendre
sans rougir ou pleurer; puis il passe aux
imprécations contre la malheureuse
O'Haré, qui n'a qu'un mot à dire pour le
détromper, mais se résigne et se tait. Le
rire, la colère et les larmes, le bavardage
inopportun de cet amoureux niais et la
vertueuse indignation du vieillard donnent naissance à un pathétique bâtard,
très-recherché des dramaturges.

Enfin l'amoureux se déclare tout à fait
détaché de l'infidèle et demande à son
père de le délier du singulier contrat par
lequel il s'est engagé à se tuer avec
O'Haré, si elle ne peut être définitivement à lui. Elle possède son engagement

écrit, il faut le lui reprendre. Elle résiste, elle voudrait conserver cette relique, et puis l'engagement est caché dans la même ceinture que la lettre de l'épouse abandonnée; elle ne veut montrer ni l'un ni l'autre. Djiyé, aussi furieux maintenant qu'il était tendre deux heures avant, insiste; le père, qui veut en finir, arrache la ceinture et fait tomber la fatale lettre. L'amant jaloux veut la lire, Mangoyémon s'en empare. Que voit-il? Sa bru venait demander à la guécha de lui laisser son mari et de rendre la paix au foyer domestique! C'est pour accéder à cette prière qu'elle a voulu abandonner Djiyé. Il est pénétré d'admiration pour tant de dévouement; mais il faut à tout prix que Djiyé reste dans l'erreur afin que sa guérison soit complète, et le père s'écrie en déchirant la lettre: « Cette femme te trompait... » Un regard éloquent a dit à la chanteuse qu'il avait tout compris, et qu'il faut subir encore ce dernier sacrifice. Elle baisse silencieusement la tête. Le chœur entonne un court verset qui donne aux acteurs le temps d'accentuer leurs gestes en les prolongeant, et la salle trépigne tout entière.

Mangoyémon emmène son fils, et, à vrai dire, la pièce semble finie; mais, semblable à un orateur qui ne fait pas grâce d'un argument, le dramaturge japonais ne peut se résigner à supprimer une scène inutile, pourvu qu'elle soit juste. A peine ont-ils fait quelques pas que le pauvre Djiyé veut revenir. « A quoi bon la revoir, puisque tu ne l'aimes plus? — Je veux encore l'accabler d'injures une dernière fois, je ne lui ai pas tout dit. »

Il rentre, et cette fois il commence par des larmes: « Souviens-toi du passé, hélas! je t'aimais tant. » O'Haré ne peut l'entendre longtemps sans se troubler. Une exclamation va la trahir, quand Mangoyémon rentre. « Pas un mot, ou mon fils est perdu, dit-il tout bas à la guécha, et à son fils: — Tu vois, elle se tait et ne peut se défendre; viens. » La toile tombe sur un dernier geste de gratitude et d'hommage du père reconnaissant à la femme sacrifiée.

Il est un rapprochement qui s'impose dès les premiers instants à la vue de cette comédie, et plus d'un lecteur a déjà nommé *la Dame aux Camélias*. Qu'on supprime les détails et les hors-d'œuvre, c'est l'histoire de Marguerite Gauthier qui se déroule sous nos yeux, et cette identité du sujet fournit une base singulièrement commode pour établir un parallèle entre l'art dramatique japonais et le nôtre. Les mêmes lois fatales s'imposent de part et d'autre: devant cette abnégation de la femme, le rôle de l'amant, ridicule ici, effacé là, reste nécessairement secondaire. A l'inverse, la femme occupe une place trop inférieure pour que le vaudeville oriental songe à la mettre en relief: c'est le père qui remplit le grand rôle. C'est l'autorité paternelle qui l'emporte: triomphe fort moral assurément, mais qui laisserait froid un autre public.

La pauvre O'Haré ne fait guère que sangloter pendant toute la pièce, sans même expliquer les sentiments qui se partagent son cœur, et semble se sacrifier, bien moins par abnégation que par la soumission d'une pensionnaire intimidée devant un sincère vieillard. Ce père impassible ne doute guère du succès. Il n'emploie ni les supplications ni les larmes ; il ordonne plus qu'il ne prie, et il lui suffit d'intervenir pour l'emporter. Voyez-le déchirer la lettre qui justifierait O'Haré ; quel public européen accepterait sans révolte une telle brutalité du père d'Armand Duval ? Cette action ne soulève ici que des applaudissements, car elle s'accorde à merveille avec le rôle passif que joue la femme au théâtre comme dans la vie réelle. »

Le théâtre japonais a, comme ceux de l'Occident, son foyer, ses coulisses et son restaurant, et ces endroits offrent à l'étranger un intérêt qui ne le cède en rien à celui que présentent la salle de spectacle et les pièces qu'on y joue.

Généralement il n'y a que les hommes qui fréquentent le foyer ; à peine y voit-on de temps en temps quelques servantes apportant du restaurant voisin des rafraîchissements demandés par un acteur ou quelques femmes d'artistes remplissant les fonctions d'habilleuses.

L'animation y est extrême, à cause de la foule compacte et joyeuse qui s'y presse ; mais avec cette politesse dont les Japonais ne se départissent jamais, chacun s'applique à maintenir l'ordre le plus parfait. Çà et là on distingue des groupes dont chacun a son caractère propre : ici, des musiciens occupés à se rafraîchir et indifférents à tout le reste, jusqu'à ce que la voix du régisseur leur signifie de reprendre leur poste ; là, deux comédiens répétant de concert les poses et les gestes qui doivent dans un instant faire l'admiration des spectateurs, et un autre,

accroupi devant un miroir pour se farder le visage et ajuster sur son front une coiffure féminine.

Dans les coulisses, les comparses vont et viennent, chargés de châssis destinés à opérer peu à peu un changement de décoration. L'artificier fait jouer la trappe aux apparitions, au-dessus de laquelle il fera voltiger tout à l'heure un tourbillon de flammes. Et la pièce va son train, à grand renfort de coups de caisses, entre les conversations du public du parterre et celles des acteurs désœuvrés.

Au restaurant du théâtre, la confusion semble inextricable. Là, tout le monde est accroupi sur les nattes, sauf les personnes de service. Chaque groupe, chaque cercle de convives s'est mis à l'aise. Il faut savoir, en effet, que la ceinture seule est indispensable ; les autres vêtements sont l'accessoire ; on les met, on les quitte selon le degré de la température.

Les uns mangent et boivent : un bon potage au poisson et un bol de riz ne sont certes pas à dédaigner et ont même une saveur exceptionnelle au bout de trois ou quatre heures de représentation. Les autres se contentent de prendre quelques tasses de thé tout en fumant et en jouant soit aux dames, soit au tric-trac, soit aux dés.

Sur ces entrefaites se présente un homme muni d'une belle boîte laquée et divisée en quatre compartiments, contenant du sable rouge, bleu, noir et blanc. En le jetant sur le plancher, comme un cultivateur jette la semence, il dessine et peint à la fois des ornements bizarres, des fleurs, des oiseaux et, à la fin, au milieu des rires bruyants de l'assemblée, des sujets érotiques dignes de la chambre secrète de Pompéi. La correction du dessin, l'harmonie des couleurs de ces peintures de sable, exécutées d'une si étrange façon et en si peu d'instants, sont toujours remarquables.

Il n'est pas rare de voir le restaurant se transformer lui-même en véritable théâtre. Des chanteuses viennent s'y installer sans s'effrayer du bruit et font entendre à tour de rôle, quelquefois ensemble et en s'accompagnant de la guitare, les morceaux le plus à la mode.

On cause, on rit beaucoup avec elles, mais on reste toujours dans les bornes de la plus stricte convenance. Ces jeunes filles, dit-on, n'en sortent jamais, à moins qu'on ne leur fasse boire du saki; même alors elles ne pèchent que par un excès de gaieté qui se dissipe avec les fumées de cette boisson.

Aux chansons succèdent des danses ou plutôt des pantomimes. Les sujets de ces pantomimes sont généralement des scènes de tendresse.

Un jeune homme va voir sa belle en cachette. Pour indiquer le caractère secret de l'entretien et en même temps la résistance que la belle oppose aux supplications de son amoureux, la danseuse s'incline et dérobe derrière son éventail sa figure et son buste. Enfin le jeune homme est écouté. Pour exprimer le départ de son amant, la jeune fille imite le mouvement d'un Samurai qui passe ses deux épées dans sa ceinture et met son chapeau. A la fin, pour peindre son bonheur, elle compte sur ses doigts le nombre des rendez-vous.

Les femmes qui jouent ces pantomimes sont le plus souvent jeunes et jolies; leurs poses sont pleines de grâce, mais un peu outrées et offrent, sous ce rapport, une vive analogie avec les produits de l'art japonais. Leur toilette consiste en une robe de soie, retenue par une ceinture de couleurs différentes. Dans le courant de la représentation, elles changent d'ailleurs plusieurs fois de toilette.

C'est aussi dans les restaurants de théâtre, qu'il serait plus juste d'appeler des cafés-concerts, que se retrouvent les traces du mouvement qui se fait dans les esprits. On y entend des chansons de ce genre : « Ah ! que ne puis-je voyager par le télégraphe ; car le jinrikisha est bien lent, il vous traîne péniblement, vous meurtrit les membres et vous écrase en tombant ! » Ce sont là les échos du jeune Japon : progrès, imitation de l'Europe, et mépris des choses indigènes.

Cependant les conversations ne tarissent pas. On se raconte, on commente, on discute, on apprécie tous les événements grands et petits qui se passent. Un comédien a enlevé une femme mariée. Le couple a été jeté en prison. Être emprisonné, au Japon, c'est le plus souvent la mort, toujours l'extrême misère; aussi tout le monde déplore le sort du comédien et de sa compagne. Celle-ci toutefois n'inspire qu'une très-médiocre commisération aux femmes présentes ; car, disent-elles, quand une femme dit à un homme qu'elle l'aime, que peut-il faire, le malheureux ! sinon se rendre à son désir ? Agir autrement, ce serait violer les lois de la galanterie ; ce serait ignoble, ce serait lâche. Curieux code moral, en vérité ; il est vrai qu'il se produit dans un restaurant de théâtre.

Tout à coup le gong retentit : c'est le signal du grand intermède des saltimbanques. Alors le restaurant change complétement d'aspect. La société bourgeoise s'empresse de reprendre ses places au théâtre. Les auteurs dramatiques, les littérateurs de profession, les mécènes et les dilettantes de la Shibaya se réunissent avec leurs dames dans les salles abandonnées.

Les conversations prennent un tout autre caractère ; il n'y est plus question que de littérature et d'art. Le restaurant est transformé en académie. C'est dans ces réunions que les jeunes écrivains de la capitale se forment à leur profession ; que les auteurs en vogue subissent la bienfaisante épreuve de la discussion publique, et que la révision des doctrines et des traditions reçues s'opère lentement, mais irrésistiblement, dans le domaine des lettres et jusque dans la sphère des institutions religieuses.

Lorsque la représentation théâtrale est terminée, la nuit est venue. Les rues, éclairées d'illuminations fantastiques, prennent alors un aspect étrange. Chaque passant est muni d'une lanterne en papier qui porte écrit en gros caractères le nom du propriétaire, ou peintes à l'encre de chine, les armoiries du noble. Les maisons de thé sont fermées ; mais à travers les barreaux d'une épaisse grille on peut jeter un coup d'œil dans les salles du rez-de-chaussée, où se tiennent les courtisanes parées de leurs plus beaux atours.

Peu à peu les bruits cessent, le nombre des lanternes diminue ; les rues deviennent presque désertes, il y règne un profond silence qui n'est troublé de temps à autre que par les veilleurs de nuit qui parcourent les quartiers de la ville, munis d'un bâton et d'une lanterne en papier.

Tout Yédo dort alors, mais bien souvent ses habitants s'éveillent au glas sinistre du tocsin. On frappe sur une petite cloche à coups pressés et retentissants. Un gardien placé sur un belvéder, comme on en voit par milliers à Yédo au-dessus des temples et des plus hautes habitations, a aperçu un incendie et appelle du secours. Le signal d'alarme se répète de toutes parts. Les maisons s'ouvrent.

Les habitants s'élancent au dehors ; ils questionnent, ils interpellent les passants, ils courent vers l'endroit menacé, beaucoup ont grimpé sur les toits pour apprécier le danger en ce qui les regarde.

Le feu est loin encore ; mais, alimenté par les matériaux très-enflammables qui servent à la construction des maisons japonaises, il s'avance, il dévore l'espace. Ce n'est plus une maison qui brûle, c'est une rue, un quartier entier qui est envahi par les flammes. Les travaux de sauvetage sont conduits avec activité et intelligence, mais ils sont impuissants en présence de l'élément qu'ils doivent combattre. Il faut se résigner à faire au feu une part très-large, car, le plus souvent, rien n'est capable d'en arrêter le progrès, si ce n'est l'espace vide.

CHAPITRE IV

LA VIE DOMESTIQUE AU JAPON

Le type japonais. — Le costume à la ville et à la cour. — L'hygiène. — La confrérie des médecins. — Les maisons japonaises. — Le rêve du Romain réalisé. — Intérieur d'un ménage. — — L'ameublement. — La vie de famille. — Un dîner et une soirée chez un Japonais. — Réjouissances intimes. — L'amour des joujoux. — Les solennités domestiques. — Le mariage. — Un symbole poétique. — Le revers de la médaille. — Les concubines. — Les frais de noces. — Comment on les évite. — La naissance et le baptême. — L'éducation des enfants. — L'époque de la majorité. — Les cérémonies funèbres. — Les sépultures. — Plaisirs champêtres. — Les pique-niques bourgeois. — La danse sous la feuillée. — Le jeu du renard. — Les fêtes chômées. — La fête des poupées et des bannières. — La fête des lanternes. — La fête des morts. — Les petites fêtes du mois. — Le premier jour de l'an. — Les cartes de visite et les cadeaux. — Les visites officielles. — Les mascarades. — L'île de Yéso et ses habitants.

Par leur ensemble général, les Japonais se rapprochent des Espagnols et des habitants du midi de la France; ils sont de moyenne stature : leur taille est d'environ un mètre soixante centimètres. La différence de taille entre les hommes et les femmes est plus sensible au Japon que dans nos pays : la taille de celles-ci ne dépasse guère un mètre trente-cinq centimètres.

Habillés, les Japonais semblent forts et bien proportionnés; mais lorsqu'on les voit dans le costume d'une extrême simplicité qu'ils se plaisent à prendre le plus souvent, on s'aperçoit qu'ils ont le haut du corps robuste, les jambes petites et grêles. Leur tête n'a pas non plus des proportions en rapport avec leur taille :

elle est généralement grosse et s'enfonce un peu dans les épaules. En revanche, ils ont les pieds petits et les mains fines.

La ressemblance des Japonais avec les Chinois est bien moins grande qu'on le suppose; la figure des premiers est plus allongée et, en somme, plus régulière; leur nez est aussi plus saillant; quant à leurs yeux, ils sont moins bridés.

Les hommes ont la barbe forte, mais ils ne la portent pas; ils ont les cheveux lisses, épais et toujours noirs. Leurs yeux sont également noirs; leurs dents sont blanches et quelque peu proéminentes.

La nuance de leur peau ne rappelle en rien la teinte jaune de celle des Chinois; elle est quelquefois cuivrée ou basanée, mais le plus souvent d'un brun olivâtre. Les enfants et les jeunes gens ont généralement le teint rosé.

Chez les femmes, le type chinois se retrouve plus complet. Leurs yeux sont assez fortement bridés et leur tête est petite. Elles ont, comme les hommes, les cheveux lisses et très-noirs, moins longs que ceux des femmes européennes. La nuance de leur peau est claire, quelquefois même parfaitement blanche, surtout dans la classe aristocratique.

Les jeunes filles ont les dents d'une extrême blancheur, les yeux doux, les sourcils noirs et bien arqués ; au visage d'un pur ovale, elles joignent une taille svelte, des formes gracieuses, des façons remplies de naïveté et souvent d'une remarquable distinction. Cependant quelque chose vient déranger la perfection de cet ensemble, c'est une disgracieuse dépression de la poitrine que l'on observe même chez les personnes les plus favorisées de la nature.

La coutume veut que les femmes mariées se rasent les sourcils et se noircissent les dents. C'est là du reste un sacrifice dont les Japonais ne méconnaissent pas la valeur, car ils savent aussi bien que d'autres que les dents blanches et les sourcils bien dessinés sont les attributs nécessaires de la beauté. Les femmes s'y soumettent cependant, pour montrer qu'une fois mariées elles abdiquent toute prétention de plaire.

Mais peut-être est-ce pour se dédommager un peu qu'elles font un usage tout à fait immodéré du fard. Le rouge et le blanc forment en effet des couches épaisses sur leur front, leurs joues et leur cou.

Les plus hardies vont jusqu'à dorer leurs lèvres, ce qui est loin de les embellir ; les plus modestes se contentent de les rougir avec du carmin.

Toute la population se sert du même vêtement appelé kirimon : c'est une sorte de robe de chambre ouverte, qui est un peu plus longue et un peu plus étoffée pour les femmes que pour les hommes. Ceux-ci la croisent sur la taille au moyen d'une étroite écharpe de soie ; celles-là, au moyen d'une large pièce d'étoffe qu'elles nouent bizarrement derrière le dos.

Les Japonais n'ont pas de linge ; les femmes seules portent une chemise de crêpe de soie. Il ne faut pas oublier qu'ils se baignent tous les jours, et qu'il est dans le génie de la nation de viser à la simplicité.

Cependant les gens de la classe bourgeoise ajoutent à leur kirimon un justaucorps et un pantalon, quitte à ôter ce supplément de vêtement lorsqu'ils en éprouvent le besoin. En hiver seulement, les hommes du peuple portent un justaucorps et un pantalon, ce dernier en cotonnade bleue et collant. Les paysans et les portefaix remplacent ces accessoires de costume par un manteau de paille ou de papier huilé. Quant aux femmes elles s'enveloppent d'un ou plusieurs manteaux ouatés.

La plupart des Japonais portent des chaussettes en toile, avec un petit compartiment réservé pour le pouce. Le pied repose sur une sandale de paille tressée, retenue seulement par deux bourrelets en arc-boutant adroitement pincés avec les doigts du pied. Dans les mauvais

LE JAPON. — Le dîner en famille.

temps, la sandale est remplacée par des socques en bois généralement exhaussées sur deux petites planchettes posées de champ. Chacun laisse sa chaussure au seuil des maisons.

La seule différence qui existe entre le costume du peuple et celui des hautes classes, consiste dans la nature des étoffes. Les nobles portent ordinairement de la soie ; cependant, depuis l'arrivée des Européens, cet usage est moins général par suite du renchérissement qu'a subi ce produit, autrefois très-abondant sur le marché japonais, et maintenant de plus en plus rare.

Les femmes s'habillent avec goût et

même avec coquetterie. « Elles sont charmantes, dit le comte de Beauvoir ; leurs cheveux d'ébène sont élégamment rattachés en trois étages par des épingles ornementées ; elles sont rieuses, pimpantes, gaies et roses, un peu peintes, je l'avoue, surtout lorsqu'il leur prend fantaisie de se pourprer ou de se dorer les lèvres. Elles trottinent sur de petites planchettes, emmitouflées dans une houppelande qui ferme quelquefois. Une épaisse ceinture d'étoffe verte ou écarlate, avec un gros nœud d'un pied carré placé dans le dos en forme de giberne, leur donne un petit air mutin qui plaît fort. »

Le costume des personnages officiels et des gens de la suite du Mikado se distingue par l'ampleur et la richesse des tissus. Le kirimon est souvent remplacé par un large pantalon flottant et traînant qui cache complétement les pieds et donne à celui qui le porte l'air de ne s'avancer qu'à genoux ; tel est, en effet, l'illusion que ce vêtement est destiné à produire. Le costume est complété par une sorte de pardessus à larges manches descendant jusqu'aux cuisses.

La propreté excessive des Japonais, la simplicité de leur costume qui permet à leur corps d'être presque complétement à l'air, la salubrité de leur pays, portent à supposer que leur santé est des plus florissantes. Il n'en est rien cependant ; car, au dire de certains voyageurs, les maladies de la peau et les affections chroniques ou incurables sont extrêmement fréquentes au Japon. Les bains chauds sont le grand remède pour toutes les maladies ; mais il se présente des cas

fréquents où il est nécessaire d'avoir recours aux médecins.

Ceux-ci forment une confrérie très-ancienne qui jouit de certains priviléges. Ils se divisent en trois classes : les médecins de la cour, qui ne peuvent pratiquer au dehors ; les médecins de l'armée, qui ne donnent qu'occasionnellement leurs soins aux civils ; enfin les médecins proprement dits, ou médecins non fonctionnaires, qui sortent tous des rangs de la bourgeoisie.

Comme il n'y a pas de formalités requises pour l'exercice de la médecine, chacun entre dans la carrière à son gré et pratique selon ses idées. Le plus souvent c'est une profession qui se perpétue, dans une famille, de père en fils. Elle est d'ailleurs peu lucrative et ne rapporte guère que de la considération.

Cependant les médecins abondent au Japon, et après eux vient encore toute une catégorie d'empiriques, comme il en existe dans nos contrées. La science de ceux-ci tient surtout de la sorcellerie ; ils ont des remèdes dont l'emploi nécessite l'accomplissement préalable de cérémonies plus ou moins bizarres.

Lorsque les bains chauds, qui constituent, comme nous l'avons dit, le traitement le plus généralement suivi, ne produisent pas tout l'effet désirable, on a recours à l'acupuncture ou aux moxas.

L'acupuncture consiste à faire pénétrer lentement une aiguille dans la région du corps, siége de la douleur ou de la maladie. Ce moyen thérapeutique est pratiqué de temps immémorial chez les peuples de l'extrême Orient. On se sert pour cela à peu près indifféremment de toute espèce d'aiguilles, pourvu qu'elles soient très-fines, très-polies et très-acérées; celles qu'emploient les Japonais ne sont pas toujours d'or ou d'argent comme on l'a prétendu; le plus souvent elles sont d'acier et viennent de la Hollande.

La peau étant tendue convenablement, on enfonce l'aiguille perpendiculairement, soit par rotation entre les doigts, soit par une pression lente et directe, soit enfin en la frappant légèrement avec un petit maillet destiné à cet usage.

Quant aux moxas, ce sont de petits cônes formés avec des feuilles d'armoise desséchées et préparées de manière à brûler lentement. On applique un ou plusieurs de ces petits cônes sur les parties malades et on y met le feu. Ce mode de cautérisation, qui est quelquefois employé chez nous, a pour effet d'exciter fortement le système nerveux, de changer le siége d'une irritation et de produire une dérivation.

Il existe au Japon des dessins et même des mannequins coloriés sur lesquels sont indiqués, par des points, des lignes et des caractères, les endroits où il convient de pratiquer efficacement et sans danger ces deux modes de guérir.

Les mannequins, petits simulacres de l'homme, sont en carton et peints d'un vernis couleur de chair; les côtes, la colonne vertébrale, les muscles et les principales saillies du corps y sont très-prononcés. Les caractères ou numéros dont ils sont chargés renvoient à un livre de détails où sont des gravures et des descriptions, et dans lequel on trouve, au numéro indiqué, le nom de la partie, sa description, les maladies auxquelles elle est sujette, la manière dont elle doit être piquée ou cautérisée dans le besoin et le nombre de fois qu'elle doit l'être.

Presque toutes les familles japonaises possèdent cette sorte de manuel médical; et telle est la réputation des remèdes dont il donne l'indication, que bien des Japonais les emploient à époques fixes et comme préservatifs.

Nous avons dit combien le costume est simple au Japon: il en est de même des maisons. On distingue les maisons bourgeoises et les maisons des nobles; mais celles-ci diffèrent des premières bien moins par leur construction que par leur agencement intérieur.

En général, les unes et les autres n'ont pas plus d'une dizaine de mètres d'élévation, et ne se composent que d'un étage; quelquefois cependant il y en a deux, mais alors le premier, qui, dans le pays, est le rez-de-chaussée et très-bas, sert pour mettre les provisions.

Ce sont les tremblements de terre, assez fréquents au Japon, qui obligent de bâtir ainsi; si ces maisons, toutefois, ne sont pas comparables aux nôtres pour la solidité ni pour l'élévation, elles ne leur sont inférieures ni pour la propreté ni pour la commodité.

Presque toutes sont bâties en bois. Le rez-de-chaussée est élevé d'un mètre et demi au-dessus du sol; les murs sont faits de planches et couverts de grosses nattes jointes avec beaucoup d'art. Le toit, qu'on couvre de planches ou de bardeaux, est soutenu par quatre piliers.

Quand la maison a deux étages, le second est ordinairement bâti plus solidement que le premier; on a reconnu par expérience que l'édifice n'en résiste que mieux ainsi aux tremblements de terre.

Les murs sont quelquefois enduits d'une couche de terre grasse ou de vernis et décorés de dorures et de peintures. Ils sont remplacés sur le devant et le derrière de beaucoup de maisons par de simples panneaux recouverts de papier et qui se meuvent dans des coulisses.

Ce qu'on appelle des yashkis ou palais des personnes de condition, ne sont que des maisons ordinaires groupées et entourées de communs blanchis à la chaux, dont les fenêtres sont munies de grilles en bois noir.

Ces communs servent à la fois de mur d'enceinte et d'habitation pour les domestiques. Toujours bas et, si le terrain le permet, rectangulaires, ils ressemblent assez à des entrepôts ou à des casernes.

Le palais du souverain lui-même ne se distingue guère des yashkis que par des dimensions plus grandes et par certains caractères qui rappellent l'architecture sacrée des temples des Kamis. C'est un dédale de cours et de ruelles formé par des maisons, par des pavillons, par des corridors ou de simples cloisons.

Les toits, pareils de tous points à ceux des temples, sont supportés par des poutres horizontales, laquées de blanc ou dorées aux extrémités, et ornées de petites sculptures dont quelques-unes sont remarquables de finesse. Aux angles des maisons, s'élèvent des pans de mur construits en pierre ou en bois et couverts de ciment.

Les cloisons ressemblent à celles de toutes les autres habitations; elles sont mobiles et garnies de petits morceaux de papier blanc. Parfois un grillage en bois naturel les protége.

Les volets aussi ont gardé la couleur naturelle du bois, devenus selon l'âge et l'espèce des arbres, gris clair ou acajou pâle. Çà et là on y voit des baguettes en laque noir.

L'effet de l'ensemble du palais impérial est indescriptible. L'harmonie sobre et douce des couleurs, la beauté des détails, le fini des ornements qui, loin de s'imposer à l'œil, semblent plutôt le fuir, le goût exquis, l'élégance et la noble simplicité qui dominent en ces lieux mystérieux, font oublier, au dire des voyageurs, le caractère barbare de l'architecture.

Seul, l'ancien palais des Taïkouns se fait remarquer par la hardiesse et la richesse de ses constructions. Les appartements, répétition en grand et en beau de ceux qu'on voit dans les palais des daïmios, se distinguent surtout par leur élévation. Tout y respire la splendeur de l'époque où le taïkounat était dans toute sa puissance.

Sur des plafonds en or mat, des poutres sculptées se croisent en échiquier, et une plaque de bronze doré, d'un dessin fort élégant, marque les points où elles se rencontrent. Les cloisons mobiles et les murs présentent, sur un fond d'or, des arbres de grandes dimensions hardiment et simplement dessinés.

Pour compléter la description des éléments qui donnent aux villes japonaises leur physionomie particulière, il reste à mentionner le magasin incombustible, sorte de tour basse en bois, mais revêtu d'une couche de ciment pareil à du stuc et badigeonné en noir. Les fenêtres sont petites et se ferment au moyen de volets en fer massif.

C'est le lieu de sauvetage en cas d'incendie ou de typhon : on y place à la hâte les objets précieux, puis on s'enfuit; laissant faire au feu, au vent, aux convulsions du sol.

Toutes les habitations ont un aspect réjouissant de propreté et de bonne tenue; cela tient en grande partie à deux causes : d'abord à ce qu'on est obligé de renouveler assez fréquemment le papier qui recouvre les panneaux extérieurs; ensuite à ce que les incendies, faisant chaque fois d'immenses ravages, il est nécessaire de reconstruire souvent tout un quartier.

A l'intérieur, les maisons sont généralement divisées en deux appartements : d'un côté est celui des femmes, qui ne se montrent que rarement, du moins dans les classes élevées; de l'autre est celui des réceptions. Ces deux appartements consistent en plusieurs chambres séparées par des cloisons faites de châssis sur lesquels on a collé de petits carreaux de papier blanc, ou plutôt par des espèces de paravents qu'on peut changer de place à volonté; il en résulte que les chambres s'élargissent ou se rétrécissent selon les besoins.

Jusqu'à la tombée de la nuit, ces paravents, ainsi que les panneaux extérieurs, sont presque toujours repliés sur euxmêmes afin de donner libre passage à l'air. On peut donc voir d'un coup d'œil tout ce qui se passe dans les maisons.

Le Japonais vit au grand jour; il a réalisé le rêve de ce Romain qui ne souhaitait rien tant que d'habiter une maison de verre.

Ce qui ajoute encore à l'aspect singulier que présentent les rues d'une ville japonaise, ce sont les jardins que l'on aperçoit au fond des habitations. Il n'y a pas de bourgeois qui n'ait le sien ; c'est là qu'on vient goûter les plaisirs de la solitude, faire la sieste, ou bien se livrer aux longues libations de thé et de saki.

Ces jardins ont souvent des proportions extrêmement restreintes et font l'effet d'un parc féerique vu d'une hauteur par le gros bout de la lunette. C'est un assemblage bizarre d'arbustes nains, pourpres ou vert-sombre, étendant leurs petites branches contournées sur de petits lacs à poissons rouges : allées lilliputiennes au milieu de parterres de pygmées, rivières-rigoles sur lesquelles sont jetés des ponts de verdure qui semblent larges tout au plus pour laisser passer un rat, enfin tonnelles ou berceaux où ne pourraient se nicher que des lapins, tels sont ces diminutifs de jardins.

Quelquefois sur le toit même des maisons on voit s'élever comme une épaisse couronne de fleurs et surtout de lis bleus.

« C'est un charmant coup d'œil! dit le comte de Beauvoir. Mais j'ai été bien surpris en apprenant l'histoire de ces jardins suspendus comme une auréole d'azur sur de si légers kiosques.

« Il paraît que c'est de ces lis bleus que les Japonais extrayent l'huile rosée dont les femmes parfument leurs longs cheveux noirs comme l'ébène. Il existe à ce sujet un ancien édit religieux du Mikado dont l'originalité m'a bien frappé :

« La déesse du soleil nous a donné la
« terre pour la labourer et l'ensemencer,
« afin d'en faire jaillir les plantes utiles
« destinées à nourrir les femmes, qui
« sont l'ornement du foyer, et les guer-
« riers, qui se battent au nom de l'hon-
« neur : vous ne sèmerez donc que des
« plantes utiles ! Quant aux lis, qui sont
« l'emblème du luxe des femmes, la
« déesse vous défend de les cultiver sur
« le sol sacré ; mais semez-les sur les
« sommets de vos maisons, en une place
« impropre à tout autre usage ; et là, de
« même qu'ils donnent la beauté aux
« cheveux des femmes, ils seront comme
« la chevelure vivante de votre toit
« paternel. »

Dans les quartiers extérieurs, ce sont de véritables parcs qui accompagnent la plupart des habitations. Tous les agréments d'un paysage varié s'y trouvent réunis : rochers, vallons, grottes, sources, étangs y sont arrangés, distribués, combinés de la façon la plus ingénieuse.

Si la nature n'y suffit pas, on a soin d'isoler le frais enclos au moyen de haies vives ou de palissades et de cloisons de bambous recouvertes de plantes grimpantes. Quand il y a une entrée de jardin sur la rue, on jette un pont rustique sur le canal qui est devant la porte, et on dissimule celle-ci sous des touffes d'arbres et d'arbustes à épais feuillage. A peine a-t-on franchi le seuil, que l'on se croirait au fond d'une forêt vierge, bien loin de toute habitation humaine.

L'intérieur d'un ménage japonais est d'une extrême simplicité ; la plus scrupuleuse propreté en fait le principal orne-

ment. Les chambres sont généralement basses de plafond et séparées entre elles, comme nous l'avons dit, par des cloisons mobiles, dont le déplacement suffit pour changer à volonté la disposition de l'appartement.

Chacune des chambres est garnie d'épaisses nattes faites de paille de riz fort soigneusement tressées. Ces nattes sont épaisses de trois pouces et molles au toucher ; elles ont toutes la même grandeur : deux mètres sur un mètre. Jamais les Japonais ne les souillent de leurs chaussures, et c'est nu-pieds seulement qu'ils circulent chez eux.

La natte dispense de tout autre mobilier ; on ne voit dans les maisons aucun de ces meubles d'un usage si commun chez nous, comme chaises, tables ou lit. A-t-il besoin d'écrire, le Japonais tire d'un placard un petit guéridon haut d'un pied, devant lequel il se met à genoux ; la lettre finie, il renferme le guéridon.

A l'heure des repas, on dresse des tables carrées et de dimensions fort exiguës, autour desquelles toute la famille vient prendre place, accroupie sur les talons. Au moment du coucher, on étend sur les nattes d'épaisses couvertures en soie ou en coton et d'amples robes de chambre en étoffes plus ou moins précieuses.

Après s'être dépouillé de ses vêtements du jour, le Japonais s'enveloppe d'une grande robe de nuit qui le couvre chaudement, appuie sa tête sur un oreiller de bois, dont le dessus est rembourré et qui a la forme et les dimensions d'un fer à repasser, et c'est ainsi qu'il s'abandonne au sommeil.

Le matin, on serre ces objets dans une espèce de cabinet noir ; on ouvre toutes les cloisons afin de donner de l'air, on balaye les nattes avec soin, et la chambre, complétement vide, sert dans la journée de bureau, de salon et de salle à manger, pour redevenir chambre à coucher la nuit venue.

Il n'y a que deux meubles qui soient d'un usage général parmi toutes les classes : le brazero et la boîte à fumer.

Le Japonais est grand buveur de thé et grand fumeur. A toute heure du jour, il lui faut de l'eau bouillante, et le brazero doit rester allumé le jour comme la nuit, en été comme en hiver. Il s'en sert aussi pour allumer sa petite pipe qu'il remplit et vide cinq ou six fois en autant de minutes.

C'est également autour du brazero qu'il réunit ses amis et ses hôtes pour se livrer avec eux à des causeries interminables ; car le Japonais est grand flâneur. Il est habitué à ne travailler que pour vivre et à ne vivre que pour jouir de l'existence. Oublieux de la veille, sans souci du lendemain, il n'envisage la vie qu'au point de vue des apparences sensibles et ne la prend que comme une série d'heures, de journées et d'années juxtaposées. De là l'absence de tout confort domestique, résultat ordinaire des calculs de la prévoyance. La maison s'approprie à l'heure présente et ne garde pas de trace des heures écoulées ; elle n'est pas autre chose qu'un reposoir, un abri temporaire où l'on se réfugie quand les occupations extérieures sont terminées.

C'est vers le milieu du jour que les familles se réunissent pour prendre leur principal repas et s'abandonner ensuite, pendant quelques heures, au sommeil. A ce moment les rues sont presque désertes ; aucune clameur, aucun bruit ne s'y fait entendre. Le soir a lieu un autre repas, après lequel les convives se livrent généralement à toutes sortes de réjouissances intimes.

Dans la haute société japonaise, il n'est pas rare que, pendant le dîner, un orchestre, installé dans une pièce adjacente, exécute des morceaux de musique. Parfois les musiciens s'accompagnent de la voix ; ce sont des chants un peu monotones, où les mêmes phrases reviennent souvent.

La table desservie, on apporte des couleurs délayées, des pinceaux et de grandes feuilles de papier et chacun se met à dessiner et à peindre tout à la fois. Les Japonais ont dans ces exercices une sûreté de main merveilleuse. A cette sûreté répond la rapidité de l'exécution : en quelques minutes un dessin est fait. C'est là, sans doute, une affaire d'habitude ; l'artiste a appris par cœur un certain nombre de motifs qu'il reproduit machinalement et ces motifs sont les éléments dont se compose toujours son dessin. Mais l'application qu'il en fait lui appartient. Il cherche à intriguer les spectateurs par les combinaisons les plus bizarres, à les dérouter, à les laisser le plus longtemps possible dans le doute, à les surprendre enfin au moment de donner la dernière touche. Il commence, par exemple, par faire une tête de cheval, puis une tête d'homme, puis d'autres têtes, des jarrets, des pieds, des mains, des jambes, etc., tout cela mêlé de telle façon qu'il est impossible de deviner le sujet du dessin. A la fin, lorsque chacun a donné son opinion, il réunit par quelques coups de pinceau tous ces membres épars et l'on voit subitement apparaître un groupe de cavaliers.

A ces jeux d'esprit succèdent d'autres amusements que l'on peut qualifier d'enfantins. Les Japonais, du reste, ont une véritable passion pour les joujoux. Un voyageur rapporte avoir vu trois générations, grand-père, père et fils, occupés à manœuvrer un cerf-volant. Un jeu très à la mode dans la bonne société, c'est celui de l'éventail. On pose sur la natte une petite boîte de bois léger, et sur cette boîte une figurine de jonc recouverte de soie, et représentant un papillon. Les joueurs, accroupis à une certaine distance, visent et lancent à tour de rôle leurs éventails, dont le manche doit enlever la figurine sans renverser la boîte. Les gains et les pertes se règlent d'après un tableau indiquant les différentes manières d'atteindre le papillon.

Cette frivolité de caractère n'empêche cependant pas les Japonais d'apporter le plus grand sérieux dans toutes les solennités domestiques. Le mariage surtout est pour eux le sujet de longues méditations. Il est préparé de longue date, dans les classes élevées, et a lieu quand le fiancé a atteint sa vingtième année et la fiancée sa seizième.

La noce est précédée d'une cérémonie de fiançailles qui réunit les principaux membres des deux familles, et dans laquelle il n'était pas rare autrefois que les futurs époux apprissent la première nouvelle des projets de leurs parents. Il arrivait alors que si la fiancée ne plaisait pas au jeune homme, les fiançailles étaient suspendues et la jeune fille renvoyée chez elle.

Cette coutume, peu à peu, a été abandonnée tout à fait à cause du trouble qu'elle amenait dans la famille de la fiancée. Aujourd'hui, lorsqu'un jeune homme a l'intention d'épouser une jeune fille qu'il juge, par la situation de ses parents, pouvoir lui convenir, il tâche auparavant de la voir; si elle lui plaît, il envoie un médiateur choisi ordinairement entre ses amis mariés, et les fiançailles ne trouvent point d'obstacles.

Titsingh rapporte une curieuse coutume qui prévalut pendant longtemps dans certaines provinces du Japon : quiconque se sentait quelque inclination pour une jeune fille, écrivait son propre nom sur une planchette et la cachait dans la maison de la jeune fille, entre les nattes. Celle-ci connaissait ainsi le nombre de ses adorateurs; elle faisait son choix parmi eux, et celui dont elle gardait la planchette devenait son époux.

En général le mariage dépend maintenant de la seule volonté des parents; c'est presque toujours une combinaison d'affaires. Ainsi, quand un Japonais qui n'a que des filles, en marie une, l'époux devient le fils adoptif de son beau-père, prend même le nom de celui-ci et lui succède dans l'exercice de son industrie, ou dans la gestion de son commerce.

Les fiançailles et les noces se font ordinairement le même jour et sans l'intervention d'aucun ministre du culte. Les cérémonies en usage sont toutes intimes;

LE JAPON. — Cérémonies funèbres : la crémation.

mais leur nombre et leur complication sont extrèmes.

C'est chez le fiancé qu'a lieu le mariage. Au jour fixé, on apporte le trousseau de la jeune fille et tous les présents qu'elle a reçus, et on les dépose dans les pièces destinées à la célébration de la fête. Bientôt après arrive la fiancée en norimon ; elle est vêtue de blanc et escortée de ses parents. Le fiancé, en costume de cérémonie, la reçoit à l'entrée de la maison et la conduit dans la salle des fiançailles.

De grands préparatifs ont été faits. L'autel des dieux domestiques a été orné des images des saints patrons de la famille, et de plantes variées dont les groupes ont une signification symbolique.

Quand chacun a pris place suivant le code de cérémonial usité en pareille circonstance, deux jeunes filles procèdent à la célébration du mariage qui se réduit, en somme, à boire du saki suivant des règles particulières. Ces deux jeunes filles sont surnommées le papillon mâle et le papillon femelle, parce que, suivant l'opinion populaire, les papillons volant toujours deux à deux sont l'emblème de la félicité conjugale.

La cérémonie décisive est empreinte d'un symbolisme qui ne manque pas de poésie. Les deux papillons, tenant une cruche à deux goulots, s'approchent des fiancés et les font boire, chacun au goulot qui est placé devant ses lèvres, jusqu'à ce que la cruche soit vidée. Cela veut dire que, mari et femme, ils devront épuiser ensemble la coupe de la vie, tous deux goûtant la même ambroisie ou le même fiel, partageant également les peines et les joies de l'existence.

Le Japonais est mari d'une seule femme; mais il peut introduire plusieurs concubines sous le toit conjugal. Ce fait se produit dans toutes les classes de la société, et principalement dans la classe des daïmios. On assure que dans certaines familles nobles, la femme légitime n'éprouve aucune jalousie, et voit même avec un certain plaisir le train de sa maison augmenter de cette manière, ce qui lui permet de compter autant de servantes nouvelles.

Mais dans les familles bourgeoises, il est rare que l'introduction d'une concubine ne soit pas le signal des plus graves désordres. Le mari néglige ses affaires, la femme ne sait pas toujours dévorer en silence son humiliation ; la gêne et les maladies arrivent, et de tout cela résulte la ruine de ce même ménage qui s'était fondé sous les auspices les plus heureux.

Une autre cause de malheur domestique réside dans la coutume nationale qui fait que les mariages, pour être célébrés dans toutes les règles établies, entraînent des dépenses considérables. Il arrive alors souvent qu'un jeune couple s'endette pour payer ses frais de noces ; et comme le travail incessant du père et de la mère de famille procurent juste de quoi satisfaire aux exigences de la vie, il s'ensuit que le ménage reste toujours dans une gêne qui, à la moindre maladie, peut devenir de l'indigence.

Ces frais de noces sont quelquefois évités par un procédé fort simple : la jeune fille, qui connaît un jeune homme auquel il ne manque pour devenir son époux que l'argent nécessaire pour la célébration du mariage, profite d'une absence de ses parents et s'enfuit chez son prétendant. A leur retour, le père et la mère ne trouvant plus leur fille au logis, commencent par se désoler; puis, ils rassemblent les voisins et se portent en troupe à la demeure du jeune homme. Là, scène de colère plus ou moins longue. Enfin, le père se laisse attendrir : il pardonne à sa fille et nomme l'amant son beau-fils. Aussitôt, des coupes de saki circulent; les deux amoureux boivent au même vase et le mariage est conclu.

La naissance d'un enfant est une nouvelle occasion de réunion de toute la parenté. On fête l'événement en buvant encore force rasades de saki. Trente jours après, nouvelles fêtes à propos du bap-

tême du jeune citoyen japonais. La cérémonie consiste en une simple présenta-
tion du nouveau-né au temple du dieu
de la famille, où il reçoit son premier
nom.

Le père a eu soin d'écrire trois noms
différents sur un morceau de papier qu'il
remet au bonze chargé du baptême. Celui-ci les transcrit sur trois billets séparés ; ces billets sont lancés en l'air, et le
premier qui, en retombant, touche le sol,
désigne celui des trois noms qu'il plaît à
la divinité de donner à l'enfant.

Il n'y a ni parrain ni marraine. Cependant quelques amis de la famille se
déclarent protecteurs de l'enfant et lui
font divers cadeaux parmi lesquels figurent des éventails si c'est un garçon, un
pot de fard si c'est une fille.

L'enfant japonais est élevé assez durement ; on l'habitue de très-bonne heure
aux petites misères de la vie humaine et
aux privations de toutes sortes. Jusqu'à
l'âge de deux ans, il ne quitte pas sa
mère ; celle-ci le nourrit longtemps et le
porte presque continuellement. Pour
plus de commodité elle l'attache sur son
dos.

Au Japon, l'on ne met point de précipi-
tation à apprendre à écrire et à lire aux
jeunes enfants ; on laisse d'abord agir la
nature. Les jouets, les plaisirs, les fêtes
ne leur sont pas ménagés ; les parents,
d'ailleurs, véritables grands enfants,
trouvent leur compte à ce système.

Vers l'âge de trois ans, ils fréquentent
l'école. Là, on leur inculque des idées dont
l'influence ne manque pas de se faire
sentir plus tard dans les plus petits détails de la vie. On leur répète sous

toutes les formes, que la vie n'est qu'un
songe qui doit disparaître sans laisser
aucune trace. Cette philosophie du néant
a pour résultat de leur faire envisager
l'existence comme une occasion de jouir,
et la mort comme un simple accident.

L'époque de la majorité est fixée à
quinze ans. Aussitôt qu'il a atteint cet
âge, le jeune Japonais prend un nouveau
nom, et passe sans transition des plaisirs de l'enfance aux devoirs de la vie
pratique. Son premier soin, lorsqu'il
appartient à la classe bourgeoise, est de
se pourvoir d'un état. Il entre en apprentissage, et au bout d'un temps plus ou
moins long, d'ouvrier il devient patron.
C'est alors seulement qu'il se marie.

Si les Japonais, pour tout ce qui a rapport aux cérémonies du mariage, s'astreignent à de nombreuses règles d'étiquette, on ne doit pas s'étonner que tout
ce qui est relatif aux funérailles soit soumis également à un très-long cérémonial,
dont chaque partie est précisée avec une
exactitude scrupuleuse. Ce cérémonial
concerne d'abord ce qui est à observer
aux funérailles proprement dites, ensuite
aux fêtes en l'honneur des dieux, célé-
brées dans ces occasions.

Il y a deux sortes de funérailles : les
unes consistent à enterrer le corps, les
autres à le brûler. La plupart des Japonais, soit en bonne santé, soit dans le
cours d'une maladie grave, indiquent à
leur héritier ou à un ami intime, la manière dont ils désirent qu'on dispose d'eux
après leur mort.

Lorsqu'un père ou une mère de famille
est attaqué d'une maladie grave ; lorsque
tout espoir de rétablissement est évanoui

et que la fin approche, on change les vêtements sales du moribond contre des habillements propres. Ce soin est rempli par des hommes s'il s'agit d'un homme, et par des femmes, s'il s'agit d'une femme. Ensuite on s'informe des dernières volontés du mourant et on les consigne par écrit.

Dès que la vie a cessé, tous les parents se livrent à leur douleur. Le corps est porté dans une autre chambre; on le couvre d'un voile et on l'entoure de paravents. Dans les hautes classes on garde quelquefois le corps pendant deux jours; dans les classes du peuple, on l'enterre dès le lendemain.

Contrairement à ce qui a lieu pour les mariages, les bonzes président ici à toutes les cérémonies. Ce sont eux qui veillent le mort jusqu'à ce qu'il soit enseveli. L'opération est généralement faite par des gens dont c'est le métier : on lave d'abord le corps soigneusement avec de l'eau tiède; ensuite on rase la tête. Le corps ainsi préparé est mis dans un cercueil qui a la forme d'une cuve ronde; il est accroupi, la tête baissée, les jambes repliées et les bras croisés. On ferme le cercueil avec un couvercle que l'on fixe au moyen de chevilles en bois. L'ensevelissement ainsi terminé, le convoi quitte la maison mortuaire et se dirige vers le temple.

Les bonzes ouvrent la marche, avec tous les employés, les uns portant des drapeaux, les autres différents attributs symboliques, tels que de petites caisses blanches contenant chacune une fleur; d'autres encore frappant sur des clochettes; ensuite vient le cercueil, précédé d'une tablette oblongue sur laquelle est inscrit le nouveau nom donné au défunt, et suivi du fils aîné, puis de la famille, des amis intimes et des domestiques; en dernier se trouvent les norimons dans lesquels les femmes ont pris place.

Les plus proches parents sont vêtus de blanc, qui est la couleur du deuil; les hommes sont coiffés d'un grossier chapeau de paille; les femmes ont les cheveux attachés seulement avec un peigne, sans le moindre ornement.

Dès que le convoi est arrivé au temple, où des prêtres se trouvent assemblés, le cercueil est posé devant l'image du dieu; alors commencent différentes pratiques superstitieuses qui durent plus ou moins longtemps, suivant le rang qu'occupait le défunt. Après cela les amis et connaissances retournent chez eux, tandis que les parents se hâtent de se rendre à l'endroit où le corps doit être enterré.

Lorsque le défunt a témoigné le désir d'être brûlé, le cercueil est porté du temple dans une maisonnette située à quelque distance. Il est placé sur une espèce d'échafaudage en pierre, à la base duquel on entretient un grand feu, jusqu'à ce que le corps soit consommé.

Les hommes préposés à l'opération retirent alors les os des cendres au moyen de bâtons. Le premier os est enlevé par deux de ces hommes armés chacun de deux bâtons. C'est à cause de cela que deux personnes ne prendront jamais simultanément quelque mets que ce soit avec leurs bâtonnets à manger; ce serait un indice de malheur. Les restes sont ensuite mis dans une urne et portés au tombeau par les parents.

Pour les pauvres et les parias de la société japonaise, les choses se passent beaucoup plus simplement. Le corps est mis en terre sans passer par le temple ou bien il est brûlé dans un lieu désert.

Le deuil est porté pendant un temps qui varie suivant la position sociale ; il consiste généralement à rester chez soi et à s'abstenir de poisson, de volaille, en un mot de tout ce qui a eu vie et à ne manger que du riz, des végétaux et des fruits. A différentes époques, on fait des offrandes en l'honneur du défunt.

Les cimetières japonais sont entretenus avec le plus grand soin ; ils sont toujours parés de verdure et de fleurs. Chaque famille a son petit enclos où se dressent de simples pierres commémoratives. Une fois par an a lieu la fête des morts. C'est la nuit que l'on choisit pour la célébrer. Le champ du repos s'illumine alors de mille feux de différentes couleurs et devient le rendez-vous de toute la population ; on y mange, on y boit, on s'y livre à la plus franche gaieté en l'honneur des ancêtres trépassés.

C'est là un des traits les plus caractéristiques du peuple japonais : il semble que la tristesse lui soit inconnue. Peut-être ce phénomène psychologique est-il dû au milieu dans lequel cet heureux peuple a le bonheur de vivre. Il est incontestable, en effet, qu'une nature toujours fraîche et toujours belle doit exercer sur les idées la plus heureuse influence. Et cette influence, non-seulement le Japonais la subit sans en avoir conscience, mais il la recherche.

A l'époque de la floraison des vergers,

il n'est pas un bourgeois qui ne se fasse un devoir d'aller se retremper en pleine campagne ; il fuit pour un jour au moins, pour plusieurs si c'est possible, les plaisirs de la ville et va se cacher avec toute sa famille au fond de quelque maison de thé champêtre, où, couché sur l'herbe, fumant sa pipe, il laisse errer ses regards sur le paysage qui l'entoure, tout en prêtant l'oreille au chant des cigales.

Le Japonais est avant tout ami de la nature ; chez lui le sentiment du beau est inné. Il n'y a pas un site, pas un point de vue un peu remarquable où ne se trouve installée une maison de thé. Mais ce qui donne surtout la mesure de ce sentiment, c'est le soin qu'apporte le Japonais à conserver à la nature son aspect véritable. S'il se crée chez lui, derrière sa maison, un jardin en miniature où tout est de convention, il sait, au contraire, respecter les transformations que les saisons, en se succédant, apportent dans la campagne.

Souvent deux ou trois familles se réunissent, emportent des provisions de bouche et vont passer la journée, non plus alors dans une maison de thé, mais dans une retraite solitaire, au milieu des bois. Arrivés dans un endroit propice, chacun se met à l'œuvre ; on trace une enceinte au moyen de longues pièces d'étoffe fixées à de petits piquets ; les femmes étalent les nattes, déballent les provisions, font le thé et le festin champêtre commence.

Il dure longtemps : on cause, on rit, on chante, on fait de la musique. A la fin les convives, quelque peu échauffés par le saki, donnent à leur joie un cours plus libre, et se mettent à courir çà et là, à jouer ou à danser.

Il est très-rare que les hommes dansent, si ce n'est dans ces petites parties de plaisir. La danse, au Japon, est surtout réservée aux fêtes religieuses. Cependant les femmes s'y livrent assez volontiers et seules; mais leurs danses sont toute une suite de gestes et de balancements qu'elles font sans bouger de place, plutôt qu'une danse telle que nous la comprenons. On connaît néanmoins la ronde et elle s'exécute avec accompagnement de chansons.

Les personnes d'un certain rang invitent souvent, lorsqu'elles vont à la campagne, des musiciennes de profession, des chanteuses et même des danseuses. Celles-ci exécutent différentes danses assez gracieuses; la plus originale est le chiri-fouri, qui est en quelque sorte la danse classique du Japon. Les femmes qui l'interprètent sont généralement vêtues de costumes éclatants, peintes, poudrées, décorées à profusion et munies d'une guitare.

« Le chiri-fouri, dit le comte de Beauvoir [1], est assez difficile à décrire : cela ressemble au jeu vif de la « mora » italienne, à la « parole volante », à « pigeon vole », etc., mais avec quelques petites modifications.

« Les danseuses se divisent en deux camps, et, tout en dansant et en jetant les mains en cadence comme pour se défier, l'une commence une phrase rhyth-

mée qu'une autre doit continuer; puis une troisième, et ainsi de suite, de sorte que chacune contribue successivement à improviser une cantate capricieuse et folâtre, où l'esprit devient aussi vif que le geste. On nous explique les bons mots à mesure qu'ils font éclater de rire toute l'assistance.

« Mais voici un changement de décoration : dès qu'une danseuse s'est trompée de rime ou de cadence, elle doit être punie, et, pour gage, se dépouiller d'une partie de ses vêtements. Peu à peu tout s'anime; l'amour-propre de chacune est en jeu, les yeux jettent des étincelles, et ce ne sont que fous éclats de rire.

« Voilà la manche droite qui tombe, puis la manche gauche, puis l'écharpe, puis la houppelande, puis la giberne !.., jusqu'aux boucles d'oreilles ! et la dernière muse qui reste victorieuse sur le champ de bataille, après avoir mis toutes les autres hors de combat, est applaudie, félicitée, couverte de fleurs par toute l'assistance japonaise. Rien ne peut donner une idée de la vivacité des gestes, des rires bruyants et du feu roulant de paroles de ces danseuses s'agitant au son d'une folle musique. »

Aux danses qui animent les parties champêtres, succèdent souvent des jeux; un de ceux qui sont le plus souvent goûtés, est le jeu du renard. Deux convives tiennent, chacun par un bout, à une petite distance du sol, une corde au milieu de laquelle est pratiqué un nœud coulant. Derrière celui-ci, se trouve un petit tabouret supportant soit une tasse, soit un éventail, soit tout autre objet, que celui qui fait le renard doit enlever avec pres-

---

[1] Voyage autour du monde : *Pékin, Yédo, San-Francisco.* (Libr. Henri Plon.)

tesse à travers le nœud coulant et sans se laisser prendre.

Lorsque ceux qui tiennent la corde, et qui sont appelés les gardiens du rat, serrent trop tôt ou trop tard le nœud coulant, ils payent une amende qui consiste en une ou plusieurs coupes de saki ; lorsque, au contraire, celui qui fait le renard est attrapé, toute l'assistance se régale à ses frais et pendant tout le temps qn'on se plaît à le retenir captif. On conçoit que, sous l'influence d'un tel jeu, la gaieté devienne de plus en plus bruyante.

A l'époque des migrations des citadins à la campagne, les mendiants de toutes sortes, lépreux, infirmes, estropiés, quittent les bords des temples où ils se tiennent d'ordinaire, et se répandent sur les grandes routes. Ils attirent l'attention en poussant des cris plaintifs, en récitant certains formules de prières, ou en frappant avec un marteau de bois un vase creux en bois verni qui est placé devant eux.

Ils appartiennent à une caste particulière, regardée en quelque sorte comme impure. La saleté et la difformité les rendent souvent si hideux, qu'ils inspirent encore plus de dégoût que de pitié. On remarque parmi eux beaucoup d'aveugles, et un grand nombre d'individus dont les membres sont déformés par l'horrible éléphantiasis.

Il y en a d'autres qui sont accroupis dans une petite charrette de bois, posée sur des roulettes, leur seule habitation jusqu'à la mort. Les passants à l'âme compatissante poussent, chacun un peu, cette charrette et le pauvre est ainsi traîné de village en village, grâce à la pitié des voyageurs qui l'amènent à de nouveaux bienfaiteurs ; il parcourt dans sa misérable vie de longues routes à travers le Japon, espérant toujours trouver sa guérison aux sources lustrales vers lesquelles chacun lui a fait faire un pas.

« C'est une vieille légende, rapporte le comte de Beauvoir, qui entretient chez les Japonais cette touchante coutume. Une jeune princesse, aimée de deux officiers, épousa le plus riche et rejeta le plus jeune et le plus brave. Après deux années de tyrannie, son odieux maître mourut frappé par la foudre.

« Encore d'une éclatante beauté, elle alla à un lointain pèlerinage pour s'y cacher aux humains ; chaque matin elle traînait jusqu'au prochain village le pauvre estropié qui s'offrait à sa vue, et le dernier qu'elle amena à la fontaine sainte de guérison, fut celui qu'elle avait vu jadis si jeune et si beau, mais qui, l'âme brisée par son refus, était devenu fou et se mourait de faim sur les routes.

« A peine l'eau lustrale eut-elle touché ce malheureux, qu'il se leva tout guéri hors de sa charrette de douleur, et alors seulement ils se reconnurent. La divinité avait voulu récompenser l'âme charitable de la jeune femme et le cœur chaleureux du jeune guerrier. »

On a pu voir déjà que ce qui distingue la vie au Japon, c'est la fréquence des fêtes publiques appelées matsouris, et le nombre prodigieux des occasions de jouissances intimes. Non contents de cela, les Japonais ont encore imaginé pour les enfants, différentes fêtes auxquelles ils prennent eux-mêmes leur large part.

Au nombre de ces fêtes se trouvent celle des poupées, célébrée en l'honneur des jeunes filles, et celle des bannières en l'honneur des jeunes garçons; ce sont les plus importantes.

La première consiste en une exposition dans la chambre principale de la demeure de toutes les poupées que les petites filles ont reçues de leurs parents ou des amis de ces derniers. Ces poupées, qui représentent généralement des personnages de la cour, sont revêtues des costumes les plus brillants, et rangées sur une estrade au milieu de la verdure et des fleurs. Leurs jeunes maîtresses leur préparent ce jour-là, sous la direction de la mère de famille, un festin complet que le soir parents et amis consomment gaiement.

La seconde fête n'a pas lieu seulement au sein des familles; toute la ville ce jour-là est pavoisée d'oriflammes, de bannières, de banderoles flottant au gré du vent. Des troupes de jeunes garçons, en habits de cérémonie, circulent sur la voie publique, les uns armés comme des soldats, les autres portant de longues tiges de bambou, auxquelles sont suspendus des gravures représentant le dieu des guerriers et de la bravoure.

C'est aussi le jour où les armuriers de la ville et les marchands de bronzes font l'exhibition de leur nouveau choix de fournitures militaires; car il est dans les usages de faire aux enfants des cadeaux consistant en casques, armures, hallebardes ou tout autre objet faisant partie de l'équipement d'un guerrier.

Une fête qui donne aux rues une animation non moins grande et un aspect non moins bizarre que la fête des bannières, c'est celle des lanternes. Il n'est personne qui ne soit muni d'une lanterne de papier de grandeur plus ou moins grande. Les enfants en portent d'appropriées à leur taille et les balancent en chantant de toutes leurs forces. Cette fête correspond à celle des morts dont nous avons parlé.

Il y a encore deux autres grandes fêtes, l'une au commencement de l'année et l'autre à la fin, qui forment avec les précédentes les cinq fêtes annuelles instituées, suivant certains auteurs, par les anciens Japonais pour divertir les dieux aux époques réputées les plus malheureuses, et détourner ainsi les influences des mauvais génies.

Ce n'est pas tout : chaque mois est marqué à son tour par plusieurs jours de réjouissance, qui reviennent périodiquement aux différentes phases de la lune. Ces petites fêtes mensuelles ne sont cependant pas des jours de chômage; les observe qui veut. Mais on comprend que les Japonais, avec leur caractère si essentiellement joueur, se gardent bien de les laisser passer sans en profiter.

Elles sont instituées en l'honneur de toute sorte de divinités; les unes célèbrent le retour du printemps et des primeurs, les autres la floraison des vergers et la récolte des céréales, d'autres enfin le baptême de Bouddha, le dieu de l'eau, le dieu de la lune, le dieu de la pêche, etc.

A toutes ces époques, la population sort plus ou moins de son genre de vie habituel ; mais c'est au renouvellement de l'année que le plus grand mouvement

LE JAPON. — Un fabricant d'éventails.

règne dans toutes les villes, et que toutes les classes de la société, depuis les premières jusqu'aux dernières, se livrent à la joie la plus complète.

Le nouvel an japonais correspond au commencement de notre mois de février. Plusieurs jours à l'avance commencent les préparatifs des fêtes qui ont lieu à cette occasion.

Le premier soin de tout bon bourgeois est de faire un nettoyage complet de sa maison; pour cela, il sort les ustensiles de ménage qu'il époussette et restaure s'ils en ont besoin; il enlève les nattes et les paravents, balaie et secoue les unes, change le papier des autres; il lave ensuite partout et réinstalle son mobilier.

Après cela, il orne le devant de sa demeure de branches de sapin et de fougère et de guirlandes de paille de riz auxquelles sont attachées des bandes de papier de différentes couleurs et de petites branches de sapin. Le sapin semble jouer un grand rôle dans cette circonstance : non-seulement toutes les maisons en sont décorées, mais les habitants eux-mêmes en portent sur leur personne.

Cependant les préparatifs des réjouissances prochaines n'absorbent pas complétement les derniers jours de l'année. Selon un principe universellement admis au Japon, les dettes d'une année ne doivent pas être reportées sur la suivante ; il faut donc que tous les comptes soient ponctuellement réglés à l'époque du nouvel an ; il s'ensuit que le père de famille, le patron, le boutiquier, tout homme ayant des affaires doit courir la ville ou travailler à son comptoir jusqu'à ce qu'il ait satisfait à l'usage.

Les Japonais ont aussi l'habitude de faire dans les derniers jours de l'année leur provision de saki et de farine de riz. Le premier produit se vend à la criée dans de grands établissements qui sont comme les docks de la ville. La foule des acheteurs est toujours immense : les uns viennent avec deux tonnelets suspendus aux extrémités d'un bambou porté sur l'épaule ; les autres se contentent de seaux ordinaires, de petites cuves ou de grosses cruches.

La boisson, fraîchement brassée, est adjugée par lots petits et grands, afin d'être à la portée de toutes les bourses ; chacun doit se charger d'emporter son lot immédiatement : il en résulte une cohue indescriptible qui est l'occasion de plus d'une avarie et de plus d'une bataille.

La farine de riz ne s'achète pas : chaque ménage fabrique la quantité qui lui est nécessaire On se sert à cet effet d'un mortier et d'un pilon. Dans les ménages riches ce soin est laissé à des pileurs de profession qu'on loue à la journée.

Les mitrons, comme les pileurs de riz, ont également beaucoup à faire à l'occasion du nouvel an ; car il est de rigueur que toutes les maisons bourgeoises soient amplement pourvues de petits pains et de gâteaux pour les étrennes à distribuer.

Mais garçons brasseurs, pileurs de riz et mitrons se dédommagent largement de ces quelques jours de travail forcé, lorsqu'arrive la veille du jour de l'an. Comme ils ont tous reçu leurs salaires, ils se livrent sans retenue aux plaisirs de la table et de la boisson ; les maisons de thé leur sont ouvertes pour cette fois.

Ils se rassemblent ensuite et se promènent dans les rues en chantant et en dansant. La plupart ont eu soin de se déguiser et presque toujours leurs déguisements sont la parodie des costumes des classes nobles.

Les mascarades sont, d'ailleurs, à l'ordre du jour. Les domestiques, les cuisiniers, les porte-faix, les commissionnaires, tous se sont affublés d'habits plus ou moins bariolés, plus ou moins fantastiques. C'est ainsi équipés qu'ils vont de maison en maison demander leurs étrennes ; l'argent qu'ils collectent leur sert à mener joyeuse vie pendant plusieurs jours.

Sur les entrefaites la foule afflue de la campagne. Les cultivateurs viennent faire leurs emplettes et se pourvoir d'amulettes pour la protection de leurs champs. Les histrions, les jongleurs, les baladins, les marchands ambulants accourent aussi. Chacun s'installe dans les rues ; les uns se construisent des maisonnettes en papier, les autres se contentent d'étaler leurs marchandises par terre. Le soir tout s'illumine. Les rues, décorées à profusion de branches de sapin et de guirlandes et remplies d'une foule affairée, prennent alors un aspect extraordinaire.

Cependant, lorsqu'arrive minuit, le silence et la solitude règnent presque partout. Ce n'est pas que tout le monde dorme ; il y a au contraire peu de ménages qui ne soient encore sur pieds. Mais c'est l'heure de certaines cérémonies domestiques auxquelles il est rare qu'un Japonais fasse défaut.

Le père de famille commence par allumer un petit tas de bûchettes sur lesquelles ont été dites des formules religieuses qui leur ont communiqué un pouvoir particulier ; il examine avec attention la forme de la flamme, consulte la direction de la fumée et en tire des présages heureux ou malheureux pour l'année qui va s'ouvrir.

Après cela a lieu l'exorcisme des mauvais génies. Le père de famille parcourt tous ses appartements en jetant çà et là des fèves rôties et en prononçant des mots cabalistiques ; puis il va se prosterner devant l'autel de ses dieux lares où il récite quelques prières pour se rendre favorable le dieu des richesses.

Ces devoirs religieux une fois remplis, la famille va se coucher ; mais ce n'est pas pour longtemps, car à peine le soleil a-t-il paru que tout le monde se retrouve debout. Chacun se revêt de son costume le plus brillant et alors commencent des félicitations de toutes sortes.

Tout d'abord le mari et la femme s'adressent réciproquement une petite allocution dans laquelle ils se souhaitent une foule de choses heureuses ; la civilité japonaise veut que ces compliments soient débités le corps plié en deux et les mains touchant presque le sol. Ensuite on échange de part et d'autre les cadeaux, avec force salutations.

Ceci terminé, les enfants arrivent et adressent à leur tour leurs souhaits au père et à la mère de famille ; puis viennent les parents qui recommencent la cérémonie. La moitié de la matinée se passe ainsi en congratulations, car les Japonais sont fidèles observateurs des règles de la politesse et ces règles sont innombrables en ce qui concerne le renouvellement de l'année. Enfin, l'on déjeune, et jusque vers le milieu de la journée l'on reçoit et l'on fait des visites.

Au Japon, l'usage des cartes de visite est au moins aussi répandu que chez nous. Ces cartes sont généralement de grand format et décorées de nombreux dessins. On les envoie par des commissionnaires et dans des enveloppes attachées avec des rubans.

Quand les Japonais vont faire des visites personnelles, ils sont généralement accompagnés de un ou de plusieurs domestiques portant les étrennes. Celles-ci consistent presque toujours en éventails que le visiteur offre, selon l'usage, dans une boîte de laque entourée de cordons de soie. A ce présent est joint ordinairement un cornet de papier renfermant un morceau de poisson desséché : c'est un symbole qui signifie que la frugalité est la première des vertus domestiques.

Les personnes qui reçoivent ont l'habitude d'offrir au visiteur une légère collation composée de gâteaux de riz et de saki. La langouste et l'orange jouent également un grand rôle dans l'échange des étrennes : la première est un hommage en l'honneur du meilleur poisson, suivant le goût des Japonais, la seconde en l'honneur du meilleur fruit. Les langoustes offertes sont séchées, réduites en poudre et consommées dans certaines maladies.

Dans le monde officiel, les visites du jour de l'an sont de rigueur. Les employés des administrations se rendent en corps chez leurs chefs et défilent devant eux. Entre fonctionnaires, les choses se passent avec un grand cérémonial.

« La salle de réception d'un fonctionnaire de premier ordre, rapporte un voyageur, est exhaussée de quelques marches au-dessus du vestibule. Elle peut en être séparée au moyen de grands stores de bambou, ornés de larges bandes de soie et de gros nœuds de cordons tressés de la même matière.

« L'audience reçoit de ces dispositions un caractère théâtral. Les stores se lèvent comme un rideau. Le fonctionnaire occupe la scène, accroupi sur un tapis précieux, ayant à sa gauche son râtelier de sabres, et derrière lui des aides de camp ou ses secrétaires, agenouillés à quelques pas de distance.

« Les subordonnés, introduits dans le vestibule, se prosternent au bas des marches, qui sont laquées en noir et polies comme du marbre. C'est dans cette posture qu'ils s'adressent à leur chef, jusqu'à ce que celui-ci les convie à prendre quelques rafraîchissements, tandis que, de leur côté, ils font apporter par leurs gens et étaler leurs cadeaux sur la marche supérieure de l'escalier. »

Pendant que les hauts personnages se soumettent ainsi à toutes les exigences d'un cérémonial souvent burlesque, les bourgeois, qui depuis longtemps ont terminé leurs visites, s'abandonnent à la joie et aux réjouissances de toute sorte. Partout l'allégresse est universelle.

Les rues sont dans tout leur éclat. La foule, joyeuse et bruyante, se presse autour des étalages sans nombre qui se dressent de tous côtés. Les marchands de jouets et les marchands de sucreries et de pâtisseries sont ceux qui obtiennent le plus grand succès; c'est que le jour de l'an est surtout la fête des enfants. Les toupies, les échasses, les cerceaux, les cerfs-volants, les raquettes, se choquent et se croisent partout et dans tous les sens : la ville n'est pour ainsi dire qu'une vaste cour, où des écoliers, jeunes et vieux, prennent leurs gais ébats.

Des rires prolongés éclatent de temps à autre sur différents points : ce sont des masques qui passent; leurs accoutrements et leurs contorsions sont du dernier grotesque, et bien faits pour dérider l'esprit le plus morose.

Les réjouissances durent jusqu'à la

nuit, pour recommencer le lendemain et quelquefois le surlendemain. Puis tout rentre dans l'ordre, les travaux reprennent leur cours interrompu et chacun, reposé par ces quelques jours de vie insoucieuse, se remet gaiement à ses occupations.

Nous avons parlé jusqu'à présent des Japonais proprements dits, c'est-à-dire des habitants des îles Kiousiou, Sikoff et Nippon; il nous reste à dire quelques mots d'un peuple qui, bien que faisant partie de l'empire du Japon, diffère essentiellement de la grande majorité de la population.

Ce peuple s'appelle Aïno et habite l'île de Yéso, située au nord du Nippon, dont elle est séparée par le détroit de Sangar. Il est peu nombreux aujourd'hui et descend chaque jour d'un pas plus rapide dans la grande tombe des races vaincues et disparues.

Les Aïnos ont pourtant vécu avec quelque gloire. Dans les temps anciens, plusieurs siècles avant notre ère, ils étaient maîtres de toute la partie septentrionale de l'île de Nippon, et leur pouvoir égalait celui des Japonais; mais peu à peu leur influence diminua, et, forcés d'abandonner leurs possessions dans l'île de Nippon, ils se confinèrent dans l'île de Yéso. Les Japonais les y poursuivirent et leur firent une longue guerre, qui amena leur soumission complète vers le quatorzième siècle. Depuis cette époque, ils ont été continuellement tenus par leurs vainqueurs dans un tel état de servitude, que l'instinct même du progrès est étouffé chez eux: ils offrent, en plein dix-neuvième siècle, l'image d'un peuple qui n'est pas sorti de la première enfance de l'humanité.

L'origine des Aïnos est inconnue; eux-mêmes ignorent leur histoire, et il est bien difficile d'en découvrir les mystères, car il n'existe aucun document écrit pouvant jeter quelque lumière sur le passé. On retrouve cependant dans le pays quelques légendes, dont une des plus bizarres, par laquelle les habitants expliquent leur naissance, est rapportée par M. Rodolphe Lindau :

« Aussitôt que le monde fut sorti des eaux, disent-ils, une femme vint s'établir dans la plus belle des îles que devaient habiter les Aïnos ; elle arriva sur un navire que les vents et les vagues propices avaient poussé de l'Occident vers l'Orient, et apporta avec elle des flèches, des arcs, des lances, des couteaux, des filets, tous les engins nécessaires pour chasser les bêtes fauves qui infectent les forêts, et pour ravir à leur élément les poissons qui remplissent la mer et les fleuves.

« Pendant une longue suite d'années, cette femme vécut seule et heureuse dans un jardin qui existe encore, mais dont nul être vivant ne retrouvera jamais la place. Un jour, en revenant de la chasse, elle se sentit fatiguée, et, pour se délasser, elle alla se baigner dans la rivière qui séparait ses domaines du reste du monde.

« Soudain, elle aperçut un chien qui nageait vers elle avec rapidité ; effrayée, elle sortit de l'eau et se cacha derrière un arbre. L'animal la suivit et lui demanda pourquoi elle s'était enfuie ; elle répondit qu'elle avait eu peur. « Laisse-

« moi rester auprès de toi, dit alors le
« chien, je serai ton compagnon, ton
« protecteur, et tu ne craindras plus
« rien. » Elle y consentit, et de l'u-
nion de ces deux créatures, naquirent
les Aïnos, c'est-à dire les hommes. »

« A cette fable, ajoute M. Lindau, ils
en joignent plusieurs autres affirmant
toutes que les Aïnos, qui peuplent aujour-
d'hui l'archipel des Kouriles, dont Yéso
est l'île la plus méridionale, sont venus
de l'Occident. C'est, en effet, sur le continent asiatique et probablement dans l'intérieur des terres, qu'il faut chercher
leur origine ; il est certain qu'ils ne ressemblent point à leurs voisins, Guilakes,
Tongouses, Mandchoux, et autres peuplades répandues en ce moment sur la
côte orientale du nord de l'Asie. »

Les Aïnos sont généralement petits,
trapus et mal faits ; ils ont le front large
et les yeux noirs et nullement bridés ;
leur peau est blanche, mais basanée. Ce
qui les distingue surtout, c'est l'abondance de leur barbe et de leurs cheveux,
qu'ils laissent pousser en toute liberté ;
leur corps est également très-velu.
Quant à leur caractère, il paraît être
très-doux.

Les petits enfants ont un air vif et intelligent qui s'efface à mesure qu'ils
avancent en âge. Tant qu'ils n'ont pas la
force de marcher, on les porte à califour-
chon sur les hanches ; si la traite est
longue ou fatiguante, on les place dans
un filet rejeté en arrière et dont les
deux bouts viennent s'attacher sur le
front du porteur.

Les femmes sont naturellement laides ; mais ce qui ajoute encore à leur
laideur, c'est l'habitude qu'elles ont de
se peindre en bleu les contours de la
bouche. Leur costume consiste en une
ou plusieurs robes longues, suivant la
saison. Celui des hommes se compose de
pantalons collants et d'un large manteau
serré à la taille par une ceinture. Ces
habillements sont d'ailleurs extrêmement
grossiers ; quelques-uns ne sont pour
ainsi dire que des paillassons fabriqués
avec des algues marines.

Les habitations des Aïnos sont des plus
simples ; elles ne renferment que quelques ustensiles de chasse, de pêche et de
cuisine. Elles sont groupées en très-petit nombre, et chacun de ces groupes ne
compte pas plus d'une centaine d'individus. Les mœurs de ce petit peuple sont
extrêmement douces, hospitalières, bien-
veillantes, craintives même, et contrastent étrangement avec les métiers dangereux qu'il exerce. La monogamie,
qu'il paraît avoir mise en pratique au
temps de son indépendance, a disparu
devant les usages japonais ; aujourd'hui
tout Aïno a le droit de posséder autant
de femmes qu'il en peut nourrir.

La pêche est la grande occupation des
Aïnos ; les poissons abondent du reste
sur les côtes de l'île de Yeso, et il s'en
fait un commerce considérable avec l'île
de Nippon. La chasse est aussi pratiquée
habituellement par les Aïnos. Dans leur
religion grossière, le poisson et l'ours
sont les principales divinités. L'ours surtout est l'objet d'un culte tout particulier.

On ne trouve chez les Aïnos aucune
trace d'agriculture ni d'élève des bes-
tiaux. Ils n'utilisent que le chien pour
tirer les traîneaux en hiver.

Leur organisation est patriarcale : ils n'ont ni roi, ni princes, ni seigneurs. Dans chaque hameau, le vieillard le plus estimé est le chef chargé de la gestion des affaires de la commune.

Bien que l'intelligence des Aïnos soit peu développée, ils se distinguent néanmoins par leur désir d'apprendre. Ceux d'entre eux qui sont en rapport avec les Japonais s'informent avec beaucoup d'intérêt de leurs usages et de leurs lois.

Les Aïnos n'habitent guère maintenant que le centre et la partie septentrionale de l'île de Yéso, Dans la partie méridionale, la population est presque entièrement japonaise ; il s'y trouve deux villes importantes : Matsmaï et Hakodadé, toutes deux situées sur le détroit de Sangar.

Hakodadé, suivant M. Lindau, compte vingt à vingt-cinq mille habitants ; ils se livrent en général à la pêche et au commerce. La ville est bâtie au fond d'une rade qui passe pour une des plus sûres et des plus belles du monde entier ; elle a un aspect assez pauvre ; ses rues sont cependant larges et bien entretenues ; mais elles sont bordées de maisons basses, recouvertes de chaume et de la plus chétive apparence.

Au centre de la ville, se trouve la légation de France. Hakodadé est, en effet, un port ouvert au commerce étranger ; mais les affaires y sont peu actives. Tout le mouvement des communications régulières avec l'Occident se trouve concentré dans les villes du sud de l'empire japonais.

CHAPITRE VI

LES ARTS, L'INDUSTRIE ET LE COMMERCE JAPONAIS

La langue et l'écriture japonaises. — La littérature. — La poésie. — Les sciences. — Division de l'année et des jours. — La musique. — Le goût de la lecture. — Les conférences publiques. — Les prédications bouddhistes. — Les contes populaires. — Maître Renard. — Les fables.— Quelques proverbes. — L'art japonais. — Ignorance de la perspective. — Une spirituelle hypothèse. — Les bronzes et les objets en laque. — Comment se fabriquent ces derniers. — Chez le marchand de bibelots. — La porcelaine et le papier. — L'industrie séricicole. — Une légende. — Histoire secrète de l'éducation des vers à soie. — L'agriculture. — Le riz et le thé.—Les jardins.— La navigation. — Les vaisseaux japonais. — Le commerce. — Conclusion.

La langue japonaise a été regardée longtemps, sinon comme un simple dialecte du chinois, du moins comme ayant avec cette dernière langue des rapports très-intimes; mais l'étude et la comparaison des deux langues ont fait justice de cette erreur.

Les Japonais comprennent le chinois écrit parce que les caractères chinois font partie des nombreuses espèces de caractères en usage au Japon; cela se comprend facilement, quand on se rappelle que les caractères chinois représentent, non des lettres, ni des sons sans signification, simples éléments constituant des mots, mais les mots eux-mêmes, ou plutôt les idées que ces mots expriment, et que par conséquent ils doivent communiquer les mêmes idées, bien qu'exprimées par des mots différents, à quiconque connaît la signification des caractères.

De même que les Chinois, les Japonais ont, pour exprimer les pronoms personnels, une grande variété de termes, dont plusieurs donnent par eux-mêmes l'indication de la position respective des parties, ou indiquent jusqu'à un certain point la déférence envers la personne à laquelle on parle, ou envers celle de qui l'on parle, et le respect de la part de la personne qui parle.

Ce trait de la langue japonaise n'est pas limité aux pronoms, mais il s'applique à beaucoup de mots qui indiquent une action, une décision, une parole, une chose venant d'un haut personnage, d'une divinité, d'un empereur, ou même d'un ami qu'on honore, qui forme le sujet de la phrase; de sorte qu'une phrase qu'on s'est appliqué à polir, et dans laquelle on a fait entrer l'expression de la déférence, devient beaucoup plus longue qu'elle ne le serait dans la conversation ordinaire.

LE JAPON. — Un magasin d'objets d'art.

Les sons de la langue japonaise sont doux et agréables ; certains voyageurs assurent qu'à moins d'être né dans le pays, on ne peut parvenir à prononcer correctement certaines lettres.

Les Japonais ont un syllabaire de quarante-huit lettres, qui peut en quelque sorte être doublé, au moyen de signes joints aux consonnes pour en modifier le son et le rendre plus dur ou plus doux. Ce syllabaire date, dit-on, du huitième siècle, et peut s'écrire en quatre séries différentes de caractères ; ce sont : le kata-kana, qui est considéré comme plus propre à l'usage des hommes ; le kira-kana, plutôt réservé pour l'usage des femmes ; le manyo-kana, qui est composé de caractères chinois complets, auxquels se mêlent fréquemment les caractères du kata-kana et du kira-kana ; enfin le yamato-kana, ou écriture japonaise, composé de caractères chinois considérablement contractés. À l'exception du kata-kana, ces différents syllabaires s'emploient rarement seuls ; on entremêle ordinairement les caractères de deux ou de trois d'entre eux, sans aucune règle, ce qui rend le tout beaucoup plus difficile à déchiffrer.

Depuis longtemps, les Japonais sont en possession de l'art de l'imprimerie d'une manière suffisante pour répandre leur littérature, mais ils ne peuvent rivaliser avec la magnificence de la typographie européenne.

Les imprimeurs japonais ne connaissent pas les caractères mobiles, et ils multiplient les copies des manuscrits au moyen d'une sorte de stéréotypie en bois, fort imparfaite, ou par la gravure sur bois, plutôt que par une véritable imprimerie comme nous l'entendons ; cependant, ils approvisionnent le public de livres.

La littérature japonaise comprend des livres de science, d'histoire, de biographie, de géographie, de voyages, de philosophie, d'histoire naturelle, de poésie ; des ouvrages dramatiques, des romans, des encyclopédies. Ces derniers ouvrages paraissent être à peine quelque chose de plus que des livres d'images avec des explications, le tout arrangé, comme les autres dictionnaires japonais, tantôt dans l'ordre alphabétique et tantôt suivant une classification capricieuse et peu scientifique des sujets.

Les ouvrages de poésie sont de deux sortes : les uns ne renferment que des petits poëmes en cinq vers, composés tantôt de cinq caractères, tantôt de sept ; les autres, au contraire, des poëmes dont la longueur n'est pas limitée.

Les Japonais s'attachent ordinairement à exprimer des pensées ingénieuses avec le moins de mots possible, et à se servir de mots à double sens pour faire des allusions. Ils se plaisent aussi dans les descriptions ou les comparaisons que leur fournit le paysage ou la riche variété des productions naturelles qui les entourent. En général, leurs œuvres ne sont guère autre chose que des ballades, des romances et des chansons.

Pour ce qui est des livres de sciences, les seuls qui possèdent quelque valeur, sont ceux qui traitent de l'astronomie. Les astronomes japonais ont étudié les ouvrages les plus profonds qui ont été apportés par les Hollandais, et ils ont appris l'usage de la plupart des instruments européens. Ils ont enseigné aux artistes japonais à les imiter, et plusieurs voyageurs disent avoir vu de bons télescopes, des baromètres et des thermomètres sortis des manufactures du pays. Par suite de ces progrès scientifiques, les almanachs, qui d'abord étaient apportés de Chine, sont devenus communs au Japon, et composés dans le pays même.

La mesure et la division du temps au Japon sont ce qu'il y a de plus singulier, et aussi de plus difficile à comprendre. L'année compte ordinairement douze mois lunaires, mais elle renferme plus de trois cent soixante-cinq jours, parce que le Mikado et ses astronomes ajoutent deux jours à plusieurs des mois, et ils annoncent toujours dans l'almanach de l'année le nombre et le nom des mois qu'ils ont ainsi augmentés. La différence entre l'année lunaire, ainsi allongée, et l'année sidérale, nécessite encore une correction qui s'opère, selon quelques auteurs, en insérant tous les trois ans un mois intercalaire de longueur variable, suivant le nombre de jours qu'il a plu au Mikado de rendre nécessaires.

L'année, comme nous l'avons déjà dit, commence à notre mois de février. Outre ses divisions par mois, qui dépendent de la lune, elle se divise encore en vingt-quatre périodes d'environ quinze jours chacune, et dont la détermination dépend de l'époque à laquelle le soleil se trouve dans le premier et dans le quinzième degré de chaque signe du zodiaque.

Chaque mois est désigné par un terme descriptif. Ainsi le premier mois s'appelle le mois amical, parce que les réjouissances de la nouvelle année font naître dans le cœur de chacun la douceur et la bienveillance. Le deuxième mois est celui du changement d'habits, parce qu'alors on quitte les vêtements d'hiver. Le troisième mois est le mois bourgeonnant, parce qu'alors la nature se réveille du sommeil de l'hiver. Le quatrième est le mois fleurissant, quand les fleurs s'épanouissent. Le cinquième, le mois transplantant, parce que c'est alors que le riz se transplante. Le sixième, le mois sec, parce qu'à cette époque il ne tombe pas de pluie. Le septième est le mois des lettres, parce que dans ce mois on écrit une ode aux étoiles sur des feuilles de papier que l'on suspend à des perches. Le huitième est le mois des feuilles,

parce qu'alors les feuilles d'automne commencent à tomber. Le neuvième est le long mois, parce qu'alors les nuits commencent à devenir longues. Le dixième mois est le mois sans dieux, parce qu'on suppose que pendant ce mois toutes les divinités quittent leurs temples pour faire un voyage. Le onzième mois est le mois de la gelée blanche. Enfin, le douzième mois est le mois final ou terminant la saison.

Les jours sont divisés en douze heures, dont six sont assignées au jour et six à la nuit. Mais le calcul de ces douze heures est loin d'être simple au Japon. Neuf étant regardé comme le nombre le plus parfait, midi et minuit s'appellent tous les deux neuf heures: midi s'appelle neuf heures du jour et minuit neuf heures de la nuit; tandis que le lever et le coucher du soleil sont respectivement six heures du jour et six heures de la nuit. On se demande comment neuf heures peut se trouver deux fois dans douze : cette impossibilité arithmétique est vaincue ou éludée en omettant le premier et les trois derniers nombres, et en commençant par quatre et finissant par le nombre parfait neuf. Les nombres intermédiaires se développent laborieusement au moyen de la table de multiplication, et le système est basé sur le profond respect professé pour le nombre neuf[1].

Les Japonais possèdent quelques connaissances peu étendues sur les mathématiques, la trigonométrie, la mécanique et sur la science de l'ingénieur. Ils ont des canaux destinés à l'irrigation prin-

[1] *L'Univers. Histoire et description de tous les peuples*, t. VIII. (Libr. Firmin Didot frères.)

cipalement, et une grande variété de ponts ; ils ont appris à mesurer la hauteur des montagnes au moyen du baromètre.

L'histoire et la géographie sont deux sciences qui sont assez cultivées : il existe à Yédo une académie chargée de rédiger les annales de l'Empire et l'Almanach impérial. D'autres savants dressent des cartes géographiques qui ne sont pas sans valeur.

Parmi les beaux-arts, la musique est le plus goûté. Les traditions japonaises donnent à la musique une origine divine. Ils racontent que jadis la déesse Soleil, irritée de la violence d'un de ses frères, se retira dans une caverne. L'univers resta en proie aux horreurs des ténèbres et de l'anarchie. Les dieux, dans leur embarras, eurent recours à la musique pour attirer la déesse hors de sa retraite : il est évident qu'ils y réussirent, mais si la musique est, en effet, de leur invention, il faut convenir qu'elle est loin de rappeler, dans son état actuel, sa divine origine.

Les Japonais ont des instruments à cordes, à vent et à percussion ; entre tous, c'est le samsin, ou guitare à trois cordes, qui est le plus en honneur. Le luth, plusieurs sortes de tambour ou de tambourin, des fifres, des clarinettes, des flageolets, figurent dans la musique instrumentale. Mais avec tous leurs instruments, qui sont au nombre de vingt-un, les Japonais n'ont nulle idée de l'harmonie ; on peut dire que quand plusieurs d'entre eux jouent à la fois, ils jouent en même temps, mais non pas d'accord. Ils ne sont pas plus avancés en mélodie :

leurs airs ne rappellent ni les sauvages mélodies des bois ni les accords savants de la musique occidentale. Malgré cela, les sons ne laissent pas que de les charmer pendant des heures entières.

Ce n'est que parmi les gens sans aucune éducation que l'on pourrait trouver une fille incapable de chanter en s'accompagnant du samsin. Ces chants sont souvent de vrais impromptus. Dans les hautes classes, qui jouissent de nombreux loisirs, on fait beaucoup de musique ou bien on lit beaucoup.

La lecture est la récréation favorite des deux sexes au Japon. Les femmes ne lisent pour ainsi dire que des romans imprimés en kira-kana qui est, comme nous l'avons dit, le syllabaire réservé pour leur usage.

Chaque jeune fille assez à l'aise pour se dispenser d'un travail quotidien, a son abonnement chez un libraire qui, moyennant la somme de cinquante centimes par mois, lui fournit, en fait de livres anciens et nouveaux, tout ce qu'elle en peut dévorer.

A part le titre, toutes ces productions semblent stéréotypées les unes sur les autres ; elles ont le même caractère que les pièces dramatiques, avec quelques superfétations en plus et le comique en moins. Ce sont d'ailleurs les mêmes types, les mêmes personnages qu'au théâtre. Dans le choix de leurs acteurs et de leurs sujets, les auteurs ne semblent nullement se préoccuper de briser l'étroite limite où les préjugés et les mœurs les tiennent enfermés.

Les Japonais n'ont pas moins de goût pour les récits que pour la lecture. La parole d'un orateur exerce sur eux un grand attrait, qui se manifeste surtout dans les conférences publiques, inventées au Japon bien avant qu'on ne les connût en Europe.

« Si, en passant devant la porte d'une maison, dit M. George Bousquet [1], vous remarquez un grand nombre de chaussures éparses sur le seuil, munies chacune d'une étiquette numérotée, entrez et asseyez-vous au milieu du public principalement masculin qui s'entasse sur les nattes.

Ce n'est plus d'un sujet badin ou fabuleux, c'est d'une question morale, de science ou de philosophie que l'orateur entretient une assistance de marchands et de petits fonctionnaires. On est très-sérieux, et, sauf quelques *hé!* d'acquiescement, le bruit des pipettes secouées sur le brasier interrompt seul le débit du conférencier.

C'est une profession, dit-on, assez lucrative et dont l'exercice ne se borne pas à la capitale : on rencontre jusque dans les villages ces missionnaires laïques, colportant les lumières dont la population des campagnes n'est pas moins avide que celle des cités. Ils se partagent cette occupation avec les prédicateurs bouddhistes, dont les sermons roulent exclusivement sur la morale.

Ces derniers attirent surtout des femmes et même des enfants. On peut, à Yédo, assister à leurs prônes, annoncés à l'avance à la porte du temple où ils doivent avoir lieu. Assis sans beaucoup d'ordre sur les nattes, les auditeurs commen-

cent par entonner avec les prêtres l'incompréhensible litanie de leur secte ; chacun s'établit confortablement pour écouter, toujours la pipe à la main.

Le prédicateur paraît, revêtu de ses habits de cérémonie, et disserte d'un ton dégagé sur le catéchisme ou la morale. Son discours prend quelquefois l'allure d'une conversation à laquelle les fidèles ne se mêlent que par le cri de *nammida! nammida!* répété avec diverses intonations suivant les exigences de la réplique. « Rien, dit le bonze, n'est plus impur que le corps humain. Le corps se couvre de graisse, les yeux distillent des larmes, etc. Quelle erreur ce serait de regarder comme la perfection du beau une telle ordure !—« *Nammida, nammida !*» s'écrie avec contrition une impure pécheresse d'une dizaine d'années. »

L'imagination populaire a créé, au Japon comme dans les autres pays, de nombreux contes qu'on répète avec fidélité de génération en génération. Le renard en est presque toujours le héros ; cet animal tient une très-grande place non-seulement dans la littérature japonaise, mais même dans les superstitions du peuple. Il se dispute avec le chat, et surtout le blaireau, le privilége de tourmenter les hommes et de leur jouer de mauvais tours.

Quand, par exemple, le vent ébranle les cloisons de l'appartement, on persuadera difficilement aux femmes jeunes ou vieilles, que ce n'est pas le malin renard. Plus d'une s'est souvent entendue appeler par lui au milieu de la nuit, ou a vu l'ombre de son fin museau se dessiner sur les cloisons. Le blaireau prend sou-

<hr>

[1] *Revue des Deux-Mondes*, août 1874.

vent la forme d'une femme pour attirer dans ses piéges de naïfs jeunes gens, qui ne voient pas, sous sa robe, passer la queue dénonciatrice.

Les contes merveilleux qui roulent sur les exploits de ces deux compagnons, rempliraient des volumes et sont tellement répandus, que, si l'on demande à un Japonais de vous raconter une histoire nationale, il ne manque jamais de commencer par l'un de ces deux héros, plus célèbres que le chat botté ou l'oiseau bleu. Voici un de ces contes rapporté par M. Bousquet :

« Un soir qu'une riche famille recevait ses amis, l'entretien vient à tomber sur les renards et leurs exploits. Un des assistants, Tokutaro, un esprit fort, traite ces récits de fables. Défi lancé, pari tenu. Notre homme se met en route vers un bois.

Sur la lisière, un renard s'enfuit à son approche ; un instant après, il voit venir à lui une jeune fille qu'il connaissait. Point de doute, c'est le renard qui a pris cette forme, et notre habile homme feint de se laisser emmener par elle, tout en examinant avec soin s'il ne voit pas dépasser la queue, et s'étonnant fort de ne rien découvrir.

Arrivé chez les parents de la jeune fille, qu'il connaissait, il les prend à part et leur dit : « Vous avez cru que c'était votre fille qui entrait avec moi, c'est un renard ! — Notre fille, un renard ! s'écrie la mère indignée ; voilà bien une insulte à jeter à d'honnêtes gens ! »

Tokutaro soutient son dire, et, pour le démontrer, saisit la jeune fille et l'accable de coups jusqu'à ce qu'elle reprenne sa forme. Il frappe si bien qu'elle en meurt. Cette fois il n'a plus peur d'être joué par les renards, il craint d'avoir tué une innocente jeune fille.

Les parents vont quérir main-forte, et on va faire justice du meurtrier, quand passe par là un prêtre qui obtient sa grâce à la condition qu'il entrera dans les ordres et subira la tonsure. Il s'y soumet de grand cœur. En ce moment, Tokutaro entend un éclat de rire, il ouvre les yeux, le jour paraît, et il se retrouve sur la bruyère où le renard lui est apparu.

Tout cela n'était donc qu'un rêve ? Hélas ! non. En passant la main sur son crâne pelé, il s'aperçoit, mais un peu tard, de ce qu'il en coûte pour défier de tels ennemis. Revenu auprès de ses amis, bafoué et honteux, il finit par se faire moine. »

Cependant le renard n'est pas toujours présenté comme un être malfaisant ; on lui prête, dans certains contes, des sentiments humains. Quelquefois d'autres animaux interviennent dans le récit ; il n'est pas jusqu'aux ustensiles de ménage personnifiés qui n'entrent également en scène et se coalisent avec l'homme contre ses ennemis.

A côté des contes, il y a les fables ; mais on reconnaît, le plus souvent avec beaucoup de peine, l'allégorie qu'elles cachent. En revanche, les anecdotes les plus édifiantes ne manquent pas.

« Un daïmio avait fait faire vingt vases de porcelaine d'une magnifique beauté ; il ne vivait que pour les admirer. Un jour, une servante a le malheur d'en casser un par mégarde ; il entre en fureur et la condamne à mort.

En apprenant cela, un de ses vassaux se présente se disant possesseur d'une recette précieuse pour réparer le vase sans qu'on y soupçonne la moindre fêlure. Il faut seulement qu'il les voie tous ensemble. On le conduit dans la pièce où les précieux fétiches reposent sous une tenture de soie. Il soulève la draperie, et, d'une seule poussée, les jette tous à terre et les brise en mille pièces.

Ces dix-neuf vases restant auraient pu coûter, dit-il, la vie à dix-neuf personnes; prenez la mienne, ce sera bien assez. Le daïmio comprit la leçon et fit grâce à tout le monde. »

La sagesse de ces contes est relevée par une certaine finesse d'observation dans les proverbes qui se trouvent à chaque instant dans la bouche d'un Japonais :

« Si vous haïssez quelqu'un, laissez-le vivre. (C'est un supplice suffisant.)

« Mieux vaut éviter les reproches que rechercher les éloges.

« Apprenez en vous blessant le mal qu'endurent les autres.

« Le soldat battu a peur des brins de roseau.

« Le dessous du chandelier est noir. (Le plus voisin de l'église est le plus loin du salut.)

Ces proverbes et les locutions proverbiales qui assaisonnent les discours d'une pointe de vive et familière ironie, ne se trouvent dans la langue que parce qu'ils sont dans le génie de la nation. Généralement gai et souriant, souvent léger et frivole, le Japonais tourne assez volontiers toute chose en plaisanterie; aussi excelle-t-il dans la caricature. Cette ca-

ricature toutefois a ce cachet particulier qu'elle présente en même temps le côté comique et le côté sérieux ou triste des choses.

Le Japonais est essentiellement humoriste; mais son humour se fait sentir moins dans les attitudes que dans le choix des sujets et dans l'expression des visages : il exagère, mais avec mesure et avec goût.

Les œuvres de sculpture et de peinture japonaises montrent que le seul but des artistes du pays est de rendre les affections de l'âme : la quiétude, l'extase, la mélancolie, la peur, la colère, la haine, la surprise, la gaieté, rarement la tendresse. Le corps nu n'a aucun intérêt pour eux ; cependant, bien qu'ignorant l'anatomie, ils réussissent à le reproduire et surtout à lui donner une grande qualité : l'animation.

On a souvent dit, à propos des peintures et des dessins exécutés au Japon, que les artistes japonais ignoraient la perspective : un voyageur, aussi spirituel que fin observateur, le baron de Hübner, prétend que cette appréciation est fausse.

« Comment croire, dit-il[1], que des artistes si habiles à reproduire et à copier si exactement la nature, n'aient pas d'yeux pour les effets que produit la distance? C'est inadmissible. Sans doute, ils ignorent les lois de la géométrie, et par conséquent les strictes règles de la perspective, tout comme les sculpteurs n'ont aucune idée de l'anatomie, ce qui ne les empêche pas de modeler assez

[1] *Promenade autour du monde*, tome II. (Libr. Hachette et Comp.)

correctement; mais si les peintres voulaient, ils pourraient, j'en ai cité les preuves, reproduire avec plus ou moins d'exactitude les éléments d'un paysage tels qu'ils se présentent à l'œil. Il y a en Europe une foule de paysagistes qui n'ont pas étudié la perspective, mais qui, par intuition ou par l'habitude de copier, parviennent à fournir des dessins corrects.

« Pour ma part, je pense que le peintre japonais s'écarte volontairement des règles de la perspective. Chez nous, l'art s'est mis au service de l'Église, de l'État, du monde riche et élégant et des classes oisives. Au Japon, le peintre travaille pour tout le monde; il veut et doit être compris du peuple. Or, le peuple de tous les pays s'entend fort peu à la perspective. De la part de l'artiste comme de son public, la perspective suppose et exige un certain travail mental et une certaine culture de l'esprit.

« Mettez sous les yeux d'un paysan une vue de son village : la fontaine, le quinconce, et au-dessus la flèche du clocher. Le paysan, tout ahuri, aura de la peine à reconnaître ce qu'on lui montre, et il sera mécontent de ne pas voir figurer dans ce tableau l'église tout entière, la mairie, tel ou tel édifice qui fait la gloire des habitants. Vous avez beau lui expliquer que cela est impossible, puisque ces objets sont cachés par les arbres et par la fontaine; il n'en est pas moins choqué. Maintenant, pour satisfaire ce brave homme, montez sur un point culminant. De là vous découvrez tout le village. Vous pouvez en réunir sur votre toile ou sur votre papier les

principaux édifices. Mais gardez-vous bien de les représenter tels que vous les voyez, c'est-à-dire à vol d'oiseau. Le villageois ne comprendrait rien au raccourci des objets. Il faut donc pour le satisfaire mettre de côté les règles de la perspective.

« Cela est encore plus nécessaire dans les intérieurs, si goûtés du public japonais, car ici l'artiste doit réunir dans un petit espace plusieurs groupes de personnes, et, à moins de les peindre de haut, l'un masquera l'autre. Cette explication n'est qu'une hypothèse, et c'est comme telle que je la consigne dans mon journal; mais j'affirme que les peintres japonais connaissent ou ont connu la perspective. »

La peinture la plus répandue au Japon est la peinture d'éventail; c'est une industrie, mais c'est aussi un art où se retrouvent toutes les qualités qui distinguent l'art japonais. Il n'est pas rare de rencontrer même des produits dont l'image qui les recouvre est un véritable petit chef-d'œuvre dans son extrême simplicité, par exemple une cigogne tenant un poisson dans son bec et rasant les vagues de la mer, dont l'horizon se dérobe à la vue, ou encore une troupe de petits oiseaux volant dans un ciel immense. Ces sujets, toujours gracieux, excitent la curiosité et frappent l'esprit par le contraste entre l'exiguïté de l'objet principal et l'immensité qui lui sert de fond et de cadre.

Il n'y a au Japon ni académies, ni écoles, ni ateliers. L'art se transmet ordinairement de père en fils dans les familles; il s'ensuit qu'il est en quelque

LE JAPON. — Un peintre japonais.

sorte stéréotypé. Aujourd'hui on n'invente plus guère; les artistes reproduisent presque uniquement les vieux motifs dont on commence à se lasser.

Mais ce qu'ils ont conservé, c'est le goût. Cette qualité, qui est un don du ciel plutôt qu'une chose acquise, se reconnaît principalement dans les bronzes et dans les objets en laque, dont on fait une si grande fabrication au Japon.

Les bronzes japonais se distinguent par la richesse des ornements. C'est à Kyoto, ancienne capitale religieuse de l'empire, que l'art de la fonderie a atteint son plus haut degré de perfection; mais les produits d'une réelle valeur artistique deviennent de plus en plus rares et ne sont guère achetés que par les riches indigènes. De l'avis unanime des voyageurs, ce qui vient dans nos pays ne peut donner qu'une idée fort imparfaite de ce genre d'industrie.

Il en est de même des objets en laque : tous les auteurs assurent que les échantillons ordinairement importés en Europe sont bien au-dessous comme qualité de ce que les Japonais conservent dans leur pays. Le procédé employé pour vernir à la laque est extrêmement compliqué.

Le vernis, qui est le produit résineux d'un arbrisseau, subit une préparation longue et minutieuse, avant de devenir propre à être employé. On le mélange, par un frottement très-lent et très-égal, sur une palette de cuivre, avec la matière colorante. L'opération elle-même du vernissage est aussi ennuyeuse que ses préliminaires.

On applique successivement au moins cinq couches différentes qu'on laisse sécher, puis on commence à broyer ou polir avec une pierre ou un polissoir en bambou. C'est seulement par ce travail patient, que le vernis acquiert son excellence. Les figures en nacre de perle s'obtiennent à l'aide de couches de nacre taillées et façonnées selon la forme voulue, et coloriées en dessous. On les applique ensuite sur le vernis et on les soumet au même procédé d'application de couches et de polissage que le reste, ce qui leur donne un brillant si éclatant.

Les magasins de bibelots en laque sont très-abondants dans les grandes villes japonaises, et l'étranger trouve amplement de quoi satisfaire ses goûts les plus variés. Seulement, à moins de consentir à payer un objet trois et quatre fois plus qu'il ne vaut, l'acheteur doit s'armer d'une patience excessive. Car

c'est un singulier marchand que le Japonais. Pour lui, la loi du négoce est ce qu'elle est dans beaucoup d'autres pays : vendre le plus cher possible ; mais jamais il ne parait pressé de conclure un marché, ou ému par la pensée de le manquer. Le comte de Beauvoir raconte avec son esprit habituel, comment les choses se passent :

« Nous entrons dans une boutique, dit-il ; aussitôt aimables bonjours, pipes et tasses de thé ; le marchand alors nous présente des laques de quarante-cinquième ordre, nous croyant assez « jeunes » pour les acheter. Mais nous de causer, de lui faire des cigarettes, de dire que nous sommes Français, de rire, de débiter des compliments à la dame de céans. « Ah ! vous Franzé ! nous disent-ils dans leur langue, vous aimez à rire comme nous ; vous êtes allé faire la guerre en Corée ; vous avez une belle frégate, *la Guerrière*, et des officiers en bel uniforme qui nous apprennent à nous battre.., »

« Que d'heures entières nous avons ainsi passées avec ces aimables causeurs ! Puis, tout en n'ayant l'air de rien, on fouille dans les étagères, on y découvre un joli cabinet de laque. « Ikoûrâ? » (combien ?) Aussitôt, le bonhomme prend un air profond, se frotte les cuisses, hésite, fronce le sourcil, et après une mimique anxieuse, vous jette du fond de la poitrine et comme avec douleur : « Ftâzyàck-ichi-bou ! » (Deux cents bous, c'est-à-dire, trois-cent-vingt francs.) Remarquez bien que cela en vaut quarante. Alors, on se rassoit, on bavarde, on lui dit . « A la gigoto ! » ce qui signifie : « Montrez-moi des choses pareilles » ; il étale alors des centaines de choses ravissantes, riant, riant toujours, et il faut voir toutes les drôleries qu'il débite !

« Sur ce, les naïfs cèdent, offrent la moitié du prix, et sont encore volés de cent francs. Les malins reviennent un autre jour, entortillent le marchand en le tentant par un achat en gros, puis n'ont plus l'air d'y tenir du tout : notre homme soupire alors et, d'une voix indescriptible, vous crie sur le seuil de sa porte que vous quittez : Mayotto ! mayotto ! mayotto ! Ni siou bou ! » (Au plus bas prix, vingt bous !)

« On rentre, on recause, on refume et on reboit du thé. On tire douze bous de sa poche, on les met dans la main du marchand, qui refuse, se prosterne, range sa boutique ; mais enfin, au bout de deux heures, au moment où l'on s'en va pour tout de bon, il vous appelle, et vous jette avec désespoir pour douze bous les objets dont il vous avait demandé deux cents. Vous tapez trois fois dans vos mains, il s'écrie « Irouchi ! » et le marché est conclu.

« Alors, il semble que tout le nuage des anxiétés du dernier moment s'est dissipé : le rieur est votre meilleur ami, il vous fait rentrer chez lui, emballe l'achat dans de ravissantes petites boîtes avec un soin minutieux, vous donne des gâteaux, essaye de vous tenter encore, et chacun demeure enchanté de son marché. »

Les manufactures indigènes produisent aujourd'hui tout ce qui est nécessaire à l'usage particulier des habitants.

Parmi ces produits, les plus remarquables sont la porcelaine, le papier et les soieries.

La porcelaine japonaise, si renommée au seizième et au dix-septième siècles, semble cependant avoir perdu beaucoup de son ancienne supériorité. On a attribué cette décadence à ce que l'argile fine d'une nature particulière, qui sert à sa fabrication était devenue plus rare ; mais, certains auteurs contredisent cette assertion. Les manufactures qui florissaient autrefois ont été, pour la plupart, obligées de renoncer à fabriquer une aussi belle qualité de porcelaine, probablement parce que les frais de fabrication ont fini par atteindre des proportions excessives.

Le papier dont se servent les Japonais est ordinairement d'un blanc jaunâtre ; il est fait avec une écorce d'arbre qu'on fait bouillir dans une lessive alcaline, qu'on lave ensuite avec beaucoup de soin et qu'on réduit enfin en pâte avec un mélange visqueux de riz. Le lavage est l'opération la plus délicate : de lui dépendent la force, la blancheur et la qualité du papier.

Lorsque la pâte est bien uniforme et de consistance convenable, on passe à la fabrication des feuilles. Les moules sur lesquels le papier se fait, sont formés de tiges de bambou taillées en bandes étroites. Vient ensuite le séchage : pour cela, on met les feuilles en tas, et on place entre chaque feuille une petite lame ou règle de bambou qui, sortant un peu, sert plus tard à lever les feuilles une par une. On couvre chaque tas d'un petit plancher et on presse, en augmentant par degrés, pour exprimer toute l'eau. Puis on enlève les feuilles une à une, et on les met sur une longue planche raboteuse, où elles finissent de sécher au soleil.

. Le papier japonais dure assez longtemps, mais à la longue sa surface devient velue. Son usage au Japon ne paraît pas remonter au delà du septième siècle de notre ère.

Quant aux soieries japonaises, les plus belles sont tissées, dit-on, par les criminels de haute naissance, qui sont relégués sur une île de peu d'étendue, couverte de rochers et stérile, où ils sont privés de leurs biens et obligés de payer par le travail de leurs mains les provisions qu'on leur fait parvenir par mer.

L'industrie séricicole a été introduite au Japon par les Chinois et les Coréens vers l'an 310 de notre ère; elle y fit bientôt d'immenses progrès.

Dès la fin du sixième siècle, l'empereur qui régnait alors stimulait ses sujets en faveur de cette industrie. Ses instructions, pleines de grâce et de bonté, font honneur à l'esprit, aux lumières du gouvernement japonais dès cette époque reculée.

« Ayez pour vos vers à soie la même attention et la même tendresse qu'en vos familles un père, une mère ont pour leur enfant au berceau; comme on voit les parents s'occuper de leur nouveau-né, occupez-vous de ces frêles créatures. Que pour eux votre corps serve de mesure aux alternatives du froid et de la chaleur : la chaleur humide et le froid leur sont nuisibles. Veillez à ce qu'il y ait dans vos maisons une température uniforme et salutaire; faites y circuler l'air pur et frais.

Appliquez à cela, de jour et de nuit, vos soins empressés.

La sagesse des princes de l'antiquité a laissé ce bienfait en héritage à la postérité, et le peuple leur doit une branche d'industrie si précieuse. Des dames de haute noblesse, des princesses, des reines, ont cueilli de leurs mains la feuille du mûrier ; elles ont prouvé par là que l'art d'élever les vers à soie leur semblait une occupation digne de leur sexe. Lorsque de grands personnages, des membres mêmes de la famille souveraine se livrent à des soins pareils, pourquoi des inférieurs ne les imiteraient-ils pas? A tout prendre, l'industrie de la soie n'est qu'une occupation sans fatigue, à laquelle il suffit d'apporter du zèle et des soins. »

Lorsque, à l'abri des révolutions et des envahissements qui désolaient l'univers, le Japon écoutait ces conseils, et qu'au sein des loisirs d'une paix profonde, il se livrait à l'heureux progrès des arts les plus charmants, l'Occident était en proie aux dévastations des barbares du Nord et de l'Orient ; les Huns, les Goths, les Vandales , avaient tout dévasté ; les sciences, les lettres et les arts étaient éteints; l'ancien monde était dépeuplé, et trois cents ans devaient s'écouler avant qu'un premier rayon de vie commençât, sous Charlemagne, à reluire au milieu des ténèbres de la barbarie.

Les Japonais sont aujourd'hui passés maîtres dans l'art d'élever les vers à soie et de conserver la graine de façon à ce que la race ne perde rien de sa vigueur et de ses qualités ; c'est auprès d'eux que l'on pourrait faire des études fructueuses, et si leurs nombreux traités de sériciculture nous étaient connus, il n'est pas douteux qu'ils nous fourniraient de très-intéressantes instructions.

Un de ces livres est parvenu jusqu'à nous, c'est celui qui a pour titre : *Yo-san-Fi-Rok ou Histoire secrète de l'éducation des vers à soie*. Cet ouvrage, que toute magnanerie devrait posséder, commence par un résumé des traditions séricicoles empruntées aux Chinois. Voici ce résumé dans toute l'originalité de son style exotique :

« Lorsque le troisième mois est arrivé, on fait sécher la graine, puis à l'heure de midi on la trempe dans l'eau fraîche. On a soin ensuite de la garantir de toute poussière.

On fait sécher et l'on chauffe le local destiné aux vers, et on se tient prêt à les recevoir après l'éclosion.

Cette époque est-elle arrivée, on va cueillir du côté du soleil levant des feuilles fraîches et tendres qu'on distribue avec beaucoup de soin.

Avant le repos des vers, la distribution doit se faire avec tranquillité, sans bruit.

Après leur réveil, on les nourrit légèrement.

Arrive enfin l'époque du filage : les vers commencent alors à se dresser, ils portent leurs regards vers les sources nuageuses du Dragon (la constellation du Lion).

Ils se couchent tous simultanément, se courbent comme des tigres accroupis et, après une nuit tranquille, aussitôt que les premiers rayons du soleil les éclairent, leur instinct les porte tout à coup à vouloir se dresser vers le ciel.

Enfin, lorsqu'ils sont prêts à s'entourer de leur réseau, on leur prépare des broussailles, des ramilles, et on les transporte dans un local chauffé dont on a soin d'écarter les ardeurs du soleil de l'après-midi.

C'est seulement lorsque les cocons sont entièrement terminés que se fait la libation aux génies tutélaires des vers à soie ; dès lors on est partout en fête, les voisins se rendent visite et les vieilles gens font des cadeaux aux enfants, tandis que les « mères des vers à soie » recommencent à songer à leur toilette et à leur coiffure.

Le *Yo-san-Fi-Rok* entre ensuite dans les plus minutieux détails des meilleurs moyens de faire venir à bien les chers nourrissons. Comme les antiques Chinois, ils recommandent aux femmes qui se chargent de l'élevage des vers, de ne plus songer à leur toilette ni à leur coiffure jusqu'au jour où les cocons seront terminés. Ils leur recommandent aussi une parfaite égalité d'humeur : « Il est reconnu, disent-ils, que les vers soignés par des personnes ayant un mauvais caractère, réussissent mal[1]. »

Au commencement de notre siècle, l'administrateur d'une ville, située dans l'ile de Nippon, conçut l'idée d'imprimer un nouvel et grand essor à l'art d'élever les vers à soie. Il commença par se transporter dans une campagne du Japon, comparable aux contrées de la haute Italie et de nos Cévennes, en ce qu'on y pratique avec le plus d'habileté cette industrie délicate. Il étudia sur les lieux les

[1] *Journal officiel*, septembre 1874; article de M. F. Chaulnes.

pratiques les plus éclairées, les jugeant d'après leurs succès, et soumettant l'expérience à ses observations raisonnées. Ensuite, il appliqua ses connaissances acquises dans une autre partie du Japon qui lui parut la plus semblable à la province qu'il venait d'étudier, et pour la nature du sol et pour le climat.

Aux notions éparses dans les ouvrages imprimés et dont il fit l'extrait, se joignaient celles qu'il venait de recueillir; il décrivit avec détail et clarté les pratiques les plus estimées. Telle fut la matière de l'écrit simple et populaire dans lequel l'auteur s'efforça de réunir tous les moyens d'instruction pour en faire le manuel des nouveaux éducateurs des vers à soie. Cette publication date de l'année 1802; un exemplaire en fut apporté par les Hollandais et bientôt traduit dans plusieurs langues.

L'auteur, fidèle à la croyance nationale, combat les superstitions nuisibles à l'industrie dont il a fait l'objet de tous ses soins. Ses paroles sont remarquables et peuvent donner l'idée de l'esprit affranchi des préjugés bouddhiques, tel qu'on peut l'attendre des classes distinguées du Japon.

« Le ciel favorise les hommes qui secondent ses desseins par leurs efforts. En vain, les personnes qui ne sont pas pénétrées de ce principe invoquent tantôt l'Esprit divin, tantôt Bouddha. En vain, maudissant le vendeur qui leur a procuré les œufs du ver à soie, ils convoitent les trésors de tel voisin ou portent envie à tel autre. Alors même que Bouddha, ou toute autre divinité, écouterait leurs invocations, à quoi cela leur servirait-il,

s'ils négligent les soins que réclament les vers? »

L'ouvrage donne des instructions simples, claires, méthodiques et appuyées sur des faits dont le récit est plein d'intérèt; il renferme tous les préceptes nécessaires à la plantation, à la culture du mûrier et se termine par de nobles pensées et une aimable légende.

« Les soins que réclame la production de nos subsistances et de nos vêtements sont les premiers de tous, puisque c'est par eux qu'on verse le bien-être et la joie au sein des populations. Aussi les esprits divins nous ont-ils eux-mêmes enseigné l'art de procurer ces biens à l'homme.

Les oiseaux, les quadrupèdes, les insectes, les poissons, les plantes et les arbres sont des présents que nous devons à la grâce des esprits dominateurs du ciel et de la terre. Ces heureux dons, que personne ne les reçoive avec légèreté ni mépris! Pour nous ils naissent, et pour nous ils prospèrent.

Que surtout, dans son amour du gain, l'homme n'oublie pas l'amour de l'humanité; rien ne serait plus contraire à la volonté de l'Esprit céleste. Le coupable, avant qu'il s'en doutât, ne manquerait pas d'être atteint par le malheur. Au contraire, pour celui qui remplit tous ses devoirs avec droiture, la promesse que fait l'Esprit divin de lui prêter secours s'accomplirait alors même qu'il ne l'aurait pas directement invoqué. C'est ce que prouve la légende du vertueux Toung-Young.

Toung-Young était un modèle d'amour filial: encore enfant, il avait suivi pieusement le cercueil de sa mère, et voué dès lors tous ses soins à son père. Plus tard, à mesure que sa force s'accrut, son indigence l'obligea à cultiver le champ d'autrui ; il s'y soumit pour nourrir l'auteur de ses jours. Quelque temps après, son père mourut. Le pauvre fils ne possédait pas le moindre moyen de le faire ensevelir ; il vendit sa propre personne afin de suffire aux dépenses des funérailles.

Ayant accompli ce devoir filial, il partit pour aller servir son maître. Chemin faisant, il rencontre une vierge resplendissante de beauté, qui l'arrête et qui lui fait entendre ces paroles : « Toung-Young, je veux être ta femme. — Mais, je suis pauvre, répond-il, et mon corps ne m'appartient pas ; je l'ai vendu pour avoir le moyen d'ensevelir mon père. A présent que j'ai accompli mon devoir de fils, je me rends près de mon maître ; comment pourrais-tu vouloir être ma femme ? — Et pourtant le ciel le commande, répartit la vierge charmante. Je suis très-adroite à tisser ; allons ensemble chez ton maître, afin que tous deux il nous reçoive à son service, »

Toung-Young n'osa, dès lors, opposer de refus. Il prit la jeune fille en mariage, et, partant avec elle pour se rendre chez son maître, ils entrèrent ensemble à son service.

La révolution d'une lune n'était pas encore accomplie et déjà l'habile tisseuse avait fabriqué plus de cent pièces de soie d'une incomparable beauté ; elle les présente à leur maître, afin que ce soit la rançon de Toung-Young. Alors le maître, non moins surpris que charmé, les laissa partir en leur donnant la liberté.

A peine Toung-Young s'était-il éloigné pour retourner en son pays, que sa femme lui dit : « Toung-Young, je suis la céleste tisseuse ; le ciel, touché de ton sincère amour filial, m'a commandé de venir à ton aide. » A ces mots, elle s'éleva dans les airs et regagna le séjour immortel... C'est ainsi que la piété filiale, source de vertus et de bonheur, ne reste jamais sans récompense [1]. »

Les Japonais ont consacré à l'art de tisser la soie des constellations célestes dont ils célèbrent la fête le septième soir du septième mois de l'année.

Les femmes et les jeunes filles se rassemblent à la lueur des étoiles ; au milieu d'un gai paysage, elles étendent pieusement des fils de soie variés dans leurs couleurs. Pour offrande, elles apportent des fruits et des fleurs ; elles prient les divinités, afin d'obtenir du ciel la dextérité nécessaire au tissage le plus parfait.

Si, pendant la nuit, une araignée, le modèle des fileuses, vient se poser sur leurs offrandes, cet événement est réputé d'un bon augure et considéré comme le signe avant-coureur que leurs vœux seront exaucés.

L'agriculture n'est pas moins perfectionnée au Japon que la sériciculture. A l'exception des routes et des forêts nécessaires pour approvisionner le pays de bois de charpente et de charbon, il n'y a pas une parcelle de terrain qui soit laissée inculte. Là où les animaux ne peuvent tirer la charrue, les hommes pren-

[1] *Force productive des nations*, par le baron Charles Dupin. (Exposition universelle de 18;1.)

nent leur place ou substituent au labourage le travail manuel.

Tous les voyageurs s'accordent à dire que, dans les endroits où la côte ne descend pas brusquement à la mer en rochers et en falaises, l'œil est enchanté du riche déploiement des cultures. Les plantations s'allongent en bandes égales qui, de loin, zèbrent le dos et les pentes des collines, tandis que des bois aménagés savamment, les uns en vue de la construction, les autres pour le chauffage, couronnent ces riantes campagnes.

Dans l'intérieur du pays, il en est de même ; une loi veut que toute terre produise, et on voit se succéder, les unes près des autres, à de courts intervalles, les cultures les plus variées.

Il y a de riches propriétaires ; mais le terrain est morcelé et affermé par étendues peu considérables, depuis un demi-arpent, dit-on, jusqu'à deux ou trois au plus. Il en résulte que la moisson n'excite pas un grand mouvement dans les campagnes : chaque propriétaire ou fermier, armé d'une lame attachée à un manche en bois long d'un pied, car ils ne se servent pas de faux et de faucilles, vient aisément à bout de sa besogne.

Ces petites pièces de terre sont fumées, arrosées ou drainées avec un soin minutieux. On y sème alternativement du blé, du seigle, de l'orge ; plusieurs espèces de ces céréales viennent également bien : le blé barbu et non barbu, l'orge à longs et à courts épis.

Le procédé pour battre le blé est très-simple : on se contente de frapper les gerbes sur une poutre pour dégager le grain de la paille. Le procédé de van-

nage n'est guère plus compliqué : les marins européens peuvent voir, du haut de leurs vaisseaux qui longent la côte, des femmes s'aligner en longues files sur le rivage et secouer dans des corbeilles, au-dessus de leur tête, le blé, dont le vent de la mer entraîne la légère écorce. Pour moudre les grains, on se sert quelquefois de mortiers et de pilons à main, mais plus souvent de meules mues par plusieurs personnes.

Les Japonais font un très-grand usage des irrigations ; ils arrosent leurs terres de façon à les rendre humides pour les ensemencer. Leur charrue consiste en une large pièce de bois attachée obliquement à un timon, et creusée à l'extrémité de façon à recevoir un morceau de fer qui sert de soc. Un bœuf ou un cheval est attelé au timon ; un homme mène ordinairement l'animal, tandis qu'un autre manie la charrue. Cet instrument manœuvre assez bien dans les terrains légers et humides ; il fouille convenablement le sol, mais ne fait pas un sillon profond.

Dans les terrains gras et argileux, où l'irrigation est difficile, on se sert de houes en bois dur dont le tranchant et les côtés sont garnis de fer. Après ce labourage fait à la main, on arrose la terre jusqu'à qu'elle soit saturée d'eau ; puis une herse, munie d'une longue rangée de dents, est promenée par un bœuf tenu à la corde, de façon à tracer des sillons croisés et transversaux.

Sur les hauteurs, on cultive des roseaux d'une grande espèce qui servent à faire aux maisons des toits légers et solides ; on y récolte aussi de mauvaises

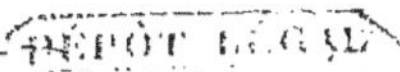

LE JAPON. — Un chemin de fer au Japon. (Fac-simile d'une aquarelle japonaise.)

herbes qui servent d'engrais, et le long de la côte, surtout dans l'île de Yeso, on ramasse une sorte d'algue, qui trouve un emploi utile dans l'alimentation des classes inférieures.

Toutes les espèces de fèves, de haricots, de lentilles, les pommes de terre, abondent dans l'archipel ; on y voit aussi des plantations de maïs. Dans beaucoup d'endroits, s'étendent de magnifiques plants de vignes donnant des raisins d'excellent goût, mais dont le vin est inférieur à celui des raisins d'Europe. La plupart de nos fruits se trouvent là en compagnie de la vigne : prunes, abricots, pêches, poires, pommes, figues, oranges, framboises, cerises.

A ces nombreux produits, il faut encore ajouter le camphre, la cire végétale qui donne, au moyen d'incisions pratiquées sur son tronc, la séve précieuse dont on fait le vernis japonais[1].

Le riz est la principale culture des Japonais. Au commencement du printemps, les rizières sont inondées au moyen de canaux d'irrigation : c'est dans cet état que le sol est labouré et broyé jusqu'à ce qu'il forme une sorte de pâte liquide. Le grain est ensuite jeté à pleines mains sur le limon que l'on remue de nouveau avec une espèce de herse. Lorsque les pousses sont sorties de terre, on les arrache pour les transplanter par touffes et à intervalles égaux dans un autre terrain où elles finissent de croître.

Le mois d'octobre est l'époque où le riz atteint sa maturité. Pour protéger la moisson contre les dégâts que causent les oiseaux, les Japonais emploient le même procédé qu'en Nubie : ils tendent au-dessus des rizières des cordeaux de paille tressée, munis d'appendices flottants, qu'un enfant agite sans cesse.

Après le riz vient le thé, dont l'usage fut introduit au Japon vers le commencement du neuvième siècle. Le thé est un arbrisseau rameux, qui croît à la hauteur de cinq à six pieds. Les feuilles sont dures, ovales, allongées ou elliptiques, d'un vert un peu luisant, entières près de la base et dentées en scie dans le reste de leur longueur. On étête la plante pour la rendre plus touffue, et par conséquent plus productive, et on attend qu'elle ait plusieurs années pour en recueillir les feuilles.

Le meilleur thé est cultivé dans les environs d'Odsi, petite ville sur le bord de la mer et peu distante de Kyoto. Il y y a des personnes préposées à ce que les feuilles soient, autant que possible, préservées de la poussière et des insectes. Les ouvriers choisis pour la récolte cueillent les feuilles avec l'attention la plus minutieuse et les mains couvertes de gants. Ce thé est ordinairement réservé pour l'usage de la famille impériale.

Le thé ordinaire est récolté par des ouvriers dont l'habileté à faire ce genre de travail est surprenante. Ils ramassent jusqu'à dix ou quinze livres de feuilles par jour, quoiqu'ils ne les arrachent pas par poignées, mais bien une à une.

Aussitôt que les feuilles sont cueillies, on les apporte dans des bâtiments publics où sont établis des fourneaux pour la manipulation du thé. Chaque fourneau porte une sorte de plaque large et plate.

[1] Alfred Jacobs. *Revue des Deux Mondes*, t. XXXIII, année 1861.

Lorsque cette plaque est chaude, on met dessus une certaine quantité de feuilles fraîches; des ouvriers les remuent continuellement avec les mains jusqu'à ce que la chaleur soit insupportable. Pendant cette demi-cuisson, il en sort un suc grisâtre et âcre; alors on les enlève, on les verse sur des nattes ou du papier, on les froisse pour les enrouler davantage, puis on les agite dans des corbeilles afin qu'elles se refroidissent plus promptement et conservent mieux leur frisure. Elles sont réunies de nouveau sur la platine médiocrement chaude; on les frotte encore, et on répète l'opération une troisième ou une quatrième fois, jusqu'à ce qu'elles soient entièrement privées de leur humidité.

Enfin, pour compléter l'opération, après que le thé a été gardé quelques mois en magasin, on le tire des vases où on l'avait renfermé, et on le met sécher une seconde fois sur un feu doux, afin qu'il soit dépouillé de toute l'humidité qui aurait pu rester, ou qu'il aurait pu contracter depuis la première préparation. Les feuilles ainsi préparées sont plus ou moins roulées, plus ou moins foncées, suivant le degré de torréfaction et les soins qu'on y a apportés.

L'horticulture est encore un art où excellent les Japonais. On trouve dans leur pays des camphriers, dont le pourtour atteint jusqu'à 15 mètres, et des cèdres jusqu'à 18 mètres. Certains temples possèdent dans leurs jardins des cèdres taillés en colonnes circulaires d'une hauteur surprenante et d'une forme parfaite. Le voyageur Meylan décrit des pruniers couverts de fleurs, chaque fleur égale en grosseur à quatre belles roses. Siebold parle d'une laitue qui, dans les jardins, produit des feuilles d'un mètre de long.

Par un contraste singulier, le même peuple qui réunit à ce point les cultures gigantesques, réussit également dans l'art d'élever des arbres en miniature, et ces arbres, quoique réduits à des dimensions lilliputiennes, portent néanmoins des fruits et des fleurs. On voit des boîtes longues de cinq pouces environ et larges de deux pouces, dans lesquelles croissent, avec toutes les apparences d'une végétation vigoureuse, un sapin, un bambou et un cerisier.

Il est assez singulier que les animaux soient peu nombreux au Japon; peut-être est-ce la grande extension de la culture qui a fait exclure les pâturages : il n'y a que très-peu de bêtes de somme et pas de moutons. Les Japonais étaient bien étonnés lorsqu'en leur montrant leurs vêtements de drap les Européens leur disaient qu'ils étaient fabriqués avec de la laine.

Les porcs sont aussi en très-petit nombre; ce n'est pas que leur chair répugne aux Japonais, car ils mangent volontiers de toute espèce de viande à bord des vaisseaux étrangers. Le fond de leur nourriture consiste, comme nous l'avons dit, avec le riz, les céréales et les légumes, en volaille et surtout en poisson. Les prescriptions qui interdisent de recourir à une nourriture animale ont pu aussi contribuer à cette rareté du bétail.

La navigation et la science nautique n'ont pu faire de grands progrès dans un pays où le commerce maritime se borne au cabotage, et où les lois ont soumis pendant longtemps, la construction des navires à des règles telles qu'elles équivalaient à l'interdiction de tout voyage au long cours. Cependant, les matelots ou mariniers japonais sont remarquables par leur agilité, leur intelligence des manœuvres et la hardiesse avec laquelle ils affrontent le mauvais temps sur leurs frêles embarcations. Aussi la navigation des côtes est-elle parvenue, dans l'archipel, au même degré de perfection que le commerce intérieur, qui trouve beaucoup plus de facilité dans la multiplicité des baies et des ports et des nombreux canaux que dans les voies de communication par terre, auxquelles on n'a recours que lorsqu'il n'en existe point par eau.

Les tendances naturelles d'une population insulaire avaient amené de bonne heure un développement considérable de la marine marchande et même militaire au Japon, et il est certain que dès la fin du deuxième siècle, le Japon avait une flotte assez considérable pour lui permettre d'opérer une descente en Corée et de conquérir la plus grande partie de cette presqu'île.

Il est probable, suivant Siebold, que les anciens navires japonais étaient faits sur le modèle de ceux des Coréens, qui fréquentaient le Japon, d'après les annales de l'Empire, depuis l'an 43 avant notre ère. La forme des vaisseaux japonais du deuxième siècle qu'on voit représentés sur les tableaux suspendus dans les temples par la piété des fidèles, justifie cette opinion.

Mais le mode de construction qui a été adopté depuis, et qui s'est conservé jus-

qu'à nos jours, présente peu de ressemblance avec celui des Chinois, et n'en a aucune avec le nôtre, quoique les indigènes aient eu pendant plusieurs siècles l'occasion de les connaître et de les étudier tous deux. C'est un point qui ne semble pas suffisamment éclairci que celui de l'époque précise de l'introduction de ce mode de construction définitive et des motifs politiques qui ont pu en déterminer l'adoption.

Quoi qu'il en soit, il paraît bien démontré que la construction actuelle des navires japonais s'oppose à ce qu'ils puissent, sans un danger imminent, courir les chances d'une longue traversée, et il est non moins certain que les lois interdisent l'expatriation.

Les vaisseaux japonais sont construits en bois de cèdre, de sapin, de camphrier. On emploie aussi, mais rarement, le pin, l'orme et quelques autres espèces d'arbres. Ces navires ont une quille à peine sensible, une poupe ouverte et un avant qui se termine en poulaine. Ceux qui sont destinés à la navigation des fleuves sont sans poulaine, ont un pont plat et des flancs qui se rejoignent en formant presque un angle droit. Ils sont plus lourds et moins élégants que les bâtiments de mer, et sont loin d'être entretenus avec la même propreté, si l'on en excepte toutefois ceux qui sont destinés à des parties de plaisir.

Tous ou presque tous n'ont qu'un seul mât composé de plusieurs pièces et portant une seule et grande voile. Les clous et les garnitures sont de cuivre. Les cordages sont en chanvre ou en tiges de feuilles de palmier. Les voiles sont en

toile de coton ; celles des petites embarcations en nattes. Les ancres en fer ont
quatre pattes. Sur les embarcations, on
se sert, au lieu d'ancres, de grappins en
bois qu'on fait aller au fond avec une
pierre. Les navires marchands ont de
quinze à trente-cinq mètres de long, sur
sept mètres au plus de large. Ils peuvent
charger jusqu'à cent cinquante tonneaux
de marchandises [1].

Depuis l'ouverture du Japon, la marine
de ce pays a subi d'importantes transformations ; elle compte maintenant de nombreux navires à vapeur achetés pour la
plupart en Europe. Plusieurs villes japonaises possèdent cependant des ateliers
de construction.

Grâce aux facilités que présentent les
ports nombreux des côtes japonaises et
à la variété des productions du pays,
comme aussi au caractère de ses habitants, le commerce intérieur est d'une
activité prodigieuse. Par terre, les marchandises se transportent sur des chevaux et des bœufs. Les fréquents accidents de ce pays montagneux, où l'on
chemine souvent jusqu'au sommet des
montagnes, et où l'on descend à l'aide de
marches taillées dans le roc ou façonnées
dans le sol, s'opposent à l'emploi habituel des voitures à roues. Sur plusieurs
points cependant des chemins de fer sont
en voie d'exécution. Déjà, une ligne
ferrée réunit le port de Yokohama à
Yédo, capitale du Japon.

Il nous reste à dire quelques mots des
relations commerciales des nations occidentales et en particulier de la France

avec le Japon. Un traité conclu entre ces
deux derniers pays, à Yédo, le 9 octobre 1858, dans les circonstances que nous
avons rapportées plus haut [1], garantit
aux Français tous les avantages qui pourront être concédés à l'avenir aux nations
les plus privilégiées.

La France peut nommer un agent
diplomatique résidant dans la ville de
Yédo et des consuls dans les ports ouverts au commerce. L'agent diplomatique
a le droit de voyager dans toutes les parties de l'Empire. Les sujets français peuvent louer ou acheter des maisons, bâtir
des magasins et même des églises, mais
aucune espèce de fortifications dans les
villes ouvertes. Les Français ne sont
justiciables que de leurs consuls. La liberté de commerce est proclamée, à la
charge par ceux qui s'y adonnent de
payer des droits déterminés. Le gouvernement indigène ne s'oppose pas à ce que
les Japonais se mettent au service des
Français établis dans le pays. Toute
monnaie étrangère a cours au Japon et
passe pour la valeur de son poids com-
paré à celui de la monnaie japonaise. Les
monnaies japonaises de toute espèce, à
l'exception de celles de cuivre, peuvent
être exportées du Japon, aussi bien que
l'or et l'argent non monnayés. Telles
sont, en résumé, les principales clauses
du traité de 1858.

Les villes où les étrangers ont la liberté de résider et de faire le commerce,
sont celles de Nagasaki, de Yokohama,
de Hakodadé, de Hiogo, de Néégaté, de
Kanagawa, qui sont des villes maritimes,

---

[1] *L'Univers.* Histoire et description de tous
les peuples, tome VIII.

[1] Chap. I, p. 20.

de Yédo et de Osaka, qui sont des villes intérieures.

Nagasaki ou Nangasaki est située sur la côte sud-ouest de l'île de Kiousiou. La ville se présente en amphithéâtre. A l'est, est le quartier des Européens, gagné sur les eaux de la baie à la suite de travaux considérables. Dans des positions culminantes, on voit l'église flanquée d'un acacia gigantesque, et l'imposant édifice du consulat d'Angleterre. Au fond est Detsima, l'ancienne factorerie hollandaise, et, derrière Detsima, la ville indigène, le tout encadré de vertes et hautes montagnes.

La ville de Nagasaki a attiré l'une des premières l'attention des étrangers. C'était d'abord le nom le plus connu, à cause de l'établissement des Hollandais; c'est ensuite le point le plus rapproché de la Chine, et un port de toute beauté; c'était enfin, avant la révolution politique qui a renversé le Taïkoun, l'endroit que les princes du Sud préféraient pour leurs affaires extérieures, parce qu'ils s'y sentaient moins surveillés.

Cette importance relative n'a pas duré; les affaires se sont bientôt concentrées à Yokohama, où les banques sont toutes allées s'établir, et, plus tard, l'ouverture de Hiogo et d'Osaka, en attirant dans ces ports une partie des affaires qui se dirigeaient sur Nagasaki, est venue porter un nouveau coup au rang qu'elle occupait dans les premiers temps.

Ce n'est pas à dire que Nagasaki doive tomber entièrement; elle conservera toujours l'exportation de trois ou quatre millions de livres de thé, d'une certaine quantité de camphre et de cire végétale;

elle approvisionnera de produits étrangers toute l'île de Kiousiou ; enfin son port admirable sera fréquenté pendant longtemps encore par une portion de la navigation des mers du Japon. Mais ce n'est pas une ville d'avenir; elle ne fera au contraire que perdre à mesure que les Japonais cesseront d'acheter les nombreuses armes de guerre et les steamers dont le commerce forme depuis quelques années le plus clair de ses bénéfices.

La ville de Yokohama, située dans le vaste golfe de Yédo, est la création des premiers négociants anglais arrivés le lendemain de la signature des traités, pour chercher fortune dans l'empire du Soleil Levant, jusque-là hermétiquement fermé. Elle présente la forme d'un parallélogramme traversé, de l'ouest à l'est, par trois grandes artères avec lesquelles se croisent des rues de moindre importance. Le long de la mer, parallèlement aux grandes voies, s'étend une rangée de belles maisons, flanquées ou précédées de petits jardins. Dans la partie orientale est la ville indigène, qui se prolonge vers le nord. A l'ouest, se trouvent des hauteurs qui, se détachant des collines environnantes, avancent vers la mer; elles se sont couvertes de jolies maisons. Un chemin de fer réunit Yokohama à Yédo dont elle est peu éloignée.

La vie commerciale se concentre dans la ville basse. Là se trouvent les grandes banques, les comptoirs des principales maisons, les bureaux de trois compagnies de navigation à vapeur, des magasins et des boutiques plus ou moins abondamient fournis, et un grand nombre de uvettes. Par sa physionomie extérieure, e quartier ressemble peu aux grands entres industriels et commerciaux de Europe ou de l'Amérique. Maisons et assants ont un air respectable, tranuille et légèrement champêtre. C'est à okohama que s'est formé le grand entre européen du Japon, et qu'il se raite dès maintenant un commerce anuel de plus de cent millions de francs.

Hakodadé ou Hakodadi, dont nous vons déjà dit quelques mots, est située u sud de l'île de Yéso : cette ville n'a u'une importance médiocre, restreinte urtout au commerce des varechs alimentaires avec la Chine.

Hiogo ou plutôt Kobé, car c'est là le nom de la concession, est voisine de Osaka : ces deux villes sont situées dans l'île de Nippon : elles ne sont ouvertes que depuis le 1ᵉʳ janvier 1863. La première compte déjà de belles habitations et de spacieux magasins ; elle est établie dans la partie occidentale d'un golfe assez vaste. Vers l'est, la grande ville d'Osaka s'étend sur les deux rives d'une rivière qui, coulant du nord au sud, se précipite dans le golfe un peu au-dessous de la ville. De Kobé à Osaka, en ligne droite par mer, la distance est peu considérable. Plusieurs petits steamers, appartenant à des compagnies indigènes, et commandés par des Anglais, font le trajet entre ces deux villes.

Osaka, qui compte plus d'un demi-million d'habitants, est la capitale commerciale du Japon. Toutes les marchandises des pays étrangers, destinées aux régions centrales de l'empire, passent

par là. Malgré le peu de profondeur de cette partie du golfe et la mauvaise barre, l'affluence des bâtiments est immense. Le quartier des étrangers, complétement bordé sur tous les côtés par la rivière ou par des canaux, et dûment surveillé par des gardiens, est situé à l'extrémité méridionale de la ville. Il contient deux ou trois maisons européennes, le consulat britannique et quelques cases indigènes accommodées à l'usage des étrangers.

Néégaté est située au nord-ouest de Yédo ; l'entrée du port est dangereuse à des bâtiments un peu grands, et ce n'est qu'avec une dépense considérable que l'on pourrait établir une rade ordinaire. Néanmoins cette ville est un marché important pour la soie japonaise, car elle fait partie d'une province qui en produit une grande quantité. Quant à la ville de Yédo, elle est devenue le centre d'un commerce d'articles de fantaisie régulier et très-satisfaisant.

Les relations des nations occidentales avec le Japon se développent chaque jour ; cependant, lorsqu'en vertu des traités conclus avec les diverses puissances de l'Europe et de l'Amérique, le gouvernement japonais ouvrit plusieurs ports au commerce étranger, on supposait que l'importation y trouverait un marché plus lucratif. Le pays n'offre pas, en effet, à beaucoup près, les grands débouchés que l'on pouvait attendre après un isolement de près de trois siècles. L'industrie indigène a pu, en grande partie, jusqu'à présent, suffire aux besoins limités des habitants, et s'ils doivent nécessairement augmenter par un plus grand contact avec les Européens, ce ne sera qu'à la longue.

Les pavillons des différents pays sont dans l'ordre suivant, selon le chiffre du tonnage : anglais, américains, allemands, français, hollandais, norwégiens et suédois. Les Allemands transportent de préférence des articles anglais et suisses et peu de productions de l'industrie de leur pays ; on voit leur pavillon dans tous les ports, même dans les plus reculés et les moins visités ; leur activité sur terre et sur mer se fait de plus en plus sentir : ce sont, avec les Chinois, les concurrents les plus redoutables de la navigation et du commerce anglais.

Les bâtiments français, bien moins nombreux que les Allemands, viennent presque tous de France et y retournent ; ils transportent principalement des produits français. Dans toutes les transactions, les marchés de Londres et de Liverpool font loi ; ils sont surtout les régulateurs du commerce des soieries. Le Japon ne prend guère que des marchandises anglaises. Quant aux Américains, ils importent de l'Orégon et de la Californie des bois de construction et de la farine ; en échange, ils exportent surtout du thé dont il est fait une grande consommation dans les États du Pacifique [1].

En résumé, l'étude des ressources naturelles du Japon et de sa puissance industrielle ne laisse aucun doute sur l'avenir qui est réservé aux échanges. Les efforts tentés jusqu'à présent pour établir dans ce pays la civilisation et la prépondérance européennes n'ont réussi que lentement et en partie, mais ils ne se découragent pas ; ils sont inspirés par un intérêt de premier ordre : il faut que les populations de l'ancien monde agrandissent le domaine de leur activité. Ce n'est point l'esprit de conquête qui les guide vers des contrées nouvelles : ce qu'elles recherchent au delà des mers, c'est avant tout un vaste champ de travail.

Il n'y a point d'entreprise qui soit à la fois plus utile et plus légitime, et il est à souhaiter que d'autres soucis ne viennent point distraire l'Europe de cette appropriation pacifique des pays de l'Extrême-Orient.

[1] *Annales du commerce extérieur*. (Ministère de l'Agriculture et du Commerce).

LES VILLES DISPARUES

POMPÉI. — La destruction de Pompéi.

CHAPITRE PREMIER

POMPÉI

Notice historique. — Description de la ville : son origine, son rôle politique, son commerce, son importance; son aspect général. — Les rues et les trottoirs; le pavage. — Les fontaines, l'ornementation. — Premier tremblement de terre. — Le Vésuve. — L'éruption. — Les lettres de Pline le Jeune. — Mort de Pline l'Ancien. — Une autre Pompéi. — Découverte des ruines. — Les fouilles, leur histoire depuis un siècle.

Au nombre des cités détruites par le temps ou par quelque horrible convulsion de la nature, il en est qui s'imposent plus particulièrement à l'attention, soit qu'elles aient occupé jadis une place importante, soit que des fouilles récentes aient fixé les regards sur leurs ruines longtemps ensevelies.

Ressusciter en quelque sorte les villes des morts, évoquer le passé, remettre au jour les monuments d'un peuple disparu, faire revivre les mœurs, les coutumes de ce peuple, en allant étudier son histoire dans ses temples, dans ses boutiques, dans ses maisons, et jusque dans ses tombeaux, n'est-ce pas un voyage plein d'intérêt? Surtout si ce voyage à travers les âges se fait sur une terre habitée jadis par une nation qui, pendant dix siècles environ, gouverna le monde, imposant avec ses armes ses idées et sa civilisation; et telle est la pérégrination, fertile en enseignements de toute sorte, que nous allons entreprendre, en commençant par Pompéi, la plus célèbre d'entre les villes disparues.

Quoique Pompéi ait été chère à Cicéron, et que Tacite et Sénèque l'aient appelée « célèbre », cette colonie romaine n'était à vrai dire qu'une ville assez peu importante, comptant à peine cinquante mille habitants. Mais elle était située presque au fond du golfe de Naples, dans la province la plus belle de l'Italie ancienne, la Campanie, l'Italie de l'Italie, célèbre au temps des Romains par ses vins et ses roses; la fleur du jardin du monde, a dit un poëte.

La fondation de Pompéi doit remonter aux époques les plus reculées de l'histoire d'Italie; Hercule, si l'on en croyait les traditions mythologiques, en aurait posé les premières pierres.

Malgré son antique origine, elle joua un rôle modeste. Il est permis d'assurer que sous Auguste elle était encore une république régie par des lois à elle; réduite par Sylla en colonie militaire, on doit dès lors la placer parmi les *municipes*, c'est-à-dire au rang des villes conquises par les Romains, et gratifiée par eux des droits de cité romaine. Longtemps elle avait lutté contre les conquérants, et, pour se soustraire à leur domination, elle s'était soumise à Annibal.

Une fois devenue colonie de l'empire romain, elle eut à Rome des protecteurs et des patrons. Néron la rendit florissante; sous le règne de ce tyran, sa population augmenta. Son port, qui était magnifique, prit une grande importance et devint un vaste entrepôt de commerce.

Des Romains célèbres, Cicéron entre autres, avaient à Pompéi des habitations de plaisance : on cite aussi Phèdre, le fabuliste, l'empereur Claude et Sénèque au nombre des habitants illustres de cette cité.

Les Pompéiens formaient un peuple de marchands; partout des boutiques; ainsi qu'à Rome, les propriétaires tiraient eurs revenus de ces boutiques. Souvent même ils exerçaient une industrie ; leurs esclaves, leurs affranchis ou leurs portiers vendaient le blé, le vin, l'huile récoltés à la ferme.

Point de monuments grandioses ; des édifices petits, des palais resserrés. Mais Pompéi « renfermait dans l'étroite enceinte de ses murs un échantillon de chaque objet de luxe que la richesse et la puissance pouvaient alors se procurer. Elle offrait le tableau en miniature de la civilisation du siècle. »

Bâtie elliptiquement sur une éminence formée par des produits volcaniques, Pompéi dominait une vaste plaine et s'étendait jusqu'à la mer. La ville ayant été démantelée par les Romains, ce qui reste du mur d'enceinte permet seulement de supposer que les fortifications étaient doubles avec remparts crénelés. — Elle avait huit portes, celle d'Herculanum célèbre par les rainures qui s'y trouvent, indiquant qu'une herse la fermait ; celle de la Marine, de Stabies, de Nocera, du Sarno, de Nola ou d'Isis, de Capoue et du Vésuve.

Elle était traversée par deux voies romaines : la Popidienne et la Domitienne.

En général les édifices étaient construits légèrement, avec peu de solidité ; on se servait à l'ordinaire de la lave et des écumes du Vésuve, de pierres calcaires, d'un peu de fer et d'un peu de bronze.

Les rues assez étroites n'avaient pas plus de sept mètres de largeur y compris les trottoirs, dont la construction et l'entretien étaient à la charge des propriétaires, et dans la confection desquels entraient des matériaux de toute espèce, tels que l'asphalte, le marbre, la mosaïque, le ciment, les galets, etc.

Certaines voies n'avaient pas plus de quatre mètres ; les chars étaient du reste assez rares et fort étroits. Les rues étaient en général droites et régulières ; deux trottoirs élevés encaissaient la chaussée que les pluies d'hiver transformaient en torrents. Afin de permettre aux habitants de circuler en tout temps, on disposait en travers, des pierres d'environ 50 centimètres de hauteur, la hauteur moyenne des trottoirs. Les roues des chars pouvaient passer facilement entre les espaces vides ainsi que les chevaux librement harnachés.

Le pavage se faisait au moyen de blocs de lave enchâssés les uns dans les autres, et consolidés par des coins de fer, des cailloux, des morceaux de marbre ou de granit, introduits entre les joints à coups de masse. De larges dalles rectangulaires pavaient les endroits et les rues interdits aux chars, tels que le Forum et la rue qui y aboutit.

Des fontaines étaient situées dans presque toutes les rues ; ordinairement, à l'angle des carrefours, les eaux étaient amenées de loin par un aqueduc et distribuées dans la ville par des conduits de maçonnerie, de plomb ou de terre cuite.

Les édifices publics appartiennent pour le style à l'architecture grecque, et les constructions sont petites, mais utiles et commodes. Une grande uniformité règne dans les décorations et les ornementations.

Ce qui éclate aux yeux, c'est une véritable profusion de couleurs et de peintures ; pas une muraille qui ne soit recouverte de teintes plates ; pas un recoin dans la plus humble maison qui ne soit orné par un pinceau. Le marbre ne figure guère que dans la décoration des théâtres et des temples.

Après avoir jeté de la sorte un rapide coup d'œil sur cette riche et merveilleuse cité « que les dieux ont semblé prendre plaisir à conserver comme une optique pour la représentation de la grande monarchie de la terre, et qu'ils ont dérobée aux yeux du temps pour la livrer à l'étonnement de la postérité,» il nous sera facile, avant même de décrire les ruines, de présenter un tableau de l'aspect général de Pompéi.

Pour avoir une idée de la physionomie des rues commerçantes, il faut se figurer « les auvents, les branchages de laurier, de chêne vert et d'oranger, les guirlandes mêlées de fleurs. Il faut imaginer les toiles tendues d'un côté de la rue à l'autre, les peintures qui brillaient partout et qui égayaient le fond même des petites boutiques ; toute la menuiserie extérieure, rehaussée des tons les plus vifs ; les étalages faits à la porte et jusqu'en pleine rue, comme à Séville, à Gênes, au Caire ou à Tunis. Les étoffes brillantes, la gaze transparente, les tapis, les armes, sont suspendus sous la main des passants. De toutes parts, les eaux des petites fontaines courent le long des ruisseaux à la pente rapide. Les marchands sont assis sur leur seuil ; les femmes, les oisifs, les esclaves causent avec eux. Les costumes sont variés ; ici des Alexandrins et des

Africains : là des Osques et des Latins ; les esclaves syriens coudoient les esclaves grecs.

A travers les portes des maisons qu'une grille légère ferme seule pendant le jour, on voit les atria avec leurs colonnes frappées obliquement par le soleil, le jet d'eau babillard, les fleurs qui croissent auprès de la table de marbre, le chien qui sommeille... »

Imaginez cette ville pittoresque, aux chaudes couleurs, descendant en amphithéâtre jusqu'à la mer. Du haut des terrasses, au sein d'une atmosphère embaumée par les parfums des roses, des violettes et des orangers, l'œil charmé contemple l'un des plus beaux spectacles de l'univers ; voilà Naples, voilà Pausilippe et Caprée, et Sorrente, et le Vésuve ! Le Vésuve, qui, loin de former comme aujourd'hui un cône dentelé, aride, désolé, était couvert de verdure, fertile, cultivé. Il semblait alors aussi peu redoutable que ces volcans voisins de Rome, dans le cratère desquels ont surgi les lacs Albano et Némi.

On peut aisément se représenter cette sorte de paradis terrestre, cette cité riche et florissante, dont la prospérité n'eut, hélas ! qu'une courte durée.

En l'an 59 de l'ère chrétienne, les Pompéiens, à la suite d'un combat de gladiateurs, se prirent de querelle avec les habitants des villes voisines, et en tuèrent ou en blessèrent un assez grand nombre. Les consuls et le sénat romain, pour punir les assaillants, les privèrent de spectacles durant dix années. Privation cruelle pour un peuple amoureux des théâtres ! Ce fut, pour ainsi dire, le commencement de ses malheurs.

Quatre ans plus tard, au commencement du mois de février de l'année 63, un violent tremblement de terre agita toute la Campanie. Pompéi fut fort éprouvée ; Herculanum fut en partie détruite. La colonie de Nucenia eut moins à souffrir, mais à Naples beaucoup de maisons particulières périrent ; les édifices publics résistèrent.

Pompéi avait à peine réparé ses désastres, lorsque la première année du règne de Titus, le 23 août 79, « Jupiter, arrachant les entrailles du Vésuve, les souleva jusqu'au ciel pour les lancer au loin sur les malheureuses villes. »

Le sommet de la montagne s'entr'ouvrit et se déchira ; le feu souterrain jaillissant roula en flots de lave brûlante, ravageant tout sur son passage, couvrant de monceaux de cendres et de pierres calcinées les campagnes et les cités.

Ainsi qu'une fine poussière, la cendre fut portée par les vents jusqu'en Syrie et en Égypte. La fumée se répandit en nuages si épais qu'à Rome même, dans la matinée du 24, le soleil fut obscurci. La lave engloutit Herculanum, Retina, Oplonte ; des trombes d'eau bouillante mélangée de cendres tombèrent sur ces villes infortunées, et peu à peu, à la suite du refroidissement, les ensevelirent dans un linceul de pierre d'une épaisseur de vingt mètres.

Pompéi, ainsi que Stabies, fut recouverte d'une couche de cendres et de pierres ponces ; sa position élevée dut la préserver des torrents de la lave.

Mais c'est à un contemporain qu'il faut demander les détails de cette terrible catastrophe. C'est dans les deux lettres de Pline le Jeune, écrivant à l'historien Tacite, qu'il faut aller chercher le récit véritable de la mort de Pline l'Ancien, qui périt au milieu de ce bouleversement.

« Vous me priez, dit-il à Tacite dans sa première épitre, de vous apprendre au vrai comment mon oncle est mort, afin que vous en puissiez instruire la postérité. Je vous en remercie, car je conçois que sa mort sera suivie d'une gloire immortelle, si vous lui donnez place dans vos écrits. Quoiqu'il ait péri par une fatalité qui a désolé de très-beaux pays, et que sa perte, causée par un accident mémorable, et qui lui a été commun avec des villes et des peuples entiers, doive éterniser sa mémoire ; quoiqu'il ait fait bien des ouvrages qui dureront toujours, je compte pourtant que l'immortalité des vôtres contribuera beaucoup à celle qu'il doit attendre...

Il était à Misène où il commandait la flotte. Le 23e d'août, environ une heure après-midi, ma mère l'avertit qu'il paraissait un nuage d'une grandeur et d'une figure extraordinaires. Il étudiait ; il se lève et monte en un lieu d'où il pouvait aisément observer ce prodige. Il était difficile de discerner de loin de quelle montagne sortait ce nuage. Sa figure approchait de celle d'un arbre et d'un pin plus que d'aucun autre ; car, après s'être élevé fort haut en forme de tronc, il étendait une espèce de feuillage. Je m'imagine qu'un vent souterrain violent le poussait d'abord avec impétuosité et le soutenait ; mais soit que l'impulsion diminuât peu à peu, soit que ce nuage fût affaissé par son propre poids, on le voyait se dilater et se répandre. Il paraissait tantôt blanc, tantôt noirâtre et tantôt de diverses couleurs, selon qu'il était plus chargé ou de cendre ou de terre. »

Lorsque la fumée du Vésuve prend cette forme de pin d'Italie ou pin parasol, c'est maintenant encore l'annonce d'une éruption violente et prochaine.

« Ce prodige surprit mon oncle, qui était très-savant, poursuit Pline le Jeune ; il le crut digne d'être examiné de plus près. Il commande que l'on appareille sa frégate légère. Il sortait de chez lui ses tablettes à la main, lorsque les troupes de la flotte, qui étaient à Rétina, vinrent le conjurer de vouloir bien les garantir d'un si affreux péril. Il ne changea pas de dessein et poursuivit avec un courage héroïque ce qu'il n'avait |d'abord entrepris que par simple curiosité...

Montant sur une galère, il se presse d'arriver au lieu d'où tout le monde fuit et où le péril paraissait plus grand ; mais avec une telle liberté d'esprit qu'à mesure qu'il apercevait quelque mouvement ou quelque figure extraordinaire dans ce prodige, il faisait ses observations et les dictait. Déjà sur ses vaisseaux volait la cendre plus épaisse et plus chaude à mesure qu'ils approchaient ; déjà tombaient autour d'eux des pierres calcinées et des cailloux tout noirs, tout brûlés, tout pulvérisés par la violence du feu, déjà la mer semblait refluer, et le rivage devenir inaccessible par des morceaux entiers de montagnes dont il était couvert, lorsque, après s'être arrêté quelques moments, incertain s'il retournerait, il dit à son pilote qu'il lui conseillait de gagner la pleine mer : la fortune favorise le courage, tournez du côté de Pomponianus.

Pomponianus était à Stabies, en un endroit séparé par un petit golfe que forme insensiblement la mer sur ces rivages qui se courbent. Là, à la vue du péril qui était encore éloigné, mais qui semblait s'approcher toujours, il avait retiré tous ses meubles dans ses vaisseaux, et n'attendait pour s'éloigner qu'un vent moins contraire. Mon oncle, à qui ce même vent avait été très-favorable, l'aborde, le trouve tout tremblant, l'embrasse, le rassure, l'encourage, et pour dissiper, par sa sécurité, la crainte de son ami, il se fait porter au bain. Après s'être baigné, il se met à table et soupe avec toute sa gaieté ; ou, ce qui n'est pas moins grand, avec toutes les apparences de sa gaieté ordinaire.

Cependant on voyait luire, de plusieurs endroits du mont Vésuve, de grandes flammes et des embrasements dont les ténèbres augmentaient l'éclat. Mon oncle, pour rassurer ceux qui l'accompagnaient, leur dit que ce qu'ils voyaient brûler, c'étaient des villages que les paysans alarmés avaient abandonnés, et qui étaient restés sans secours. Ensuite il se coucha et dormit d'un profond sommeil ; car, comme il était puissant, on l'entendait ronfler de l'antichambre. Mais enfin la cour, par où on entrait dans son appartement, commençait à se remplir si fort de cendres, que, pour peu qu'il fût resté plus longtemps, il ne lui aurait plus été libre de sortir. On l'éveille ; il sort et va rejoindre Pomponianus et les autres qui avaient veillé. Il tiennent conseil et délibèrent s'ils se renfermeront dans la maison, ou s'ils tiendront la campagne ; car les maisons étaient tellement ébranlées par les fréquents tremblements de terre, que l'on aurait dit qu'elles étaient arrachées de leurs fondements et remises à leurs places. Hors de la ville, la chute des pierres, quoique légères et desséchées par le feu, était à craindre. Entre ces périls, on choisit la rase campagne. Chez ceux de sa suite, une crainte surmonta l'autre ; chez lui la raison la plus forte l'emporta sur la plus faible. Ils sortent donc et se couvrent la tête d'oreillers attachés avec des mouchoirs ; ce fut toute la précaution qu'ils prirent contre ce qui tombait d'en haut. Le jour recommençait ailleurs ; mais dans le lieu où ils étaient continuait une nuit, la plus sombre et la plus affreuse de toutes les nuits, et qui n'était un peu dissipée que par la lueur d'un grand nombre de flambeaux et d'autres lumières.

On trouva bon d'approcher du rivage et d'examiner de très-près ce que la mer permettait de tenter ; mais on la trouva encore fort grosse et fort agitée d'un vent contraire. Là, mon oncle ayant demandé de l'eau et bu deux fois, se coucha sur un drap qu'il fit étendre. Ensuite des flammes qui parurent plus grandes et une odeur de soufre qui annonçait leur approche, mirent tout le monde en fuite. Il se lève, appuyé sur deux valets, et dans le moment tombe mort. Je m'imagine qu'une fumée trop épaisse le suffoqua d'autant plus aisément qu'il avait la poitrine faible et souvent embarrassée.

Lorsqu'on commença à revoir la lumière, ce qui n'arriva que trois jours après, on retrouva au même endroit son corps entier, couvert de la même robe qu'il avait quand il mourut, et dans la posture plutôt d'un homme qui repose que d'un homme qui est mort.... »

Ainsi mourut Pline l'Ancien, l'écrivain, le philosophe, le savant illustre, dont l'histoire naturelle est un monument de latinité d'une incontestable valeur. C'est une source inépuisable de beau langage et de locutions originales ; sans cet ouvrage on n'eût pu reconstruire que d'une manière fort incomplète et fort incertaine la langue latine. Ce remarquable observateur, cet immortel historien de la nature, fut martyr de l'un de ses plus épouvantables phénomènes.

En reproduisant les passages principaux de la lettre de son neveu, non-seulement nous avons reproduit l'une des plus remarquables épîtres d'entre toutes celles qui recommandent Pline le Jeune à la postérité ; mais encore nous avons choisi le récit le plus fidèle et le plus simple de la catastrophe dans laquelle disparut Pompéi,

Dans une seconde lettre moins intéressante, Pline le Jeune raconte ce qui se passait à Misène, où il était resté, tandis que son oncle marchait au-devant du danger. Un tremblement de terre violent s'était fait sentir pendant la nuit. Le soleil n'avait point paru le matin. Les bâtiments étaient ébranlés par de si fortes secousses, que le peuple épouvanté quitta la ville, se pressant, se poussant. Quoiqu'en pleine campagne, les voitures étaient à tout moment si agitées, qu'on ne pouvait les faire tenir en place qu'à l'aide de grosses pierres. La mer semblait se renverser sur elle-même ; le rivage était rempli de poissons demeurés à sec sur le sable. Dans le lointain, une nue noire, crevée par des feux qui s'élançaient, en serpentant, et laissait échapper de longues fusées semblables à des éclairs, mais beaucoup plus grandes. La cendre tombait. Les ténèbres augmentèrent de telle sorte, qu'on se pouvait croire, non pas dans une nuit noire, mais dans une chambre sans lumières. Il parut une lueur qui annonçait, non le retour du jour, mais l'approche du feu menaçant. Les fuyards se couchaient, ne pouvant plus avancer ; il leur fallait de temps à autre se lever pour secouer leurs habits, sous peine d'être engloutis. Enfin l'épaisse vapeur se dissipa peu à peu, et le soleil se montra comme dans une éclipse ; tous les objets disparaissaient sous des monceaux de cendres comme sous de la neige.

Cependant un très-petit nombre des habitants de Pompéi périt dans cette tourmente, dans ce drame du Vésuve ; cinq cents squelettes environ ont été retrouvés. Sans doute la pluie volcanique tomba successivement, par bourrasques, autrement aucun n'eût échappé. Il faut donc n'accorder aucun crédit au dire de certains historiens, qui prétendent que le peuple entier était au théâtre et y fut enseveli. On n'a retrouvé dans les ruines du théâtre qu'un seul squelette.

Il n'y eut donc à coup sûr d'ensevelis vivants sous la cendre que ceux que la frayeur avait paralysés ou ceux qui tardèrent trop longtemps à se séparer de leurs trésors. Au reste, on s'accorde à reconnaître que les éruptions du Vésuve

et celles de presque tous les volcans, s'annoncent par des signes non équivoques et des indices auxquels il est difficile de se méprendre.

Quoiqu'il en soit, le 25, le surlendemain de l'éruption, Pompéi n'existait plus qu'à l'état de souvenir ; sept mètres de cendres la cachaient à tous les regards, recouvrant jusqu'au premier étage des maisons. Si quelques étages supérieurs qui, d'ailleurs, étaient en petit nombre, ont absolument disparu, ils ont dû s'écrouler à la suite de l'incendie et s'affaisser peu à peu.

Mais le manteau de cendres s'étendait uniformément sur le sommet des édifices qu'il ne recouvrait que d'une couche assez légère, si légère même, qu'un certain nombre d'habitants vint rechercher dans ses demeures les objets de valeur. Ce qui prouve qu'ils parvinrent à sauver en partie leurs trésors, c'est que dans les boutiques consacrées, par exemple, aux industries de luxe, on retrouve bien des coffres et des armoires, mais ils sont vides d'étoffes et de métaux précieux, de tableaux, de mosaïques, d'ivoire, de statuettes. On emporta ce genre de richesses, non sans doute au moment où tombait la pluie de feu et lorsque régnait la terreur, mais plus tard, quand le sol fut refroidi, grâce à des fouilles dont on retrouve du reste certains indices.

Il était impossible à cette époque de songer à déblayer complétement Pompéi. Reconstruire une ville sur un sol condamné pour longtemps à la stérilité, eût été peu sage. Cependant l'historien Suétone prétend qu'il fut question de rééditier les cités détruites.

LES RUINES DE POMPÉI. — Le Forum.

Il rappelle que le règne de Titus fut troublé par d'affreux événements : l'éruption du Vésuve dans la Campanie, un incendie à Rome qui dura trois jours et trois nuits, une peste dont les ravages furent effroyables.

Titus s'efforça de secourir le peuple. Des consulaires désignés par le sort furent chargés de réparer les désastres de la Campanie. Les biens de ceux qui avaient péri dans cette éruption sans laisser d'héritiers, devaient être employés à la reconstruction des villes détruites.

On ne donna pas suite à ces projets, et personne ne saurait ajouter foi à ceux qui prétendent que Pompéi, réparée après l'éruption, n'aurait disparu définitivement que vers la fin du cinquième siècle.

Ce qui a servi à entretenir cette erreur, c'est qu'un certain nombre de Pompéiens, ramenés sans doute par cet attachement invincible qu'ont les hommes pour le lieu de leur naissance, vint rebâtir non loin du Vésuve une sorte de bourg auquel fut donné le nom de la ville disparue. On a retrouvé, il est vrai, dans ce bourg, des bronzes et des statues admirables, mais ce n'étaient que les restes de la splendeur passée, quelques-uns de ces trésors retrouvés dans les ruines. L'ornementation de la nouvelle Pompéi ne pouvait, hélas! se comparer au luxe plein de goût qui distinguait l'ancienne.

Si les habitants de Pompéi purent reconquérir eux-mêmes quelques-unes de leurs richesses, les Romains aussi s'efforcèrent de tirer parti de la situation; ils firent faire des fouilles d'où l'on tira des colonnes, des statues et des marbres fort beaux qui servirent à l'embellissement de Rome. Ensuite Pompéi disparut une seconde fois ensevelie dans l'oubli profond dont elle ne devait sortir qu'après dix-sept siècles environ.

A peine de loin en loin quelque historien fait-il mention de cette ville, rappelant l'emplacement qu'elle occupait et l'éruption du Vésuve. Et cependant nous avons dit que les édifices étaient à peine recouverts par la cendre.

La grande muraille du théâtre, sortant du sol, semblait devoir signaler Pompéi à l'attention.

A la fin du seizième siècle, un architecte, chargé de construire un canal souterrain, se heurtait aux fondations, et l'on ne s'avisait pas de songer à l'existence de l'antique et superbe ville.

Il fallut que le hasard s'en mêlât. En creusant son sillon dans le sol appelé *Civita*, comme pour perpétuer le souvenir d'une cité, un laboureur frappa avec le soc de sa charrue une statue de bronze. Il la déterra; la découverte fit du bruit; les archéologues se souvinrent que cent ans avant des paysans avaient trouvé des fragments de colonne et des débris de toute sorte. Le gouvernement italien finit par s'émouvoir; il acheta le terrain, et dès les premiers travaux il fut facile de s'assurer qu'on mènerait à bonne fin l'entreprise du déblaiement.

On était alors en 1748, et les fouilles commencèrent au mois d'avril sous la direction d'un gentilhomme au service du roi Charles III. Une petite troupe d'ouvriers, douze environ, fut d'abord employée; dès la fin de la première semaine on mettait au jour une très-belle peinture représentant des guirlandes de fleurs et de fruits, une tête d'homme et des oiseaux. Peu de jours après on déterrait le premier squelette humain.

Dès lors les recherches se poursuivirent, non sans interruptions, non avec toute l'activité et toute l'ardeur désirables, mais tout au moins avec assez de persévérance.

Il n'est pas un ouvrage traitant de Pompéi, et ils sont nombreux, qui ne relate l'histoire de cette exhumation si intéressante à tant d'égards.

Il nous suffira de résumer rapidement les diverses phases de ces travaux pour compléter notre notice.

Il y eut dans le principe une confusion: on prit Pompéi pour Stabies; on s’imaginait n’avoir mis la main que sur des maisons isolées. Cependant un des champs, recouvrant les antiques édifices, avait conservé le nom de Pompeiana, et l’erreur fut promptement reconnue.

On ne songea pas tout de suite au parti qu’on en pouvait tirer ; à mesure qu’on trouvait un objet d’art, on l’emportait afin d’enrichir les musées de ces merveilleuses dépouilles ; puis l’on recouvrait, avec les matières enlevées, les constructions vides, sans se douter de l’intérêt puissant qui s’attachait à ces constructions mêmes.

Par bonheur, en 1769, l’empereur Joseph II, visitant Pompéi en compagnie du roi de Naples Ferdinand Ier, s’avisa qu’il y avait mieux à faire que d’emporter des vases, des médailles, des statues et des peintures, et manifesta vivement le regret qu’on ne laissât point à découvert les édifices déblayés. Semblable était l’opinion du directeur des fouilles, et l’œuvre entreprise suit alors une marche nouvelle dont nous connaîtrons bientôt les heureux résultats.

C’est à cette époque aussi que l’empereur désira qu’on poussât plus activement les travaux, disant « qu’on devrait y mettre trois mille hommes, que rien de semblable n’existait dans les quatre parties du monde, et que de telles recherches seraient la gloire d’un règne. »

Ce vœu généreux ne fut pourtant pas immédiatement exaucé, car les dépenses affectées à Pompéi ne dépassaient guère 10.000 francs en 1789.

Plus tard, lorsque Championnet, au mois de janvier 1799, entra dans Naples et y organisa la république parthénopéenne, qui eut une si courte durée, les travaux cessèrent. Mais ils reprirent bientôt par les ordres du général français, et deux des maisons découvertes alors ont conservé son nom.

Nouvelle interruption pendant tout le temps que dura la restauration de Ferdinand Ier, de 1800 à 1806.

Ce fut Joseph Napoléon, nommé roi de Naples par décret impérial, qui, de 1806 à 1808, fit recommencer les travaux. Puis en 1808, Murat appelé au trône de Naples, et la nouvelle reine Caroline consacrèrent aux fouilles une somme d’environ 100,000 francs par an et y employèrent plus de six cents ouvriers.

Cette activité dura jusqu’au moment de la seconde restauration de Ferdinand Ier, c’est-à-dire jusqu’en 1815. De 1815 à 1821, à peine s’occupa-t-on de poursuivre la tâche commencée. Sous François Ier, sous Ferdinand II, on se remit à l’œuvre, mais avec une certaine mollesse.

Enfin, pendant le règne de Victor-Emmanuel, et surtout vers 1860, les travaux recommencent avec activité.

Peut-être pourrait-on regretter qu’on n’y ait pas consacré des sommes assez considérables ; mais on ne saurait trop savoir gré au gouvernement italien de la régularité avec laquelle les recherches sont maintenant conduites. Par ses soins, une école d’archéologie a été fondée à Pompéi ; les parties découvertes sont admirablement entretenues ; les gardiens sont organisés militairement à la façon des gardiens de musées.

Depuis 1860, c’est le commandeur Joseph Fiorelli, surintendant des fouilles d’antiquités et directeur du Musée national, qui dirige les ouvriers avec une intelligence et un savoir vraiment dignes d'éloges.

Et maintenant nous savons ce qu'a été Pompéi, le rôle qu'elle a joué autrefois dans l'empire romain. Nous avons appris à la suite de quel terrible événement elle a été conservée, intacte pour ainsi dire, durant une longue série de siècles.

Nous comprenons quel intérêt s'attache à ce cadavre rappelé à la vie; nous pouvons lui demander les secrets d'un monde disparu, lui faire expliquer les mystères d'une civilisation trop inconnue.

Vainement le Vésuve s'est efforcé, après avoir commis son crime de lèse-cité, de cacher le cadavre de sa victime sous une montagne de cendres. Vainement il accumula la lave de façon à former un sol nouveau sur lequel les arbres avaient poussé au-dessus des toits des palais enfouis !

Nous pouvons nous promener dans ces rues que l'imagination peut animer, nous rendre compte de la vie active, du commerce, des mœurs, des plaisirs, des passions même des habitants de Pompéi.

Il nous suffira d'aller prendre à Naples un billet de chemin de fer pour Pompéi; Pompéi a maintenant une gare et un buffet ! La locomotive fume au pied du Vésuve, qui laisse à peine échapper une mince vapeur blanche peu semblable au pin gigantesque dont parle Pline.

Près de là les coulées de lave taillées à pic, et se superposant en couches presque régulières. dessinent nettement les différentes éruptions.

Méprisant cette menace du volcan, nous contemplerons un moment le golfe bleu, Naples avec ses hauteurs boisées et couvertes de villas. Puis, prenant une petite route poudreuse qui serpente à travers les arbres, nous arriverons à l'entrée de la ville ressuscitée.

Un tourniquet est installé près des ruines. Nous payons deux francs et nous n'avons plus qu'à suivre le guide qui va nous décrire Pompéi dans tous ses détails.

CHAPITRE II

LES RUINES. — HERCULANUM.

Portes et murailles; tours, escaliers, créneaux. — Maisons et boutiques; écoles tavernes, auberges, chambres, lits. — Académie de musique. — Maison des cadavres. — Fabriques. — Douanes. — Citernes. — Places. — Les deux Forum. — Tribunaux ; quartier des soldats. — Temples et autels. — Tombeaux et monuments funéraires : épitaphes, inscriptions; statues. — Théâtres; amphithéâtre. Odéon. — Thermes. Anciens et nouveaux bains. Herculanum. — Son histoire; sa découverte. — Description des ruines.

C'est par la porte Marine, voisine de la station du chemin de fer, que l'on pénètre dans les ruines, au moyen d'un passage montant, voûté et pavé qui est orné de constructions modernes et percé au milieu de magasins antiques.

Avant de décrire brièvement les portes que nous savons être au nombre de huit, et qui ont été mises à découvert à différentes époques, il importe de dire un mot sur l'aspect et la composition des murailles.

On comprend aisément que les remparts et les murs ont été les premières grandes constructions d'un groupe d'hommes rassemblés dans une cité. Il fallait se défendre contre les invasions des voisins et pour cela édifier des retranchements solides. Rien de surprenant donc dans ce fait que les murailles de Pompéi ont été conservées à peu près intactes malgré les assauts qu'elles eurent à subir de la part des hommes et de la part des éléments déchaînés.

Les Osques les ont construites ; leur disposition l'atteste ainsi que leurs inscriptions tracées dans les plus anciens caractères grecs. La guerre démantela en partie la ville ; mais ce qui est resté des fortifications nous est parvenu dans un admirable état de conservation.

Les remparts construits suivant les règles de Vitruve ne présentent aucun angle saillant; ils sont courbes, d'une hauteur de 8 à 10 mètres et d'une épaisseur de 5 mètres environ, épaisseur formée par deux murs dont l'intervalle est rempli par un terre-plein terrassé.

Des caractères osques permettent d'affirmer que ces murs ont été élevés au sixième siècle avant Jésus-Christ.

Des gargouilles font saillie au-dessous du talus extérieur en forme de plate-bande et surmonté d'une rangée de créneaux.

Le mur intérieur, soutenu par de puissants contre-forts, surpasse de près de 3 mètres le mur extérieur. On peut gravir encore les remparts au moyen d'un escalier fort étroit à degrés très-élevés.

De place en place, et suivant les dispositions du terrain qui permettait plus ou moins facilement l'approche des machines de guerre, s'élèvent au nombre de neuf les tours quadrangulaires d'une largeur de 8 mètres. Elles comptent trois étages, dont le premier est percé de meurtrières.

On n'a pas trouvé trace de fossés entourant les remparts. Que si nous parcourons l'enceinte nous trouvons nécessairement les portes.

Celle de la Marine dont nous avons déjà parlé. La porte Herculanum, découverte vers le milieu du dix-huitième siècle et qui date certainement de l'époque romaine. Elle était fermée par une herse dont on voit encore les coulisses et présente trois arcades dont une grande et deux petites. Elle est construite en briques et en moëllons revêtus de stuc blanc.

La porte de Stabia, découverte en 1851, semble remonter à une haute antiquité. Elle est formée de grands blocs de pierre, composant d'énormes murailles entre lesquelles passe une voie peu large, munie d'un trottoir. On lit sur une pierre dans l'angle d'un passage une inscription osque ainsi interprétée : « Les édiles Publius Sittius, fils de Marcus, et Numerius Pontius, fils de Publius, ont déterminé les limites de cette rue et les ont fixées à dix pieds devant la porte de Stabia. Ils ont aussi fixé les limites de la via Pompeiana à trois pieds en avant de l'enceinte de Jupiter Meilichius. Ces rues, ainsi que la via Giovia et la via Decumana ont été faites par les esclaves publics de Pompéi, sous la direction des inspecteurs des rues, et les mêmes édiles ont approuvé ces travaux. »

Un peu plus loin on rencontre la porte de Nola, aussi ancienne que la précédente. Celle-ci est double, présentant ainsi un obstacle à peu près infranchissable ; elle a été restaurée au moyen de briques par les Romains.

Les autres portes n'offrent qu'un intérêt secondaire ; nous pouvons maintenant parcourir la ville, étudiant les maisons une à une, entrant dans les boutiques pour y chercher des renseignements précis et prendre sur le vif l'histoire familière des habitants de Pompéi.

Ce qui frappe au premier abord, c'est, ainsi que nous l'avons remarqué déjà, le nombre considérable de demeures appropriées au commerce. Nous sommes chez un peuple essentiellement marchand. On pourrait donner pour devise aux Pompéiens cette inscription encastrée en mosaïque, par l'un d'eux, dans les dalles de son atrium : « Gain, je te salue ! *Salve lucru!* »

Aveu presque naïf que nous enregistrons comme une preuve évidente du principal souci de ceux que nous visitons.

Nous remarquerons maintenant les dispositions élémentaires des boutiques. Deux murs, plus ou moins éloignés, laissant entre eux une ouverture, ouverte aux passants pendant le jour, fermée la nuit par d'épais volets en bois qui glissent dans une rainure ménagée sur le sol. Une forte serrure, parfois une chaîne,

ssurent la solidité de cette fermeture
peu près semblable à celle de nos
ours.

Le rez-de-chaussée est consacré au
ommerce, et l'entresol au logement,
insi qu'un magasin de la rue Saint-De-
iis. Les traces de l'entresol sont fort
iettes : les poutres qui supportaient les
lofonds et les restes de l'escalier sub-
istent.

Le soir, des lampes fumeuses éclai-
aient ces boutiques. Mais les passants
ittardés portaient des lanternes qu'on a
etrouvées en assez grand nombre, et
jui ne diffèrent guère des nôtres. Pompéi
i'avait pas de réverbères.

Devant chaque boutique, un trottoir
ieu large, formé de matériaux divers.
Jn trou oblique est percé dans la dalle
le lave qui borde le trottoir.

C'est dans ce trou que, voyageurs et
jaysans, passaient comme dans un an-
ieau le licou de leur cheval ou de leur
mulet, lorsqu'ils venaient chez le marchand faire quelques emplettes.

Sur les piliers qui séparent les bouti-
jues les unes des autres, on lit un grand
iombre d'inscriptions tracées au pinceau.
Ces piliers ont été blanchis à la chaux
jour effacer des inscriptions anciennes et
en tracer de nouvelles qui, presque tou-
les, présentent un vif intérêt au visiteur.

La manœuvre électorale est pratiquée
à dans toute sa naïveté. Ce sont des can-
lidats recommandés par des électeurs
influents, par des clients intéressés, des
excitations au vote.

« *Fidelis vous prie de nommer.* »

Ou bien :

« *Je vous prie de nommer édile M. Casellius.* »

Plus loin, une corporation demande la
protection de l'édile.

Ici c'est l'annonce des jeux du cirque :
nos programmes de théâtre à l'époque où
le grand art de la publicité était encore
en enfance.

Là, sur un pan de muraille, à l'angle
de la rue de la Fortune, les charpentiers
et les charretiers invoquent la faveur de
Marcellin.

Plus loin encore, on peut lire : « *La
troupe de gladiateurs de M. Festus Am-
pliatus, combattra à outrance, le 16 des
calendes de juin ; il y aura une chasse et
des voiles.* »

Cet avis concerne le fameux velarium
qui garantissait les spectateurs contre les
ardeurs du soleil, et qu'on tendait au-
sus de l'amphithéâtre à l'aide de mâts.
Ainsi nos directeurs modernes mettent
au bas de leurs affiches une note indiquant que leur théâtre est le mieux aéré
de tout Paris.

On lit au-dessous de cette annonce de
combat de gladiateurs, la promesse suivante :

« *Casellius donnera trente paires de
gladiateurs.* »

Dans la rue voisine :

« *Julia Felix, fille de Spurius, offre à
bail, du 1er au 6 des Ides d'août, la partie suivante de ses biens : un appartement
de bains, un venerium et neuf cents boutiques avec loges découvertes et appartements au dernier étage, pour cinq années
consécutives.* »

A louer, pour trois, six ou neuf, un
bel appartement composé de...

Non loin, des oisifs ou des enfants ont tracé avec un poinçon des caricatures sur le stuc.

Voici même sur le mur extérieur de la rue de Mercure, une caricature politique faisant allusion au combat livré par les Pompéiens à leurs voisins dans une fête, combat qui leur valut, avons-nous dit, la privation de spectacles pendant dix années.

Cette caricature est accompagnée de l'inscription suivante :

« *Campaniens, par votre victoire, vous avez péri en même temps que les Bucériens.* »

Les possesseurs des boutiques choisissaient non des armes parlantes de leur commerce, mais des signes particuliers qui les distinguaient ; voici une ancre, un navire, une chèvre, un moulin tourné par un âne, etc., etc.

Arrêtons-nous en face d'une de ces boutiques ; il nous suffira d'un simple effort de raisonnement pour la reconstruire en entier. Ce banc, placé devant la porte, était évidemment la place de l'étalage ; voilà des appareils, différant à peine des nôtres, et qui servaient à supporter les échantillons destinés à attirer le chaland ; voilà le comptoir de bois, la chaise, l'escabeau.

Derrière la boutique proprement dite, se trouve la salle de dépôt, la réserve, l'arrière-boutique si vous voulez. De là part l'escalier qui mène à la chambre de la famille.

Telle est, dans toute sa simplicité, l'uniforme disposition des magasins de Pompéi.

Il est assez aisé de distinguer à quel genre de commerce se livrait tel ou tel habitant.

Les boutiques d'huile, de vin, de boissons chaudes, se reconnaissent à leurs vases, à leurs fourneaux, à leurs comptoirs ornés de marbre. Les cafés où l'on vendait le vin cuit ou aromatisé, le salep, l'hydromel, sont ornés de peintures assez grossières ; l'une d'elles représente des soldats trinquant avec des verres semblables à nos verres à bière.

Mais si l'on devine sans peine la profession, plus difficile est la tâche lorsqu'on désire savoir les noms des propriétaires.

Nous nous contenterons donc de passer les boutiques en revue.

Ces crochets et ces planchettes mobiles, destinés à être suspendus le matin en dehors de la boutique, et retirés le soir, indiquent des marchands de comestibles ; on suspendait de la sorte le pain, la viande, la charcuterie.

Ces tranchets, ces lames recourbées, ces crocs pour tendre les peaux, montrent assez que là était le corroyeur ou le pelletier.

Dans cette sorte d'atelier, ce fourneau et ces vasques, revêtues d'un ciment fort dur, et cependant entamé par les acides jusqu'à la hauteur où s'élevaient les liquides employés pour les teintures, nous dit à qui nous avons affaire. Une inscription placée en dehors nous apprend que ce teinturier « votait pour Posthumius Proculus. »

A côté, ces coupes, ces vases, encore remplis de couleur blanche, rouge ou verte, désignent le marchand de couleurs.

De l'autre côté de la ruelle de Mercure,

POMPÉI. — Cadavre découvert dans les fouilles.

nous découvrons la maison du parfumeur, jadis décorée de deux peintures fort curieuses, servant d'enseignes au marchand d'aromates employés dans les sacrifices et dans les funérailles. La première de ces peintures, presque effacée, représentait un sacrificateur conduisant à l'autel un taureau ; la seconde, quatre hommes portant une caisse énorme autour de laquelle étaient pendus quelques vases. Au-dessus, plusieurs personnages étaient occupés à parfumer un cadavre qui allait être brûlé.

A ces cercles de fer, à ces marteaux, à ces tenailles, à ce levier terminé par un pied de porc, on a reconnu le forgeron.

Cette forge n'occupait que la boutique d'une habitation composée de cinq autres pièces consacrées à divers usages.

Nous voici en face du blanchisseur de laines ou apprêteur d'étoffes (industrie du foulon). Cette industrie avait une importance considérable, qui s'explique naturellement par le voisinage des Apennins couverts de troupeaux. Aussi, les foulons de Pompéi étaient-ils riches et nombreux ; ils formaient une vaste corporation, un collége, et avaient une basilique, c'est-à-dire une bourse où ils se réunissaient pour discuter leurs affaires.

Voici le barbier. A l'entrée de la boutique, un banc qui permettait aux clients d'attendre leur tour. Au-dessus du banc, deux niches qui servaient à placer les vases de toilette, à déposer les coiffures ou les vêtements gênant l'opération, le chapeau et le pardessus.

Au centre, un tabouret, le tabouret du patient.

A côté, un miroir à main, une pince à épiler, un rasoir court et arrondi, des ciseaux.

Maintenant nous sommes chez le pharmacien ; voilà ses fourneaux, ses chaudières, des pilules même que le temps nous a conservées.

Poursuivant notre route, nous rencontrons la fabrique de savons, la fabrique de poteries, la boutique du marchand de lait, sur l'un des piliers de laquelle est un bas-relief en terre cuite représentant une chèvre.

Les boulangeries méritent une mention particulière. Elles sont en grand nombre, quoique dans presque toutes les maisons il existât des moulins et des fours particuliers. On retrouve les jarres pour l'eau, les tables à pétrir, la meule, les récipients, mais peu de boutiques servant au débit du pain, qui se vendait d'ordinaire sur les places publiques.

Dans une des principales boulangeries, se trouvent quatre moulins auxquels un âne ou un cheval étaient attelés, faisant tourner les meules qui ne s'arrêtaient ni jour ni nuit.

Cette boulangerie est très-élégante, vaste, richement décorée.

Dans le four, fort bien conservé, on a découvert 80 pains carbonisés. Beaucoup de particuliers portaient leur grain au boulanger pour qu'il le pétrît.

Dans la boulangerie proprement dite, on voit souvent deux serpents peints sur le mur ; ils étaient là pour écarter le mauvais œil et procurer une bonne cuisson.

Certains boulangers avaient de la renommée ; ils marquaient leurs pains, comme à la boulangerie Viennoise de Paris. L'un d'eux, P. Paquius Proculus, fut nommé duumvir à l'unanimité.

Les latrines sont en général voisines de la boulangerie ou de la cuisine ; elles sont souvent placées dans un enfoncement et masquées par un simple rideau.

Pompéi a aussi ses auberges, ses hôtelleries plus ou moins confortables, plus ou moins pauvres.

L'une de ces auberges, exhumée en 1838, était évidemment destinée à la halte des paysans qui venaient apporter leurs denrées au marché de Pompéi. La façade de cette auberge se compose de boutiques pour des marchands de comestibles ; au-dessus de chaque boutique est une chambre ; on voit les débris des escaliers qui y conduisaient, escaliers dont les premières marches seulement étaient en pierres ou en briques.

Sur le tout, formant la toiture de la maison, des terrasses. On a retrouvé là le squelette d'un âne, les débris d'une charrette et des ustensiles divers.

Si nous visitons une auberge plus riche qui porte le nom d'auberge d'*Albinus*, nom écrit sur la muraille en lettres noires, nous reconnaîtrons à peu près une de nos grandes hôtelleries de province.

Voici la vaste cour entourée par les chambres des voyageurs, voici l'immense cuisine, puis deux cafés, l'un à l'intérieur, et l'autre voisin et communiquant avec l'auberge. On débitait là des boissons chaudes.

En même temps qu'elle servait d'auberge, la maison devait être aussi une station de poste ; on a retrouvé la pierre qui servait aux cavaliers pour monter à cheval, des débris de charrette, des éssieux, des squelettes de chevaux à côté des anneaux auxquels on les avait attachés. Une cave immense, large de 3 mètres 50, haute de près de 5 mètres, et longue d'environ 35 mètres, éclairée par trois soupiraux, est dans un état parfait de conservation.

Une troisième auberge, d'un genre tout autre, a été fouillée en 1861. Elle s'appelle l'auberge de l'*Éléphant* ou de *Sittius*. Peinte sur un pilier qui sépare ses deux portes, son enseigne représentait un éléphant entouré d'un serpent monstrueux et gardé par un nain. Au-dessus, cette inscription :

Sittius a rétabli l'Éléphant.

Quel est ce Sittius ? Le peintre ou l'hôtelier ?

Au-dessous de cette inscription, une seconde ainsi conçue :

Auberge.
Ici on loue une salle à manger avec trois lits et tout ce qui est nécessaire.

Cette alléchante invitation semblerait indiquer que nous sommes dans un lieu où l'on venait en partie fine, un restaurant de nuit où l'on soupait, où l'on faisait la débauche.

Ce qui rend cette supposition vraisemblable, c'est que le quartier était très-mal famé ; en face est le lupanar, que son plan, ses inscriptions et ses peintures laissent aisément reconnaître.

Cependant la petite auberge de l'Éléphant n'étalait pas un luxe insolent, et si c'était un cabaret à la mode, il n'était guère en vogue que pour le bas peuple et ne devait servir qu'à de vulgaires orgies. L'absence de décoration le prouve suffisamment.

Au reste, on ne peut dire d'aucune des auberges qu'elle soit véritablement riche. Tous les voyageurs un peu marquants étaient reçus par leurs parents, leurs amis, ou par des particuliers pour qui ils avaient des lettres de recommandation.

Un mot maintenant des tavernes dont nous avons déjà signalé l'existence. Elles peuvent se diviser en trois classes bien distinctes, portant des noms différents.

Dans les unes appelées *popinæ*, on préparait la nourriture du peuple. Ce nom vient sans doute du mot *popa*, sacrificateur ; les prêtres en effet étaient les fournisseurs de viande de ces établissements de dernier ordre ; ils vendaient là leur part des victimes immolées sur les autels, faisant de la sorte concurrence aux bouchers.

Les *tabernæ vinariæ* ou *œnopoles* représentaient exactement nos cabarets ou nos marchands de vin.

De ce nombre est la taverne de *Phœbus*, dans laquelle on a trouvé une caisse percée d'un trou et servant à recevoir les pièces de monnaie ; notre tire-lire moderne.

On causait politique en buvant dans ce cabaret ; cette inscription le prouve :

Phœbus, avec ses clients, vous prie d'élire duumvirs M. Holconius Friscus et C. Gaulus Rufus,

Enfin on trouve des tavernes d'un ordre plus élevé ; elles se nommaient *Thermopoles*. On débitait là sur des comptoirs de maçonnerie recouverts de marbre, garnis de grands vases de terre cuite, des boissons chaudes, du vin cuit, du vin doux et de l'hydromel.

Toujours, comme de notre temps, les liquides vendus étaient falsifiés, car des acides ont détruit la surface polie du marbre.

A côté du comptoir, est le brasier sur lequel chauffaient les boissons.

Au fond de la boutique, sont deux petites chambres qui faisaient sans doute l'office de cabinets particuliers, et une pièce plus grande garnie de siéges pour les buveurs.

Telle est l'exacte description de la taverne de *Fortunata*.

Quittant les maisons de plaisir pour les établissements utiles, jetons un coup d'œil sur l'école publique, qui offre une disposition à peu près semblable à celle des écoles d'Orient.

Une inscription nous la signale encore :

Verna et ses élèves invoquent Capella, duumvir chargé de rendre la justice.

Un renfoncement marque la place occupée par le professeur. Des niches sont pratiquées tout le long de la muraille ; elles servaient à déposer les provisions, les livres, les vêtements des élèves.

La prison, les latrines publiques, n'offrent qu'un médiocre intérêt.

Aussi allons-nous décrire la maison d'un particulier, une des plus complètes de Pompéi ; c'est la maison de *Pansa*, Son aménagement, ses fresques, ses marbres, indiquent qu'elle appartenait à l'un des principaux citoyens de la cité.

Nous avons dit que les maisons de Pompéi, loin de ressembler aux maisons de Rome, qui, à une époque, comptaient jusqu'à onze étages, n'avaient en général qu'un rez-de-chaussée, un étage et une terrasse.

Ajoutons qu'elles n'étaient point percées de fenêtres sur la rue, qu'elles en avaient même fort peu à l'intérieur, et souvent n'étaient éclairées que par une imposte ou même par la porte.

On sait que les Romains vivaient presque exclusivement en dehors de chez eux ; c'est ce qui explique dans leurs habitations la splendeur des salles où l'on recevait, et la pauvreté d'aménagement, le manque d'utilité et de confortable des appartements privés.

Ils ne faisaient usage non plus ni de cheminées ni de poêles, habitude qui s'est perpétuée du reste en Italie, quoique le climat y soit parfois très-rude.

En hiver ils se servaient de brasiers.

Revenant à la maison de *Pansa*, découverte en 1814, nous dirons qu'elle compte quatre façades donnant sur quatre rues. Elle est entourée d'un trottoir et forme une sorte de rectangle large de 38 mètres et long de 98 mètres.

Des boutiques garnissent presque entièrement le rez-de-chaussée. Elles sont indépendantes les unes des autres; elles servaient aux différents usages que nous avons indiqués, et nous n'avons plus à en parler.

La maison proprement dite était garnie d'une porte haute et étroite. Toutes les portes ont été détruites par le feu du Vésuve; mais on sait, grâce à des portes feintes peintes sur des murs, qu'elles étaient en chêne, à panneaux, qu'elles se composaient de deux battants, étaient garnies d'un marteau et ornées de gros clous à têtes dorées.

Elles se fermaient au moyen de verrous, tournaient sur des pivots et ne pouvaient s'ouvrir qu'en dedans par ordre de police.

Un fait curieux raconté par les historiens, c'est l'autorisation donnée à Valerius Publicola d'ouvrir ses portes en dehors, à cause de services rendus à la république.

Les portes étaient placées sous la protection de quatre divinités : *Janus, Forculus, Limentinus* et *Cardea*. Il fallait franchir le seuil du pied droit; le franchir du pied gauche eût été d'un fâcheux

augure, et un esclave se tenait debout à la porte pour vous rappeler à l'ordre au besoin.

Partant donc du pied droit, nous entrons dans la maison de *Pansa*.

Nous sommes dans un large corridor; à côté est la loge du portier, qui avait pour compagnon un chien vivant, ou parfois le portrait d'un chien.

Au fond du corridor le mot *Salve*, salut, incrusté dans le sol, souhaite la bienvenue au visiteur. Nous entrons dans l'*atrium*, cour rectangulaire, entourée de portiques.

En général, ces portiques étaient couverts et composés de deux rangs de colonnes formant deux ailes et trois allées, une large au milieu et deux étroites aux côtés. Là était située parfois la salle à manger; quelquefois on y plaçait le portrait des ancêtres. On y recevait les étrangers et les clients.

Poursuivant notre visite de la maison de *Pansa*, après avoir parcouru l'atrium, nous franchissons deux degrés, nous pénétrons dans les appartements privés, précédés d'un péristyle, cour entourée d'un portique soutenu par seize colonnes d'ordre ionique. Des fleurs, des statues ornaient ce péristyle, au centre duquel est un riche bassin.

Au fond du péristyle se trouve le salon partagé par des colonnes et qui a une véritable splendeur, et à côté, se trouve la salle à manger large de 5 mètres environ, longue de dix. La salle à manger se nommait triclinium, parce qu'il y avait trois lits.

Personne n'ignore que les Romains mangeaient appuyés sur le coude et couchés ; certains de ces lits étaient d'une incroyable richesse ; il y en eut en or massif.

L'usage voulait que l'on fût trois ou neuf à table, le nombre des Grâces ou le nombre des Muses.

Plus loin se trouve une vaste cuisine garnie de fourneaux, qui renfermait de la poterie et des ustensiles en bronze.

Visitons l'office, les salles pour les esclaves, un cabinet de travail ou de repos situé sur le jardin.

Puis il nous faudra faire des conjectures sur la disposition des pièces de l'étage supérieur ; c'étaient les chambres à coucher, les appartements des femmes.

Figurons-nous cette splendide demeure ornée de peintures de toute sorte, de statues, et nous aurons l'idée exacte de la maison d'un Pompéien.

Sortant de là, si nous examinons les murailles avant de pénétrer dans d'autres demeures, nous déchiffrons d'un œil curieux certaines inscriptions d'un genre tout particulier.

Écrire sur les murs est une manie des sots, et certains Pompéiens avaient cette manie, qui s'est perpétuée à travers les siècles. De tous côtés, la pointe d'un stylet a tracé, sur le ciment peint, des remarques bizarres.

Nous avons vu déjà les affiches de théâtre, les recommandations électorales ; nous remarquerons maintenant ce qu'ont laissé de leurs pensées à la postérité les ignorants, les esclaves, les enfants de Pompéi.

La grande abondance de vers tronqués prouve que dans l'antiquité les poésies les plus élevées étaient familières à la partie même la moins instruite de la population. Elles étaient appréciées de tout le peuple et appréciées avec goût, ainsi que les plus belles œuvres de la peinture et de la sculpture.

A la vérité, ces citations fourmillent de fautes d'orthographe ; la prosodie y est affreusement outragée ; l'éducation de ces écrivains d'occasion n'était pas à la hauteur de leur mémoire ; mais elles ont donné lieu à une remarque intéressante.

Les Pompéiens, en reproduisant ou plutôt en essayant de reproduire les vers des poëtes romains, y mêlaient souvent des mots grecs. La grande Grèce ne s'était pas encore absolument convertie à la langue latine, et c'était dans le peuple que s'étaient conservées le plus longtemps quelques-unes des locutions de la mère patrie.

Voici la traduction des plus curieuses d'entre ces inscriptions, qui parfois affectent la forme d'épigrammes, et ne laissent pas d'avoir leur charme, malgré leurs nombreux barbarismes.

Ici l'on lit :

Cosmus est d'une GRANDISSIME *méchanceté*

Là, sur le Palais de Justice, un plaideur mécontent a exhalé son mécontentement :

A quel prix la justice ?

En un autre endroit, un esclave voulant faire le plaisant a écrit :

Pyrrhus G. à son collègue, salut. Je suis affligé de ce que j'ai appris que tu es mort. Porte-toi bien.

A côté :

Épaphra, tu n'es pas un bon joueur de balle.

Donnons en passant ce détail que les Pompéiens étaient grands joueurs de balle.

Sur le mur d'une maison de la rue du Théâtre se trouve cette affiche à la main :

Une urne à vin a disparu de la taverne. A celui qui la rapportera on donnera LXV.....
Si le voleur est livré, le double sera donné par Varius.

Ce Varius attachait sans doute une grande importance à la possession de son urne pour offrir de la sorte une récompense honnête non-seulement à qui rapporterait, mais encore à qui dénoncerait.

Outre ces curieux avis, il y avait même des inscriptions séditieuses: Un citoyen de Pompéi a osé écrire sur un pan de muraille :

Néron empoisonneur.

Nous avons insisté sur ces inscriptions, supposant qu'il s'y attachait un intérêt réel ; imaginant, non sans raison peut-être, que c'est dans les petits faits qu'il faut aller étudier la vie privée d'un peuple.

Après donc nous être longuement promenés dans les rues, après avoir pénétré dans les boutiques et appris les coutumes, les moyens d'existence, les distractions des Pompéiens, il ne nous reste plus qu'à énumérer brièvement les principales maisons découvertes ; puis nous visiterons les places publiques, les monuments, les temples, les tombeaux, les autels, et nous aurons une idée aussi complète que possible de l'antique cité italienne.

La maison de *Polybe* présente quelques particularités remarquables ; elle a, ce qui est sans exemple à Pompéi, deux portes flanquées, l'une de deux pilastres, l'autre de deux demi-colonnes.

Le portique de cette maison était formé d'arcades closes par des châssis vitrés.

Au-dessous de cette maison se trouve la plus vaste cave de Pompéi.

L'*Académie de musique*, doit son nom aux nombreux instruments de musique peints dans plusieurs pièces.

La *maison de Salluste* offre aux visiteurs d'intéressantes peintures, et un appartement secret connu sous le nom de *venereum*.

La *Maison des cadavres* avait en contre-bas deux étages. Le premier contient des bains, un grand salon et d'autres pièces utiles aux usages privés de la famille. Le second comprend d'autres bains et les logements des esclaves.

En avant du péristyle de cette maison, se trouve un petit bâtiment restauré où sont exposés les cadavres moulés, d'après un procédé inventé par le commandant Fiorelli, sur les cadavres véritables trouvés dans une maison voisine.

Les deux premiers cadavres sont sans doute ceux de la mère et de la fille; la première doit être morte sans souffrances; elle est couchée sur le côté droit dans une pose tranquille.

La jeune fille, au contraire, a péri dans d'horribles convulsions; elle est couchée à plat ventre, les jambes crispées et la face appuyée sur son bras gauche. La chair est polie comme le marbre, et semble avoir conservé de la fraîcheur. Le pied, tout petit, porte une sandale brodée.

Non loin, une autre femme, aux poings serrés convulsivement, au visage crispé par la douleur et le désespoir. Sa jambe gauche est d'un modelé remarquable. Les dimensions du bassin semblent indiquer qu'elle était enceinte, et l'on doit supposer que c'était une grande dame, car on a trouvé à ses côtés des vases d'argent, des bijoux et des monnaies.

Le quatrième cadavre, on ne le saurait mettre en doute, est celui d'un soldat. Les courroies qui soutenaient d'ordinaire les cuirasses par en bas ont laissé sur le bas-ventre des traces profondes.

La maison de la Danseuse doit son nom à un chapiteau sur lequel on voit un Faune et une Bacchante tenant un tambour de basque.

La maison de Diomède, la plus voisine du volcan, dut être détruite l'une des premières. C'est une des plus grandes que l'on ait trouvées; le nombre de ses dépendances et sa distribution particulière la signalent à l'attention.

Dix-huit cadavres ont été trouvés dans les caves de cette habitation, entre autres celui d'une jeune fille admirablement belle; la cendre durcie avait gardé l'empreinte de ses seins, de ses bras et de ses épaules, de ses riches vêtements et de ses bijoux.

Ne pouvant minutieusement décrire toutes les maisons qui, si elles présentent des particularités, ont cependant une disposition à peu près uniforme,

nous nous contenterons de les énumérer.

Citons donc la maison des Amazones, celles de Narcisse, d'Isis, de Neptune, du Grand-Duc Michel, des Fleurs, de Modeste, du Poëte, d'Adonis blessé, du Duc d'Aumale, de Méléagre, du Labyrinthe…

La liste en serait trop longue. Qu'il nous suffise de dire que les maisons découvertes jusqu'à ce jour, nous parlons de celles qui présentent quelque intérêt, sont au nombre de cent cinquante environ.

Ayant décrit les boutiques, nous ne dirons qu'un mot des fabriques de poteries, de produits chimiques et de savons.

Le four de la fabrique de poteries est d'une construction remarquable; un fourneau à réverbère, bâti en briques et en pierre, possède une voûte percée de trous pour laisser passer la flamme. La voûte du four était composée de vases de terre cuite emboîtés les uns dans les autres; des tuyaux également en terre cuite permettaient de modérer ou d'augmenter la chaleur.

La disposition des autres fabriques n'offre rien de très-curieux.

Des balances à deux plateaux, des romaines en bronze, une grande quantité de poids de toute sorte, les uns en plomb, les autres en marbre, la plupart ronds et portant leur valeur indiquée par des inscriptions, des points creux ou en relief, ont été trouvés dans un assez vaste édifice qui servait à coup sûr de *douane* ou poids public.

La citerne publique suppléait aux fontaines que nous savons exister en grand nombre, lorsque l'eau venait à manquer à la suite d'une longue sécheresse. Elle

POMPÉI. — Le Temple de Vénus.

est voûtée et présente une large ouverture.

Nous avons examiné les maisons particulières ; il ne nous reste maintenant qu'à jeter un regard rapide sur les édifices et les monuments publics.

Parcourons d'abord le Forum, qui chez les anciens jouait un rôle si important, servant à la fois de marché et de lieu de réunion pour les assemblées populaires. Il faut distinguer le Forum civil des places où se tinrent plus tard les marchés seuls ; le Forum civil de Pompéi nous fera connaître de complète et exacte manière ce qu'étaient ces places merveilleuses.

Il était voisin de la mer.

D'un côté, au nord, était le temple de

Jupiter ; des trois autres côtés un double rang de colonnes l'entourait. A l'ouest du rectangle s'élevait le temple de Vénus.

Les colonnes étaient d'ordre dorique, cannelées dans les deux tiers supérieurs et polygonales dans la partie inférieure.

Au moment de l'éruption du Vésuve, le Forum, à moitié ruiné par le premier tremblement de terre, était en réparation ; des colonnes inachevées d'un ordre différent des autres en fournissent la preuve certaine.

Au-dessus des colonnes régnait une galerie à laquelle conduisent quatre escaliers très-rapides.

De larges dalles pavent le Forum, auquel sept voies donnaient accès et qui était interdit aux chars.

Contre les portiques se dressent des piédestaux qui étaient garnis des statues des personnages illustres ; des inscriptions nous en ont fait connaître quelques-uns.

Autour du Forum se trouvent divers monuments.

L'École publique ; *l'édifice d'Eumachia*, qui devait servir de réunion à la corporation des foulons ; la *Curie,* lieu de réunion sans doute consacré aux assemblées des principaux magistrats de la ville ; le *Panthéon* ou *Temple d'Auguste ;* le *Grand Arc de Triomphe* et trois autres arcs plus petits ; la *Prison,* les *Mesures publiques,* la *Basilique,* les *Tribunaux.*

Le second Forum de Pompéi avait une forme triangulaire ; il était situé sur un des points les plus élevés de la ville et formait une esplanade. Il n'était pas absolument public, ainsi que l'indiquent des traces de portes, et ne devait être ouvert qu'à certaines classes de citoyens.

Le portique qui l'entourait est d'une grande simplicité. Nous trouvons autour de ce forum triangulaire un tribunal, et non loin de là, sur le côté oriental, le *quartier des soldats.* Là disposition de ce monument ne laisse pas de doutes sur sa destination : c'était une caserne en forme de parallélogramme, entourée de portiques élevés en avant de bâtiments à deux étages. Dans ce qui dut être la prison de cette caserne, on a retrouvé quatre cadavres.

Si quittant le Forum nous passons en revue les temples, nous en trouverons huit dans la partie de Pompéi découverte jusqu'à ce jour. Les autels, ou laraires, sont en nombre considérable, attestant le culte des divinités innombrables du paganisme.

Le temple grec, le temple d'Isis, le temple de Jupiter et Junon, le temple de Jupiter, le temple de Vénus, le temple de Mercure, le temple d'Auguste dit le Panthéon et le temple de la Fortune : tels sont les noms de ces édifices sacrés, merveilles de l'architecture antique.

Outre ces monuments grandioses, on rencontre souvent des autels dédiés soit aux *Lares compitales et viales,* divinités qui présidaient aux carrefours, soit à des divinités d'un ordre supérieur.

Les tombeaux ont, eux aussi, une grande magnificence. Ils sont placés sur le bord des voies, aux abords de la ville, affectant toutes les formes, attirant l'œil des passants par leurs décorations et leurs inscriptions.

A Pompéi la rue des Tombeaux est garnie tout entière de chaque côté, sur une longueur de près de 250 mètres, de sépulcres et de monuments funéraires.

Cette rue a été déblayée de 1763 à 1814. Elle était jadis garnie de cyprès qui attiraient par leur ombrage les Pompéiens à la promenade ; on venait là jouer aux dés sur les pierres sépulcrales et il y avait des maisons de plaisance dans cette nécropole.

Décrire longuement ces tombeaux, qui tirent leurs noms de leurs ornements (le tombeau des guirlandes, le tombeau du vase bleu), serait long et fastidieux. Les formes de nos tombeaux se rapprochent du reste des leurs, et les épitaphes ou les inscriptions n'offrent pas grande originalité.

A Marcus... édile, duumvir... et à son fils, décurion, qui vécut dix-sept ans. Le terrain de ce monument a été donné par le peuple. Décimilla, prêtresse publique de Cérès, a fait élever ce tombeau à son époux et à son fils.

Il suffit de citer cet exemple ; nous n'avons rien changé à cette coutume.

Pompéi possédait deux théâtres que l'on désigne sous le nom de *Grand-Théâtre* ou *Théâtre tragique* et d'*Odéon*.

L'Odéon était un édifice couvert, destiné aux représentations musicales, aux concours poétiques, aux répétitions dramatiques, aux spectacles d'hiver. Il contenait quinze cents spectateurs. Différentes parties, la scène entre autres, sont assez bien conservées.

On a retrouvé un grand passage dans lequel le peuple faisait queue, et dans ce passage des *tessères*, c'est-à-dire des jetons portant l'indication de la pièce et celui de la place : « deuxième cavea, troisième coin, huitième gradin. — La *Casina* de Plaute. » Ces jetons étaient remis aux spectateurs moyennant une somme modique ; absolument nos cartons de théâtre.

L'Odéon communiquait avec le Grand-Théâtre, dont une partie a été restaurée.

Dans le Grand-Théâtre, l'amphithéâtre a une disposition particulière ; il est en forme de fer à cheval, comprend 68 mètres de diamètre et pouvait contenir cinq mille spectateurs.

Les gradins de marbre blanc étaient au nombre de vingt-neuf. L'orchestre, la scène, étaient disposés ainsi qu'au théâtre d'Herculanum, que nous décrirons plus loin.

L'*Amphithéâtre*, destiné aux combats de gladiateurs et de bêtes féroces, pouvait contenir vingt mille spectateurs. Son plus grand diamètre est de 130 mètres et son plus petit de 102 mètres.

Quarante arcades conduisant au grand corridor circulaire sur lequel reposent les gradins, entourent l'édifice.

Il ne nous reste plus qu'à dire en quelques mots ce qu'étaient les thermes, les bains, dans ces pays où les ablutions étaient considérées comme un des premiers besoins de la vie.

Au milieu est un bassin rond revêtu de marbre blanc et entouré de bans, sur lesquels s'asseyaient les baigneurs avant de se plonger dans l'eau froide. Sortant de ce bassin, ils traversaient des salles doucement chauffées et passaient dans l'étuve où ils demeuraient, en hiver, des journées entières.

Toutes ces salles sont élégamment décorées.

Il est facile dans les ruines exhumées des anciens et des nouveaux bains de Pompéi de reconnaître la destination de chacune de ces salles.

Nous avons terminé notre visite. Mais il nous a fallu supposer, pour animer les maisons de la ville des morts, qu'elles étaient encore garnies des meubles, des tableaux, des ustensiles qu'on y a trouvés. C'est au musée de Naples qu'il faut aller chercher ces trésors de l'antiquité; Pompéi n'a plus que ses murs. Nous dirons donc bientôt quelques mots sur le musée de Naples.

HERCULANUM. — L'histoire d'Herculanum est presque de tout point semblable à celle de Pompéi; ces deux villes célèbres et voisines l'une de l'autre disparurent en même temps que Stabies dans la catastrophe de l'an 79 après J.-C.

Herculanum était située à environ 7 kilomètres de Naples, entre cette ville et Pompéi, sur une pointe de terre qui s'avançait dans la mer. Son origine remonte aussi à une époque si éloignée que les traditions l'attribuent à Hercule, ainsi que l'indique du reste son nom d'Herculanum.

Nous savons qu'elle fut recouverte non-seulement de cendres et de pierres ponces comme sa voisine, mais de torrents de lave et d'eau chaude qui, délayant les cendres, l'enveloppa d'une sorte de mortier qui en se durcissant forma comme un manteau de pierre de plus de vingt mètres d'épaisseur.

Ce fut cependant Herculanum qui la première sortit de son tombeau.

Le destin voulut qu'en 1684 des ouvriers, creusant un puits à Portici pour le compte d'un boulanger, rencontrassent quelques ruines qu'on reconnut aisément pour des ruines romaines. Le puits fut continué, il descendait juste au milieu du théâtre d'Herculanum.

Peu d'années après, un prince français, Emmanuel d'Ebœuf, acheta le terrain et y fit construire un palais qu'il orna avec des marbres et des statues trouvés dans les fouilles.

Bientôt le gouvernement napolitain intervint; les travaux interrompus se poursuivirent comme pour Pompéi à des intervalles assez éloignés. Une coupable négligence présida longtemps à ces recherches.

Enfin, après plus d'un demi-siècle, il fut permis de visiter aux flambeaux, dans les souterrains creusés, cette ville aux larges voies alignées, aux maisons pavées de marbre et de mosaïques.

Les fouilles ne peuvent encore donner une idée exacte de l'étendue d'Herculanum; on peut supposer seulement que cette ville s'étendait le long de la côte jusque sous Portici, qu'elle avait peu de largeur, étant resserrée d'un côté par la mer, et de l'autre par le Vésuve.

On entre dans Herculanum par le côté de Portici qui est le plus éloigné de Naples. On suit d'abord une longue galerie en pente assez semblable à celles que l'on trace pour exploiter les filons dans les mines. Cette galerie est haute d'environ trois mètres et large d'autant.

L'on aperçoit alors une rangée de maisons en briques, la plupart de forme irrégulière et peu symétrique, dont il ne reste que les murailles parfois revêtues de stuc coloré ; elles s'inclinent un peu du côté du midi, et l'on a découvert dans l'épaisseur de la maçonnerie plusieurs cruches noyées dans le mortier. Les Romains se servaient de ses cruches pour rendre les voûtes plus légères sans en diminuer la solidité.

De ci, de là, sont des corniches de marbre, des restes de portes, des piliers, des cloisons en bois parfaitement conservés. Les tableaux sur stuc que l'on a enlevés de dessus les murs étaient, eux aussi, respectés par le temps.

Nous nous rendrons d'abord au théâtre qui est le plus intact des monuments anciens qu'il nous soit permis de visiter. On descend par un escalier de plus de cent marches dans ce vaste édifice, qui avait environ 20 mètres de hauteur.

Au bas de l'escalier, on se trouve dans une sorte de corridor voûté qui parcourait le sommet des gradins, et qui est pavé de marbre blanc. On découvre de là la scène qui avait plus de 24 mètres de largeur, et s'ouvrait sur trois portes donnant accès dans l'arrière-scène, que nous nommons les coulisses dans nos théâtres modernes.

Derrière était un portique communiquant avec les portiques du Forum, et sous lequel les spectateurs s'abritaient en temps de pluie.

L'hémicycle garni de statues, parmi lesquelles celles des femmes et des jeunes filles de la famille *Balbus*, qui coopéra à la réédification du théâtre à demi renversé par le tremblement de terre de 63, possédait quinze arcades avec des pilastres, soutenant un nombre égal d'arcades et de pilastres.

Le théâtre possédait dix-neuf rangs de gradins en pierre, divisés en six sections par sept escaliers tous praticables aujourd'hui. Au-dessus était un quadrige de bronze dont un cheval seul nous a été conservé.

Des dalles épaisses de jaune antique pavaient l'orchestre. Quoiqu'il soit permis de se promener dans toute l'étendue de l'édifice, il est difficile de se faire une idée exacte de sa forme, parce qu'on ne peut le considérer d'ensemble.

Comme à Pompéi, le peuple n'était certainement pas assemblé dans cette salle de spectacle au moment de l'éruption du Vésuve, car on n'y a trouvé ni squelettes ni ossements.

À mesure qu'on avance dans les galeries, on acquiert la preuve qu'Herculanum était habitée par des marchands chez qui le goût artistique avait atteint un grand développement ; les peintures, les marbres, les bronzes que nous décrivons, nous fourniront la preuve de cette assertion.

Malheureusement, un grand nombre de maisons et d'édifices fouillés ont été à mesure recouverts et ensevelis de nouveau, sans que l'on ait même pris le soin d'en relever le plan.

Nous ne pouvons nous faire qu'une idée tout à fait incomplète du Forum, entouré de portiques magnifiques, de statues sans nombre. Il est difficile de reconstruire par la pensée la Basilique, composée d'un vestibule, d'une cour entourée de trois côtés de portiques soutenus par quarante-deux colonnes.

Nous en sommes réduits à supposer que trois bâtiments, recouverts après leur mise au jour, devaient être les tribunaux ; que d'autres monuments de forme circulaire, enterrés une seconde fois, étaient les temples consacrés à Hercule et à d'autres divinités. La description des tombeaux et leurs inscriptions sont parvenues jusqu'à nous, mais nous n'en pouvons rien voir.

Seulement, les fouilles modernes que nous visitons, nous permettent d'étudier le plan général des maisons disposées à Herculanum ainsi qu'à Pompéi.

Examinons la maison du *Squelette*, à l'étage supérieur de laquelle on trouva des ossements près d'un vase de bronze. Nous y reconnaîtrons la loge du portier, la salle de bain, la cuisine.

Un peu plus loin, voici la maison d'*Argus*, magnifique habitation. Au rez-de-chaussée, des boutiques. A l'intérieur, un vestibule, un atrium entouré de chambres à coucher pavées de carrés de marbre et décorées de peintures. Au fond de l'atrium, une bibliothèque, une autre salle éclairée par des fenêtres.

Derrière, un péristyle, puis un cabinet de repos, les logements des esclaves, d'autres pièces encore, dont il serait difficile de déterminer l'emploi.

Après avoir traversé le jardin, nous trouvons le *triclinium*, accompagné de plusieurs pièces élégamment décorées, de salons. C'est là que se trouve le remarquable tableau intitulé : *Mercure*

devant Argus et Io, d'où le nom donné à la maison.

Il nous faut parler de la plus importante découverte, de celle de la maison des *Papyrus*, qu'il ne nous est pas, hélas ! permis de visiter (elle a partagé le sort des premiers monuments déblayés), mais dont on sait l'histoire.

Ce fut encore en creusant un puits qu'un particulier en rencontra les murailles.

C'était, à vrai dire, une maison de campagne renfermant une immense pièce d'eau.

« A l'entour de cet étang, il y avait ce que nous nommons des compartiments de jardin, et il régnait tout le long de l'enceinte un rang de colonnes de briques revêtues d'une couche de stuc, au nombre de vingt-deux sur le côté le plus long, et de dix dans la largeur. Ces colonnes portaient des solives appuyées sur le mur de clôture du jardin, ce qui formait une feuillée en berceau autour de l'étang. On trouvait sous cet abri des cabinets de forme différente, soit pour la conversation, soit pour prendre le bain ; les uns en demi-cercles, les autres carrés. Des bustes, ainsi que des figures de femmes en bronze, étaient placés alternativement entre les colonnes. »

Ces statues et ces bustes sont au musée de Naples.

De tous côtés, dans cette splendide demeure, des statues en marbre ou en bronze, des fontaines avec des coupes de marbre.

Toutes ces œuvres d'art forcent l'admiration, mais cette villa sans pareille réservait, à ceux qui lui demandaient avec les secrets du passé ses inappréciables trésors, une surprise merveilleuse.

On y découvrit une bibliothèque comprenant mille sept cent cinquante-six volumes, des volumes d'il y a dix-huit siècles, formés de longues bandes de papyrus divisées en pages écrites à côté les unes des autres et d'un seul côté.

Quoiqu'en apparence ils fussent carbonisés, on est parvenu à les dérouler en les collant au fur et à mesure sur une peau de baudruche, et près de cinq cents de ces manuscrits sont aujourd'hui lisibles. On est parvenu à déchiffrer, parmi des œuvres littéraires de peu d'importance écrites en grec, un traité de la philosophie d'Épicure, un ouvrage de morale, un poëme sur la musique, un fragment d'un autre poëme sur la bataille d'Actium, et une rhétorique de Philodème.

Dans cette bibliothèque se trouvaient également quatre petits bustes en bronze, ceux de Démosthènes, de Zénon, d'Hermarque et d'Épicure.

Ayant signalé les œuvres d'art trouvées dans les ruines d'Herculanum, il importe que nous signalions les principales, et que nous énumérions aussi les objets familiers, qui, comme nous l'avons dit en parlant de Pompéi, sont presque tous au musée de Naples.

On peut voir, dans ce remarquable musée des antiquités, des vases, des bassins, des coupes, des aiguières en bronze et en cuivre ; des trépieds originaux, ayant pour support des corps de satyres. Ces trépieds servaient à porter les vases dont on faisait usage dans les sacrifices ; à côté sont les couteaux qui servaient à égorger les victimes.

Voici des lampes, des colonnes qui servaient à les supporter. Chose étrange, quoique l'usage des chandelles de cire fût fort ancien en Grèce et en Italie, on n'a jamais trouvé dans les fouilles rien qui ressemblât à un chandelier ; en revanche, il y a une véritable profusion de lampes à huile et de lumignons portant des figurines allégoriques.

Voilà des instruments de chirurgie, des spatules, des sondes, des pinces. Puis des casques de bronze, un parasol assez semblable aux nôtres, des instruments de musique, cystres, castagnettes, cymbales, un miroir de métal.

Quoique les anciens fissent du verre à cette époque, ils ne s'en servaient point pour miroir, ne sachant probablement pas l'étamer.

Là sont des compas, des mesures se pliant comme nos mètres de poche ; un mors, des éperons, des clous, des pitons, des gonds, des dés, des cornets d'ivoire, des fuseaux et des cuillers aussi d'ivoire, des masques pour les comédiens, presque tous les outils dont nous nous servons aujourd'hui, et une partie de nos ustensiles de cuisine.

Beaucoup de bustes en marbre et en bronze ont des yeux d'émail incrustés.

Des statues en marbre blanc, *Vénus pudique*, et, en bronze, le *Faune*, embellissent en nombre considérable le musée de Naples.

Il nous est impossible de les citer, tant est restreint notre cadre ; impossible aussi d'énumérer tous les objets de luxe, de toilette, d'utilité domestique trouvés dans les fouilles, et qui nous donnent par le menu détail l'histoire privée du grand peuple romain.

On a trouvé aussi en fouillant Herculanum et Pompéi une très-grande quantité de tableaux. La plupart de ceux trouvés à Herculanum sont sur une espèce de stuc, et sont très-bien conservés. On remarque la Dispute d'Oreste et de Pilade, Thésée vainqueur du Minotaure, le Centaure Chiron enseignant à Achille à toucher de la lyre.

Dans les tableaux qui font partie de cette riche collection, il y a des vaisseaux, mais qui ne peuvent donner qu'une idée très-imparfaite de l'état où était la marine de ces temps et de la construction des vaisseaux il y a dix-sept cents ans.

Un petit tableau représente des génies occupés à faire du vin. L'un d'eux le fait cuire dans un bassin sur un fourneau, tandis que d'autres le serrent sous un pressoir.

Dans un autre tableau, des génies travaillent dans la boutique d'un cordonnier.

On comprend aisément combien il est maintenant facile de savoir au juste le genre d'existence des habitants d'Herculanum. Pas un de leurs usages qui nous puisse échapper.

Les peintures encore nous décriront leurs sacrifices.

C'est de la sorte seulement qu'on peut étudier l'histoire avec certitude.

Aussi sommes-nous heureux que l'on poursuive en Italie ces travaux si intéressants d'exhumation.

A Herculanum, il sera toujours impossible de dégager complétement la ville; non-seulement c'est de la pierre qui, comme nous savons, la recouvre, mais encore une partie de cette cité se trouve sous Portici, où sont élevés de superbes palais et de belles maisons.

Mais il y a beaucoup à faire encore, et les travaux avaient cessé pendant de longues années. En 1869, Victor-Emmanuel a accordé 30,000 francs sur sa cassette particulière pour reprendre les fouilles interrompues. Il veut leur imprimer, dit-on, une certaine activité; s'il persévère dans cette résolution, la découverte d'une nouvelle partie d'Herculanum ne sera pas la moindre gloire de son règne.

LES VILLES DISPARUES. — Fouilles faites sur l'emplacement de Troie.

CHAPITRE III

LES DERNIÈRES DÉCOUVERTES.

TROIE. — Troie dans l'antiquité. — La tradition poétique. — Les récits de l'*Iliade*. — Homère géographe. — Relation d'un voyage en Troade. — Différentes opinions des voyageurs. — Les monuments qu'ils ont trouvés. — Dernières découvertes du docteur Schliemann, de 1870 à 1874. — Le trésor du roi Priam. — Le véritable emplacement de la Troie d'Homère doit être enfin trouvé.

Troie est cette capitale fameuse de la Troade, qu'Homère a immortalisée dans son *Iliade* sous les noms de Pergame et d'Ilion.

La Troade, contrée qui faisait partie de la Mysie en Asie Mineure, dépend aujourd'hui de la province turque de Liva-Karasi. Elle était bornée au nord par le mont Ida.

Que si nous empruntons au poëte grec quelques-uns des traits avec lesquels il a décrit Troie, nous saurons que de toutes les villes que les enfants de la terre habitaient sous le soleil, il n'en était aucune qui fût plus chère au maître des dieux que celle de Priam. Jamais les autels de Jupiter n'y étaient dénués d'offrandes, de libations ni de victimes. Il fut un temps où elle était abondante en or et en airain, et où tous les mortels célébraient sa splendeur ; mais depuis l'époque fatale où elle devint l'objet du courroux de Jupiter, les maisons furent dépouillées de leurs précieux ornements, ses richesses disparurent et passèrent dans la Phrygie ou dans l'heureuse Méonie.

Ilion était très-peuplée ; elle était sur une éminence, comme toutes les villes anciennes. Sa haute citadelle était entourée de rochers et de précipices. C'est là qu'étaient situés les temples des dieux, les palais et les tombeaux des rois. Ici était le temple d'Apollor, où Diane et Latone guérirent la blessure d'Énée ; là s'élevait celui de Minerve, où la reine des Troyens allait offrir le plus beau voile qu'elle eût dans son palais pour écarter des murs d'Ilion le redoutable fils de Tydée.

On voyait aussi, près de la citadelle, le magnifique palais de Priam, décoré de superbes portiques. Il y avait dans ce palais cinquante chambres contiguës et ornées d'un marbre luisant, où les fils de Priam dormaient à côté de leurs épouses, et douze autres chambres où les gendres de ce roi reposaient avec ses filles.

Le palais de Pâris était placé au sommet de la citadelle, entre ceux de Priam et d'Hector. Ce prince en avait ordonné lui-même la belle architecture. Les plus habiles artistes qu'il y eût alors dans l'opulente Ilion, l'avaient orné d'un toit en terrasse et l'avaient entouré d'une vaste cour.

C'est aussi dans ces lieux que devait se trouver le palais de Deiphobe, qui fut assiégé par Ulysse et Ménélas, et où ces deux guerriers, par la protection de Minerve, remportèrent l'éclatante victoire qui détermina la chute d'Ilion.

Près des portes Scées, étaient ces deux tours où les vieillards troyens, d'une prudence consommée, se tenaient éloignés des combats et où ils discouraient avec sagesse.

Hors de la ville, en sortant par ces portes, on trouvait les belles sources du Scamandre et les délicieux jardins de Priam, où Lycaon, son fils, fut surpris et tué par Achille, au moment où il coupait des branches de figuier sauvage.

Telle était la fameuse cité au moment où, si l'on en croit la poétique tradition d'Homère, éclata cette guerre célèbre entre toutes, et qui seule sans doute a fait parvenir jusqu'à nous le nom et l'histoire de Troie.

L'enlèvement d'Hélène par Pâris, fils de Priam, donna lieu à cette guerre à laquelle toute la Grèce prit les armes pour venger le roi Ménélas, l'époux outragé.

La flotte grecque qui, suivant Homère,

dont on connaît les descriptions exactes et minutieuses, comptait 1,186 navires, s'assembla à Aulis. On distinguait parmi les héros qui la commandaient, Agamemnon, roi de Mycène, Achille, Ulysse, Ménélas, Nestor, Ajax.

Au moment où la flotte allait partir, la vengeance de Diane enchaîna les vents. La déesse (nous voguons en pleine mythologie) était irritée contre Agamemnon, qui avait tué une biche consacrée à cette déesse ; il fallut qu'Agamemnon, pour apaiser Diane, lui offrît en sacrifice sa propre fille Iphigénie.

Après cette expiation, les vents cessèrent d'être contraires, la traversée fut heureuse et le débarquement s'opéra malgré la résistance des Troyens commandés par Hector, et de leur nombreux alliés.

Le siége dura de longues années. Voyant qu'ils ne pouvaient arriver par les armes à vaincre la résistance héroïque de leurs ennemis, les Grecs, d'après les conseils d'Ulysse et de Calchas, usèrent de ruse et construisirent un énorme cheval de bois désigné dans la tradition sous le nom de *cheval de Troie*, et dans les flancs duquel se cachèrent trente guerriers. L'espion Sinon, qu'on avait accueilli dans les murs de Troie sur la foi de ses récits mensongers, fit accroire aux Troyens qu'il fallait introduire le cheval dans leur ville comme un présent céleste. On démolit un pan de muraille pour faire pénétrer l'énorme machine, et dans la nuit, les trente guerriers qui étaient cachés dans le ventre du cheval sortirent de leur retraite, allèrent ouvrir les portes à leurs compagnons d'armes, et facilitèrent ainsi la prise de la ville. On raconte qu'Énée conduisit ensuite en Italie une partie des habitants de Troie.

Telle est la poétique légende que l'*Iliade* et plus tard l'*Énéide* nous ont transmise.

Nous n'avons pas à raconter ces temps fabuleux ; mais, imitant certains voyageurs qui, lisant Homère, s'étaient convaincus que cet immortel écrivain est en même temps que le plus grand des poëtes le plus exact des géographes, nous pouvons parcourir la plaine de Troie l'*Iliade* à la main.

La ville de Troie était située sur une éminence, au fond d'une plaine fertile ; elle se trouvait, si l'on peut ajouter foi à ces traditions, éloignée du rivage de la mer et entourée de rochers escarpés. Elle n'était attaquable que par la colline de figuiers sauvages près de laquelle on voyait les jardins de Priam et les sources du Scamandre, dont l'une était chaude et fumante, et dont l'autre était froide en été comme la neige ou la grêle.

La plaine s'étendait par degrés depuis le rivage de la mer jusqu'à la ville, et elle était arrosée par le Simoïs et le Scamandre. Le premier de ces deux fleuves était un torrent impétueux déracinant les arbres et entraînant les rochers. Les rives de l'autre étaient couvertes de fleurs ; ses eaux étaient claires et limpides comme le cristal. Ces deux fleuves embrassaient la plaine dans presque toute son étendue, et réunissaient leurs eaux vers sa partie inférieure.

C'est entre leurs rives que se donnèrent les plus terribles combats.

Tous ces détails topographiques sont fournis par Homère lui-même, et peuvent servir à suivre les guerriers pendant cette lutte qui dura neuf années.

La longue durée de cette guerre n'est pas, comme on sait, une fiction de la poésie ; c'est une vérité de l'histoire. Pendant neuf ou dix ans, les peuples de la Grèce ravagèrent la côte d'Asie et les iles adjacentes ; mais la capitale de la Troade ne fut pas toujours l'objet de leurs convoitises ; ils y revenaient par intervalles ; et ce ne fut que la dernière année qu'ils l'attaquèrent avec leurs forces réunies. Cette dernière campagne coûta la vie à un grand nombre de guerriers illustres, auxquels, suivant l'usage, on éleva des monuments sur le champ de bataille.

Le grand intérêt de cette guerre dut mettre en mouvement la Grèce et l'Asie. Ceux qui y périrent partagèrent les honneurs réservés aux dieux ; l'encens fuma sur le tombeau d'Achille, et la plaine de Troie devint un vaste temple où les voyageurs de toutes les nations se faisaient un devoir religieux d'offrir un sacrifice avant d'entrer dans l'Hellespont.

Cependant, les deux plus grands géographes de l'antiquité, Pausanias et Strabon, ne voyagèrent point dans la Troade. On ne trouve dans les récits qu'ils ont laissés que des notions éparses, mais leur témoignage prouve au moins que la plaine de Troie attira l'attention des voyageurs longtemps après la fameuse guerre.

D'après le célèbre Pope, qui a dessiné avec le seul secours des descriptions de l'*Iliade* une carte de la plaine de Troie,

l'ancienne ville de ce nom était à une plus grande distance de la mer que les ruines d'Alexandria-Troas, qu'on a à tort confondues avec les siennes.

Les lieux les plus remarquables autour de Troie étaient les portes Scées. Elles s'ouvraient sur les champs de bataille, et c'était par là que sortaient les Troyens lorsqu'ils allaient au combat.

Nous avons passé en revue les détails fournis par les historiens de l'antiquité ; nous allons relater maintenant les récits de voyageurs plus modernes, puis nous raconterons les fouilles intéressantes et récentes qui viennent d'être faites.

Pierre Belon est le premier des voyageurs modernes qui ait pénétré dans la Troade, ou du moins qui en ait tenté la description.

Il observa les ruines d'Alexandria-Troas, qu'il crut être celles de l'ancienne Troie. Il remarqua que le Simoïs et le Scamandre étaient de simples ruisseaux complétement à sec pendant l'été. En passant au cap Sigée, il aperçut un morceau de terre semblale à une petite montagne, et s'imagina voir un tombeau élevé à la mémoire d'Achille.

Pierre de La Vallée, le gentilhomme romain surnommé l'Illustre Voyageur, suivit Belon sur la côte d'Asie. Il fit la même erreur au sujet d'Alexandria-Troas.

Pococke parvint à désigner la position des tombeaux, qu'il incline à croire être des monuments de la plus haute antiquité. Pour ne laisser aucune découverte à faire après lui, il ne lui manqua que d'avoir trouvé l'emplacement de l'ancienne Troie.

Profitant de ces travaux, M. Lechevalier, membre de la Société des sciences de Paris, publia, au commencement de ce siècle, un remarquable ouvrage sur Troie et la Troade.

D'après lui, la plaine célèbre se trouve située sur la côte d'Asie, à l'entrée du canal des Dardanelles; elle est entourée d'agréables collines, qui en embrassent toute l'étendue. Les deux endroits où ces collines viennent se terminer sur le rivage de la mer sont remarquables par des monuments qui paraissent être d'une haute antiquité. Deux monticules voisins, élevés par la main des hommes, sont à l'extrémité d'une de ces collines; un autre monticule, semblable aux deux premiers, mais dégradé, est à l'extrémité de l'autre. Le fort de Koum-Kalé est entre les collines.

Au nord de la plaine s'ouvre une vallée que les Turcs nomment Thymbrek, et où l'on trouve les débris d'un temple. Au midi, sur la colline opposée, on voit encore un monticule artificiel, d'une très-grande élévation, qui domine toute la plaine et le pays d'alentour.

A l'est et au fond de la plaine, le village de Bounar-Bachi est situé sur une éminence bordée de précipices et couverte de plusieurs monticules semblables aux précédents. Près du village sont des sources abondantes et limpides, parmi lesquelles on en remarque une qui est chaude et fumante dans certaines saisons. Le ruisseau que forment toutes ces sources, après avoir coulé à l'ouest dans la plaine, entre deux rives verdoyantes et fleuries, a été détourné par l'homme de son cours naturel, et conduit à la mer Egée à travers un vallon qui s'étend vers le midi.

Enfin, un large torrent, presque toujours à sec, descend des hauts sommets du mont Ida, coule aux pieds des précipices qui entourent Bounar-Bachi, et, parcourant la plaine de l'est à l'ouest, va se jeter dans le canal des Dardanelles, près du fort de Koum-Kalé.

Cette description a été confirmée par d'autres voyageurs; elle se rapporte à celle d'Homère; mais malgré son semblant d'exactitude, elle n'est point véritable. L'emplacement de Troie n'a pas été découvert par M. Lechevalier; il était réservé au docteur Schliemann d'aller établir sa tente, il y a quatre années à peine, sur la colline qui portait véritablement nom Ilium, et qui est appelée par les Turcs Hissarlik ou « la forteresse. »

Il fallut au docteur allemand et à sa courageuse femme, une Athénienne, une persévérance et une foi véritables pour mener à bonne fin l'œuvre entreprise.

Il lutta non-seulement contre des dangers sans nombre, mais encore contre les tracasseries de toute sorte du gouvernement turc, et dépensa une somme considérable.

Vingt-cinq mémoires rédigés en forme de journal, un atlas contenant environ cinq mille photographies d'objets exhumés, et le plan des fouilles, telle est l'œuvre offerte au public ces temps derniers.

D'après ces documents, on peut se rendre un compte exact des travaux exécutés sous les ordres du savant archéologue.

Plein de foi, lui aussi, dans les vers de

l'Iliade, il s'imagina d'abord qu'Hissarlik, la colline qu'il a fouillée durant trois ans, était la Pergame de la cité troyenne. A son sens, Troie devait avoir eu pour le moins 50,000 habitants, et s'être étendue sur tout l'espace qu'avait occupé plus tard la colonie grecque. Cependant, comme il s'était promis d'examiner les faits avec une scrupuleuse exactitude, il pensa que rien ne le pouvait servir que de faire des sondages dans la plaine. Il creusa donc d'abord avec précaution aux extrémités de l'Ilion hellénique, et ne put mettre d'abord au jour que des murailles et des tessons appartenant à l'époque grecque, sans un vestige qui révélât une habitation plus antique. Ayant creusé des tranchées nombreuses, il lui fut permis d'affirmer que Troie n'a pas dépassé les limites de la colline, que sa surface est complétement bornée par le grand mur dont elle était entourée, et qu'il a déterré en maint endroit; que la cité n'avait pas d'acropole, et que Pergame n'a existé que dans l'imagination d'Homère.

Il lui répugne d'accorder un espace si rétréci à Troie; mais la .vérité lui est chère, et il se doit féliciter des résultats obtenus par ses trois années de travail. La Troie homérique, toute rapetissée qu'elle est, constate cependant la réalité des faits historiques, étant donnée l'exagération poétique.

Donc on peut s'estimer heureux d'avoir acquis la certitude de l'existence de cette ville, existence si souvent mise en doute, et voici le résultat obtenu par les fouilles.

Les maisons de Troie avaient toutes plusieurs étages et s'élevaient très-haut, comme le prouvent et l'épaisseur de leurs murailles et les énormes amas de leurs débris.

Cependant il en faut rabattre du chiffre de 50,000 habitants, et le réduire presque au dixième. Mais elle pouvait, parmi ses sujets, lever une armée considérable, et sa puissance et sa richesse lui permettaient d'appeler des mercenaires de tous les côtés.

On doit estimer à leur juste valeur les découvertes du docteur Schliemann. Il a en réalité découvert un grand mur de circonvallation, une grande tour, la porte Scée, et un trésor, c'est à-dire des bijoux, qu'on a appelés les trésors du roi Priam.

M. Schliemann a poursuivi ses recherches dans cinq couches diversement composées de constructions, de grandes pierres de taille, de matériaux et 'd'objets divers.

Ce ne fut que vers le dixième mètre qu'il découvrit des couteaux, des têtes de flèche et des haches d'armes en bronze d'un travail assez beau pour montrer qu'ils provenaient d'un peuple ayant cultivé les arts.

Le docteur trouva soudain son passage fermé par une tour de 12 mètres d'épaisseur qui lui parut être fort longue; il déchaussa sa construction tout le long de sa tranchée, et se convainquit que cette tour est bâtie sur le roc à une profondeur de 14 mètres.

Il suppose, d'après l'énorme accumulation des débris, que cette tour s'élevait au bord occidental de l'Acropole, où elle occupait une situation importante, puisqu'en haut on pouvait dominer non-seulement toute la plaine de Troie, mais l'Hellespont et la mer Égée avec les îles voisines. D'après cette position, il se plaît à conclure que c'est à cette tour qu'est montée Andromaque pour pleurer et gémir dès qu'elle eut appris la détresse des Troyens et la victoire remportée par les Grecs.

A l'ouest de cette construction, on trouva une voie pavée de larges dalles de pierre et conduisant à l'une des portes de la cité, porte double avec un espace de six mètres au milieu, et dont les assises de bronze sont encore scellées dans les murs. L'explorateur croit avoir trouvé les fameuses portes Scées, qui, d'après lui, doivent leur remarquable conservation à leur enfouissement sous les ruines du palais de Priam.

Voici comment s'exprime à ce sujet M. Schliemann, dans un de ses derniers bulletins archéologiques :

« La trouvaille la plus intéressante que j'aie faite jusqu'ici, depuis trois ans que je suis à Hissarlik, est certainement celle d'une habitation qu'on a découverte cette semaine, et dont on a déjà déblayé huit chambres. Elle gît à la profondeur de 7 à 9 mètres, juste au-dessous du temple grec de Pallas Athéné et sur la grande tour. Les murs en sont construits en petites pierres cimentées avec de la terre, et semblent appartenir à des époques différentes.

« Dans une seule des chambres, existe un dallage calcaire ayant le côté uni tourné au dehors. Dans les autres, le bas des murs a été noirci par le feu, ce qui prouve qu'elles avaient un plancher de bois. Au-dessus des débris, dans les chambres elles-mêmes, se trouvent des cendres de bois, mêlées à des briques séchées au soleil, puis brûlées par une conflagration, ou des débris noirs, restes de l'ameublement, mélangés avec des masses de petites coquilles.

« Dans quelques chambres, il y avait des jarres rouges, hautes d'environ 2 mètres 50.

« Au côté oriental est une pierre des sacrifices, d'un genre très-primitif et composée d'une table de granit qui supporte une pierre taillée en croissant, afin d'y tenir sans doute l'animal à sacrifier. Au-dessus de l'autel, on a ménagé un canal en tranches d'ardoise verte, qui devait servir à l'écoulement du sang des victimes. »

Un peu après, le docteur déterra ce qu'il appelle le trésor du roi de Priam. Son attention fut attirée par un grand objet de cuivre d'une forme remarquable, derrière lequel il lui sembla voir briller de l'or.

Si nous énumérons les principaux objets découverts, nous citerons un bouclier de bronze semblable au bouclier d'Achille décrit par Homère, des ustensiles en bronze, des vases d'argent, des gobelets ou vaisseaux d'or massif.

Dans le plus grand des vases d'argent, on trouva un grand nombre de bijoux de femme, des bandeaux de front, des boucles d'oreilles, des bagues, des boutons, des bracelets tous en or pur. Les bijoux les plus intéressants sont les coiffures et les bandeaux qui sont travaillés avec beaucoup de délicatesse, et prouvent un véritable sentiment artistique.

Deux petits vases grossiers, en terre

jaune et grise lissée, et portant des signes d'écriture, ont donné lieu à de savantes dissertations que notre cadre ne nous permet pas de reproduire.

Qu'il nous suffise de conclure avec M.. Émile Burnouf que si Troie a existé, M. Schliemann a bien réellement découvert l'Ilion d'Homère.

Dans les autres places fouillées, il n'y a rien ou presque rien. Ici existent encore les murailles de la ville que toute l'antiquité a nommée Ilion et qui fut fondée par les Grecs au septième siècle avant Jésus-Christ, sur le lieu qu'ils regardaient comme le site de Troie.

Les travaux ont remis au jour les palais et le trésor du roi Priam. La citadelle où commandait ce prince avait sa porte sous le palais même, et cette porte était à l'occident, ce qui est la signification même du nom de porte Scée dans *l'Iliade*. La tradition est conforme avec ces données; que faut-il demander de plus?

Les revues savantes qui s'occupent de questions archéologiques concluent de même sorte.

On doit donc reconnaitre le service rendu par le docteur Schliemann. Il n'a, il est vrai, retrouvé ni traditions, ni inscriptions incontestables; mais les monumnets qu'il a révélés mettent au delà de toute espèce de doute l'existence d'une population florissante et civilisée sur l'endroit même qui a toujours, de mémoire historique, porté le nom d'Ilium, ils prouvent qu'il y avait là incontestablement une cité préhellénique forte, bien que petite, civilisée, riche, et correspondant de la façon la plus frappante avec la Troie chantée par Homère.

Si elle a existé, dit la *Revue d'Édimbourg*, ainsi qu'on n'en peut douter, une tradition immémoriale fort antérieure aux poëmes d'Homère, qui rapportait les légendes concernant Troie et sa destruction par les Achéens à ce petit canton que baigne l'Hellespont, et qui, dans tous les siècles, a été nommé la Troade, n'est-il pas naturel d'en conclure que la cité dont on vient d'exhumer les restes avec les marques évidentes qu'elle existait durant une période pleine d'analogie avec l'état de choses que nous croyons avoir été celui des siècles héroïques, n'a pu être que la capitale et la citadelle du pays environnant, que la cité à laquelle toutes les voix des légendes et de la tradition accordaient les noms d'Ilium et de Troie?

L'INDE

L'INDE. — Fête de la Lune, à Ceylan.

CHAPITRE PREMIER

L'INDE. — SA DÉCOUVERTE. — DESCRIPTION GÉOGRAPHIQUE.

Obscurité des premiers temps historiques. — Découverte de Vasco da Gama, voyageur portugais, en 1597. — Journal de ce voyage par Alvardo Velho. — L'Ile Mozambique. — Mélinde. — Calicut. — Captivité des Portugais. — Retour de Vasco da Gama. — Histoire de l'établissement

Avant d'étudier les mœurs et la civilisation de l'Inde moderne, il importe de faire connaître les notions imparfaites mais intéressantes que nous possédons sur le passé de cette contrée de l'Asie, qui est aussi étendue que la moitié de l'Europe.

Il est à peu près impossible de déterminer quelles limites assignaient les anciens à ce vaste et merveilleux pays; mais il est certain que les peuples désignés par les Grecs et les Latins sous le nom d'Indiens, sont ceux qui professaient et professent encore la religion de Brahma. Cette sorte de démarcation coïncide avec les frontières naturelles, l'Himalaya, l'Indus et l'Océan. Telles étaient les bornes de l'Inde continentale des anciens, telles sont aussi les grandes limites assignées par les Brahmanes.

Sésostris, Darius, Alexandre, ont tenté la conquête de l'Inde, et si la tradition historique nous a transmis peu de faits, elle permet au moins d'affirmer que les sciences et les arts florissaient parmi les Indiens, à une époque où les nations prétendues civilisées sortaient à peine des ténèbres de l'ignorance.

A la vérité, les chimères et les fables dominent dans cette histoire, et l'obscurité règne dans les monuments écrits qui nous ont été légués; les notions que les auteurs du *Ramayana*, du *Bagavatta* et du *Maha-baratta* ont essayé de transmettre sur la chronologie, l'époque, la succession et la durée des diverses dynasties, sur les héros indiens, leurs guerres et leurs prouesses, sur les révolutions du pays et les causes qui les ont occasionnées, sur les premiers législateurs, sur l'invention et l'établissement des sciences et des arts; toutes les données intéressantes se trouvent confondues et comme enfouies sous un amas de contes pitoyables.

Cela tient à la manie du merveilleux qui a toujours caractérisé les Indiens, manie que leurs premiers historiens, poëtes dans toute la force du terme, comme beaucoup d'historiens anciens, flattèrent et encouragèrent.

Quoi qu'il en soit, les formes variées de leurs institutions politiques et civiles, leurs connaissances en mathématiques et principalement en astronomie, leurs systèmes de métaphysique et de morale, la renommée de leurs philosophes, les avaient depuis longtemps rendus célèbres.

On savait que l'Inde avait été le berceau de toutes les croyances religieuses, qu'il s'attachait à ce mot une idée mystérieuse et grande, que son histoire était liée à celle du monde entier.

Mais là s'arrêtaient les connaissances des Européens, lorsque survint à la fin du quinzième siècle ce remarquable événement qui a permis sinon de dissiper les ténèbres du passé, au moins d'éclairer de quelque lumière le caractère et les habitudes de l'un des ancêtres de l'humanité.

Ce fut le 8 février 1497, cinq ans après la découverte de Christophe Colomb, que Vasco da Gama, navigateur portugais, entreprit le célèbre voyage qui devait aboutir à la découverte des Indes.

Le récit du premier voyage de Vasco, traduit par M. Ferdinand Denis dans une de ses études sur les *Voyageurs anciens et modernes,* ouvrage publié par M. Édouard Charton, est parvenu jusqu'à nous. Son auteur s'appelait Alvaro Velho. Ce personnage, sur le compte duquel on n'a d'autres détails que ceux qu'il veut bien nous donner, n'a guère d'autre mérite que celui d'observateur. Choisi pour être l'un des douze marins destinés à porter au souverain de Calicut des présents, il observa l'intérieur de la ville et ne négligea aucune occasion de signaler les mouvements de quelque importance qu'excita dans la cité indienne l'arrivée des étrangers.

C'est la seule relation digne de confiance qui nous ait été conservée sur les divers incidents dont a été marquée la navigation de l'illustre explorateur portugais. Il nous faut en dire quelques mots.

Le 4 novembre 1497, les quatre navires expédiés par le roi de Portugal don Manuel, et commandés par Vasco da Gama, furent en vue des côtes occidentales de l'Afrique. Ils mouillèrent dans une baie qu'on baptisa du nom de Sainte-Hélène.

Peu après, ils débarquèrent dans un pays où ils trouvèrent des hommes au teint basané, qui ne mangeaient que des loups marins, des baleines, de la viande de gazelles, des racines de plantes. Ces sauvages étaient couverts de peaux et n'avaient pour armes que des cornes durcies au feu, ajustées à des gaules d'olivier sauvage.

Les oiseaux de ce pays sont pareils à ceux de Portugal, dit le naïf narrateur; on y trouve des corbeaux de mer, des mouettes, des tourterelles, des alouettes et bien d'autres oiseaux; le climat de ces terres est fort tempéré et fort salubre.

Après avoir trafiqué avec les naturels, et avoir été victimes d'une lâche agression, les explorateurs poursuivent leur route, ils naviguent dans le voisinage du cap de Bonne-Espérance, et parcourent le territoire du cap et les régions environnantes, qui étaient occupés par la race des *Gonaquas,* nation hottentote dispersée aujourd'hui ou mêlée à d'autres hordes. Ces hordes, qui formaient de nombreux villages, étaient et sont encore exclusivement livrées à des occupations pastorales.

Vasco da Gama parvient ensuite aux terres de Natal, étudie les mœurs des Cafres, puis arrive à l'île de Mozambique, où les musulmans s'efforcent vainement de faire mauvais parti à son équipage. Après avoir dans les îles voisines échappé aux embûches des habitants, les marins portugais relâchent à Mélinde, située à trente lieues de Monbaça.

Ils trouvent là quatre navires de chrétiens des Indes. Ces chrétiens, la première fois qu'ils vinrent à bord d'un des vaisseaux européens, aperçurent une image de Notre-Dame avec Jésus dans ses bras. Ils se prosternèrent sur le plancher, et, tout le temps du séjour, firent devant l'image leurs oraisons, apportant en présent des clous de girofle, des piments et autres objets.

Ces Indiens étaient des hommes basanés, couverts de peu d'étoffes ; ils portaient une grande barbe avec des cheveux très-longs, et ne mangeaient pas de viande de bœuf.

La ville de Mélinde est située dans une baie et bâtie le long de la plage; les maisons sont hautes et bien blanchies, percées de nombreuses fenêtres. Il y a alentour des plantations immenses de palmiers.

En quittant Mélinde (nous suivons pas à pas le récit d'Alvardo Velho), Vasco da Gama se rend à Calicut, peuplée de chrétiens au teint basané.

La vague tradition qui peuplait l'Inde de chrétiens, est toujours présente à la pensée du narrateur ; il y avait en effet des chrétiens à peu de distance de Calicut, dans le royaume de Cochin et dans celui de Travancore. On les connaît aux Indes sous les noms de Nazzareini et de Syriens. La tradition veut qu'ils aient reçu le christianisme de l'apôtre saint Thomas, qui souffrit le martyre dans la ville de Méliapoar, appelée également Saint-Thomé.

Ces chrétiens, poursuit Alvaro Velho, ont le teint basané, de grands cheveux, une grande barbe ; d'autres se rasent la tête et n'ont que des moustaches. Leurs oreilles sont percées et ils y portent beaucoup d'or. Ils vont nus de la ceinture en haut, et portent par le bas certaines étoffes de coton fort déliées. Les femmes de ce pays sont en général laides et de petite taille ; elles portent sur la poitrine beaucoup de joyaux d'or, aux bras quantité de bracelets ; leurs doigts de pied sont ornés d'anneaux dans lesquels se trouvent enchâssées de riches pierres Le

peuple a assez bonne mine, mais il est ignorant et avide.

Vasco da Gama fait dire au roi de Calicut que l'ambassadeur du Portugal est là, apportant des lettres de son souverain, et qu'il irait les lui remettre au lieu où il se trouvait. Le roi ayant reçu ce message, donna des étoffes aux hommes qui le lui avaient apporté, et fit répondre que les Portugais étaient les bienvenus.

En allant au-devant du roi, entouré d'une foule considérable de curieux, Vasco da Gama s'arrête à la pagode.

C'est une sorte de grand monastère construit en pierres de taille bien travaillées, couvert en carreaux; à la porte principale , on voyait un pilastre de bronze de la hauteur d'un mât de navire, au sommet duquel se trouve un oiseau ressemblant à un coq.

A l'intérieur de cette pagode était une petite image que les cafis ou prêtres dirent être *Notre-Dame*, mais qui représentait sans nul doute la divinité hindoue *Maha-Madja*. Cette divinité, d'après les croyances des brahmes, mourut sept jours après avoir donné la naissance à son fils *Shakia;* mais en considération de ce qu'elle avait porté dans son sein le maître des dieux, elle naquit une seconde fois.

Voilà, à peu de chose près, la légende chrétienne.

C'est ce qui, avec les costumes des prêtres, assez semblables à ceux des nôtres, et l'eau bénite et les cérémonies, entretint chez les compagnons de Gama l'idée étrange qu'ils étaient en pays chrétien.

Après avoir visité quelques autres monuments de Calicut, Vasco da Gama fut reçu par le roi, qui d'abord lui fit bon accueil, puis peu après le fit emprisonner avec ses compagnons.

Cette captivité ne fut que momentanée, et bientôt les hardis explorateurs regagnèrent leur pays, avec une lettre du roi de Calicut, adressée au roi de Portugal.

Cette lettre, écrite sur une feuille de palmier avec une plume de fer, était conçue en ces termes :

« Vasco da Gama, gentilhomme de votre maison, est venu en mes États, ce que j'ai eu pour agréable. En mon pays, il y a beaucoup de canelle, de clous de girofle, de gingembre et de poivre, avec nombre de pierres précieuses ; et ce que je souhaïte de ton pays, c'est de l'or, de l'argent, du corail et de l'écarlate. »

Cette missive, étrangement laconique, étant données les formules pompeuses employées d'ordinaire par les souverains orientaux vis-à-vis des autres souverains, prouve en quelle médiocre estime le prince hindou tenait le nouvel ambassadeur et le roi européen qu'il représentait.

Vasco da Gama, après avoir eu la douleur de perdre son frère à la fin de la traversée, rentra dans Lisbonne vers la fin du mois d'août 1499. Il y fut salué du titre d'*almirante*, et des fêtes pompeuses signalèrent son retour. On notifia officiellement au Saint-Siége, aux villes et aux bourgades du royaume, la nouvelle de la découverte des Indes, et le roi Emmanuel fut appelé le roi Fortuné.

Cependant il fallut plus d'un demi-siècle pour que l'Europe connût les détails de cette expédition, qui avait fixé l'attention universelle, et les peuples ne connurent la gloire de cette découverte que lorsque le poëte Camoëns l'eut chantée dans les *Lusiades*.

Nous avons longuement insisté sur le journal du marin Alvaro Velho, non-seulement parce qu'il est le document le plus authentique, mais encore parce qu'il contient de précieux détails sur l'Inde au seizième siècle, et qu'il nous a paru présenter, sous tous les rapports, un intérêt réel.

Les Portugais revinrent bientôt sur les côtes de l'Hindoustan ; ils défirent sans peine les troupes du roi de Calicut, construisirent des forteresses, établirent des factoreries, se rendirent maîtres d'importantes possessions sur toute la côte du Malabar, et eurent entre les mains, après peu d'années, le monopole du commerce de l'Inde.

Mais ils ne tardèrent pas à se rendre odieux par leurs cruautés et leur tyrannie, et l'alliance espagnole amena, au bout d'un siècle à peine, la ruine de leurs colonies, exposées dès lors aux coups des ennemis de l'Espagne.

Les Hollandais, entrant en campagne, remportèrent une victoire sur la flotte hispano-portugaise, et furent accueillis par les Indous comme des amis et presque comme des libérateurs.

Ils fondèrent aussitôt la Compagnie des Indes orientales.

A peu près à la même époque l'Angleterre commença à entreprendre le commerce avec les Indes. La France, de son côté, qui jusque-là n'avait fait que d'in-

fructueuses tentatives, parvint à acquérir des possessions territoriales. Pondichéry, chef-lieu de ces possessions, prit
de bonne heure une importance assez
considérable.

Les Hollandais firent peu de progrès
pendant la première moitié du dix-septième siècle; mais pendant la seconde
ils s'emparèrent des stations portugaises
sur les côtes de Malabar et de Coromandel, à l'exception de Goa. La compagnie
française des Indes orientales acheta, en
1672, le district de Pondichéry au roi
de Bedjapour. Pondichéry fut pris par
les Hollandais en 1692, mais ils le res-
tituèrent en 1697, à la paix de Rys-
wyck.

En 1612, il s'institua une compagnie
danoise qui, en 1616, s'établit par achat
à Tranquebar.

La compagnie anglaise avait établi
son premier comptoir à Surate en 1812;
elle se fortifia ensuite à Masulipatam
sur la côte de Coromandel. Elle obtint
en 1633, du grand Mogol le droit de
faire le commerce du Bengale.

Tel est le résumé de la colonisation
européenne. L'histoire de l'Inde se con-
fond depuis lors avec les établissements
français, et surtout avec les établissements anglais. Aussi aurons-nous à étudier dans un chapitre spécial l'*Inde anglaise*.

Avant d'examiner les mœurs de cette
contrée, qui forme comme un monde à
part dans l'univers, il importe d'en décrire l'aspect géographique.

On donne le nom d'Inde ou d'Indes
orientales à deux grandes presqu'îles de
l'Asie méridionale séparées par le Gange

et appelées l'une *Inde en deçà du Gange,
Inde cisgangétique* ou *Indoustan*, et l'autre *Inde au delà du Gange, Inde transgangétique* ou *Indo-Chine*.

L'Inde, dans son ensemble, est séparée
du Thibet par la grande chaîne de l'Himalayah, qui comprend les montagnes
les plus élevées et les plus considérables
du globe.

A l'ouest et à l'est deux grands fleuves,
l'Indus et le Brahmapoutra, forment
sa frontière; l'Océan borne les autres
côtés.

A une extrémié de cet immense empire règne un froid excessif, à l'autre une
chaleur tropicale; aussi y trouve-t-on et
les fruits des climats tempérés et les sa-
pins du nord; certaines plaines produisent deux moissons par an, d'autres sont
recouvertes de sables brûlants.

Le milieu de l'Inde est fertilisé par des
fleuves sans nombre; on dirait un merveilleux tapis de verdure. Le Bengal
surtout offre aux regards surpris un spectacle d'une étonnante beauté, d'une richesse inouïe.

La province d'Allahabad est aussi fertile que le Bengal.

Au delà de la vallée du Gange commence celle de la Djamna, où l'on récolte
le riz et les grains européens.

Dans cette plaine immense de l'Inde
on cultive le sucre, l'opium, l'indigo, la
plus précieuse des substances en teinture, le coton, qui habille l'Europe tout
entière.

A côté de ces contrées s'étendent les
jongles, ces forêts indescriptibles et surtout impénétrables, composées d'épines,
d'arbres gigantesques de bambous qui

parfois s'élèvent à une hauteur de quatre-vingts pieds.

Point d'animaux sauvages dans les provinces cultivées; on rencontre là des bœufs, des chevaux. Dans les jongles, au contraire, les bêtes fauves, le tigre, l'éléphant.

Que si nous nous approchons de la chaîne de l'Himalayah, nous trouverons au pied de ces montagnes aux sommets neigeux des marais pestilentiels qui sont formés par les torrents.

Les Anglais cantonnés sur les frontières du Népal et du Boutan ont eu à souffrir cruellement de l'insalubrité de ce climat.

D'après l'ouvrage de M. Xavier Raymond, qui a résumé les principales observations des voyageurs, la zone la plus élevée de l'Himalayah est soumise à un climat semblable à celui du nord de l'Europe ou de l'Amérique, et qui, devenant plus rigoureux à mesure qu'on s'élève, n'a plus d'analogue sur la terre que les glaces éternelles du monde arctique.

Même dans la partie inférieure de cette zone, la neige ne fond qu'au mois de mai ou juin, au moment où la chaleur est accablante. Le voyageur est brûlé par le soleil en même temps qu'il souffre d'un froid rigoureux.

Et là cependant encore la végétation a parfois une merveilleuse puissance. Presque partout on cultive avec succès sur ces hauteurs de 12,000 pieds l'orge et le blé.

Le capitaine Webb a rencontré sur ces sommets de magnifiques forêts de chênes. des fraises, des treilles de raisin en fleur, de gras pâturages.

Les précipices menaçants sont couverts de bois de pins, de cyprès, de cèdres. A côté sont des arbrisseaux d'Europe, des groseilliers, des framboisiers; plus loin, les roses sauvages, les lis des vallées, les primevères et toutes les fleurs des champs.

Sur le versant septentrional de l'Himalayah, le village de Nako, situé à 12,000 pieds au-dessus du niveau de la mer, est entouré dans la saison de riches moissons d'orge et de blé.

Les chats sauvages, les ânes. les sangliers, les chamois, les daims qui produisent le musc, peuplent ces hautes régions. Les forêts abritent les volatiles qui, partout ailleurs, peuplent les basses-cours.

Parfois des plaines s'étendent au milieu même des montagnes. Tel est le petit royaume de Cachemir, qui, plus que tout autre partie du globe, mérite d'être nommé le paradis terrestre.

« De nombreux ruisseaux, descendus des pentes des montagnes, entretiennent la plus riche verdure et la plus belle végétation dans ces vallons, et viennent former au milieu de leurs plaines un lac embelli par tout ce que la nature peut produire de plus charmant. Les souverains mogols ont construit sur les bords de cette nappe d'eau de délicieux palais, où ils venaient oublier dans le calme de la retraite les soucis de l'empire. Les poëtes orientaux ont célébré à l'envi les délices de cette vallée enchanteresse. Ils vantent surtout la rose de Cachemir. comme une fleur d'une beauté exquise, et dont l'époque de floraison est une fête nationale. »

Ces descriptions ont parfois été qualifiées de mensongères. Cependant contre le sceptique Jacquemont, le baron Hugel, qui visita ces lieux en 18/5, soutient qu'on ne saurait rien dire de trop flatteur sur cette heureuse contrée.

On cultive dans le royaume de Cachemir les fleurs d'Europe ; on y trouve des platanes, des vignes, des peupliers.

De tous les palais, qui jadis embellissaient le fond de la vallée célèbre, il n'en reste qu'un.

La beauté des filles de Cachemir est célèbre, trop célèbre même, dans toute l'Asie. Jacquemont, tout en affirmant que ces beautés ont été trop vantées, ne peut s'empêcher de reconnaître que beaucoup, parmi ces femmes, ont de beaux yeux et sont vendues dès l'enfance.

Difficiles à franchir sont les défilés des montagnes conduisant au Thibet. Cependant l'industrie des hommes a su se frayer des chemins étroits et périlleux à la vérité, mais qui cependant permettent à l'Inde et au Thibet d'échanger leurs produits, que l'on transporte à dos de chèvres et de moutons.

Nous avons dit que le climat était ou extrèmement froid ou très-chaud. L'année cependant se divise partout chez les Indous en trois saisons : la pluvieuse, la froide et la chaude.

La saison pluvieuse commence en juin et finit en octobre, la saison froide règne de novembre à février, et la saison chaude de mars à la fin de mai.

Des vents périodiques, appelés moussons, soufflent sur la surface de l'Inde pendant six mois de l'année et tempèrent les chaleurs.

L'approche de la mousson dans la plus grande partie de l'Inde, si l'on en croit M. Elphinstone, s'annonce ordinairement par des masses de nuages qui s'élèvent de l'océan Indien et s'épaississent à mesure qu'il s'approchent des terres. Après quelques jours de temps couvert, le ciel semble se couvrir vers le soir comme-si la tempête menaçait, et la mousson s'établit le plus souvent pendant la nuit.

Elle s'annonce par de terribles coups de tonnerre, et commence par des coups de vent impétueux, suivis d'un déluge de pluie. Pendant quelques heures les éclairs se succèdent sans interruption.

Le lendemain toute la nature présente un triste spectacle. La pluie est si épaisse qu'on peut à peine voir à quelques pas devant soi. Les rivières entraînent avec elles tout ce qu'elles rencontrent sur leur passage, et inondent au loin les campagnes,

Ce déluge dure quelques jours. Ensuite le ciel s'éclaircit et montre la nature rajeunie comme une magique puissance.

Avant l'orage, la terre était toute brûlée par le soleil ; nulle part on ne découvrait de traces de verdure, si ce n'est dans le lit des rivières desséchées ; pas un nuage dans le ciel. « L'atmosphère était chargée d'une poussière dévorante, à travers laquelle le soleil paraissait large et rouge comme dans nos brouillards d'hiver ; un vent brûlant, comme s'il sortait d'une fournaise, échauffait, même à l'ombre, le bois, le fer, les pierres ; quelques jours avant la mousson ce vent avait été remplacé par des cal-

L'INDE. — Types d'Indiens.

mes encore plus accablants. Mais aujourd'hui la première violence de l'orage est passée, la terre se couvre comme par enchantement d'une fraîche et admirable végétation, les fleuves sont rentrés dans leur lit et promènent majestueusement leurs eaux fécondantes au milieu des campagnes, l'air est pur et délicieux, le ciel s'embellit d'un riche manteau de nuages, la nature enfin semble ravivée. »

Dès lors, les pluies se succèdent à des intervalles réguliers pendant un mois, reprennent avec une grande abondance en juillet, deviennent plus rares en septembre, et disparaissent enfin au commencement d'octobre, au milieu d'orages semblables à ceux qui les avaient précédées.

Ce climat n'est pas, bien entendu, le même pour l'Inde tout entière : il varie suivant les contrées. Les montagnes, en arrêtant les nuages, produisent ces variations; mais nous avons cru devoir donner une description de la mousson, qui règne sur presque tout le pays qui nous occupe.

Du Bengale à Madras et de Madras à Bombay, la température varie assez sensiblement, sans cependant cesser d'être soumise aux lois générales que nous avons énoncées.

Après avoir parcouru de la sorte à vol d'oiseau cet empire immense, il est utile d'exposer certaines notions générales concernant son antiquité.

Suivant l'opinion qui veut que les régions les plus élevées aient été peuplées les premières, on peut aisément, sans aller jusqu'à affirmer que le paradis terrestre était placé près des vallées de Cachemir et des coteaux fertiles de Sirinagor; on peut, disons-nous, avoir la certitude que l'Inde est le pays le plus anciennement cultivé et civilisé; que là se formèrent les premières tribus, les premières associations de familles.

Nulle part, sur le globe, les êtres humains n'ont trouvé des aliments plus sains, plus abondants que sur les bords du Gange; nulle part un climat aussi doux ne les a moins contraints de détruire les animaux pour se vêtir de leurs peaux ou de leurs toisons. Point n'était besoin, en principe, de se disputer la possession d'une fontaine ou la récolte d'un champ. Se construire une maison était même chose inutile, tant il était aisé de trouver sous les bananiers ou les palmiers un abri suffisant et contre le soleil et contre la pluie.

Si nous cherchons dans l'histoire la preuve de l'antiquité des peuples de l'Inde, nous verrons que les livres de Moïse parlent déjà des bois d'aloës et d'ébène, de la cannelle et des pierres précieuses, produits de ce pays.

Poursuivant notre étude et recherchant les faits relatés pendant l'expédition d'Alexandre, nous pouvons nous convaincre que la civilisation indienne, quoiqu'elle ne soit ni la plus apparente, ni la plus connue, est certainement la plus ancienne.

En effet, il y a identité parfaite entre le système religieux et politique des Indiens au siècle d'Alexandre et le système politique et religieux de l'Hindoustan moderne.

A cette époque existaient les superstitions hindoues que nous sommes à même de constater aujourd'hui. Les Macédoniens trouvèrent dans l'Inde toutes les espèces les plus remarquables de fakirs ou de religieux que rencontrent nos voyageurs contemporains.

Les uns vivant dans les forêts, se couvrant d'écorces d'arbres et se nourrissant de racines; les autres promenant des serpents, disant la bonne aventure, vendant des remèdes miraculeux. On voyait celui-là, disent les historiens anciens, s'étendre par terre pendant une journée tout entière et recevoir sans émotion les torrents de pluie qui inondaient son corps. On voyait celui-ci placé tout nu sur une pierre presque ardente braver la violence des rayons du soleil et la piqûre des insectes. Tous

laissaient flotter sur leur dos une immense chevelure, qu'ils mettaient plus
de soin à nourrir qu'à nettoyer.

Strabon rejette comme une fable que
les Indiens savaient plier les doigts de
la main en arrière et ceux du pied en
avant, de sorte qu'ils marchaient sur la
plante supérieure. Ce sont cependant des
exercices auxquels les fakirs se livrent
continuellement.

Les bayadères ou filles publiques,
attachées au service des temples, rappelle Malte-Brun, existaient déjà. Leurs
inspecteurs les rassemblaient au son
retentissant d'un instrument d'airain,
et la coutume qui livrait à la lubri-
cité publique ces victimes de la superstition est vaguement retracée par un
des compagnons d'Alexandre.

L'usage qui condamne les veuves à
s'immoler sur le tombeau de leurs
époux, ainsi que l'emploi des anneaux
d'ivoire, des parasols et des babouches
de cuir blanc distinguaient les Indiens
avant le commencement de l'ère vulgaire.

Les institutions politiques et religieuses de l'Hindoustan paraissent donc
avoir existé mille ans avant Jésus-
Christ.

Cependant, quelle que soit l'antiquité
que l'on est autorisé à reconnaître à ce
pays, on ne trouve aucun monument indien authentique remontant au delà du
siècle de Moïse. Les plus anciens de
leurs écrits sacrés, les *Védas*, ne remontent guère qu'à cette époque.

Ce qu'il y a de vraiment remarquable
dans l'histoire de ce peuple, c'est sa fidélité aux mêmes croyances, aux mêmes

lois et aux mêmes institutions, malgré
les invasions des hordes étrangères.

La population de l'Hindoustan se compose d'au moins cent vingt millions d'habitants, descendant en partie de peuples
d'origine étrangère. Dans ce nombre on
peut nommer les *Tatars* et *Mongols*, les
Afghans ou *Patanes*, les *Béloutchis*, qui
paraissent être venus anciennement de
l'Arabie, les Malais, les Perses, et particulièrement les adorateurs du feu ou
les Guèbres, les Arabes, les Juifs noirs
et blancs ; sur la côte de Malabar, les
Portugais noirs, descendants d'un mélange d'Européens et d'Hindous, et très-
répandus sur les côtes de Dékan et dans
le Bengale.

Les véritables indigènes du pays sont
les Hindous, ou descendants des anciens
Indiens.

Cette race occupe encore les plus
belles et les plus vastes parties du
pays.

D'autres peuplades hindoues qui, sans
se confondre avec les peuples étrangers, ont perdu leur caractère primitif,
vivent au milieu des montagnes et des
forêts.

Pour en finir avec ces généralités,
ajoutons que, dans l'antiquité même, on
connaissait de ces dernières tribus certaines coutumes particulières.

Ainsi, raconte Hérodote, la tribu des
Padœi non-seulement mangeait de la
chair crue, ce qui est permis à certaines
peuplades de chasseurs, mais encore
elle tuait les vieillards, les mettait à la
broche et les dévorait. Il fallait sans
doute qu'un principe religieux quelconque ou qu'une loi ordonnât ce

meurtres contre nature ; mais, quoi qu'il en soit, l'habitude de manger ses vieux parents a subsisté jusqu'à nos jours, chez les habitants du nord de l'île de Sumatra.

« Quand un vieillard est las de vivre, il invite ses enfants à le manger. La famille s'assemble sous un arbre sur lequel on assied le vieillard ; on chante en secouant l'arbre un chœur funèbre qui dit : « La saison est venue, le fruit est « mur, il faut qu'il se détache. » Puis on descend la victime ; ses plus proches, ceux qu'il chérit davantage, lui donnent le coup mortel ; et l'on mange sa chair dans un banquet solennel. »

Certaines autres tribus de l'Inde passent aussi pour anthropophages.

CHAPITRE II

LES CASTES. — LA RELIGION.

Type. Caractère général. — Division des castes. Subdivision. Coutumes particulières de ces castes. — Cérémonies. Usages. — Mariages. — Les *Main-droite* et les *Main-gauche*. — Les lois de Manou. — De l'utilité de la division des castes. — Châtiment de l'exclusion. — Réhabilitation. — Origine des brahmanes. — Des diverses religions pratiquées dans l'Inde. — Bouddhistes et djeinas. — Les sectes. — Les prêtres. — La hiérarchie ecclésiastique. — Cérémonies. — Des quatre conditions des brahmanes. — La métempsycose.

Avant d'étudier les mœurs et les coutumes générales des Indiens, il est indispensable de dire qu'ils appartiennent à la première variété de l'espèce humaine. Ils se rapprochent des nations européennes bien plus que des Persans et des Arabes, par la forme de leur crâne, les traits de leurs visages, les proportions de leurs membres.

Mais leur peau, presque noire dans le midi de la Péninsule, n'arrive pas même, dans les montagnes septentrionales, à la blancheur et à l'incarnat européen ; elle conserve toujours une teinte olivâtre.

Les Hindous du Sud sont moins vigoureux que ceux du Nord. Ceux qui suivent l'antique religion de Brahma sont affaiblis et énervés par leur nourriture exclusivement composée de végétaux, de légumes.

Au contraire, les musulmans qui mangent de la viande ont une vigueur et une activité remarquables.

En général les habitants des campagnes ont des principes honnêtes et religieux ; ceux des villes sont plus corrompus, et ceux qui, dans ces villes, passent pour les plus corrompus, sont les gens de loi.

Sobres et paresseux, ils se contentent de modiques salaires. Ils sont aptes à profiter des enseignements que leur fournissent les peuples d'Europe. Doués de sentiments patriotiques, d'une dignité particulière, ils semblent mépriser leurs dominateurs tout en reconnaissant la valeur de leurs institutions et de leurs lois.

Ces traits principaux étant tracés, nous allons étudier la société dans l'Inde et les diverses classes de citoyens.

Tout d'abord il importe de parler des *castes* qui, pour nous, désignent les différentes tribus de l'Inde.

Elles se doivent diviser en quatre : les *Brahmanes* ou *Brahmes*, qui exercent le sacerdoce et ses différentes fonctions ; les *Kchatrias* ou *Rajahs*, qui composent l'armée ; les *Veissiahs*, à qui appartiennent la culture de la terre, l'élevage des troupeaux, le commerce ; et enfin les *Sudras* qui sont des esclaves et des laboureurs. Ensuite, et à part, vient la caste des *Parias*, qui, jointe à la dernière, équivaut aux neuf dixièmes des habitants.

Toutes ces castes, bien entendu, se subdivisent en une multitude d'autres ; subdivisions naturelles si l'on observe que les préjugés du pays s'opposent à ce que l'on exerce deux métiers à la fois.

Aussi voit-on des *sous-castes*, s'il est permis de se servir de ce mot qui dit bien ce qu'il veut dire, des *sous-castes* donc, absolument originales.

Si les récits de l'abbé Dubois sont dignes de foi (et tout le laisse supposer, car il vécut longtemps dans l'Inde, et son livre fut traduit en anglais sur la demande de la Compagnie des Indes), certaines de ces castes ont des pratiques absolument insensées.

Il y a dans le Marava une caste des *Callers*, c'est-à-dire des voleurs. La profession de ces industriels d'un genre particulier est héréditaire, et n'a rien d'infamant ; en volant, ils usent d'un droit inné et font leur devoir. Lorsqu'on leur demande à qu'elle caste, à quel métier ils appartiennent, ils répondent sans rougir : Je suis un voleur. Ils jouissent même d'une certaine considération.

Dans le Travascor, mais là seulement, existe la caste célèbre des *Naimars* ou des *Nairs*, dans laquelle les femmes jouissent du privilège d'avoir plusieurs maris.

Une coutume horrible règne, à ce qu'on affirme, dans une autre caste de ce peuple, appelée *Namboury*. Les filles doivent être mariées avant l'âge nubile. Si elles meurent avant les signes de la nubilité et sans avoir eu commerce avec un homme, les parents se procurent un misérable qui pour de l'argent commet sur le cadavre une honteuse profanation.

Les *Tottiers*, où les frères, les oncles, les neveux, les cousins, pratiquent le communisme à l'égard des femmes.

Une tribu située à l'est du Meissour et désignée sous le nom de *Morsa-Kokcula-makulon*, a une coutume plus étrange encore. Lorsqu'une mère de famille marie sa fille aînée, elle se fait couper deux phalanges au doigt du milieu et à l'annulaire de la main droite. Si la mère de la fille est morte, celle du marié, ou à son défaut la plus proche parente, doit subir cette opération.

Toutes ces tribus se distinguent les unes des autres par des coutumes particulières, par leurs vêtements, leurs cérémonies, leurs drapeaux ; mais une grande tolérance règne dans tout ce pays, et jamais querelle n'éclate à ce sujet.

Seulement ce qu'on entend par les règles de bienséance varie sensiblement d'une contrée à une autre. Ainsi dans le fond du Meissour, rapporte l'abbé Dubois, les femmes sont obligées d'accompagner leurs parents et les autres personnes de la maison, lorsque ceux-ci sortent pour vaquer aux besoins de la nature. Aussitôt qu'ils les ont satisfaits, elles s'approchent avec un vase plein d'eau et les lavent. Ainsi le veut la bonne éducation.

Quoique l'usage des boissons enivrantes soit en général proscrit, les Indiens qui habitent les forêts et les montagnes de la côte de Malabar boivent, sans excepter les femmes et les enfants, l'eau-de-vie du pays et le jus de palmier. Ils sont abonnés chez le marchand, qui leur apporte chaque jour une certaine quantité de liqueur. Les brahmanes de ces contrées, ne pouvant faire usage d'alcool, fument de l'opium.

Opium et eau-de-vie sont d'une certaine utilité à cause des vapeurs pestilentielles; ils protégent un peu contre elles.

Certaines tribus ont dans leurs règlements domestiques un usage tout particulier. Il est défendu à tous de changer de linge, et même de laver son linge. Une fois couvert d'un vêtement en toile, on doit le garder jusqu'à ce qu'il s'en aille en lambeaux. On juge de l'effet au bout de quatre ou cinq mois.

Si quelqu'un s'avisait de tremper seulement dans l'eau les toiles dont il est revêtu, il serait exclu de sa caste.

Cet usage repoussant peut cependant s'expliquer jusqu'à un certain point. Il n'y a dans le pays que quelques mares d'eau stagnante qui serait vite corrompue et impotable pour peu que l'on y fît la lessive.

Certains usages religieux sont purement locaux. Ainsi à l'ouest du Meissour, on se repose le lundi de la même façon que le dimanche chez les nations catholiques. Les habitants délaissent, ce jour-là, les travaux ordinaires et surtout ceux où l'on emploie les bœufs et les vaches; ce jour là est consacré à *Bassoua*, c'est-à-dire au taureau à qui l'on rend un culte spécial.

Les Indiens de bonne caste se marient en général dans leur famille. Un veuf épouse sa belle-sœur, un oncle sa nièce, un cousin germain sa cousine germaine. Les parents ont même le droit d'empêcher leurs parentes de se marier avec tout autre qu'avec eux.

Mais il est une règle universellement et invariablement observée par toutes les castes depuis le brahmane jusqu'au paria: la ligne masculine doit toujours se croiser avec la ligne féminine.

Ceux qui ne trouvent pas à contracter dans leur famille un mariage convenable sont au moins obligés de se marier dans leur caste et dans la subdivision ou branche de la caste à laquelle ils appartiennent.

Il est difficile de classer ces subdivisions. Certaines castes méprisées dans un district sont souvent fort considérées dans un autre, selon qu'elles se conduisent ou que leurs membres occupent des emplois plus importants. Ainsi la caste à laquelle appartient un prince du pays, quelque basse qu'elle soit réputée ailleurs, est mise au rang des premières tribus dans l'étendue de cette principauté, et toutes les personnes qui la composent participent à l'éclat que lui donne la dignité du chef.

Les tribus les plus considérées sont celles où la propreté est en honneur, où l'on observe strictement les lois d'alliance, les usages, la pudeur, la conservation des priviléges.

C'est ce qui explique le respect dont sont entourés les brahmanes qui pratiquent ces vertus en même temps que l'abstinence; ils ne se nourrissent jamais de viande, ni de quoi que ce soit ayant un principe de vie.

Les tribus des Sudras les plus méprisées et considérées comme abjectes sont celles où les veuves se remarient; au reste, il n'y a guère que chez les parias que ces mariages se fassent publiquement.

Certaines castes, principalement chez les brahmanes, se distinguent par des marques tracées sur le front ou d'autres parties du corps.

Un cordon de fil suspendu en bandoulière de l'épaule gauche à la hanche droite désigne, à de rares exceptions, les trois premières des quatre grandes tribus.

Mais la grande division, plus moderne, est celle en *main-droite* et en *main-gauche*. Division fatale qui est la source de haines, de jalousies, de querelles, d'émeutes populaires.

La *main-gauche* comprend les marchands, les artisans, les basses tribus et même celle qui est regardée comme la plus infâme de toutes, celle des chakilys ou savetiers.

A la *main-droite* appartiennent les plus distinguées des castes des Sudras et les parias qui sont fort redoutables.

Les brahmanes et les rajahs ne se mêlent pas à ces rivalités que cause la revendication de certains priviléges considérés comme exclusifs; parfois même ils sont choisis pour arbitres.

Lorsque éclatent ces luttes terribles entre ces Indiens doux et timides d'ordinaire, il faut parfois verser des flots de sang pour rétablir l'ordre.

Ces malheureux, en proie au fanatisme religieux ou politique, se livrent à tous les excès d'une épouvantable guerre civile pour les motifs les plus futiles, les plus grotesques.

Il suffit qu'un des adhérents de la *main-droite* ou de la *main-gauche* ait porté des pantoufles alors qu'il ne devait pas le faire, qu'il se soit promené en palanquin ou à cheval; qu'il ait fait jouer des instruments d'une espèce particulière; qu'il ait porté un drapeau d'une certaine couleur, pour qu'aussitôt la lutte commence, pour que tout ce peuple s'égorge.

On cite ce motif d'une des plus formidables émeutes :

Un savetier avait paru à une cérémonie publique avec des fleurs rouges à son turban, et c'était un privilége réservé aux parias de la *main-droite.*

Pour résumer l'histoire de ces castes, il suffit d'emprunter au code de lois indiennes qui porte le nom de Manou et qui doit remonter au moins au neuvième siècle avant Jésus-Christ, le récit de la civilisation à cette époque.

Quatre classes ; nous les avons nommées. Les castes sacerdotale, militaire, industrielle et servile.

Les trois premières, quoique n'étant pas sur un pied d'égalité, jouissent cependant de prérogatives particulières. Ce sont elles qui forment, à proprement parler, la société pour le bénéfice de laquelle les lois et le gouvernement sont établis.

La dernière caste ne compte que comme instrument de richesse et de puissance ; elle n'a ni les droits ni les priviléges des autres.

L'homme de la caste sacerdotale, le brahmane, est le chef de tous les êtres

L'INDE. — Procession de la déesse Kali.

créés; l'univers lui appartient; il tient entre ses mains la vie de chacun et peut enfanter des mondes nouveaux; il doit être vénéré plus qu'un roi, car il dispose du sort des rois et peut les anéantir d'un mot, eux et leurs armées et leurs trésors. Il ne peut être puni même pour les plus grands crimes.

Par bonheur, la loi prescrit à ces prêtres, qui prétendent disposer d'une puissance divine, une vie d'étude, de retraite et d'austérité.

Mais avant de passer en revue le genre de vie des brahmanes, il nous faut revenir sur les castes et dire quels sont les avantages qui résultent de la division que nous avons indiquée.

Cette division qui, au premier abord,

paraît aux Européens ridicule et dangereuse, ne laisse pas d'offrir de précieux avantages. C'est pour certains esprits le chef-d'œuvre de la législation indienne, ce qui, à une époque où les autres nations du globe étaient plongées dans la barbarie, permit à l'Inde de perfectionner les arts, de s'enrichir de découvertes scientifiques et de marcher à la tête de la civilisation.

On peut aisément imaginer ce que deviendrait ce peuple s'il n'était soutenu dans les limites du devoir par les règlements et la police des castes, en examinant la conduite, les mœurs des pariahs de l'Inde qui, ne connaissant aucun lien moral, se livrent à toutes leurs brutales passions.

Partant de ce principe commun à tous les législateurs anciens, qu'il n'est permis à personne d'être inutile à l'État, ceux qui divisèrent la nation indienne en castes comprirent qu'ils avaient affaire à un peuple indolent, insouciant, dont le climat favorisait l'apathie, et qu'il fallait assiguer à chacun son emploi et sa profession, sous peine de tomber dans une complète anarchie.

Grâce à l'union de la religion et de la politique, la superstition a fini par commander à tous les actes de la vie, et de la sorte ce peuple paresseux accomplit tous ces actes nécessaires par respect pour les coutumes sacrées des ancêtres.

On peut objecter à cette opinion que les Indiens, doués comme ils le sont de goût, de patience, d'adresse, auraient sans doute un plus grand degré de perfection s'ils avaient été élevés autrement.

Quoi qu'il en soit, l'autorité des castes est surtout ce qui les soutient ; elles comprennent des tribus qui ont le droit de condamner à mort.

Au commencement de ce siècle, un homme de la caste des Rajahpoutras fut contraint, par les gens de sa tribu, à tuer lui-même sa propre fille, qui avait été surprise dans les bras d'un jeune homme.

Ce châtiment est rare ; lorsqu'il est considéré comme indispensable, c'est le père ou le frère aîné qui doit l'appliquer en secret. Mais d'ordinaire on se contente des amendes ou de certaines punitions infamantes. On rase la tête des femmes ayant manqué à l'honneur ; on les fait promener sur un âne, le visage tourné du côté de la queue de l'animal ou on leur jette de la fiente de bétail au visage. Enfin, dans les cas graves, on prononce l'exclusion de la caste, châtiment terrible, qui n'est guère appliqué que lorsque le coupable a violé les usages, commis un forfait déshonorant toute la tribu.

Cette exclusion est une véritable excommunication. L'homme qui en est frappé n'a plus commerce avec ses semblables ; il n'est plus de la société des hommes. Il perd ses amis, ses parents, parfois même sa femme, ses enfants, qui aiment mieux l'abandonner que partager son déshonneur. Personne n'ose ni manger avec lui, ni lui offrir une goutte d'eau ; point de mariage possible pour ses fils ou ses filles ; chacun l'évite et le montre au doigt.

La dernière caste elle-même ne saurait accueillir un brahmane ainsi dégradé ; il faut qu'il se rallie aux pariahs abjects et se réfugie dans les contrées où les Européens sont en nombre. Au reste, on a souvent remarqué que, à de bien rares exceptions près, un Indien sans caste est presque toujours un voleur.

Cependant, cette punition si redoutable a parfois pour raison quelque caprice, quelque inimitié ou quelque accident.

Un pariah qui, déguisant sa tribu, se mêlerait avec des Indiens, entrerait dans leurs maisons, mangerait avec eux, sans pouvoir d'abord être reconnu, n'en exposerait pas moins ceux qui auraient de la sorte innocemment communiqué avec lui à être ignominieusement exclus de leurs tribus. Aussi, un pariah qui aurait une pareille audace serait infailliblement assommé sur place s'il était reconnu.

Un sudra qui fréquenterait une femme pariah serait exclu sans rémission.

On cite dans la tribu des bergers un exemple d'une étonnante sévérité. Une jeune fille est fiancée à un garçon qui meurt avant la consécration du mariage; ses parents, quelque temps après, l'unissent à un autre homme. C'était violer l'usage; toute la famille fut frappée d'exclusion de la caste, et aucun des membres ne parvint jamais à se marier.

On rapporte aussi que onze brahmanes, voyageant ensemble dans une contrée dévastée par la guerre, furent forcés, ne pouvant plus supporter la faim, de faire cuire une petite provision de riz qu'ils avaient avec eux dans des vases dont ils ne devaient point faire usage sous peine de souillure. Ils se jurèrent le secret, mais en rentrant dans leurs foyers ils furent dénoncés par l'un d'eux qui n'avait

point voulu prendre part à ce repas sacrilége. Les dix accusés affirmèrent, ainsi qu'ils en étaient convenus, que c'était l'accusateur lui-même qui, seul, avait commis le délit qu'il leur imputait méchamment et à tort, et comme le témoignage de dix personnes l'emporte sur celui d'une seule, le dénonciateur fut seul puni.

On comprend aisément combien les Indiens tiennent à leurs castes qui représentent pour eux de véritables titres de noblesse; aussi, la plus grave injure qu'ils se puissent faire, c'est de s'appeler homme sans caste. On ne saurait s'étonner non plus du mépris qu'ils professent pour les Européens. Ils les considèrent comme des barbares.

Il arrive que l'exclusion de la caste n'est point définitive et se peut racheter dans certaines circonstances, en payant une amende, en recevant des coups en public, en promettant de donner à l'avenir des preuves de son repentir par une conduite exemplaire, et enfin, en faisant le *sachtanga* ou prosternation des six membres, c'est-à-dire en se couchant le visage contre terre et les bras étendus au delà de la tête.

Ce salut se fait devant les grands personnages; il est des rois qui se prosternent de la sorte devant leur armée en bataille au moment d'engager le combat avec l'ennemi.

Si l'exclusion a eu des motifs infamants, l'épreuve de réhabilitation est plus douloureuse. On brûle la langue du coupable avec un petit lingot d'or chauffé; on le marque au fer rouge; on le fait courir pieds nus sur des charbons ardents, on le fait passer à diverses repriises sous le ventre d'une vache. Enfin, on lui fait boire un mélange composé de cinq substances produites par le corps de la vache : du lait, du lait caillé, du beurre fondu, de la fiente et de l'urine. Cette liqueur est la meilleure des purifications.

Ces cérémonies terminées, le réhabilité doit donner un grand repas aux brahmanes et leur faire des présents ; après quoi il recouvre ses droits.

Certaines fautes ne sauraient, quoi qu'il arrive, être pardonnées. Quiconque a mangé de la chair de vache ne peut obtenir sa grâce.

Complétons ces détails en disant qu'aucune institution ne paraît plus ancienne que l'établissement de cette division en castes. Les Indiens, d'après leurs livres sacrés, rapportent que le dieu Brahma, le créateur du monde, lorsqu'il peupla la terre d'habitants, fit sortir les brahmanes de sa tête, les rajahs de ses épaules, les veissiahs de son ventre et les sudras de ses pieds.

Les livres font remonter cette origine à l'époque du déluge, et chose digne de remarque, ils racontent que Mahnouvou, leur Noë, échappa à ce désastre sur un vaisseau, avec les sept fameux pénitents de l'Inde.

Beaucoup des subdivisions de l'Inde sont relativement fort modernes ; nous aurons occasion d'en reparler.

Que si nous étudions d'abord la principale, celle des brahmanes, nous trouvons son origine obscure, entourée de légendes et de fables. Ils ont eu pour ancêtres les sept pénitents qui, après avoir donné sur

la terre l'exemple de toutes les vertus, furent enlevés au ciel où ils forment le groupe des sept étoiles, la Grande-Ourse.

Il est impossible de déterminer l'époque précise de leur établissement dans l'Inde et de la faire remonter d'une manière certaine au delà du neuvième siècle avant Jésus-Christ.

Mais avant d'examiner les mœurs particulières des brahmanes, énumérons les différentes religions des Indiens.

Au premier rang donc le *brahmanisme*, qui a pour base le naturalisme des *Védas* et le déisme ; au-dessous de l'être suprême, il place la *trimoucti*, ou trinité composée de Brahma le créateur, de Vichnou le conservateur et de Siva le destructeur. Cette religion est professée actuellement par plus de 115 millions d'individus.

Le *bouddhisme* compte un nombre bien plus considérable d'adhérents. A une époque même, il devint la religion nationale de l'Inde ; mais le brahmanisme ne tarda pas à reprendre le dessus et à expulser par de sanglantes persécutions la religion bouddhique, qui se réfugia à Java, dans les contrées transgangétiques, en Chine, au Japon, au Thibet, en Mongolie.

Le bouddhisme, qui joua vis-à-vis du brahmanisme le même rôle que le christianisme vis-à-vis du judaïsme, eut, lui aussi, sa réforme. Le réformateur s'appelait Djaïna le Victorieux, et il donna son nom à sa religion.

Le *djaïnisme* se subdivise lui-même en deux sectes. Il a pour dieu Pamavisa, qui semble se confondre avec Bouddha. Les autres dieux sont les âmes des hommes vertueux qui habitent le Ciel et portent le nom de devatas. La transmigration des âmes et le respect sacré pour le Gange sont empruntés directement au brahmanisme.

Le *Nanekisme*, fondé vers le quinzième siècle par Naneka, tient le milieu entre le bouddhisme et le brahmanisme. C'est une secte d'iconoclastes au nombre d'environ 5 millions de croyants, qui s'appellent seikhs ou sikhs et qui professent le déisme en même temps que ce respect prêté en général aux Indous pour la vie de l'animal le plus infime.

Les musulmans, lorsqu'ils conquirent l'Indoustan, y introduisirent l'*Islamisme* qui compte environ 17 millions de fidèles. Les Indous musulmans sont moins fanatiques et observateurs moins rigoureux du Coran que les occidentaux ; ils boivent du vin et des liqueurs fortes. L'islamisme a créé dans l'Inde un ordre religieux composé de fakirs ou moines mendiants et une secte, celle des Boias qui vivent en communauté.

Citons encore le *sabéisme* ou culte du feu ; le *judaïsme* et le *christianisme* représenté dans l'Inde par un grand nombre de sectes, et nous aurons nommé toutes les religions qui se partagent ce vaste pays.

En ce moment il se fait une propagande musulmane très-considérable qui ne laisse pas que d'inquiéter très-sérieusement le gouvernement anglais et qui doit être surtout attribuée aux *wahabis*, iconoclastes fanatiques qui exercent sur le pays une grande inuflence.

Ces grandes divisions étant connues, revenons aux brahmanes.

Ceux de nos jours diffèrent essentiellement de leurs aïeux. Les premiers sont représentés comme des pénitents et des philosophes, vivant séparés du monde, entièrement livrés au culte des sciences, menant une vie contemplative et pratiquant la vertu. Leurs mœurs simples, leurs mépris des richesses et des honneurs, leur sobriété, leur désintéressement, leur firent mériter les hommages des peuples et ceux des rois eux-mêmes.

Les brahmanes d'aujourd'hui ont, il est vrai, conservé l'habitude des jeûnes, de l'abstinence des viandes et des ablutions ; mais ils sont loin de pratiquer toutes les vertus de leurs ancêtres.

Et ce qui principalement semble les séparer de leurs prédécesseurs, c'est qu'ils ne tiennent en honneur que le culte des images et n'ont de respect que pour les idoles.

Le bouddhisme, qui probablement n'est qu'une corruption de l'antique religion de Brahma, est sans contredit de toutes les religions du monde celle qui compte le plus d'adhérents.

Le bouddhisme a pour chef le grand Lama du Thibet, qui ne meurt jamais, et voici comment : lorsqu'il est sur le point de quitter la terre, les bonzes font choix d'un enfant en bas âge dans le corps duquel ils transportent l'âme du grand Lama et qu'ils déclarent son successeur. Il n'est pas un fidèle bouddhiste qui n'ajoute foi à cette merveilleuse renaissance.

Les *djeinas* sont des sectaires d'un autre genre, qui méprisent absolûment les brahmanes et les bouddhistes ; de cet antagonisme sont nées des guerres de religion, non encore éteintes et tout aussi cruelles que les nôtres.

Cependant le dogme de la métempsycose est commun à ces trois sectes, et les cérémonies de ces différents cultes se ressemblent en beaucoup de points.

La tribu des brahmanes, prise à part, se divise en sept branches, reconnaissant chacune pour patron un des sept pénitents fameux dont nous avons parlé, et subdivisées encore en quatre castes. Tous ces prêtres portent des marques distinctives, qui des bandes sur le front de couleurs variées, qui des marques au fer rouge. On en compte parmi eux qui, par dérision, sont nommés *brahmanes de poissons* et *brahmanes de viande,* d'après le genre de nourriture qu'ils ont adopté.

En général, les Indiens honorent également leurs deux grandes divinités, Vichnou et Siva ; mais il en est qui s'attachent exclusivement à l'un ou à l'autre de ces cultes.

Les dévots de Vichnou ont trois lignes, en forme de trident, imprimées sur le front; ceux de Siva portent attachée à leurs cheveux ou à leur bras ou suspendue à leur cou, dans une petite boîte d'argent, une image obscène.

Les premiers affectent de porter un costume bizarre; ils sont revêtus de toiles teintes en jaune foncé, tirant sur le rouge; quelques-uns portent sur leurs épaules. en guise de manteau, une couverture piquée faite de morceaux de toutes couleurs, avec des turbans également multicolores ; d'autres s'habillent, au lieu de couverture, d'une peau de tigre descendant jusqu'à terre. La plupart ont le cou entortillé de gros chapelets de grains noirs de la grosseur d'une noix. Outre ce costume bizarre, les sectateurs de Vichnou, lorsqu'ils voyagent ou qu'ils vont demander l'aumône , portent toujours avec eux une plaque ronde de bronze et un gros coquillage appelé sangou; l'un et l'autre leur servent à faire du bruit pour annoncer leur approche; tandis que d'une main ils frappent avec une petite baguette sur la plaque de bronze qui rend un son semblable à celui d'une cloche, de l'autre main ils portent à la bouche leur sangou, avec lequel ils produisent, en soufflant par un bout, des sons monotones, aigres et perçants. On voit toujours, affirme l'abbé Dubois, ces deux instruments entre les mains des dévots de Vichnou, qui font profession de demander l'aumône.

Ils portent encore sur la poitrine une espèce de médaille de cuivre sur laquelle est gravée l'image du singe Anoumanta, ou quelqu'une des incarnations de Vichnou.

On en voit qui, en outre, portent suspendues à leurs épaules un grand nombre de clochettes qui, de loin, les annoncent. D'autres ajoutent à tout cet attirail une tringle de fer qu'ils portent sur leurs épaules et à chaque bout de laquelle pend un réchaud de même métal destiné à contenir le feu sur lequel ils font brûler l'encens des sacrifices.

Demander l'aumône est un droit et même un devoir pour toute personne revêtue d'un caractère religieux. C'est principalement lorsqu'ils sont en pèlerinage à quelque lieu révéré, que ces religieux mendiants usent de leurs droits. On en rencontre quelquefois des troupes de plus de mille ; ils se répandent dans les divers villages avoisinant les routes. Chaque habitant doit en loger un certain nombre, et ils se trouvent de la sorte défrayés des [dépenses du voyage. Leur habitude est de demander l'aumône avec audace et insolence, souvent avec des menaces. Lorsqu'on ne se hâte pas de leur donner, ils font un affreux vacarme, poussent des hurlements, frappent tous ensemble sur leurs plaques de bronze et tirent de leur sangou des sons assourdissants. Si ces moyens d'intimidation ne réussissent pas, ils entrent parfois de vive force dans l'intérieur de la maison, et cassent ce qu'ils y trouvent.

Ordinairement, pour exciter sans doute la charité publique, ils dansent en chantant des chansons obscènes.

A vrai dire, l'intempérance de ces moines idolâtres et de presque tous les sectateurs de Vichnou les fait voir d'un mauvais œil par les Indiens honnêtes.

Les partisans de Vichnou mangent de toute espèce de viande, boivent toutes les liqueurs. Enfin à certaines occasions, ils pratiquent le sacrifice connu sous le nom de *sakry-poudja*, et qui consiste à rassembler la tribu dans un temple, à la gorger de viandes et de boissons alcooliques, et à la livrer ensuite pendant toute une nuit aux plus honteux excès.

Les objets de la plus grande vénération des sectateurs de Vichnou sont principalement le singe, l'oiseau de proie appelé *garoudah* et le serpent capel. Quiconque aurait l'imprudence de tuer ou même de maltraiter en leur présence un de ces animaux s'exposerait à de grands dangers.

La secte de Siva n'est guère moins répandue que celle de Vichnou ; elle domine dans plusieurs provinces, surtout le long de la chaîne de montagnes qui sépare la côte de Malabar de celle de Coromandel.

Ces dévots de Siva, ainsi que les brahmanes, s'abstiennent de toute nourriture animale et de tout ce qui a eu un principe de vie, les œufs, par exemple.

Mais, au lieu de brûler leurs morts comme le font la plupart des Indiens, ils les enterrent ; et ils n'admettent point les principes généralement reconnus par les autres castes concernant les souillures ; en un mot, ils passent pour ne point faire un usage fréquent des ablutions.

Mais le plus remarquable des principes professés par cette secte, c'est la négation de la métempsycose. Aussi n'ont-ils point de fêtes pour célébrer la mémoire des morts, et sitôt enterrés, ils sont oubliés.

Ils admettent aussi une égalité relative ; leur religion rend tous les hommes égaux, et pour eux un paria qui a embrassé leur culte n'est point inférieur à un brahmane.

Il y a parmi eux beaucoup de religieux mendiants ; d'autres se réunissent dans des couvents, cultivent la terre en joignant à son revenu les offrandes des dévots.

Les gourous ou prêtres de Siva, en quelques endroits connus sous le nom de *djangoumas*, sont pour la plupart célibataires, mais célibataires aux mœurs assez singulières.

Lorsqu'un gourou fait la visite de son district, il loge chez les adeptes de la secte, qui se disputent l'honneur de le recevoir. Mais lorsqu'il a fait choix d'une maison, le maître et tous les êtres masculins habitant cette maison sont obligés par déférence d'en sortir et d'aller loger ailleurs. Le saint personnage y reste seul, jour et nuit, avec les femmes de ses hôtes, qu'il garde auprès de lui pour le soigner, sans que cela tire à conséquence, ni excite la jalousie des maris. Cependant les mauvaises langues, il y en a partout, ne manquent pas de faire remarquer que les bons prêtres ont toujours l'attention de choisir pour leur séjour les maisons où se trouvent les femmes jeunes et jolies.

Nous avons dit que ces dévots de Siva ne croyaient point à la métempsycose; avant de donner d'autres détails, il nous paraît bon d'expliquer cette croyance dont parlent tous les livres indiens, et qui est, comme on sait, un des points fondamentaux de cette religion.

Voici, d'après le *Bagavatta*, l'explication de la métempsycose :

« Vichnou, l'être suprême, avant de créer rien de qui existe, commença par produire les âmes qui animèrent d'abord des corps fantastiques; durant leur union avec ces corps, elles opérèrent le péché et la vertu. Après un long séjour dans ces enveloppes provisoires, elles en furent retirées pour comparaître au tribunal de Yama, le juge des morts. Ce dieu admit dans le paradis celles qui avaient mené une vie vertueuse, et il enferma dans l'enfer celles qui s'étaient abandonnées tout à fait au péché. Quant aux âmes qui avaient été à moitié vertueuses et à moitié pécheresses, elles furent envoyées sur la terre pour animer d'autres corps et y supporter leur peine ou y recevoir leur récompense. »

On peut donc juger, en voyant la condition d'une personne dans cette génération, ce qu'elle a été dans la génération précédente.

Ceux qui meurent en terre sainte vont tout droit en paradis et ne sont pas exposés à de nouvelles renaissances.

Les autres âmes des hommes, après la mort de ceux-ci, vont animer différents corps, celui d'un insecte, d'un reptile, d'un oiseau, ou d'un quadrupède.

C'est uniquement aux bonnes et aux mauvaises œuvres que les âmes sont redevables d'une transmigration plus ou moins avantageuse, ainsi que des biens ou des maux qu'elles auront à éprouver dans le s divers états par lesquels elles passeront.

C'est aux mêmes causes qu'il faut attribuer les distinctions qu'on observe parmi les hommes. Les uns sont riches, les autres pauvres, les uns malades, les autres en bonne santé; ceux-ci beaux, ceux-là laids; ici le bonheur, là le malheur ; ici l'élévation du rang, là la bassesse de la condition ; rien de tout cela n'est l'effet du hasard, mais bien le résultat des vertus ou des vices qui ont précédé la renaissance.

L'homme est ce qu'il y a de plus éminent sur la terre; naître dans cette condition, en quelque caste que ce soit, suppose toujours un certain degré de mérite.

Parmi les hommes, les brahmanes tiennent la première place; or, la faveur d'animer un brahmane n'est accordée qu'aux mérites accumulés d'un grand nombre de générations antérieures.

L'INDE. — Une rue de Lahore.

Les peines réservées aux différents péchés sont terribles. Celui qui tuera la vache d'un brahmane ira, après sa mort, en enfer, où il sera sans cesse dévoré par des serpents et tourmenté par la faim et la soif. Après des milliers d'années d'horribles souffrances, il passera sur la terre dans le corps d'une vache et restera dans cette condition autant d'années que la vache qu'il a tuée aura de poils sur le corps. Enfin il renaîtra paria et sera affligé de la lèpre pendant dix mille ans.

L'homicide d'un brahmane, pour quelque cause que ce soit, est un péché quatre fois plus énorme que le précédent. Quiconque s'en rendra coupable sera condamné, en mourant, à revêtir la forme d'un insecte se nourrissant d'ordures. Renaissant ensuite paria, il sera aveugle durant quatre fois plus d'années qu'il n'y a de poils sur le corps d'une vache. Il pourra cependant expier son crime en donnant à manger à quarante mille brahmanes.

Si un brahmane tue un sudra, il lui suffira, pour effacer totalement ce péché, de réciter cent fois une sorte de prière appelée le *gaiaky*.

Celui qui tuera un insecte deviendra lui-même insecte après sa mort ; puis il renaîtra sudra, mais sera sujet à toutes sortes d'infirmités.

Tout brahmane qui fera la cuisine d'un sudra, ou qui voyagera monté sur un bœuf, ira en enfer après sa mort. Il y sera plongé dans l'huile bouillante et sans cesse mordu par des serpents venimeux.

Il renaîtra ensuite sous la forme d'un de ces oiseaux de proie qui dévorent les cadavres, et restera mille ans sous cette forme et cent ans sous celle d'un chien.

Cette doctrine de la métempsycose s'accrédita non-seulement dans presque toute l'Asie, mais encore dans diverses autres parties du monde. César la trouva établie dans les Gaules.

On comprend que ceux qui croient à la métempsycose ne puissent pas se permettre de manger de la chair d'un être animé ; sans cela ils seraient exposés à manger leurs frères, toute leur famille morte.

Cette superstition est née, comme tant d'autres, d'un usage recommandé par les premiers législateurs religieux de l'Inde, qui avaient en vue la conservation des espèces utiles d'animaux. L'Inde,

en effet, ne pourrait pas nourrir une grande quantité de bétail ; si l'on tuait dans ce pays immense la moitié des bêtes à cornes que l'on abat en France ou en Angleterre, le pays s'en trouverait bientôt dépourvu, et il serait impossible de cultiver les terres.

En outre, la chaleur est si grande pendant huit mois de l'année, et la sécheresse telle que les bœufs et les vaches meurent souvent de faim ou sont forcés de se nourrir de détritus comme les porcs.

La putréfaction ayant lieu très-promptement avec une température aussi élevée, on comprend que les Indiens aient une répugnance naturelle pour la viande des animaux qui se transforment si rapidement en débris cadavériques.

Joignez à cela les préjugés que les arbitres du culte religieux ont intérêt à fomenter, l'horreur que le meurtre inspire en général aux Indiens (horreur si grande aux yeux de plusieurs qu'ils épargnent jusqu'aux insectes les plus repoussants), et vous aurez de la croyance en la métempsycose une idée complète.

Cependant, dans un assez grand nombre de castes de sudras, on ne se fait pas de scrupule de tuer certains animaux et de se nourrir de leur chair ; on y trouve même des bouchers et des chasseurs de profession ; mais cette violation d'un usage respecté leur attire le mépris des castes plus élevées, et, chose remarquable, nulle part on ne tue les vaches. Les paons sont aussi généralement respectés, Ce grand respect pour ces deux animaux, et surtout pour la vache, vient de ce qu'ils imaginent un fleuve entre cette vie et l'autre, et qu'ils doivent franchir cette barrière en se tenant à la queue d'une vache. Leurs anciens législateurs avaient peut-être vu ces bergers d'Égypte qui traversent ainsi le Nil, en tenant de la main gauche la queue d'un buffle ou d'un bœuf. Peut-être ont-ils eu ce respect pour la vache, uniquement parce qu'ils tirent d'elle les éléments principaux d'alimentation, le lait et le beurre, et parce qu'elle sert au labourage.

Dans le principe, le système de la métempsycose paraît s'être borné au passage successif des âmes dans divers corps humains. Plus tard, il reçut une nouvelle extension, et les âmes purent aller loger aussi dans les corps des bêtes et dans tous les objets sensibles. Les platoniciens, embarrassés des railleries qu'on faisait sur l'inconvenance d'envoyer l'âme d'un roi dans le corps d'un singe, et celle d'une reine dans le corps d'une sauterelle, voulurent échapper au ridicule en ramenant leur dogme à sa simplicité primitive, c'est-à-dire à la transmigration des âmes d'homme à homme et de bête à bête. Mais les Indiens ont conservé religieusement leur métempsycose complète.

Cette croyance présente, au reste, l'avantage d'expliquer la dispensation des récompenses et des châtiments. Déjà nous avons expliqué ce système, qui ne manque pas d'une certaine logique : le pauvre, le paria, l'aveugle, ne font que subir le châtiment de fautes commises dans une autre vie ; ils n'ont point à accuser le Créateur, qui les a justement punis.

Cependant, en même temps qu'ils croient aux transmigrations, les Indiens reconnaissent une autre vie ; ils ont un paradis et un enfer.

Leur enfer est un lieu de supplices réservé aux âmes qui ont été tout à fait livrées au péché durant leur vie ; cet enfer s'appelle *Naraca* ou *Patala* ; il est divisé en sept demeures principales, dans lesquelles s'appliquent, suivant la gravité des crimes, des tourments plus ou moins rigoureux.

Yama, juge des morts, est le roi des enfers. Il a des exécuteurs de ses arrêts qui sont chargés de tourmenter les habitants du *Naraca*. Ses émissaires, répandus dans le monde entier, épient l'instant où les hommes meurent, s'emparent de leurs âmes et les conduisent à son tribunal.

Yama consulte ses registres, qui sont tenus par une foule d'écrivains sous ses ordres et qui contiennent le compte exact de tout le bien et de tout le mal qui se fait sur la terre. D'après le rapport qui lui est fait, ce souverain juge prononce sur le sort des âmes qui comparaissent devant lui, et inflige les châtiments.

Mais Yama n'est pas le seul qui entretienne des agents sur la terre pour s'emparer des âmes des morts. Vichnou et Siva en ont aussi qui connaissent parfaitement les dévots de leur clientèle. Lorsque ceux-ci meurent, les affidés de l'un ou de l'autre Dieu tâchent de conduire leurs âmes à celui des deux qu'ils ont honoré durant leur vie. Il résulte de ce conflit entre les émissaires des différents dieux, d'assez vives disputes ; mais la dévotion à Vichnou ou à Siva, quelque tiède qu'elle ait été, a tant de mérites que leurs émissaires ont ordinairement le dessus, et que ceux d'Yama sont obligés de lâcher prise.

Si l'on en croit les livres sacrés, les tourments du *Naraca* sont épouvantables.

On y est enseveli dans une nuit éternelle; on n'y entend que des gémissements et des cris affreux ; les douleurs les plus aiguës qui puissent être causées par le fer et le feu y sont ressenties sans interruption. Il y a des supplices pour chaque genre de péché, pour chaque sens, pour chaque membre du corps; feu, fer, serpents, insectes venimeux, animaux féroces, oiseaux de proie, fiel, poison, puanteur, tout est employé pour tourmenter les damnés. Les uns ont les narines traversées par un cordon à l'aide duquel on les traîne sans cesse sur le tranchant de haches extrêmement effilées; d'autres sont condamnés à passer par le trou d'une aiguille; ceux-ci sont entre deux rochers aplatis, qui, se joignant, les écrasent sans les détruire; ceux-là ont les yeux continuellement rongés par des vautours affamés ; on en voit des milliers qui nagent sans repos dans un étang rempli d'urine de chien et des mucosités que les hommes secrétent par les narines, etc., etc.

Les damnés, sans pouvoir succomber sous ces supplices insupportables, poussent sans cesse des cris et des hurlements qui retentissent dans tout le *Naraca*, et augmentent encore l'horreur de ce séjour.

La durée des peines n'est pas déterminée, mais il n'y en a point d'éternelles. A la fin de chaque *youga*, s'opère une révolution générale, un changement total dans la nature. Lorsque l'époque actuelle sera parvenue au terme qui lui est assigné, toutes les âmes iront se réunir à la divine essence dont elles avaient été détachées, et le monde finissant, les peines des damnés finiront aussi.

Après que les âmes qui habitent le *Naraca* y ont expié leurs crimes, elles sont renvoyées sur la terre pour y subir de nouvelles transmigrations. Leur rentrée dans le monde a lieu sous l'enveloppe de quelque animal, et de métamorphose en métamorphose, elles peuvent, en s'efforçant d'acquérir la somme de vertus et de perfections désirable, concevoir l'espérance de parvenir, au bout de quelques milliers d'années, à être réunies inséparablement au grand Être, à l'âme universelle du monde.

Quelque bizarre que soit ce système, on ne peut s'empêcher de remarquer que le *Naraca* a sur l'enfer catholique une certaine supériorité; l'éternité des châtiments dont nous sommes menacés peut paraître d'une inutile cruauté; ne pas pouvoir racheter une faute d'un moment, l'expier par l'éternité des tortures, c'est être trop cruellement puni. Les dieux de l'Inde semblent plus justes, et en tout cas sont plus cléments que le nôtre.

A côté de l'enfer, le paradis.

Les Indiens reconnaissent plusieurs séjours de félicité, des lieux de béatitude où sont reçues les âmes de ceux qui ont expié leurs fautes par des régénérations répétées et par la pratique des vertus.

Ces lieux de béatitude sont au nombre de quatre :

Le *Souarga*, présidé par le dieu Indra, séjour de toutes les âmes vertueuses indistinctement.

Le *Veiconta*, paradis de Vichnou.

Le *Keilassa*, paradis de Siva.

Le *Sattia-loca*, paradis de Brahma, destiné aux brahmanes seulement.

Les plaisirs dont on jouit dans ces différents séjours sont purement corporels et propres à flatter le déréglement des sens.

Les âmes, après s'être rassasiées pendant une période plus ou moins considérable, selon leurs mérites, sont obligées de retourner sur la terre pour y recommencer leurs transmigrations, ce qui a lieu toutes les fois que ces âmes ne sont pas encore épurées.

L'âme une fois devenue pure comme de l'or, et complétement détachée des biens de ce monde, va se réunir à Para-Brahma, la divinité, l'âme universelle; c'est là la suprème félicité, la délivrance, la fin dernière.

L'imagination des hommes, à quelque pays qu'ils appartiennent, est peu fertile lorsqu'il s'agit d'inventer des récompenses célestes; si la peur de l'enfer ne maintenait les dévots dans le droit chemin, les joies du paradis ne seraient guère capables de les y faire rentrer.

Quoi qu'il en soit, chacune des sectes exalte le dieu qu'elle honore, et cherche à rabaisser celui de la secte opposée. Dévots de Vichnou et dévots de Siva s'injurient à qui mieux mieux et souvent même en viennent aux coups. Les bandes nombreuses de religieux vagabonds des deux sectes aiment à provoquer les altercations et les rixes.

Ces fanatiques forment des attroupements pour soutenir de part et d'autre la préexcellence de leur culte; ils s'accablent d'injures les plus atroces et les plus obscènes, profèrent des blasphèmes et des imprécations, puis en viennent aux mains. Mais rarement le sang coule; après avoir échangé quelques coups de poing, ils se séparent et recommencent à la première occasion.

Leur fanatisme ne les a jamais entraînés jusqu'à ces horribles guerres de religion, qui ont ensanglanté l'Europe pendant une série de siècles. A peine les rajahs ou autres princes sont-ils parvenus, de temps à autre, à exciter les passions religieuses, pour servir leurs intérêts politiques.

La majeure partie des Indiens et surtout les brahmanes ne prennent aucune part à ces querelles religieuses. Le système de ces derniers est d'honorer également les principales divinités du pays, et quoique en général ils paraissent pencher pour Vichnou, ils ne laissent passer aucun jour sans offrir dans leurs maisons un sacrifice à l'emblème de Siva.

Après avoir indiqué les divisions religieuses, il nous faut parler des prêtres indiens, des gourous.

Nous insistons particulièrement sur l'histoire religieuse de ce pays, parce qu'on y a conservé les lois et les coutumes mieux que chez aucun autre peuple de la terre. Elles n'ont en quelque sorte point varié, et à peine, durant une série de vingt-cinq siècles, y est-il survenu quelques changements dans les castes.

Certaines de ces castes, prétendent les modernes, ont à peu près disparu; c'est une erreur que les brahmanes s'efforcent de propager, en même temps qu'ils cherchent à empêcher l'étude des *Védas*, dans le but de se réserver le monopole de la science divine et de la puissance humaine.

A vrai dire, et nous aurons occasion d'étudier ces faits avec les voyageurs modernes, les brahmanes eux-mêmes n'ont pas absolument conservé les mœurs de leurs ancêtres. Ils exercent tous les métiers, toutes les professions; ils sont écrivains ou fonctionnaires publics, minis_tres d'Etat ou comptables de village, juges et prêtres. Et cependant, quoiqu'ayant quitté les « hauteurs » de la contemplation pour descendre de la sorte dans les « vallées » des emplois vulgaires, ils ont su conserver la vénération du peuple, et par ce fait une certaine toute-puissance.

Mais, quoi qu'il en soit, quoique les castes inférieures qui existaient au temps de Manou aient été remplacées par une multitude de castes mêlées, de descendance fort incertaine pour la plupart, les préceptes et les croyances n'ont pour ainsi dire point varié.

Aussi, malgré ces différences de forme ou plutôt d'usage, nous n'hésiterons pas à poursuivre l'étude des mœurs des prêtres indiens dans l'antiquité, mœurs qui offrent de grands traits de ressemblance avec les modernes.

Que si nous voulons nous faire du prêtre un portrait, hélas! trop idéal, jadis comme aujourd'hui, nous avons au moins cette consolation de penser que les vieux Indiens rêvaient pour leurs ministres ces vertus sublimes qui depuis, comme dans les contrées européennes, se sont tout à fait transformées en vertus de spéculation.

Voici, d'après le *Vedasta-Sana* le portrait du vrai gourou:

« Un vrai gourou est un homme à qui la pratique de toutes les vertus est familière; qui avec le glaive de la sagesse a élagué toutes les branches, arraché toutes les racines du péché, et dissipé avec la lumière de la raison l'ombre épaisse dont les humains s'environnent; qui, quoique assis sur la montagne des péchés, oppose à leurs atteintes un cœur aussi dur que le diamant; qui se conduit avec dignité et indépendance; qui a des entrailles de père pour tous ses disciples; qui ne fait aucune exception de ses amis et de ses ennemis, et a pour les uns et les autres une bienveillance égale; qui voit l'or et les pierreries avec autant d'indifférence que des morceaux de fer et des tessons; qui met tous ses soins à écarter les ténèbres de l'ignorance dans lesquelles les hommes sont plongés.

« C'est un homme qui repousse loin de sa pensée toute action criminelle, et ne pratique que des actes de vertu; qui, connaissant toutes les voies qui mènent au péché, connaît aussi les moyens de les éviter toutes; qui observe avec une scrupuleuse exactitude les règles de bienséance qu'on doit garder en l'honneur de Siva.

« Il doit en outre avoir appris tout ce qu'un homme peut apprendre. »

Tel est, en résumé, le prêtre indien; il résume toutes les aspirations nobles de ce peuple.

Mais si de ces hauteurs nous descendons jusqu'à la réalité, nous verrons que ces personnages, revêtus d'un caractère sacré, ont un pouvoir tout à la fois spirituel et temporel. Ils administrent la police, ils veillent à ce que les usages généraux et particuliers s'observent avec exactitude ; ils font punir ceux qui les violent, excluent de la tribu ceux qui ont encouru cette peine infamante, et prononcent les réhabilitations.

Outre cette autorité qu'on ne leur conteste pas, ils exercent, comme guides religieux, un pouvoir non moins étendu. On se prosterne à plat ventre devant eux, et leur bénédiction suffit pour obtenir la rémission de tous les péchés ; leur vue même peut suffire.

Outre leur bénédiction, les gourous donnent à leurs disciples des cadeaux : une pincée de cendre, de la fiente de vache avec laquelle ils se barbouillent le front, des fruits ou des fleurs offerts aux idoles, les restes de leur nourriture, l'eau avec laquelle ils se sont rincé la bouche, lavé le visage et les pieds ; cette eau, qui est conservée précieusement, est le plus souvent bue par ceux qui la reçoivent. Tout don offert de leurs mains sacrées a la vertu de purifier l'âme et le corps de toutes leurs souillures.

Mais si ces bénédictions et ces petits cadeaux attirent l'admiration, la reconnaissance et le respect du peuple, leur malédiction redoutable emplit de terreur les âmes des fidèles.

Les personnes de la suite du gourou, intéressées à faire craindre leur maître, ne manquent pas de raconter à ce sujet des faits terrifiants dont ils ont été témoins dans des pays lointains.

Cette personne est morte au moment même où le gourou lançait sur elle sa malédiction ; cette autre a été prise d'un tremblement qui ne la quittera que lorsque l'anathème aura cessé ; cette femme enceinte a avorté ; ce laboureur a vu périr son bétail ; cet homme a été changé en pierre et son voisin en cochon.

L'Indien a, en général, si grand respect et si grande crainte de son gourou, que, dans certains cas, plutôt que de s'exposer à encourir sa colère, il vendra sa femme, ses enfants même, afin de se procurer de la sorte le tribut ou les présents exigés par le prêtre.

Chaque caste et chaque secte ont leurs gourous particuliers ; tous ne sont pas revêtus d'une égale autorité, il existe entre eux une sorte de hiérarchie. Outre les membres du clergé subalterne, qui sont nombreux partout, il existe un nombre limité de pontifes auxquels les gourous inférieurs sont subordonnés, et dont ils tiennent leurs pouvoirs ou leur juridiction spirituelle ; ces pontifes ont aussi le droit de les destituer et d'en mettre d'autres à leur place.

Le lieu de la résidence des pontifes est désigné par un mot qui signifie trône. Ils n'ont l'un sur l'autre aucun pouvoir.

Les grands personnages, les rois et les princes, ont un gourou exclusivement attaché à leur maison et qui les accompagne partout. Ils vont chaque jour se prosterner à ses pieds et recevoir de lui la bénédiction ou l'un de ces dons que nous avons énumérés.

Lorsqu'ils voyagent, le gourou se tient à leurs côtés ; mais s'ils partent pour la guerre ou pour quelque entreprise périlleuse, est-il dit dans l'*Histoire des mœurs de l'Inde,* le saint homme a soin de rester prudemment en arrière. Il se contente, dans ces circonstances, de les combler de bénédictions et de leur offrir quelques petits cadeaux sacrés et des amulettes qui, conservés précieusement, ont la vertu infaillible à leurs yeux de détourner tous les malheurs auxquels ils seraient exposés loin de leur guide spirituel.

Les princes affectent par ostentation de traiter splendidement leurs gourous, dont le faste surpasse souvent le leur. Outre des présents riches et multipliés, il leur concèdent encore la propriété absolue de terres d'un revenu considérable.

Aussi les pontifes indiens ne se montrent-ils en public qu'environnés de la plus grande pompe. C'est principalement lorsqu'ils font la visite de leurs districts, qu'is se plaisent à déployer tout l'éclat de leurs dignités.

D'ordinaire, montés sur un éléphant richement caparaçonné ou assis sur un superbe palanquin, ils ont une escorte de cavalerie et sont entourés d'un grand nombre de gardes à pied, à cheval, armés de piques et d'autres armes. Des bandes de musiciens, jouant de diverses sortes d'instruments, les précèdent; autour du cortége flottent en grand nombre des drapeaux de toutes couleurs, sur lesquels sont peintes les images des dieux. La marche est ouverte par des officiers dont les uns chantent en vers leurs louanges, tandis que d'autres avertissent les passants de se ranger, de rendre au grand gourou les honneurs et les hommages qui lui sont dus.

Tout le long de leur route on brûle de l'encens et des parfums; des toiles neu-

ves sont étallées par terre sur leurs passage; des arcs de triomphe, composés de branchages, se dressent sur la route. Des groupes de jeunes filles vouées à la prostitution, des danseuses, font partie du cortége et se relèvent les unes les autres, afin de continuer sans interruption leurs chansons obscènes et leurs danses lascives.

Ce pompeux spectacle attire une foule de personnes qui viennent se prosterner devant le gourou, et qui, après lui avoir adressé leurs adorations, se joignent à son escorte et font retentir l'air de cris d'allégresse.

Les prêtres d'un ordre inférieur étalent un moins grand faste : ils voyagent sur des chevaux, en palanquin, préférablement sur des bœufs; quelques-uns même vont à pied.

Mais à quelque classe qu'ils appartiennent, ils ont droit aux marques de respect, aux adorations réservées aux seuls dieux. Pour les Indiens, les gourous peuvent commander même aux puissances célestes.

Avant de poursuivre le récit des droits et des priviléges des brahmanes et des gourous, disons ce que sont certains des prêtres inférieurs, les fakirs par exemple.

François Bernier, qui a parcouru les États du Grand Mogol, rapporte que ces religieux ou ces derviches vivent pour la plupart dans des couvents dirigés par des supérieurs. Ils font vœu de chasteté, de pauvreté et d'obéissance, et se considèrent comme unis à Dieu.

Un grand nombre d'entre eux ne portent aucun vêtement : on les voit nus, assis ou couchés, jour et nuit, sur des

L'INDE. — Manière de voyager dans les plaines du Penjabe.

cendres, abrités par les grands arbres qui entourent les temples des idoles, ou par les portiques de ces temples.

Certains ont des cheveux qui leur tombent jusqu'à mi-jambe et sont entortillés comme les poils des chiens barbets. Parmi eux, il en est qui tiennent un bras ou parfois tous les deux constamment levés au-dessus de leur tête ; leurs ongles ont une longueur démesurée.

Ces pauvres bras amaigris ne s'abaissent jamais, ni pour boire ni pour manger. De jeunes novices les servent et les font manger avec un grand respect, comme de saints personnages. Leur saleté est horrible.

Les femmes regardent sans honte ces ermites, et leur portent dévotement des aumônes, L'un d'eux aima mieux se laisser trancher la tête que de se vêtir, quelques promesses qu'on eût pu lui faire.

Parfois ils font de longs pèlerinages, non-seulement tout nus, mais encore chargés de fers aussi lourds que ceux qu'on met aux pieds des éléphants. Parfois, à la suite d'un vœu, ils se tiennent debout durant huit jours, et leurs jambes se gonflent affreusement, car ils se contentent, pour se reposer, de s'appuyer quelques heures de la nuit sur une corde tendue devant eux ; ou bien ils restent toute une journée sur les mains, la tête en bas, les pieds en haut, dans des postures qu'imiteraient difficilement les clowns.

Croire qu'ils sont soutenus par une piété véritable est difficile ; cependant ils prétendent qu'ils se torturent de la sorte dans l'espoir d'une vie meilleure : c'est d'une naïveté fort admissible.

D'autres se séparent complétement du monde et vivent dans les villes, au fond de quelque jardin. Quand on leur porte des aliments, ils mangent ; sinon, ils jeûnent et se nourrissent d'extase.

D'autres encore vendent des drogues, et ont pour spécialité de préparer le mercure d'une manière particulière. Parfois ils font des tours ; entre leurs mains une branche d'arbre fleurit soudain et se trouve en moins d'une heure couverte de fruits ; dans leur sein un œuf éclôt en quelques minutes et laisse échapper de sa coque un oiseau désigné à l'avance.

Nous aurons occasion de reparler de ces excentriques ; revenons aux prêtres véritables, aux gourous.

Ceux-ci, lorsqu'ils voyagent, ont une préoccupation unique : ramasser de l'argent. Durant leurs tournées, ils imposent des amendes pour les délits et les fautes contraires aux règlements de la caste ou de la secte, et mettent pieusement ces amendes dans leurs poches, sans pitié pour les malheureux.

A la moindre réclamation, ils font comparaître devant eux le récalcitrant dans une posture humiliante, l'accablent de reproches et d'injures, lui font jeter de la boue ou des excréments de vache au visage, et, lorsque ces moyens ne réussissent pas, le forcent de livrer un de ces enfants ou sa propre femme, jusqu'à ce que le tribut soit acquitté.

Au cas où ces procédés ne réussissent pas, ils prononcent la malédiction, et telle est la crédulité des Indiens et la crainte des maux résultant de cet anathème, que le malheureux s'exécute, quoi qu'il lui en coûte.

Par bonheur, ces pasteurs ne visitent leurs brebis que tous les cinq ans ou tous les dix ans. D'habitude ils tirent leurs revenus des frais du culte, des naissances, des mariages, des décès.

Parmi ces prêtres, quelques-uns sont mariés ; le plus grand nombre sont célibataires ; mais ces derniers ne passent pas pour observer le vœu de chasteté. Ils peuvent, sans que cela tire à conséquence, avoir une ou deux concubines, car, aux yeux des Indiens, il ne peut y avoir rien que d'innocent dans les relations familières d'un homme et d'une femme.

Malgré cela, le peuple se figure que ses

prêtres sont d'une autre essence que celle du reste des mortels et les croit impeccables.

Quoiqu'un grand nombre de sudras parviennent à s'élever à la dignité de gourou, les brahmanes prétendent qu'eux seuls ont ce droit, et considèrent ces parvenus comme des intrus.

Lorsqu'ils ne voyagent pas, ces prêtres vivent dans la retraite, ou dans des couvents placés assez souvent dans le voisinage des grandes pagodes. Les grands pontifes habitent les villes et reçoivent dans leurs palais les fidèles qui leur viennent demander une bénédiction et leur apportent des présents.

Les dévots se prosternent à plat-ventre devant le personnage sacré, qui leur dit : « C'est moi qui suis ton gourou, c'est moi que tu dois adorer. »

Alors les fidèles se relèvent. Dans la secte de Siva ils procèdent à une cérémonie. Ils versent solennellement, et en récitant des prières, de l'eau sur les pieds du prêtre, les lavent, puis répandent cette eau sur leur tête et sur leur visage et boivent ce qu'il en reste.

Les sectateurs de Vichnou sont plus dégoûtants encore. Un morceau broyé entre les dents d'un gourou, l'eau avec laquelle il s'est rincé la bouche, est pour eux quelque chose de divin qu'ils boivent avec ravissement. Il en est même, ce sont les fervents, qui attendent impatiemment que le prêtre crache, recueillent pieusement ce crachat et l'avalent avec béatitude.

La dignité des prêtres mariés est héréditaire de père en fils; quand il n'y a pas d'enfants, un coadjuteur associé succède de droit au pontife après sa mort.

Il existe aussi des prêtresses, nommées épouses des dieux, qui sont d'une classe différente des danseuses des temples, mais qui les égalent en dépravation.

Habituellement ce sont des victimes du libertinage des prêtres. Celles qui sont consacrées à Vichnou se font imprimer sur la poitrine l'image de l'oiseau connu sous le nom de l'aigle de Malabar. Les prêtresses de Siva portent sur la cuisse l'image chère à leur dieu.

Les unes et les autres jouissent d'une certaine considération. Nous avons dit que les prières prononcées par les prêtres pouvaient, aux yeux des Indiens, enchaîner le pouvoir des dieux.

Ces prières, ou mantrams, servent à invoquer, à évoquer ou à conjurer; elles ont tous les effets imaginables. Grâce à elles, on peut envoyer le démon dans le corps de quelqu'un, inspirer de l'amour ou de la haine, causer les maladies ou les guérir, donner la mort même à des armées entières. L'effet est infaillible ; mais il en est de plus ou moins puissantes, et elles se neutralisent souvent. Le grand principe est celui-ci : « L'univers est au pouvoir des dieux ; les dieux sont au pouvoir des prières ; les prières sont au pouvoir des brahmanes ; donc les brahmanes sont les dieux. »

On trouve dans un poëme indien un exemple de cette puissance.

Dachara, roi de Mathura, ayant épousé Kalavatty, fille d'un autre roi, cette princesse, le jour même de son mariage, l'avertit de prendre bien garde de ne pas user du droit que sa qualité de mari lui donnait sur elle, parce que le mantram des cinq lettres, qu'elle avait appris, l'avait pénétrée d'un feu purifiant qui ne permettait à aucun homme, sans risque de la vie, d'en agir familièrement avec elle, à moins qu'il n'eût été auparavant purgé de ses souillures par le même moyen qu'elle ; qu'étant sa femme, elle ne pouvait pas lui enseigner ce mantram, parce qu'en le faisant elle deviendrait son gourou et, par conséquent, supérieure à lui.

Le lendemain, les deux époux allèrent trouver le grand pénitent Garga, qui, après avoir connu le sujet de leur visite, leur ordonna de jeûner un jour et de se laver après dans le Gange.

Ainsi préparés, les deux époux retournèrent auprès du pénitent, qui fit asseoir le mari par terre, le visage tourné à l'orient ; et s'étant assis lui-même à côté, la face tournée vers l'occident, il lui dit à l'oreille : « Salut à Siva ! » A peine le roi Dachara eut-il appris ces mots merveilleux, qu'on vit sortir des différentes parties de son corps une troupe de corneilles qui s'envolèrent et disparurent. Ces corneilles n'était autre chose que les péchés commis par ce prince dans les temps précédents.

Cette histoire, ajoute l'auteur, est très-véritable ; il la tient de son gourou, qui l'avait lui-même apprise de Para-Brahma.

Le roi et son épouse, ainsi purifiés, vécurent heureux ensemble durant un grand nombre d'années et ne quittèrent ce bas monde que pour aller se réunir à Para-Brahma, l'être suprême, dans le séjour du bonheur.

La vertu de ces prières et de ces formules est quelque peu contestée de nos jours ; mais c'est, disent les brahmanes, parce que la foi s'éteint.

Le mantram le plus fameux et le plus efficace pour effacer les péchés, est une prière en l'honneur du Soleil, que le brahmane seul a le droit de réciter et qu'il ne doit prononcer qu'à voix basse, même devant son fils ou sa femme.

Après cette prière fameuse, la plus célèbre, est le monosyllabe merveilleux *om* ou *oum*, qui paraît représenter une idée à peu près semblable à celle évoquée par le Jéhovah des Hébreux.

De même que les prêtres, les médecins doivent savoir les formules sacrées ; sinon, ils sont incapables de guérir leurs malades. Les médecins européens ne jouissent d'aucun crédit chez les Indiens et ne leur inspirent aucune confiance, parce qu'ils n'accompagnent point leurs prescriptions de récitation de mantrams, lesquels font bien plus pour la guérison que tous les remèdes du monde.

Beaucoup de charlatans se font passer pour sorciers ; ils opèrent des prodiges et ont des formules pour tous les cas : objets volés, révélations de l'avenir, trésors cachés, etc., etc. ; rien ne leur est inconnu.

Aussi le peuple porte-t-il une haine véritable aux magiciens qu'il suppose malfaisants. Malheur à celui qu'on accuse d'avoir nui par ses enchantements ! Le genre de punition qu'on lui afflige d'ordinaire consiste à lui arracher les deux dents de devant de la mâchoire supérieure ; ainsi édenté, prétend-on, il ne pourra plus prononcer distinctement ses mantrams diaboliques ; ou, s'il les débite mal, son démon familier, irrité de cela, fera retomber sur lui seul le mal qu'il prétendait faire à autrui.

Les cérémonies des brahmanes sont pour la plupart assez curieuses ; mais l'énumération de leurs invocations ou le récit détaillé de leurs sacrifices pourrait être fastidieux.

Savoir qu'ils méditent sur l'incarnation de Vichnou en cochon blanc, avant d'offrir à leurs dieux domestiques un siége pour s'asseoir, de l'eau pour se laver les pieds, du miel, du sucre et du lait, des habits, des joyaux, des fleurs, de l'encens, du riz, des fruits, du beurre et d'autres comestibles, n'offre en réalité qu'un médiocre intérêt.

Nous signalerons seulement quelques-unes des cérémonies : l'*Arty* ou *Aratty* est entièrement du ressort des femmes mariées ou des courtisanes ; les veuves ne peuvent y participer dans aucune circonstance.

On met dans un plat de métal une lampe faite de pâte de farine de riz ; on y verse de l'huile ou du beurre liquéfié et on l'allume. Les femmes, prenant le plat avec les mains, l'élèvent à la hauteur de la tête de celui qui est l'objet de la cérémonie, dont le but est d'obvier à l'influence funeste de la fascination, de neutraliser les regards des gens doués du mauvais œil.

Toutes les fois que les grands personnages sont contraints de se présenter en public ou de parler à des étrangers, ils ne manquent pas ensuite d'appeler les courtisanes ou les danseuses des temples, pour faire cette cérémonie sur eux et prévenir par là les suites fâcheuses des coups d'œil funestes auxquels ils ont été exposés.

Les rois et les princes ont à leurs gages des filles destinées à ce seul office.

Les Indiens redoutent beaucoup l'ensorcellement du mauvais œil, et, pensent-ils, ce ne sont pas seulement les animaux, mais encore les substances végétales qui sont exposées à ce maléfice. Aussi a-t-on coutume de dresser dans les jardins et dans les champs une perche à la cîme de laquelle on attache un grand vase de terre d'une éclatante blancheur. Cet objet apparent a pour but d'attirer les regards des passants malintentionnés, et d'empêcher de la sorte qu'ils ne les portent sur les productions de la terre, qui en ressentiraient à coup sûr quelque méchant effet.

Certaine herbe sacrée jouit de la propriété d'épouvanter et de mettre immédiatement en fuite les géants, les démons et les esprits malins dont la principale mission est de nuire aux hommes et de troubler les cérémonies des brahmanes.

La cérémonie de la consécration de l'eau lustrale est très-compliquée. Minutieuse aussi est la préparation de certaine mixture dont nous avons parlé et qui se compose de lait, de lait caillé, de beurre fondu, de fiente et d'urine de vache.

Les brahmanes qui consacrent ce mélange purificateur, en avalent un peu pour se purger eux-mêmes de leurs souillures tant extérieures qu'intérieures.

Afin de compléter le tableau des mœurs des brahmanes, il faut étudier leur existence sociale, qui peut être envisagée sous quatre faces importantes : la première, l'investiture du triple cordon conféré au jeune brahmane ; la seconde, le mariage et la paternité ; la troisième, la retraite dans les bois avec la femme ; et la quatrième, la solitude absolue.

Tous les brahmanes portent un petit cordon en bandoulière qui descend de l'épaule gauche à la hanche droite et qui se compose de trois petites ficelles, formées chacune de neuf fils. Le coton dont il est fait doit être cueilli sur la plante de la propre main d'un brahmane, être cardé et filé par des personnes de cette tribu, afin qu'il ne puisse pas contracter de souillure en passant par des mains impures. Lorsque les brahmanes sont mariés, leurs cordons ont neuf ficelles au lieu de trois.

Les prêtres et tous les personnages qui ont le droit de porter ce cordon y attachent plus de prix et se montrent plus fiers que ceux qui en Europe portent des décorations. La cérémonie de l'investiture du cordon dure quatre jours ; elle est très-compliquée et il serait trop long de la décrire. Depuis le barbier qui taille les ongles des pieds et des mains du candidat et lui rase la tête au son des instruments de musique, jusqu'aux femmes qui le revêtent de toiles blanches, après avoir cassé tous les vases dont on s'est servi pour les festins, le malheureux initié est traîné de purifications en purifications.

Une chose digne de remarque, a rapporté un missionnaire, c'est qu'au moment où le père apprend à son fils les secrets et les mantrams, il prononce entre autres les paroles suivantes :

« Souviens-toi, mon fils, qu'il n'y a qu'un seul Dieu, maître souverain et principe de toutes choses ; que tout brahmane doit l'adorer en secret ; mais sache aussi que c'est un mystère qui ne doit jamais être révélé au stupide vulgaire ; si tu le faisais, il t'arriverait de grands malheurs. »

Ces paroles sont au moins étranges dans la bouche des brahmanes, et nous avouons notre doute à ce sujet.

Quelque long et ennuyeux que soit le cérémonial de la réception, il est si minutieusement réglé et d'obligation si étroite que négliger une seule des formalités serait s'attirer une animadversion générale.

L'éducation des brahmanes est tout à fait distincte de celle des enfants des autres castes. Pendant la première partie de leur existence, après la réception du cordon et jusqu'à l'époque de leur mariage, ceux-là doivent étudier, faire leur apprentissage. Il faut qu'ils apprennent à lire et à écrire, qu'ils se gravent les Védams et les mantrams dans la mémoire ; qu'ils s'appliquent à diverses sciences, à l'arithmétique ; qu'ils cherchent à posséder les idiomes de l'Inde.

Il ne doit pas user de bétel. Il ne peut ni attacher des fleurs à son turban ou à ses cheveux, ni orner son front avec de la pâte de bois de sandal, ni se regarder dans un miroir. Il est tenu de faire soir et matin le sacrifice au feu, de s'appliquer à se conformer aux manières et aux usages de sa caste, d'obéir à ses parents et à ses maîtres, d'être modeste, affable, bienveillant pour tous. Sa famille et ses maîtres lui enseignent avec un soin particulier l'art de mentir, d'user de dissimulation, de ruse, de duplicité, art que possèdent tous les brahmanes et qui forme un des principaux traits de leur caractère.

Les règles de civilité et de bienséance, la manière de converser élégamment, la manière de se présenter, de saluer, de regarder, l'air de hauteur ou d'humilité qu'il faut prendre dans les diverses circonstances de la vie, selon les temps et selon les personnes, tout cela forme une partie essentielle de cette éducation.

Mais, quelque sévérité qu'on déploie pour faire entrer ces préceptes dans l'esprit des jeunes brahmanes, il en est peu qui s'y astreignent au moins complétement. Rien de plus commun, par exemple, que d'en rencontrer le front orné de pâte de sandal et la bouche pleine de bétel.

Si par défaut de fortune, ou autrement, un brahmane se trouve dans l'impuissance de se marier avant qu'il ait atteint l'âge de dix-huit à vingt ans, il entre cependant dans la seconde phase de sa vie. Quels que soient son âge et l'état de ses affaires, il conserve dès qu'il a reçu le cordon, les six priviléges inhérents à sa qualité, savoir :

Lire les Védams ;

Les faire lire ;

Faire le sacrifice principal ;

Le faire faire ;

Donner l'aumône et des présents ;

Recevoir des présents et l'aumône.

Les vils sudras, fait plaisamment remarquer l'auteur des *Mœurs et institutions des peuples de l'Inde*, à qui nous empruntons ces détails, les vils sudras n'ont qu'un de ces droits-là : celui de donner l'aumône et des présents à ceux des brahmanes qui veulent bien leur faire l'honneur de les accepter de leurs mains impures.

Les brahmanes seuls ont le droit de lire les Védams, les livres sacrés, et ils en sont si jaloux, ou plutôt ils ont tant d'intérêt à empêcher que les autres castes ne prennent connaissance de ce que ces livres contiennent, qu'ils sont parvenus à accréditer cette croyance que, si un imprudent d'une autre tribu s'avisait seulement d'en lire le titre, sa tête se fendrait aussitôt en deux.

Peu nombreux sont les brahmanes capables de lire dans l'original ces livres saints, qui sont l'image du dieu Brahma lui-même.

En réalité, ces livres fameux ne se recommandent que par leur antiquité contestée. Ils contiennent des fables absurdes et n'offrent, au point de vue religieux, qu'en seul intérêt : l'exposé du polythéisme indien.

Le dernier de ces livres, le quatrième, offre même une danger sérieux ; il indique les pratiques de magie et prescrit des sacrifices humains.

Nous avons dit que les brahmanes avaient le droit de recevoir des aumônes ; ajoutons qu'au nombre de celles qu'ils veulent bien qu'on leur fasse, il en est cinq qui leur sont particulièrement agréables : l'or, les terres, les habits, les grains et les vaches.

On voit qu'ils ne choisissent pas les choses les moins précieuses ; mais les vaches ont surtout le privilége de leur plaire, ce qui s'explique, puisque le laitage est la principale nourriture.

La générosité des princes les a faits propriétaires de grandes étendues de terrains, exempts d'impôts et transmissibles de père en fils. D'ordinaire ils ne les cultivent pas eux-mêmes, et les afferment à des sudras, à qui ils abandonnent la moitié des produits.

Bien entendu, les brahmanes s'approprient les offrandes apportées par les dévots indiens dans les temples des idoles.

Nous savons que recevoir et même demander l'aumône n'a rien d'humiliant pour les prêtres ; c'est un droit. Aussi, loin de prendre le ton humble, l'air suppliant du malheureux qui sollicite la charité publique, il réclame la tête haute, comme un tribut, comme un impôt, les cadeaux des fidèles. Cependant le brahmane n'est point importun ou insolent à la façon des fakirs ou des sudras sectateurs de Siva et de Vichnou ; il entre hardiment dans les maisons, expose ses besoins. Si on lui donne, il prend sans rien dire et sans remercier ; si on lui refuse, il sort sans se plaindre et sans murmurer.

Mais malheur à qui lui ferait des promesses qu'il ne tiendrait pas. Ce serait un péché énorme qui ne pourrait manquer d'attirer la vengeance divine sur ceux qui s'en rendraient coupables.

L'anecdote suivante, tirée d'un auteur indien, en offre une preuve :

« Oh ! s'écria un jour un singe en voyant un renard qui dévorait une charogne infecte, il faut qu'à une époque antérieure tu aies commis des crimes bien énormes pour être condamné aujourd'hui à te repaître de pareils aliments.

« — Hélas ! répondit le renard en gémissant, je n'endure que ce que j'ai mérité ! Je fus autrefois homme, et dans cette condition je promis à un brahmane de lui faire un présent et je lui manquai de parole ; voilà la raison pour laquelle j'ai été condamné à renaître sous la forme où tu me vois et à mener le genre de vie qui me répugne tant. »

Les brahmanes affirment hautement que quiconque leur manque de parole, ou leur cause quelque préjudice, renaîtra après sa mort sous la forme d'un diable. Il ne pourra ni habiter sur la terre, ni vivre dans les airs. Réduit à demeurer dans une forêt épaisse et à se tenir constamment perché dans les branches d'un arbre touffu, il ne cessera de pousser des gémissements profonds, des cris déchirants, en maudissant son sort infortuné. Il n'aura d'autre nourriture que le jus infect du palmier, mêlé avec de l'écume de chien, qu'il boira dans un crâne humain en guise de coupe.

On voit que les brahmanes ne ménagent aucune menace pour se faire respecter et conserver leurs biens. Ils sont aussi dispensés des corvées et des réquisitions si onéreuses et si oppressives pour les autres habitants qui sont forcés de travailler à l'entretien des routes, à la réparation des temples ; de fournir à l'approvisionnement des troupes pendant leur marche, à la nourriture des magistrats et des autres officiers publics, le plus souvent sans aucun salaire pour leurs travaux, sans dédommagement convenable pour leurs fournitures ou pour les pertes que ces réquisitions leur causent.

L'INDE. — Temple rustique.

Dans plusieurs contrées, les forgerons, les charpentiers, les barbiers, les blanchisseurs et en général tous les ouvriers sont à la disposition du brahmane, qui a le droit de réclamer pour rien leurs services.

Nous avons dit ailleurs que ces saints personnages ne pouvaient être punis de la peine de mort ; il est même rare que dans des pays sous la domination de princes, et quelque graves que soient leurs fautes, ils soient soumis à des châtiments corporels.

Mais, dans les pays dépendant des Européens et des mahométans, le caractère sacré des brahmanes est beaucoup moins respecté, et ils sont passibles, comme tous les citoyens de l'Inde, de peines proportionnées à leurs fautes.

Les Maures les font parfois expirer sous leurs coups, à moins qu'ils ne se rachètent par des sommes considérables, dont leurs oppresseurs sont encore plus avides que de leur sang. Mais, soit par avarice, soit qu'ils aient la conviction que si leurs tyrans les voient une fois céder, ils ne lâcheront prise qu'autant qu'ils les auront dépouillés de tout ce qu'ils possèdent, ils préfèrent endurer toutes sortes de tortures et même la mort plutôt que de rien donner.

Lorsqu'ils se trouvent soumis à d'aussi rudes épreuves, il n'est pas de mensonges, de faux serments et de protestations qu'ils n'emploient pour se tirer d'embarras. On sait, à la façon dont ils instruisent leurs enfants, que le mensonge et le parjure, proférés dans un but d'utilité personnelle, sont des vertus et des actes méritoires.

Le brahmane marié et père d'un enfant gravit un degré de la hiérarchie religieuse; il se trouve alors soumis à des obligations nouvelles.

Il doit se lever tous les matins une heure et demie avant le soleil, et penser d'abord à Vichnou, puis méditer longuement sur les devoirs de sa profession.

Ensuite, sa première occupation doit être de satisfaire ses besoins naturels. Les détails de cette cérémonie paraîtront peut-être repoussants; nous n'hésitons cependant pas à les donner, tant il est indispensable, à notre avis, de connaître toutes les mœurs d'un peuple pour le pouvoir juger.

A l'aurore donc, le brahmane est obligé à ce qui suit:

1° Prendre un grand vase de cuivre et aller à l'endroit particulier, qui doit être au moins à un jet de flèche de son domicile.

2° Oter d'abord sa chaussure, la déposer à une certaine distance, et choisir une place propre, sur un terrain uni.

3° Éviter avec soin l'enceinte d'un temple, le bord d'une rivière, d'un puits ou d'un étang, un chemin public ou tout lieu fréquenté, un sol blanchâtre, une terre labourée ou un terrain contenant un arbre sacré.

4° Ne pas avoir sur le corps de toile pure ou nouvellement lavée.

5° Suspendre son triple cordon à l'oreille gauche, et s'entourer la tête de la toile qu'on a autour des reins.

6° S'accroupir le plus bas possible. Rester à demi incliné, ou se placer sur un arbre ou sur une muraille, serait un grand péché.

7° Pendant l'action, prendre une attention particulière, sous peine de péché capital, à ne fixer ses regards ni sur le soleil, ni sur la lune, les étoiles, le feu, un brahmane, un temple, une statue, un arbre sacré.

8° Garder un profond silence.

9° Ne rien mâcher, ne rien avoir sur la bouche ni sur la tête.

10° Terminer le plus promptement possible et se lever aussitôt.

11° Ne pas regarder derrière ses talons, sous peine de péché.

12° Si aucune de ces prescriptions n'est négligée, la fonction naturelle devient un acte de vertu; dans le cas contraire, c'est une faute qui sera punie.

13° Se laver les pieds et les mains avec l'eau contenue dans le vase de cuivre, puis prendre ce vase de la main droite et aller à la rivière se purifier de la souillure grossière contractée par cette opération impure.

14° Arrivé au bord de la rivière ou de l'étang destiné à la purification, choisir un endroit convenable et ramasser de la terre.

15° Ne prendre que de la terre propre à cet usage, car il en est qu'on ne saurait employer sans péché, ainsi la terre soulevée par les fourmis blanches, celle dont on extrait le sel, la terre glaise, la terre qui se trouve sur un grand chemin, etc., etc.

16° Muni de terre convenable, s'approcher de l'eau sans y entrer, en puiser avec son vase et s'éloigner un peu pour se laver de nouveau les pieds et les mains. Si on n'a pas de vase, creuser un trou dans le sable avec ses mains sur le bord de la rivière et en user de même sorte, en prenant garde que cette eau n'aille pas se mêler à celle de la rivière.

17° Ayant pris une poignée de terre avec la main gauche, l'imbiber d'eau et en frotter la partie du corps souillée. Réitérer l'opération en employant trois fois moins de terre, et ainsi trois fois encore en la diminuant à chaque fois de moitié.

18° Se laver chacune des mains avec de la terre et de l'eau, en commençant par la main gauche.

19° Se laver encore une fois la partie souillée avec de l'eau et de la terre.

20° Même opération pour les deux pieds, répétée cinq fois pour chacun, avec de la terre et de l'eau, en commençant, sous peine de damnation éternelle, par le pied droit.

21° Se nettoyer avec de l'eau claire.

22° Se laver le visage, puis se rincer huit fois la bouche, en ayant bien soin de rejeter du côté gauche l'eau avec laquelle on se gargarise. Si par distraction ou autrement, on avait le malheur de la rejeter du côté droit, on irait certainement en enfer.

23° Penser trois fois à Vichnou et boire trois fois à son intention.

Tel est le cérémonial d'après le grand rituel des brahmanes ; on voit que tout y est soigneusement prévu et minutieusement décrit.

Ces purifications, rendues obligatoires par la superstition religieuse, n'ont été certainement, en principe, que de sages préceptes d'hygiène, nécessaires à cause du climat. Cette propreté méticuleuse n'a rien en soi de ridicule, dans un pays aussi chaud ; il n'y a de vraiment grotesque que les cérémonies.

De ce nombre est l'emploi de la main gauche pour les ablutions ayant pour objet la partie inférieure du corps. Se servir de la main droite serait une malpropreté impardonnable. On emploie toujours la main gauche lorsqu'il s'agit de quelque opération sale, se moucher, se nettoyer les oreilles, les yeux, etc. Cet usage est si familier aux Indiens que rarement on les voit employer une main pour l'autre.

La coutume de se laver, sans autant de cérémonies que les brahmanes, mais soigneusement dans les mêmes circonstances, est commune à toutes les castes.

L'usage des Européens, qui ne craignent pas de se servir de papier, est considéré par les Indiens comme une abomination, dont ils ne parlent jamais sans horreur. Lorsqu'ils s'entretiennent entre eux de ce qu'ils appellent nos usages, grossiers et barbares, ils citent au premier rang celui dont il est question, et le raillent avec dégoût. Certains d'entre eux même refusent absolument d'y croire, disant que c'est une fable immonde, une calomnie inventée en haine des Européens.

La vue d'un étranger qui se mouche ou qui crache dans un mouchoir et le remet dans sa poche leur occasionne des nausées ; eux, beaucoup plus propres, sortent de la maison pour se moucher avec leurs doigts, qu'ils reviennent essuyer aux murailles.

Ils ont même dégoût pour notre manière de nous laver les dents, parce que nous nous servons de brosses faites de poil d'un animal, par conséquent impures, et parce que nous nous servons plusieurs mois de la même brosse, quoiqu'elle ait été souillée et infectée par la salive.

L'usage est chez eux de se bien frotter les dents avec un petit morceau de bois vert nouvellement coupé.

Ce soin de propreté est pour les brahmanes le sujet d'un grand nombre de pratiques dont une des premières est la prière suivante :

« Dieux des bois, je coupe une de vos petites branches pour me frotter les dents. Accordez-moi par l'acte que je vais faire une longue vie, de la force, des honneurs, de l'esprit, un grand nombre de vaches et d'autres richesses, la prudence, l'entendement, la mémoire et le pouvoir. »

Il leur est interdit de se nettoyer les dents à certains jours de la lune et à certaines époques malheureuses, comme les anniversaires de la mort d'un père ou d'une mère.

Les règles que doit observer le brahmane pour faire ses ablutions trois fois par jour, le matin, à midi et le soir, sont très-compliquées. Il faut qu'ils tournent sur eux-mêmes et autour d'un arbre sacré, qu'ils adressent des prières au soleil, qu'ils chassent les géants et les démons en faisant claquer leurs doigts, qu'ils unissent par des formules sacrées l'âme vitale qui réside au nombril à l'âme suprême qui réside à la poitrine ; qu'ils se pressent les deux narines entre le pouce et l'index, en prononçant six fois le mot *ron*, en retenant leur respiration et en pensant au feu, etc., etc.

Pour manger, le brahmane a le droit de s'asseoir. Il doit inviter à sa table des pauvres, s'il en a le moyen, prendre ses repas en silence, et avoir soin, avant de rien porter à la bouche, de mettre à part pour ses ancêtres défunts une petite portion de riz et des autres mets qu'on lui a servis.

Beaucoup des prescriptions relatives aux repas sont aujourd'hui tombées en désuétude ou négligées ; il en est de fort curieuses.

Ainsi le brahmane devrait, à la première bouchée de riz, s'écrier :

Adoration au vent qui réside dans la poitrine ; à la seconde bouchée, adoration au vent qui réside dans le visage ; à la troisième, adoration au vent qui réside dans le gosier ; à la quatrième, adoration au vent qui réside dans tous les corps; et à la cinquième, adoration aux flatuosités bruyantes qui s'échappent par en haut et par en bas.

La cuisine est souvent faite par les femmes et très-proprement, mais les brahmanes se vantent en général d'être de bons cuisiniers.

Dans le commerce que le brahmane a avec le monde, il ne doit jamais convoiter ni les biens ni la femme d'autrui.

S'il va au temple, il ne doit jamais s'y présenter les mains vides, sans présents de quelque sorte que ce soit.

Il doit faire le tour des temples, une ou plusieurs fois, suivant le Dieu à qui ils sont consacrés; après quoi, se tournant vers la Divinité, il se prend le bout de l'oreille gauche avec la main droite, et le bout de l'oreille droite avec la main gauche, et dans cette posture il s'accroupit par trois fois sur ses talons; ensuite il se donne de légers coups de poing sur les deux tempes.

A la fin de la journée, ses devoirs religieux étant accomplis, le brahmane se couche peu de temps après avoir soupé ; mais il doit purifier la place où il doit reposer en la frottant avec de la bouse de vache, et faire en sorte que cette place ne soit exposée aux regards de personne.

Inutile de reproduire ici, bien qu'elles présentent un certain intérêt, les longues prières que chaque jour les brahmanes adressent à leurs divinités, à l'eau, au feu, au beurre, en ayant soin chaque fois de nouer la petite mèche de cheveux qu'ils ont au sommet de la tête.

Disons seulement qu'ils évoquent Brahma en ces termes :

« Venez, Brahma, venez sur mon nombril, restez-y, restez-y, restez-y longtemps ! »

Ils se représentent, assis sur leur nombril, ce dieu puissant de couleur rouge, ayant quatre visages et deux bras, ceint d'une corde, tenant une cruche à la main, monté sur une oie et accompagné d'une multitude de divinités.

Vichnou est évoqué de la sorte :

« Venez, Vichnou, venez sur ma poitrine ; restez-y, restez-y, restez-y longtemps. »

Ils se représentent assis sur leur poitrine ce dieu de couleur brune, ayant quatre bras, portant dans une main un coquillage, dans la seconde une arme, dans la troisième un emblème quelconque, dans la quatrième un lis. Il a pour monture l'oiseau de proie appelé garouda.

Les paroles consacrées servent à évoquer Siva, qu'ils se représentent assis sur leur front. Ce dieu est de couleur blanche ; il porte dans une main un trident et dans l'autre un petit tambour. Sur son front est une demi-lune; il a cinq visages et trois yeux pour chaque visage; sa monture est un bœuf.

Les brahmanes ont divinisé une prière appelée *gaiatry;* ils en ont fait la déesse Gaiatry.

C'est la prière la plus fameuse, celle qui procure aux hommes la rémission de leurs péchés, l'abondance, la joie, les richesses, la santé, qui leur assure le bonheur après la mort.

Les brahmanes modernes, lorsqu'on se

moque de la bizarrerie de toutes ces pratiques, répondent qu'elles ne sont pour la plupart que des allégories dont le sens réel est fort raisonnable.

Explication plausible et cependant peu satisfaisante, car un petit nombre d'entre eux peut donner ce sens réel ; les autres se contentent d'exécuter à la lettre ces cérémonies dans lesquelles le bizarre le dispute au ridicule.

Le jeûne est souvent pratiqué chez eux ; ils s'imposent cette privation avec exactitude ; manquer à l'asbtinence aux époques fixées, serait aussi condamnable que ne se point purifier d'une souillure.

Pratique utile à cause de la gourmandise des brahmanes qui, dans toutes leurs cérémonies suivies de repas, mangent avec une gloutonnerie et une intempérance remarquables.

Il faut donner à ces estomacs trop souvent surchargés des temps de repos.

Bien remplir son ventre est un soin particulier à tous les Indous, mais les brahmanes en ont fait une occupation véritable à laquelle ils s'efforcent de prêter un caractère sacré.

C'est pour plaire à leurs dieux qu'ils mangent jusqu'à ce qu'il leur soit impossible d'avaler une seule bouchée.

Nous avons cité des mœurs des brahmanes tout ce qui touche plus particulièrement à la religion. Nous étudierons maintenant les mœurs générales et les coutumes de toutes les castes des Indous.

CHAPITRE III

MŒURS. — COUTUMES.

Caractère des Indous. — Leur faiblesse physique. — Des villes. — Cérémonial. — Différentes
manières de saluer. — Vivres, repas. — Jeux et parties de plaisir. — Parures; signes peints
sur différentes parties du corps. — Mariage; ses cérémonies. — Foires, pèlerinages, jardins. —
Différentes manières de vivre. — Costumes. — De l'esclavage. — Condition des femmes. —
Veuvage. — Les femmes qui se brûlent. — Des basses tribus, des parias. — Charlatans,
jongleurs. — Médecine, poésie, beaux-arts, agriculture, commerce.

Il y a une difficulté réelle à se rendre un compte exact du caractère général des Indous: pénétrer dans leurs demeures est difficile aux Européens, tant sont infranchissables les barrières élevées par la religion et les mœurs.

On peut cependant affirmer que les Indous ont des défauts immenses, qui viennent en partie, à la vérité, de causes morales, mais qu'il faut aussi attribuer à la constitution physique, au sol, au climat.

La grande chaleur n'énerve pas lorsqu'elle est permanente, lorsque le sol est stérile et oblige les habitants à de durs labeurs. Mais dans l'Inde, où une chaude température règne sur un sol fertile, où la chaleur est tempérée par les pluies, tout semble inviter à la mollesse, à l'indolence, qui corrompent les étrangers eux-mêmes. L'indolence est, à vrai dire, le trait général et caractéristique de toute la nation indoue. Il y faut joindre une extrême timidité, un soin remarqua-ble d'éviter tout ce qui pourrait occasionner un ennui ou même un embarras passager. Ajoutons qu'ils manquent absolument de courage, et nous en aurons l'explication de leurs vices.

On les élève dans le mensonge, et ils profitent au delà de ce qu'on peut imaginer de cette éducation; pas un peuple qui se puisse comparer à eux sous ce rapport. Ils mentent en toute occasion; menteurs ils sont nés, menteurs ils mourront.

Le parjure, cette variété du mensonge, est un jeu pour leurs consciences; faire solennellement une promesse et ne la point tenir, ne saurait tirer à conséquence. Il est convenu que manquer à sa parole est chose respectable, et on y manque avec une déplorable facilité. Non certes qu'il n'y ait d'honorables exceptions à cette règle, mais même dans les rapports existant entre le gouvernement et le peuple, règne une inqualifiable déloyauté, déloyauté telle de la part des gouvernants, que les malheureux, les ouvriers, les agriculteurs, ne sauraient défendre leurs droits autrement que par la ruse.

Souples, insinuants, patients, fertiles en intrigues, ils s'appliquent à tromper ceux avec qui ils ont affaire. Exceptons cependant les grands négociants et les banquiers, qui font honneur à leurs engagements avec une scrupuleuse exactitude, exactitude d'autant plus indispensable pour le succès de leurs opérations, que la justice est plus mal administrée dans le pays.

Mais le peuple possède un art infini pour pénétrer les secrètes pensées, deviner l'humeur particulière de ceux qu'il veut séduire et tromper; ils savent séduire ou menacer, paraître humbles ou fiers, suivant qu'il en est besoin, mais cela sans grande hardiesse et sans que d'ordinaire ils emploient le crime pour en arriver à leurs fins.

Si l'on voulait rechercher les causes de cette corruption morale, il les faudrait attribuer hardiment au gouvernement; l'exemple venu d'en haut (il en est, hélas! ainsi dans beaucoup de contrées européennes), est absolùment détestable. En haut lieu, prendre le plus d'argent possible pour remplir une place, c'est faire son devoir; prendre de l'argent pour agir contre sa conscience ou contre ses engagements, ce n'est pas manquer à son devoir. Et s'il s'agit de piller le trésor public, personne en vérité n'oserait au nom de la morale le trouver mauvais.

Allez donc, après de telles pratiques, persuader au peuple qu'il faut rester honnête; allez donc encore lui prouver que l'adulation, la flatterie, l'importu-

nité sont des défauts, lorsque ses chefs sont flatteurs et vils.

Pas un fonctionnaire indou qui sache prendre une décision, donner une réponse non évasive; pas un qui rougisse de prolonger une affaire aussi longtemps que possible, si l'avenir semble réserver une solution plus favorable à ses intérêts particuliers.

Entre les magistrats et leurs clients, d'interminables disputes; parfois, ils mettent une telle passion, une telle ardeur dans leurs querelles, qu'on pourrait craindre de les voir en venir aux coups et se déchirer.

Mais qu'on se rassure, il est rare qu'ils se battent autrement qu'avec la langue.

En matière de procès, ils sont plus normands que les Normands de France, et n'abandonnent une affaire qu'après s'être ruinés jusqu'à leur dernier sou.

De patriotisme, il ne faut en faire mention que pour mémoire. Très-attachés, ainsi que nous l'avons vu, aux usages de leur caste, leur esprit national peut parfois s'émouvoir pour des querelles religieuses; mais, en général, ils n'ont que le patriotisme de clocher; les devoirs du citoyen leur sont absolument inconnus, et la patrie ne s'étend guère au delà du village.

Qu'on ne s'imagine pas cependant qu'ils n'ont aucunes vertus; ils comprennent la morale à leur façon et obéissent à certaines lois plus importantes à leurs yeux, et que rien ne saurait leur faire violer, ni les séductions ni la force. Un brahmane, par exemple, se laissera mourir de faim plutôt que de toucher à un mets défendu.

L'INDE. — Habitations européennes à Simla.

Tel chef de village endurera la torture et les plus cruels supplices, si un tyran veut exiger de lui une contribution injuste ; tel domestique cherchant à voler son maître par tous les moyens imaginables, gardera fidèlement une somme d'argent reçue en dépôt.

Beaucoup méprisent la mort, courage vraiment extraordinaire chez des gens timides et lâches d'habitude ; lorsque son sort lui semble résolu, le dernier des Indous l'attend et s'y soumet avec un sang-froid qui excite l'admiration des Européens ; il cause gaiement avec ses amis et attend le supplice sans que sa sérénité soit aucunement troublée.

Faut-il chercher dans la théorie de la métempsycose l'explication de ce courage?

Si l'on en croit le savant Raymond, qui a de l'Inde une connaissance profonde, le meilleur type du caractère indou, celui qui retient le mieux l'originalité nationale en gardant le plus de ses qualités, c'est celui des Radjpoutes et des autres classes militaires de l'Indoustan gangétique, dans le pays où les Anglais recrutent surtout leur armée. C'est là que l'on peut le mieux se faire une idée de cette fierté, de ce courage enthousiaste, de ce généreux dévouement si singulièrement allié à une grande politesse de manières, à la douceur des sentiments, à une simplicité presque enfantine.

Les cultivateurs sont partout dans l'Inde une population inoffensive et aimable, attachée à ses sentiments de famille, charitable à ses voisins, honnête et sincère envers tout ce qui n'est pas le gouvernement.

Les gens des villes ont le caractère plus complexe; mais ils sont calmes, tranquilles, troublant rarement la paix publique par des émeutes ou par leurs querelles particulières. A tout prendre, si l'on en excepte les gens du gouvernement, la population des villes indiennes peut soutenir la comparaison avec celles des villes de l'Europe. Les avantages que lui assurent la religion et l'organisation sociale, lui donnent peut-être la supériorité même sur les classes moyennes de la plupart des pays de l'Occident.

Dans les classes laborieuses, on ne trouve pas d'exemples de cette déprava-

tion si ordinaire dans nos grandes villes; la foule des gens qui chez nous ne vivent que de fraudes, les escrocs, les imposteurs et les aventuriers de toute espèce, du haut en bas de l'échelle sociale, sont presque inconnus dans l'Inde.

Les Indous manquent, à la vérité, d'énergie; leur constitution servile, leurs superstitions absurdes, leur mythologie extravagante, les subtilités de leur philosophie, la douceur de leur poésie, leurs manières efféminées, leur caractère timide, la crainte des changements, le plaisir qu'ils prennent aux puérilités et aux contes, prouvent leur légèreté et l'absence des qualités viriles.

Mais ces défauts ne sont communs ni à toutes les classes ni à toutes les époques. Les gens des classes inférieures sont laborieux et persévérants; ceux qui occupent une situation plus élevée savent parfois supporter de rudes fatigues et de cruelles privations.

Le découragement les atteint vite; ils luttent difficilement contre un ennemi décidé, et cependant leur histoire militaire n'est point dépourvue d'exploits; si leur honneur ou leur religion leur ordonnent de mourir, ils savent mourir et il n'est pas rare de voir des gens du peuple se suicider lorsqu'ils se croient déshonorés. On a vu des régiments de cipayes réussir là où des régiments européens avaient été repoussés.

Quelque douces que soient les mœurs de ce peuple, il existe dans l'Inde des bandes de voleurs et d'assassins redoutables.

Tels sont les Thags et les Décoits, dont la férocité est sans bornes. Ces bandes se rassemblent pendant la nuit, fondent à l'improviste sur un village, tuent tous ceux qui résistent, font main basse sur tout ce qu'ils peuvent saisir, et mettent à la torture les personnes qu'ils supposent avoir de l'argent caché.

Le lendemain matin ils sont confondus dans la population sans qu'on puisse les découvrir, et telle est la crainte qu'ils inspirent, que même quand on les connaît, on ose rarement les dénoncer.

Les musulmans figurent dans ces bandes en nombre au moins égal à celui des Indous.

Cependant, malgré les crimes monstrueux commis par ces misérables, il se commet moins de crimes dans l'Inde que dans la plupart des pays de l'Europe.

Certes beaucoup de crimes restent impunis, mais il n'en est pas moins vrai qu'il existe une différence considérable entre le chiffre des condamnations de toute sorte prononcées en Angleterre et dans le Bengal, différence tout à l'avantage du Bengal.

La jalousie fait commettre aux Indiens beaucoup plus de meurtres que l'amour de l'argent ; les voleurs sont peu nombreux, et tout le monde dort les portes ouvertes.

L'ingratitude est, on ne le saurait nier, trop fréquente. On doit cependant affirmer qu'elle n'est point générale, et l'on cite beaucoup d'exemples de gens ayant reçu quelques bienfaits de personnes en place et restant attachés dans la disgrâce. Le dévouement des Indous à leurs chefs est proverbial.

Les régiments de cipayes se sont toujours montrés très-fidèles à leurs maîtres étrangers.

Les pauvres sont insouciants, les riches prodigues et amoureux de l'ostentation, mais le vrai peuple vit de peu ; il est frugal et même parcimonieux. Un petit nombre de grands personnages consent à accroître sa fortune par le négoce, ou en prêtant de l'argent à gros intérêts.

Les enfants indous paraissent plus vifs et plus intelligents que les enfants d'Europe ; vers l'âge de quatorze ou quinze ans, le développement de leurs facultés est vraiment extraordinaire ; puis tout d'un coup ces facultés, au lieu de se développer, s'affaissent et ont en grande partie disparu après l'âge de puberté.

Contemplatifs, calmes, gais, ils aiment à causer, racontent et écoutent volontiers des anecdotes plaisantes.

Ils sont plus petits et plus minces que les Européens, moins fort aussi, mais plus souples, plus gracieux, plus agiles. Leurs femmes sont remarquablement jolies, gracieuses aussi, simples et réservées.

Ce que nous avons dit de leurs ablutions multipliées laisse supposer une remarquable propreté, propreté qui, même dans les classes inférieures, est de beaucoup supérieure à la nôtre ; leurs maisons sont parfaitement tenues.

Conclurons-nous de ces détails fournis par tous les voyageurs, que les Indous sont inférieurs aux peuples européens ? Oui, sans doute, mais il est aisé de voir que c'est une nation déchue qui jadis posséda une intelligence et une vigueur sans doute supérieures à la nôtre. Au reste, la comparaison n'est pas sur tous les points à leur désavantage.

Ils ont en général le teint très-brun, tenant le milieu entre celui des populations du midi de l'Europe et celui des nègres ; leurs cheveux toujours noirs sont longs et plats ; leur front est petit, leurs yeux noirs, quelquefois gris. Ils considèrent les yeux bleus des Européens comme des difformités. Le genre de vie, les travaux des champs, changent un peu la couleur des Indiens ; ainsi les parias ont la peau presque aussi foncée que les Cafres ou les habitants de la Guinée ; les brahmanes ont la couleur du cuivre jaune ou plutôt de café clair. Les femmes au teint de pain d'épice sont les plus belles, et cette coloration de la peau est la plus estimée. Le dedans des mains et la plante des pieds sont, caractère commun avec les hommes de couleur, aussi blancs que chez les Européens.

Leur complexion est faible. Les Indous n'ont ni notre force, ni notre vigueur, ni notre activité. Un ouvrier européen fera sans peine la besogne de deux ouvriers du pays. Cette faiblesse de constitution naturelle, due en partie au climat, est souvent accrue par la misère et les privations, et ainsi que nous l'avons indiqué, la faiblesse de leurs facultés mentales paraît être proportionnée à celle de leurs facultés corporelles. Point de nation civilisée qui compte un si grand nombre d'idiots. Certes il y a aussi beaucoup de gens de bon sens, ayant de l'esprit même et des connaissance assez étendues ; mais on ne cite point parmi eux de génie transcendant ; ils ne dépassent pas une certaine moyenne d'intelligence.

Rarement ils font preuve dans leurs actes de véritable fermeté ; leurs résolutions sont loin d'être inébranlables, et leur imprévoyance est grande. Pourvu qu'ils puissent satisfaire aujourd'hui leur vanité et leurs goûts extravagants, peu leur importe le lendemain. Aussi passent-ils subitement de l'opulence à la misère, et leur apathie leur fait alors supporter l'adversité avec une parfaite résignation.

Que si nous étudions leur tenue, nous verrons que les brahmanes ont le maintien plus libre, plus dégagé, qu'ils sentent la supériorité de leur naissance, de leur rang, de leur éducation. Leur langage est aussi plus pur, dégagé d'expressions triviales, plus concis, plus élégant. Lorsqu'ils écrivent, leurs formules et leurs compliments sont hyperboliques ; ils n'hésitent pas à placer ceux qu'ils veulent louer au-dessus de leurs dieux eux-mêmes.

Mais ils sont également riches en locutions outrageantes et en paroles grossières et indécentes. Lorsqu'ils sont en colère, un flot de paroles plus ordurières et plus indécentes les unes que les autres s'échappe de leur bouche avec une incroyable volubilité. Ils feraient taire toutes nos dames de la Halle.

Le vêtement est fort primitif : deux pièces de toiles sans coutures, dont l'une, formant draperie par devant, pend négligemment jusqu'aux pieds avec une certaine grâce. Cette pièce de devant est ordinairement ornée d'une bordure de soie de couleur différente de celle de l'étoffe.

Depuis que les marchandises d'Europe sont répandues dans le pays, les gens riches achètent avec un grand empressement les tissus écarlates, dont ils se parent avec ostentation.

Les Indous marchaient jadis la tête découverte et le corps nu jusqu'à la ceinture ; cet usage s'est même conservé parmi les habitants de la côte de Malabar et chez les sauvages qui n'ont point quitté leurs épaisses forêts.

De nos jours, les Indiens, imitant les musulmans, portent pour la plupart un turban formé d'une pièce de toile fine et claire, longue quelquefois de plusieurs mètres. Ils tournent artistement cette toile autour de leur tête, et lui donnent une forme qui varie suivant les pays et les castes.

Les Indous qui occupent des emplois près des Européens ou des mahométans se vêtent d'une longue robe de mousseline ou de toile fine, très-ample par le bas.

Les brahmanes se distinguent des mahométans en attachant cette robe à gauche, tandis que les derniers l'attachent à droite.

Ils portent souvent par-dessus une ceinture très-fine, qui fait plusieurs fois le tour du corps.

Le costume des brahmanes, riches ou pauvres, est uniforme et ne varie que par la qualité des étoffes.

Presque tous les Indiens portent suspendues au milieu et à l'extrémité supérieure des oreilles, des parures de différentes formes.

Ceux mêmes qui font pénitence et qui ont renoncé aux trois choses les plus capables d'exciter la convoitise des hom-mes, les femmes, les honneurs et les richesses, ceux-là mêmes, disons-nous, ne renoncent point à leurs pendants d'oreilles ; seulement, par humilité, ils les portent en cuivre, tandis qu'elles sont en or d'ordinaire.

Ces pendants d'oreilles sont le plus souvent ovales, d'une grosseur démesurée. Dans les grandes occasions, aux mariages, par exemple, ils en mettent quatre ou cinq paires, et trouvent moyen de placer entre elles de petits bijoux d'or où sont enchâssées des pierres précieuses.

Dans certaines contrées, on se suspend à la cloison des narines un anneau d'or ; mais ce fait peut être considéré comme une exception, tandis que n'avoir point de boucles d'oreilles, quelque pauvre que l'on soit, serait considéré comme une indécence.

Les Indous riches ont au cou des chaînes d'or ou des chapelets de perles avec de grandes médailles entourées de diamants, qui descendent jusqu'à leur poitrine ; aux mains, des bagues précieuses, aux bras, des bracelets d'or massif qui pèsent jusqu'à une livre ; au-dessus des coudes, des tubes d'or ou d'argent, dans lesquels sont roulés les mantrams ou les talismans ; aux doigts des pieds, des anneaux d'argent : tel est l'accoutrement dans lequel les grands personnages sont très-fiers de se montrer. On en voit même qui portent autour des reins une ceinture de fils d'or.

Il nous faut passer sous silence quelques autres colifichets dont ils ornent certaines parties du corps qui nous semblent à juste titre les moins propres à être ornées.

Nous savons déjà que les Indiens ont l'habitude de se peindre avec des couleurs variées, ainsi que le faisaient certains peuples de l'antiquité. Le tatouage le plus commun chez eux consiste en une petite marque circulaire d'environ un pouce de diamètre, souvent jaune, parfois rouge et noire, tracée au milieu du front. D'autres tracent seulement sur leur visage quelques lignes horizontales; il en est qui se teignent le cou, la poitrine, le ventre, les lèvres, et se dessinent des figures bizarres.

Grâce à ces ornements, certains d'entre eux se font une physionomie farouche, presque terrible. On rencontre des sectaires qui ont l'habitude de marcher sans vêtements, et ne dissimulent leur nudité qu'à l'aide de peintures extravagantes.

Les sectateurs de Siva se couvrent le visage et le corps de cendres de bouse de vache ou de cendres prises sur le lieu où l'on brûle les cadavres. Quelques-uns s'en blanchissent de la tête jusqu'aux pieds; d'autres se contentent de s'en mettre de larges bandes aux bras, à la poitrine et au ventre.

Les brahmanes en général dessinent seulement avec ces cendres une petite raie horizontale sur le milieu du front après avoir fait leurs ablutions.

La superstition est évidemment le principe de ces enjolivements bizarres qui varient avec les castes et les sectes; mais dans certaines contrées la coquetterie semble y avoir sa part.

La civilité indienne exige même qu'on porte quelque signe sur le front; l'avoir nu est une marque de deuil.

Cela indique aussi qu'on n'a pas fait ses ablutions, ou qu'on est en état de souillure, ou qu'on est encore à jeun.

Si l'on rencontre dans l'après-midi quelqu'un n'ayant aucun dessin sur le visage : N'avez-vous point mangé? lui demande-t-on.

Aller dans le monde sans être de la sorte paré, serait manquer à toutes les règles de la politesse.

Pour les femmes, cet usage a une moins grande importance; cependant elles se tracent sur le front de petits cercles en couleur, et se jaunissent le visage, le cou, les bras et les jambes avec une teinture de safran très-foncée.

Tout cela peut nous sembler absolument ridicule; ajoutons que les Indous nous rendent bien nos moqueries, et qu'ils rient à gorge déployée des Européens qui se teignent les cheveux et des Européennes qui se peignent la face. A la vérité, le maquillage des dames indiennes ne nous semble pas beaucoup plus repoussant que le maquillage des dames de France ou d'autres pays prétendus civilisés.

Ce qui surtout est un objet de dégoût pour les Indous, c'est la perruque. Ils ne parlent qu'avec stupéfaction et même avec indignation et mépris de cette coutume qui consiste à emprunter une chevelure à un être méprisable ou à un cadavre. Plutôt que de souiller leur tête d'un appendice aussi impur, ils préféreraient exposer leurs crânes à toutes les intempéries. Nos coiffeurs ne feraient pas fortune là-bas.

La simplicité des maisons répond à celle du costume.

Les habitations sont communément couvertes de paille, certaines d'entre elles sont plus spacieuses, plus élégantes, offrent plus de confortable; mais rarement le luxe y règne. Leur construction, la disposition des appartements, sont à peu près uniformes. Une cour au milieu; quelques pièces obscures, sans fenêtres, où l'air et la lumière ne pénètrent que par la porte; des galeries à l'entour : telle est à l'intérieur la maison indienne.

Les femmes restent constamment enfermées et ne reçoivent pas la visite des hommes qui se réunissent à l'entrée de la demeure sur une espèce d'estrade où ils s'accroupissent et se croisent les jambes, causant entre eux d'affaires, de religion, de politique.

Dans les grandes bourgades, on remarque des bâtiments publics; ce sont, à vrai dire, de vastes hangars fermés seulement de trois côtés, qui servent d'abris aux voyageurs et de salles de délibération et d'audience. Là se rassemblent les chefs pour traiter des affaires communes, pour juger les différends, les querelles, les procès. C'est en quelque sorte la mairie et la justice de paix réunies, parfois aussi l'église : là se célèbrent les cérémonies religieuses lorsqu'il n'y a point de temples dans le village.

Ni goût, ni symétrie, ni régularité dans la construction de ces villages ; les maisons sont les unes sur les autres, les unes très-étroites et très-sales, à l'exception de la grande rue, dans laquelle se tient le marché.

Devant la porte de chaque maison, à quelques pas, existe une grande fosse dans laquelle on dépose les ordures de la maison et le fumier de l'étable. Lorsqu'il pleut, ces fossés, remplis d'eau, exhalent une odeur nauséabonde.

Au moindre incendie, ces villages, dont les maisons couvertes de chaume se touchent, disparaissent avec une effroyable rapidité.

Beaucoup de nos villages européens ressemblent à ces villages; mais nos villes ont, au point de vue de la construction, une incontestable supériorité. Les grandes villes de l'Inde sont, il est vrai, en partie couvertes en tuiles, mais les rues irrégulières y sont si étroites que deux personnes peuvent à peine y passer de front. Au milieu de la rue se trouve l'égout rempli d'ordures, et l'on respire une affreuse puanteur.

Le pavage se compose de grandes dalles de pierres brutes.

Une foule considérable encombre les voies étroites ; les palanquins, les voitures, attelées de bœufs, croisent les processions. Les péons, ou domestiques, suivent leurs maîtres en courant et coudoient les religieux mendiants et les soldats. Quelque pressé que l'on soit, il faut céder le pas aux bœufs sacrés, qu'il n'est pas permis de déranger, qu'on ne saurait même empêcher de manger sur le marché les grains en vente.

Les boutiques sont complétement ouvertes du côté de la rue; un perron ou un balcon bas qui avance sur la chaussée sert à exposer les toiles, les châles, les étoffes. Les acheteurs ne pénètrent point dans ces boutiques et restent debout au dehors pour conclure leurs marchés.

Les plus achalandés de ces magasins

sont ceux des confiseurs, des fruitiers, des marchands de grains, des chaudronniers, des droguistes, des marchands de tabac.

Les villes n'ont pas, comme les villages, des chefs et des officiers municipaux héréditaires ; c'est un employé du gouvernement qui les administre avec des employés chargés de la police et de la perception de l'impôt.

Cependant chaque caste a son chef élu, qui partage le pouvoir avec le délégué gouvernemental, et en général la division des castes, que nous avons soigneusement étudiée, correspond à un métier et en fait une véritable corporation industrielle et commerciale.

Les banquiers, les marchands, les agents figurent au premier rang parmi les habitants. Les banquiers trafiquent un peu de tout, même des impôts. Malheur à qui leur emprunte! dans l'Inde, comme partout, hélas! l'emprunteur est généralement ruiné à courte échéance. Les négociants, qui ne s'occupent que de commerce, vivent sans luxe, frugalement même ; mais ils savent sacrifier des sommes considérables à l'occasion des fêtes de famille, et parfois pour des travaux d'utilité publique.

Le fonctionnarisme et tout aussi envahissant que chez nous : une véritable nuée de commis, d'écrivains, d'agents inférieurs de toute sorte; chaque détail de service, si petit qu'il soit, a son préposé, qui ne permet point qu'on empiète sur ses attributions, et qui se garderait bien de faire quoi que ce soit d'utile en dehors de son règlement.

Les comptables surtout semblent avoir envahi la société tout entière. Un grand personnage aurait un service absolument incomplet s'il n'y avait dans sa maison un comptable pour l'écurie, un comptable pour la fauconnerie, un comptable pour la cuisine, un comptable pour les vêtements, un comptable pour les plaisirs. Ces subalternes inutiles cherchent à faire valoir leur inutilité ; ils s'emploient comme intermédiaires dans les affaires publiques et privées ; mais comme il leur reste de grands loisirs, ils les occupent généralement en se mêlant à toutes les intrigues et à tous les complots.

La plupart des villes de l'Inde sont à demi fortifiées, entourées de murailles et à peu près en état de se défendre contre un coup de main.

Que si des villes nous allons dans les campagnes, nous nous convaincrons vite que l'existence n'y est pas heureuse. Point de meubles dans les chaumières ; une natte pour s'asseoir, un lit ou plutôt un semblant de lit sans couvertures, sans rideaux, que l'on dresse contre la muraille pendant la journée ; quelques vases de terre ou de cuivre, des assiettes, un moulin à bras, un mortier, une plaque de fer sur laquelle on cuit le pain, voilà tout ce qui orne la maison du laboureur; le seul luxe est la propreté.

La cuisine se fait toujours au dehors, sous un hangar, chez les plus aisés.

Quant aux fermiers, ils gagnent si peu, qu'il leur faut d'ordinaire emprunter à gros intérêts pour payer leurs termes, et qu'il est bien rare qu'ils se libèrent de leurs dettes. Au reste, l'imprévoyance commune à toutes les classes de la société dans l'Inde semble être la règle

L'INDE. — Vallée de Kamaoun.

de conduite de ces fermiers. Impossible de leur persuader qu'il est indispensable de mettre un peu d'argent de côté lorsqu'on veut faire honneur à ses affaires. Ils sont souvent en lutte contre leurs chefs, plus souvnet encore en procès; mais, il faut leur rendre cette justice, ils ne s'abandonnent point aux violences, ne s'adonnent pas à l'ivrognerie, aiment la tranquillité, et ont de la sorte une vie relativement heureuse.

On pourrait aller jusqu'à dire qu'ils trouvent à leur pauvreté une compensation dans l'existence toute patriarcale qu'ils mènent. Ils sont aux champs dès l'aube: la femme vient apporter le déjeuner; ils dorment ensuite une heure ou deux pendant la grande chaleur du jour, comme font nos ouvriers des campagnes puis, la journée finie, rentrent dans leur masure où le souper est préparé, et terminent la soirée en famille, causant et fumant avec les voisins.

Les pratiques de politesse sont assez particulières; les règles de la civilité indienne sont même compliquées.

Il en est qui, pour saluer, portent leur main droite sur leur cœur ; d'autres l'étendent simplement vers la personne qui passe. S'ils rencontrent un ami, ils lui adressent quelques paroles qui se peuvent traduire communément par notre « Bonjour, comment allez-vous ? » et ils poursuivent leur route.

Parfois, lorsqu'ils se trouvent en face d'un personnage, ils touchent la terre avec leurs deux mains qu'ils portent ensuite au front, ou bien ils s'approchent de lui et lui touchent trois fois les pieds.

Les brahmanes et les gourous ont droit à ce salut respectueux, auquel ils répondent en étendant la main droite à demi ouverte et en prononçant gravement un mot qui signifie, ou à peu près, Dieu vous bénisse !

Une autre manière de saluer fort respectueuse consiste à étendre les deux mains vers les pieds de celui qu'on veut honorer, ou même à les saisir en se jetant à ses genoux. Un fils en agit souvent ainsi envers son père, ou un frère cadet envers son frère aîné, lorsqu'ils se revoient après une longue séparation ; on s'humilie encore de cette façon pour obtenir le pardon de quelque offense, ou pour solliciter quelque grâce, et l'on ne

lâche les pieds de celui qu'on implore qu'après avoir obtenu l'objet de sa demande.

Le plus solennel et le plus respectueux de tous les saluts est celui que nous avons indiqué précédemment et qui consiste à se coucher par terre en faisant la prosternation des six membres.

Lorsque les Indiens vont rendre des visites de cérémonie à des personnes de leur famille, ils s'arrêtent à proximité de l'habitation et envoient prévenir de leur arrivée.

Aussitôt on accourt à leur rencontre et on les conduit à la maison avec une grande pompe et souvent au son des instruments de musique. Ils ne se serrent point la main et ne s'embrassent jamais.

Quiconque embrasserait une femme en public, fût-ce la sienne, commettrait une grossièreté et une indécence.

Un frère ne saurait prendre cette liberté avec sa sœur, ni un fils avec sa mère.

Dans les visites de deuil, on se permet un simulacre d'accolade entre gens du même sexe, et encore les joues ne se doivent-elles point toucher.

Les femmes saluent respectueusement les hommes sans leur rien dire, et surtout sans les regarder ; les enfants saluent leurs pères de la même manière et se tiennent debout devant eux les bras croisés sur la poitrine. Lorsque de proches parents ou des amis intimes se revoient après une longue absence, ils se serrent les uns près des autres, se prennent le menton et versent des larmes de joie.

Mais leurs formules de politesse sont bizarres et absolument opposées aux nôtres. Féliciter au premier abord un de ses amis de sa bonne santé, serait l'offenser gravement; on se ferait accuser d'indiscrétion et de jalousie en constatant l'état de prospérité de la personne qu'on rencontre.

Il faut donc faire ses compliments de la manière suivante : « Que je vous trouve changé depuis que je vous ai vu ! Comme vous voilà maigre et abattu ! Vous êtes donc bien malade ! »

Féliciter quelqu'un de son bonheur, de ses enfants, de la réussite de ses affaires, serait presque une injure, ou tout au moins un compliment dicté par l'envie.

Lorsqu'on reconduit un visiteur, il est d'usage de lui céder le pas, afin de ne point lui montrer le dos. Si quelque personnage important vous accompagne jusqu'à sa porte, vous devez marcher à reculons, sous peine d'impolitesse grave.

On sait qu'il est de bon ton dans l'Inde de se moucher avec ses doigts; le code de la civilité permet aussi même, dans la bonne société, de ne gêner en aucune façon les mouvements de son estomac après le repas.

Après avoir éternué, un Indien ne manque jamais de s'écrier : *Rama! Rama!* Superstition partagée par presque tous les peuples; n'a-t-on pas encore l'habitude de dire en France : A vos souhaits, ou : Dieu vous bénisse ?

Lorsqu'un brahmane bâille, il fait craquer ses doigts à droite et à gauche, afin d'écarter les démons. Marcher sur le pied de quelqu'un exige une réparation immédiate, qui consiste à tendre les mains vers les pieds de la personne offensée. Recevoir un soufflet, ou un coup donné avec le pied nu, ou un coup de poing, n'est pas une injure absolument grave. Mais si le turban est jeté par terre, si l'on est frappé avec une savate ou une pantoufle, l'honneur exige qu'on tire immédiatement satisfaction de cette injure, sous peine d'être exclu de sa caste.

Lorsqu'on parle à un supérieur, on doit mettre sa main droite devant sa bouche, de peur que l'haleine ou la salive ne parvienne jusqu'à l'interlocuteur et ne le souille. On doit, en le saluant dans la rue, ôter sa chaussure, et jamais il n'est permis d'entrer dans une maison, même dans la sienne, avec une chaussure de cuir aux pieds.

Lorsqu'un individu d'une classe supérieure parle à quelqu'un au-dessous de lui, à un Européen, il se tient les mains derrière le dos pour marquer son dédain ; en entrant, son premier soin est de s'asseoir avant même qu'on l'y ait invité. Dans toutes les castes, lorsqu'on visite un supérieur, il faut attendre, pour se retirer, qu'il vous congédie.

Tourner le dos aux hommes pour lesquels elles ont de la considération, est, de la part des femmes, une grande marque de respect.

Dans tous les cas, elles doivent détourner le visage ou se le couvrir à la vue d'un homme, baisser les yeux et ne faire aucune attention aux passants. Telles sont les règles de la bienséance et de la modestie, règles qui, pour dire la vérité,

ne sont pas toujours strictement obser-
vées.

En général, le code du cérémonial est plus en honneur dans l'Inde que chez nous. On ne saurait se dispenser d'une visite au moyen d'une carte ou d'une lettre. Si quelqu'un de la famille est mort, il faut, quelle que soit la distance qui sépare, se mettre sans retard en route pour aller soi-même porter ses compliments de condoléance.

Vous ne sauriez vous permettre de vous présenter devant un grand sans apporter des présents.

Les riches Indous ont un certain luxe d'aménagement ; les portes et les boiseries de leurs appartements sont sculptées ; de grands rideaux de soie, de longs tapis.

La nourriture se compose principalement de pain sans levain, de végétaux, d'huile, de beurre et d'épices. Le tabac est, pour ainsi dire, la seule consommation qu'ils fassent pour leur plaisir.

Les gens du peuple seuls s'enivrent ; encore est-ce assez rare, car l'usage des spiritueux n'est guère répandu que dans les pays humides. L'ivrognerie s'est cependant un peu répandue dans les pays gouvernés par les Anglais.

Si l'on abuse de l'opium dans l'ouest de l'Indoustan, en revanche, on ne le connaît même pas dans la plus grande partie du pays ; mais tout le monde mâche du bétel, feuille aromatique aux propriétés astringentes, et la noix d'arec, mélangée d'une chaux particulière et d'épices plus ou moins chères, suivant que les consommateurs sont plus ou moins riches.

Par crainte de se souiller en mangeant dans des vases ayant servi à des Indous d'une autre caste, on se sert de plats faits avec des feuilles d'arbre ; chaque convive a devant lui vingt ou trente mets servis de la sorte.

Afin de ne point avoir des tapis impurs, on s'assied sur le plancher nu, qui sert de tables et de chaises ; en guise de nappe dans les repas de cérémonie, on dessine avec du sable de différentes couleurs, dans lequel on plante des fleurs, des ornements assez gracieux. A la fin du festin, on balaye le sable, et tout est dit. Chacun mange avec ses doigts et ne manque jamais de se laver les mains avant et après les repas.

Cette crainte horrible des souillures fait que les individus éloignés de leurs familles, les soldats, par exemple, font cuire eux-mêmes leurs aliments, et ne les partagent avec personne.

Les jeux connus des Indous sont les échecs, le tric-trac, les cartes, qui sont d'ordinaire rondes et représentent les images de leurs dieux et de leurs idoles.

Ils prennent grand plaisir chez eux à écouter des chants monotones, accompagnés de mouvements assez gracieux, mais très-lents, et qu'on ne saurait appeler une danse.

Ils s'éclairent avec des lampes en terre ou en métal, ou au moyen de torches tenues par des hommes qui entretiennent la flamme avec de l'huile. Les chandeliers européens sont également en usage.

La chasse à cheval est fort en honneur parmi les gens des hautes classes qui courent le cerf, le loup, le lièvre, le sanglier avec des meutes nombreuses. Parfois aussi, montés sur des éléphants, ils poursuivent le tigre ; ils sont courageux et résolus : on les voit attaquer la bête avec l'épieu et avec l'épée.

Tous sont excellents cavaliers, les Marattes sont célèbres pour la grâce et l'habileté avec lesquelles ils conduisent un cheval et manient une lance. Leurs étriers sont courts ; leurs mors légers et solides. Les chevaux bien dressés sont habitués à s'élancer tout à coup avec une rapidité telle, que le cavalier atteint souvent son ennemi avant que celui-ci ait eu le temps de se mettre en garde.

Les Indous tirent assez bien le fusil à cheval, mais ils n'ont point la précision de tir des mahométans. Lorsque les troupes légères de deux armées s'approchent pour combattre, les soldats s'abordent au pas, tournent les uns autour des autres avec circonspection, feignant une attaque, avançant, reculant comme dans un tournoi ; soudain, si l'ennemi se découvre, il est frappé d'un coup de lance avec une étonnante rapidité.

Les éléphants sont conduits par des guides spéciaux, mais il n'est pas rare que de grands personnages se chargent eux-mêmes de ce soin.

Les cérémonies qui accompagnent le mariage présentent un médiocre intérêt. On joint les mains des fiancés, on les attache avec un lien fait de gazon sacré, puis le marié fait solennellement sept pas, s'arrêtant à chacun d'eux, pour prononcer une prière particulière.

Le futur doit aller lui-même faire sa demande chez son beau-père, et c'est là que doit se célébrer la cérémonie. Jadis il était d'usage de tuer une vache à cette occasion ; mais aujourd'hui le gendre intercède pour l'animal auquel l'on accorde sa grâce.

Les époux sont ordinairement des enfants, la mariée ne doit pas avoir l'âge de puberté et souvent le mari n'a pas encore dix ans.

Les mariages des princes sont l'occasion de fêtes splendides, de cortéges magnifiques. Certaines de ces cérémonies, dans le Bengale surtout, ont coûté plus d'un million.

Les femmes, dont le costume ressemble beaucoup à celui des hommes, qui, comme eux, portent une grande quantité de bijoux, sont loin d'être traitées comme les égales de ceux-ci. Elles ne commencent à manger que quand l'homme a fini, marchent derrière lui dans la rue, et sont souvent battues, ce qui ne tire point à conséquence et n'est pas tenu pour honteux comme en Europe.

Mais, bien entendu, dans les classes élevées, la raison et l'amitié rendent aux femmes la place qu'elles doivent occuper.

Les règles de conduite imposées aux femmes mariées sont écrites tout au long dans un des livres sacrés des Indiens ; elles semblent avoir pour but de réduire la femme à un état complet de sujétion.

Ainsi, quels que soient les vices ou les défauts de conformation du mari, les femmes, d'après ces prescriptions, ne doivent pas reconnaître d'autre dieu que l'époux. Dans aucun temps de leur vie, elles ne peuvent se considérer comme maîtresses d'elles-mêmes ; elles ne sauraient rien faire sans permission. Il faut qu'elles se considèrent comme des esclaves et se consacrent toutes au maître. Jamais de colère ni de rancune; quelle que soit la conduite, toujours des sourires et des paroles d'affection; soins, prévenances, respect, admiration, culte enfin pour le mari, même s'il a d'autres femmes; et quand celui-ci vient à mourir, elle doit prendre le résolution de mourir avec lui, si elle veut être comblée de félicités dans le monde où il la placera après sa mort.

Dans certaines castes, une bru ne peut jamais adresser la parole à sa belle-mère; lorsqu'elle a quelque chose à lui communiquer, elle le fait par signes; et si la belle-mère donne des ordres à sa bru, celle-ci répond par une inclination de tête qu'elle les a compris. Cependant, elle sait quelquefois, à l'aide d'une pantomime énergique et expressive, suppléer à la parole dont elle est privée, de telle sorte que ses muettes reparties font souvent entrer la vieille dame en fureur.

Le plus grand bonheur pour une femme mariée est de mourir avant son mari. Si le contraire arrive, la veuve doit manifester les signes de la plus profonde douleur, se jeter sur le corps du défunt, l'embrasser, le serrer dans ses bras jusqu'à ce qu'on l'arrache à ces embrassements. Elle se jette alors par terre, s'y roule, se meurtrit la poitrine à coups de poing, s'arrache les cheveux. C'est un cérémonial réglé d'avance.

Ensuite, il est d'usage d'adresser au cadavre des reproches, des admonestations, des plaintes; puis de blasphémer contre les dieux et de vomir contre eux des torrents d'imprécations, jusqu'à ce que, les forces venant à lui manquer, la veuve inconsolable tombe épuisée sur le plancher.

Dans plusieurs provinces de l'Inde, on a, comme jadis chez les Grecs et les Romains, des pleureuses à gages. Ces femmes, mandées pour assister aux funérailles, arrivent échevelées, à demi nues; leur troupe, rangée autour du corps, pousse à l'unisson des cris lugubres, et se frappe la poitrine en mesure. Successivement, elles pleurent, sanglottent, hurlent, adressent la parole au mort, le complimentant sur ses qualités, l'apostrophant vivement, en lui représentant combien il a eu tort de mourir si tôt, combien il eût été nécessaire encore; enfin, elles lui déclarent qu'il ne pouvait pas faire de plus grande sottise que celle-là.

Les veuves sont encore moins considérées que les autres femmes, et même si elles n'ont pas d'enfants, elles deviennent en quelque sorte un objet d'opprobre. La rencontre d'une veuve est censée porter malheur.

Le deuil de ces malheureuses dure jusqu'à leur mort.

Il faut, pour l'observer, se faire raser la tête une fois par mois, ne plus porter de bijoux, ne se vêtir que de toiles blanches, ne se jaunir ni le visage ni aucune des parties du corps visibles, ne se tracer sur le front aucun des signes usités, ne jamais mâcher de bétel et n'assister à aucune fête de famille.

C'est au milieu d'une réunion d'amies et de parentes que la veuve se fait raser la tête; on rompt ensuite le cordon auquel est attaché le petit bijou d'or que toutes les femmes mariées, dans l'Inde, portent en témoignage de leur qualité.

Tant que dure cette cérémonie, la malheureuse femme fait retentir l'air de ses cris et maudit son destin, ce qui, à vrai dire, est à peu près naturel, car l'avenir qui lui est réservé n'a rien d'absolument réjouissant. Être tout à fait rejetée de la société, considérée comme une maudite, et cela parce que le hasard a fait que le mari est mort le premier, n'a rien, nous devons l'avouer, qui puisse égayer l'esprit.

Ce sort est d'autant plus affreux que l'on sait que les filles sont mariées avant l'âge de puberté, qu'elles peuvent être les femmes de brahmanes déjà vieux, et qu'elles sont souvent veuves avant même d'être femmes.

Cependant, il leur faut bien se résigner, car quelque méprisée que soit une veuve, celle qui se remarie l'est beaucoup plus encore ; dans ce cas, elle devient l'objet du dégoût universel et le plus absolu.

Au reste, leur fermeté ne saurait être mise souvent à l'épreuve, car un brahmane, fût-il vieux, repoussant et pauvre, préférerait son malheureux sort à celui d'époux d'une veuve parée de tous les attraits de la beauté, de la fortune et de la jeunesse. Joignez à cela la retenue naturelle aux femmes, leur genre d'éducation, le calme relatif de leurs sens, la vigilance assidue de leurs parents, l'austérité des mœurs du pays, qui interdit toute espèce de communication familière entre hommes et femmes, et vous aurez l'explication naturelle de l'étonnante vertu des dames de l'Inde.

La situation faite aux veuves est du reste si terrible qu'il en est parmi elles qui n'hésitent pas à se faire brûler en même temps que leurs maris. Cet usage est, à la vérité, assez rare de nos jours ; mais dans le nord de l'Inde et surtout sur les bords du Gange, on constate encore un trop grand nombre de ces épouvantables sacrifices. Ajoutons même que dans la première partie de ce siècle, ils se sont d'autant plus multipliés que les Européens, dans le Bengale notamment, ont essayé de les empêcher. En l'année 1817, on a compté dans le Bengale 706 de ces affreux holocaustes. Le zèle des missionnaires peu au courant des mœurs du pays, la violence avec laquelle ils s'efforcèrent de combattre cette sauvage coutume, furent en grande partie cause de cette recrudescence d'immolations.

L'empire qu'exerce le faux point d'honneur sur les fanatiques ne pouvait être détruit par des prédications bien plus faites pour inspirer à ces malheureuses le saint désir du martyre que la résignation à leur triste état.

En effet, la vanité, l'espérance de se faire un nom, l'enthousiasme ont poussé beaucoup de ces femmes à faire cette folie.

On leur décerne après leur mort des honneurs infinis et une sorte d'apothéose; on leur adresse des vœux et des prières ; on a recours à leur intercession, comme à celle de nos saintes, dans les maladies et dans les adversités. On recueille religieusement les débris de leurs membres que les flammes n'ont pas consumés, et sur le lieu même, on érige de petites pyramides monumentales, pour transmettre à la postérité la mémoire de ces héroïques victimes de l'amour conjugal, hommage d'autant plus remarquable que l'usage des mausolées est presque inconnu parmi les Indiens.

A ces motifs, qui ont souvent une grande puissance sur l'imagination d'une femme, viennent se joindre les exhortations des parents, qui, lorsqu'ils pensent que la victime est à demi décidée, n'épargnent aucun moyen pour la circonvenir et la fortifier dans sa résolution. Ceux-ci vont même parfois jusqu'à administrer à l'infortunée des drogues qui troublent sa raison ; ils ont pour but l'espérance que cette fin tragique fera rejaillir un grand éclat sur eux et sur leur famille.

Pour éviter ces entraînements, le gouvernement, de nos jours, exige que la veuve qui veut se dévouer à ce genre de mort comparaisse devant les magistrats et obtienne leur autorisation.

La victime est alors interrogée soigneusement ; on cherche à s'assurer que sa détermination est entièrement libre, qu'aucune influence étrangère ne la lui a suggérée. On s'efforce ensuite, par les exhortations les plus douces, par les raisonnements les plus persuasifs, de l'engager à renoncer à son dessein.

Si elle demeure inébranlable, on la laisse maîtresse de sa destinée.

Mieux vaut cela que heurter de front un usage qui, pour être absurde et barbare, n'en est pas moins enraciné.

Ces sacrifices volontaires ne sauraient être attribués, affirme l'auteur des *Mœurs et institutions des peuples de l'Inde*, à un excès d'amour conjugal. Mais quelque soit le motif qui la pousse, lorsque, après y avoir bien réfléchi, une femme a déclaré qu'elle veut être brûlée avec son mari défunt, c'est un arrêt irrévocable, elle n'est plus libre de se rétracter, et si elle ne va pas de bon gré au bûcher, on l'y traîne de force.

Les brahmanes qui dirigent tous les actes de cette tragédie, viennent tour à tour, avec les parents, la féliciter de son héroïsme, de la gloire immortelle qu'elle va acquérir par un genre de mort qui fera d'elle une divinité. Tous les ressorts du fanatisme et de la superstition sont mis en jeu pour soutenir son courage, exalter son enthousiasme. Lorsque approche l'instant fatal, on orne la victime avec une grande élégance, et on la revêt de ses plus riches habits et de tous ses joyaux.

Lorsqu'un mari a plusieurs femmes légitimes, ce qui arrive souvent surtout chez les rajahs, celles-ci se disputent à qui aura l'honneur d'accompagner au bûcher le mari commun.

Dans certaines castes, chez les Indous attachés à la secte de Siva, on enterre les morts au lieu de les brûler, et parfois les femmes se font enterrer vivantes avec leurs époux.

François Bernier rapporte qua pendant son séjour dans l'Inde, il s'efforça de dissuader une veuve qui avait résolu de se brûler avec le corps de son mari. En entrant dans la maison, il aperçut sept ou huit vieilles horribles à voir, et quatre ou cinq vieux brahmanes qui criaient ensemble, battant des mains à l'entour du mort. La femme, échevelée, les yeux étincelants, criait aussi de toutes ses forces, frappant en cadence avec les mains les pieds de son mari. Il ne par-

L'INDE. — Les bords de l'Indus.

vint à lui faire abandonner son funeste projet qu'en lui promettant une pension pour ses enfants, et en la menaçant de laisser mourir de faim ces pauvres petits, si elle persistait dans sa résolution.

Une femme qui a des enfants n'est point au reste réputée infâme, si elle se conserve pour les élever après la mort du père.

Mais, hélas! combien de malheureuses ont péri victimes des mœurs de leur pays!

Les voyageurs en ont vu maintes fois sur le bûcher auquel les brahmanes mettent le feu, tandis que des mégères se tenant par la main chantent et dansent. On arrose le bois avec de l'huile et du beurre, afin d'abréger un peu cet affreux supplice. Parfois on a vu les servantes de la veuve se précipiter tour à tour dans les flammes ; elles avaient juré de ne point survivre à leur maîtresse.

Ces drames se compliquent dans certains cas. On rapporte qu'une jeune Indienne qui avait eu quelques intrigues avec un mahométan son voisin, dans l'espoir d'être épousée par lui, empoisonna son mari et proposa à son séducteur de s'enfuir. Celui-ci ayant refusé, par crainte d'être poursuivi, le malheureuse, sans paraître s'émouvoir, fut trouver ses parents, les avertit de la mort subite de son mari, déclarant qu'elle ne lui voulait point survivre et qu'elle se brûlerait avec lui. Les parents, heureux d'une si généreuse résolution et du grand honneur qu'elle faisait à toute la famille, creusèrent aussitôt une fosse et la remplirent de bois. Tandis qu'on allumait ce bûcher, la femme faisait ses adieux à tous les gens de la ville accourus ; soudain elle s'approcha de celui qui l'avait trompée, fit mine de lui parler à l'oreille, puis le prenant par le cou, le précipita dans les flammes où elle se jeta après lui.

Beaucoup de ces pauvres créatures sont prises de terreur au moment de mourir, et cherchent à s'échapper. Il n'est plus temps, avons-nous dit ; les brahmanes les repoussent dans le feu à coups de bâton, et les attachent s'ils craignent de les voir s'enfuir.

Certaines d'entre elles ont cependant été sauvées au dernier moment par des parias qui, les trouvant belles, les ont enlevées ; eux seuls ne craignent point de se déshonorer en épousant une veuve.

Les Portugais quelquefois aussi, dans les ports où ils étaient les plus forts et les plus nombreux, en ont ravi quelques-unes.

Nombre de femmes ont été brûlées avant même d'être épouses véritables de ceux à qui on les immolait ; elles avaient dix ou douze ans.

La plupart des Indous brûlent leurs morts ; cependant il y en a qui se contentent de les faire un peu griller avec du chaume sur le bord d'un fleuve, et l'on en a vu qui semblaient prendre plaisir à venir voir des troupes de corneilles déchiquetant ces cadavres.

Dans quelques contrées, lorsqu'un malade est sur le point de mourir, on le porte dans une rivière, on l'y enfonce jusqu'au cou, puis lorsqu'il est sur le point de rendre l'âme, on le laisse couler au fond, afin de laver l'âme de toutes les impuretés qu'elle a pu contracter dans le corps.

D'ordinaire on transporte les mourants en dehors de la maison, on les étend sur un lit de gazon sacré, on les couvre de feuilles de basilic et on récite des prières autour d'eux.

Après la mort, on lave le corps, on le parfume, on le couvre de fleurs et on le porte aussitôt au bûcher où on l'étend de tout son long. Les membres des ordres religieux y sont apportés assis, les jambes ployées sous le corps.

Dans certaines provinces, les morts ont la face découverte et peinte avec du carmin ; des musiciens précèdent le cortége funèbre.

Dans d'autres, le cadavre est, au contraire soigneusement recouvert, et la musique est sévèrement proscrite.

Le bûcher d'une personne ordinaire a quatre ou cinq pieds de haut. On le décore de fleurs ; on jette dans les flammes du beurre clarifié et des huiles parfumées. Quand les cérémonies préliminaires sont achevées, un parent du défunt met le feu au bûcher, puis avec les autres parents il va se purifier dans un cours d'eau voisin et s'assoit sur le bord jusqu'à ce que le feu s'éteigne. C'est un triste spectacle de les voir enveloppés dans leurs vêtements mouillés, les yeux pleins de larmes.

La religion leur enjoint de ne point s'abandonner à leur chagrin, de ne pas pleurer et d'adoucir leurs douleurs en récitant les versets des livres saints.

Les funérailles des grands sont l'occasion de dépenses considérables.

Un journal de Calcutta rapportait en 1824 qu'une famille indoue avait dépensé, à l'occasion de la mort de son chef, plus d'un million deux cent cinquante mille francs distribués en aumônes, sans compter les nombreux présents faits aux principaux brahmanes.

Nous savons que les Indous n'ont point pour usage d'élever des tombeaux, et qu'ils accordent cette distinction aux veuves qui se brûlent, aux *sattis*. Dans ce cas, ils construisent un petit monument qui a la forme d'un autel carré. Semblable honneur est rendu aux guerriers morts sur le champ de bataille.

Les femmes n'assistent jamais aux pompes funèbres.

Le deuil dure une année, pendant laquelle on pratique un grand nombre de cérémonies.

Le détail de toutes les formalités auxquelles est soumis l'héritier, qui est toujours le chef des funérailles, serait fastidieux. Il faut cependant, sous peine de grands malheurs, se conformer aux prescriptions d'usage et n'en oublier aucune.

Certaines superstitions sont encore fort enracinées dans l'Inde. Si une mort survient un samedi, par exemple, il y a tout lieu de craindre qu'un autre membre de la famille périra dans l'année, et on doit, pour conjurer ce danger, immoler un animal vivant, tel qu'un bélier, un bouc, une poule.

Lorsqu'un brahmane n'a pas d'enfant mâle, soit à cause de la stérilité de sa femme, soit parce qu'il les a perdus, il doit en adopter un, afin d'acquitter au moins fictivement la grande dette des ancêtres, la propagation de sa postérité directe. N'avoir point de fils, suffirait à empêcher de goûter le bonheur après la mort.

Ces idées ont tellement prévalu dans l'Inde, que certaines femmes stériles, non-seulement consentent à ce que leurs maris en épousent d'autres, mais encore les pressent de le faire, et choisissent elles-mêmes ces nouvelles compagnes. Elles s'exposent cependant à perdre l'affection de leur mari, en se donnant de la sorte une rivale jeune et d'autant plus dangereuse qu'elle deviendra mère. Mais elles préfèrent ces inconvénients et ces dangers à la douleur de voir leur époux sans enfants mâles.

La polygamie n'est tolérée que chez les princes, et lorsqu'on voit chez les particuliers de bonne caste, surtout chez les brahmanes, d'autres femmes que l'épouse légitime, elles y sont de l'aveu de celle-ci, ou ce sont des concubines à gages.

Mais, en général, il faut le dive, le mari, connaissant les désavantages d'une double union, a recours à la voie d'adoption pour se procurer les fils qui lui manquent.

D'ordinaire on cherche cet enfant dans sa famille; mais s'il n'y en a point qui soit digne du choix, on s'adresse à quelque pauvre en ayant plusieurs à sa charge, et l'on est certain de ne pas essuyer de refus.

Le fils adoptif renonce entièrement et pour toujours aux biens et à la succession de son père légitime; il acquiert un droit universel à l'héritage de celui qui l'adopte. Celui-ci est obligé de l'élever, de le nourrir, de l'entretenir comme son propre fils, de le marier. L'enfant adopté de son côté est obligé de soigner son nouveau père dans sa vieillesse, de prendre soin de ses infirmités comme un enfant dévoué, de présider à ses funérailles.

Après la mort de l'adoptant, il entre en possession de l'actif et du passif de la succession ; s'il y a du bien, il en jouit, s'il y a des dettes, il est tenu de les payer.

Bien entendu, dans ce pays où tout se fait avec solennité, l'acte d'adoption est accompagné de grandes cérémonies, dans lesquelles la mère de l'enfant joue le principal rôle, car, dans l'Inde, tous les enfants sont censés appartenir de droit à la mère. Si un homme marié vient à se

séparer, pour quelque cause que ce soit, de sa femme, celle-ci à le droit d'emmener avec elle tous ses enfants.

Ces cérémonies ressemblent à toutes les autres; elles se terminent par un repas, des distributions de bétel et de présents aux convives.

L'emploi de l'eau de safran, dans cette circonstance, fait qu'on donne assez communément aux enfants adoptifs le surnom, qui n'a rien de choquant, de *fils d'eau de safran* d'un tel.

Les pauvres qui ne peuvent procéder à l'adoption avec un si grand appareil, prennent le feu à témoin de leur commun accord, ou s'ils habitent les bords du Gange, ils attestent les eaux du fleuve sacré; cela suffit.

On peut adopter non-seulement un enfant en bas âge, mais encore un adulte, si cela convient mieux aux intérêts. Il est rare qu'on adopte des filles, mais ce n'est pas sans exemples.

Les questions d'héritage soulèvent comme partout des querelles, et font commettre bien des infamies. Mais au moins, en principe, le partage doit-il être égal entre tous les enfants, et les Indous s'indignent avec raison de la coutume familière à certaines contrées européennes, et qui donne la plus grande partie de la fortune paternelle, non à l'enfant qui s'est le plus distingué par sa piété filiale et ses vertus, mais à celui que le hasard a fait naître le premier.

En revanche, ils ont un usage peu équitable : les frères sont solidaires les uns des autres, et si dans une famille un de ces frères dilapide son patrimoine et fait des dettes, il a le droit de les faire payer par son frère, à qui la bonne conduite et le travail ont procuré l'aisance.

Avant de parler des grandes fêtes de l'Inde, disons un mot des foires, des fêtes populaires, qui, si elles offrent moins de grandeur, ne sont pas cependant dépourvues d'intérêt.

Les foires ressemblent beaucoup à celles de l'Europe; elles ont le même but, et l'on s'y distrait pour ainsi dire de la même manière.

Mais ce dont aucune assemblée populaire en Europe ne peut donner idée, c'est l'effet produit par la réunion d'un grand concours de peuple vêtu d'habits blancs avec des écharpes aux brillantes couleurs, des armes étincelantes. De tous côtés flottent des drapeaux; les processions circulent; on pousse des cris de joie; c'est un brouhaha indescriptible, une explosion de gaieté; chacun est venu avec la pensée de s'amuser de son mieux, et chacun s'amuse de tout son cœur.

La cérémonie religieuse, qui est le prétexte de ces fêtes, ne dure que peu de temps; on n'y accorde qu'une médiocre attention; à peine y pense-t-on, à peine enlève-t-elle quelques instants au plaisir.

Dans les pèlerinages, la sainteté et la longueur du voyage, le bon exemple de ceux qui chantent des cantiques, la sainteté du lieu consacré, entretiennent l'esprit des pèlerins dans des sentiments de dévotion plus sérieuse. Le temps est employé par des pratiques religieuses, et l'assemblée donne les marques d'un grand recueillement.

Et pourtant, même aux lieux de pèlerinage, le sentiment du plaisir l'emporte sur le zèle religieux, et la plupart des lieux consacrés par l'affluence des pieux visiteurs sont ceux où il se traite le plus d'affaires.

Chaque district de quelque importance a sa fête particulière, qui revient plusieurs fois dans le cours de l'année. Ces jours-là, point de travail; les parents et les amis se réunissent, se donnent des festins; on orne sa maison, on se pare de joyaux, on revêt ses plus beaux atours, et l'on passe le temps en jeux, presque toujours simples et innocents. Ces fêtes de famille ne ressemblent en rien à celles qui se célèbrent dans les pagodes, et qui souvent offrent les scènes les plus scandaleuses.

Il y a par an dix-huit fêtes d'obligation.

La fête du premier jour de l'an se célèbre à la nouvelle lune de mars; elle dure trois jours, pendant lesquels on brûle une quantité considérable de poudre; ce ne sont de tous côtés que coups de canon, coups de fusil, explosions de pétards et de feux d'artifice.

C'est l'époque où les Indous se font leurs visites de civilité, où les officiers du gouvernement rendent compte de leur gestion, où les cultivateurs renouvellent les baux des terres qu'ils ont à ferme.

Les sectateurs de Siva fêtent la lune de février pendant trois jours aussi; à ce moment, ils rendent hommage à leurs gourous et leur portent des présents.

La lune de septembre amène une solennité assez touchante; durant plusieurs jours, les instruments de travail sont en quelque sorte considérés comme des divinités. Sur un emplacement purifié, recouvert d'une couche de fiente de vache, le laboureur réunit ses charrues et ses pioches, le maçon ses truelles, le charpentier ses haches et ses rabots, le barbier ses rasoirs, l'écrivain les stylets de fer dont il se sert pour écrire, le chasseur ses armes, le pêcheur ses filets, le tailleur ses ciseaux et ses aiguilles, les femmes leurs corbeilles, leurs paniers, leurs ustensiles de ménage. Personne, en un mot, qui n'adresse des prières et des honneurs à ce qui lui sert à gagner sa vie. En cela, les Indous sont fidèles à leur principe, qui veut qu'on honore tout ce qui est utile et tout ce qui peut nuire.

La fête qui a pour but le culte des ancêtres arrive avec la lune d'octobre. Cette fête est tellement obligatoire (rapporte l'abbé Dubois, qui pendant le temps de sa mission a spécialement étudié les cérémonies de l'Inde), qu'on dit vulgairement que celui qui n'a pas les moyens de la célébrer, doit vendre un de ses enfants pour se les procurer.

Chaque famille offre à ses ancêtres défunts les sacrifices accoutumés, et des cadeaux de toiles neuves, à l'usage des hommes et des femmes, pour qu'ils aient de quoi se vêtir.

Cette fête dure neuf jours; elle est aussi celle des universités et des écoles du pays. Les étudiants, élégamment parés, parcourent les rues en chantant de petits poëmes composés par leurs professeurs, qui marchent à leur tête, et ils vont les répéter devant la porte de leurs parents, et devant celles des principaux habitants du lieu. Ils exécutent en même temps des danses et des jeux, en frappant en mesure, avec grâce et précision, sur de petites baguettes. Cet exercice terminé, les professeurs reçoivent une gratification en argent des notables de l'endroit. Le dernier jour de la fête, les sommes qu'ils ont recueillies sont consacrées en partie à un régal qu'ils donnent à leurs élèves, et ils empochent le reste.

C'est aussi la fête des soldats. Les princes et les gens de guerre offrent, avec la plus grande solennité, des sacrifices aux armes offensives et défensives, dont ils se servent dans les combats. Toutes ces armes étant réunies dans un même lieu, on fait venir un brahmane, qui les asperge d'eau bénite et les métamorphose en divinités par la vertu de ses mantrams. Un bélier est amené en pompe au son des tambours, des trompettes et des autres instruments de musique, et immolé en l'honneur des armes divinisées.

Ce cérémonial est observé dans toute la presqu'île, non-seulement par les indigènes, mais encore par les mahométans, qui ont adopté cette coutume.

Pour augmenter l'éclat de cette fête, les princes donnent des spectacles, qui rappellent ceux des Romains, et auxquels accourt une foule immense. Des animaux luttent entre eux ou contre des hommes.

Les athlètes surtout, viennent quelquefois de très-loin, pour disputer les prix destinés aux vainqueurs; en général, ils appartiennent à une classe particulière, et sont dès leur enfance dressés à ce genre d'exercices. Ils viennent en public s'assommer les uns les autres ; c'est leur métier, on les paye pour cela.

S'armant le poing d'un ceste ou d'un gantelet garni de morceaux de cornes tranchants, le corps à demi nu, ils se provoquent par des gestes menaçants, puis s'attaquent avec furie, et bientôt, ensanglantés, couverts de blessures, ils sont ramassés dans l'arène, au milieu des frénétiques applaudissements de l'assistance.

Le prince distribue ensuite aux vainqueurs des récompenses proportionnées à l'habileté et à la vigueur qu'ils ont déployées. Puis ces malheureux s'en vont faire panser leurs blessures et raccommoder leurs membres brisés, par les gens de leur caste qui passent pour d'habiles chirurgiens.

Vers le commencement de décembre ou la fin de novembre, est célébrée la fête des lampes. Chaque soir, les Indous placent devant la porte de leur maison une lampe allumée ; dans les rues se dressent de longues perches, au bout desquelles se balancent des lanternes en papier de couleur. C'est la fête du feu, et en même temps celle des moissons, qui se font dans l'Inde à cette époque.

Au mois de février, se célèbre la grande fête en l'honneur des serpents, et surtout des plus venimeux, tels que le serpent à lunettes, qui est fort commun et extrêmement dangereux. Les habitants vont visiter les trous où ont coutume de se tenir cachés les animaux de cette espèce, auxquels ils font, avec dévotion profonde, des offrandes de lait et de bananes.

La plus grande de toutes ces fêtes est sans contredit celle qui, dans l'Inde presque tout entière, arrive au commencement de la belle saison. Parents et amis se visitent alors, se font des présents, s'invitent mutuellement à des festins.

On fait cuire du riz avec de grandes cérémonies, et chacun s'aborde en demandant : Le riz a-t-il bouilli ?

Le dernier jour, on teint de diverses couleurs les cornes des vaches, on leur met au cou une guirlande de feuillages verts entremêlés de fleurs, à laquelle on suspend des gâteaux, des cocos, des fruits de toute sorte, qui, se détachant bientôt par le mouvement brusque des animaux, sont ramassés et mangés avec empressement par ceux qui les suivent, comme quelque chose de sacré. Après avoir conduit les vaches hors de la ville, on les force à s'enfuir de côté et d'autre, en les effarouchant avec des tambours et des instruments de musique.

Elles se répandent alors dans la campagne et ont, ce jour-là, le droit de paitre partout sans gardien, sans que personne les dérange et se puisse plaindre des dégats qu'elles commettent.

Les idoles sorties des temples sont portées en procession, précédées de musiciens et de danseuses, qui affectent des allures lascives et chantent des chansons obscènes.

La fête se termine par une assez plaisante coutume.

La multitude se forme en un grand cercle, au milieu duquel on lâche un lièvre qui, ne pouvant s'échapper, fait des bonds désespérés, et finit bientôt par se laisser prendre, aux grands éclats de rire de la foule.

Les idoles sont ensuite rentrées dans les temples, et les vaches reconduites à l'étable.

Les chars de triomphe, sur lesquels les idoles sont exposées à la vénération publique dans tout le brillant de la parure indienne, le luxe inouï déployé dans toutes ces fêtes, la licence qui y règne, servent à entretenir la superstition dans ce peuple si attaché à ses antiques croyances. Les ministres du culte, quoique trop éclairés pour être dupes de toutes ces sottises, se garderaient bien d'éclairer leurs concitoyens, dont la sottise est d'un excellent rapport.

Outre la pompe et l'éclat qui éblouissent le peuple, les ministres ont recours à un autre genre de charlatanisme.

Suivant eux, le dieu qui réside dans leur temple opère chaque jour de nombreux miracles en faveur des personnes qui mettent en lui leur confiance et lui font des présents. C'est une femme stérile qui a cessé de l'être, un aveugle qui a recouvré la vue, un lépreux qui a été guéri, un boiteux qui a retrouvé ses jambes.

Dépositaires d'une religion à laquelle ils assignent une origine qui se perd dans la nuit des temps, les brahmanes savent habilement exploiter les traditions fabuleuses, les aventures merveilleuses de leurs dieux, de leurs géants, de leurs anciens rois, les gestes miraculeux de leurs anciens philosophes ; ils trouvent moyen de tirer de tout cela des revenus magnifiques.

A eux les plus belles demeures, les plus beaux jardins.

Les jardins de l'Inde, quoique trop réguliers, sont parfois admirables et d'un aspect enchanteur. Ils sont partagés par de larges allés, que bordent des pavots de toutes nuances, et divisés en plates-bandes de fleurs.

Des orangers, des citronniers, mêlent leur feuillage odorant à celui des cyprès et des palmiers. Des bosquets formés par des treillis, couverts de vignes impénétrables, offrent de fraîches retraites, que vient égayer le murmure des ruisseaux qui courent à travers les jardins.

Cependant les fleurs et les arbustes ne sont pas entretenus avec le même soin qu'en Europe.

Il nous faut maintenant dire quelques mots des sciences et des arts.

La médecine était exercée dans l'Inde dès la plus haute antiquité ; elle a toujours été assez hardie. Les médecins indiens ont été les premiers à employer les minéraux comme médicaments internes, et non-seulement ils administrent depuis plusieurs siècles à leurs malades le mercure, mais encore l'arsenic.

Ils étudient, comme nos médecins, le pouls, l'état de la peau, de la langue, des yeux, la nature des évacuations, et passent même pour habiles à former un diagnostic. Leur traitement est moins apprécié.

Les Indous ont toujours été très-versés dans la chimie et la phamacologie. Ils connaissent parfaitement les simples et leurs qualités, et ont, sous ce rapport, plus d'une fois donné des leçons à l'Europe.

En chirurgie, ils sont aussi fort remarquables. Dans leurs ouvrages les plus anciens, on trouve énumérés jusqu'à

L'Inde. — Chasse aux éléphants.

cent-vingt-sept espèces d'instruments de chirurgie. Ces instruments étaient à la vérité imparfaits, ils le sont même encore, mais ils n'en ont pas moins pratiqué de tout temps avec succès l'opération de la cataracte.

Par malheur, la chirurgie peut être pratiquée par tous, et ce sont, aujour- d'hui encore, les barbiers qui saignent, et les bergers qui tiennent l'emploi de nos *rebouteux*.

Si de la médecine nous passons aux beaux-arts, nous dirons, en parlant de la poésie des Indous, qu'elle est fort diffi- cile à comprendre pour un Européen. L'harmonie et la richesse de la langue, l'originalité et la grâce des images, ne permettent pas au traducteur de rendre, même imparfaitement, les beautés d'un poëme. En outre, le sanscrit, qui est la langue poétique, la langue que les savants parlent entre eux, comme nos savants européens parlaient jadis le latin, le sanscrit jouit de la faculté illimitée de former des mots composés, ce qui le rend non incompréhensible, mais pour ainsi dire intraduisible.

Il est permis cependant d'apprécier de grandes beautés dans les poëmes, habillés tant bien que mal en langue européenne.

Le théâtre, qui est de toutes les branches de la littérature indoue celle qui nous est le mieux connue, compte de véritables chefs-d'œuvre, qu'il nous est permis de juger.

Les sujets des drames sont empruntés à l'histoire des héros, aux amours et aux guerres des rois, aux intrigues des ministres. Mais quels que soient les personnages mis en scène, nymphes ou divinités, enchanteurs ou démons, l'intérêt repose entièrement sur des situations naturelles et sur l'étude des sentiments humains.

Quelques comédies contiennent l'exposé de systèmes philosophiques ; les remarques fines, les aperçus ingénieux, les réparties mordantes y abondent.

Les pièces comptent depuis un acte jusqu'à dix. L'unité de temps y est en général assez bien observée, et l'unité d'action, tout aussi scrupuleusement respectée que dans nos pièces les plus modernes.

De nos jours, on ne joue que très-rarement les grands drames du théâtre indien, et dans ces occasions le ton des acteurs est grave et déclamatoire.

Les costumes sont encore ceux qu'on voit représentés sur les anciennes sculptures ; les grands bonnets, les couronnes des principaux personnages peintes d'azur et d'or leur donnent un air de dignité qu'ils n'ont point avec le turban des mahométans.

Les farces que jouent les mimes et les bouffons encore en grand nombre sont animées par une action vive et beaucoup d'humeur comique ; mais l'indécence et la grossièreté les déparent.

En général, les compositions poétiques des Indous sont fortement empreintes de l'individualité nationale ; les impressions les mieux rendues sont celles de l'amour et de la tendresse ; les poëtes font d'admirables descriptions, mais ils manquent de vigueur et d'énergie, et ne savent point exprimer les pensées fortes.

Citer les principaux ouvrages nous entraînerait trop loin. Nous ne saurions cependant passer sous silence les *Védas*, ce grand poëme sacré, dont la première partie se compose d'hymnes et de prières, et le poëme héroïque le *Ramayana*, qui célèbre la conquête de Ceylan.

La science musicale a, dans l'Inde, décliné comme toutes les autres ; on n'y saurait reconnaître aujourd'hui la grande complication de règles et d'intentions qui la régissait autrefois.

Mais si les airs remarquablement doux et plaintifs se ressemblent presque tous, ils ont conservé cependant de l'originalité et ne sauraient se confondre avec la musique d'aucune autre nation. Chantés par une seule voix et accompagnés par la lyre indienne, ils ne manquent point de charmes.

Mais les accompagnements compliqués qui se font avec des instruments à cordes et des tambours manquent absolument d'harmonie pour une oreille européenne.

La sculpture a produit des œuvres nombreuses, dont quelques-unes sont expressives, gracieuses même; mais l'ignorance complète des proportions et de l'anatomie, l'inhabileté de la composition rendent imparfaites toutes ces œuvres.

La peinture est restée dans l'enfance; ni perspective, ni ombre, ni lumière dans les tableaux. A peine les Indous sont-ils parvenus à faire des portraits ressemblants.

L'architecture peut-être considérée comme offrant de grands points de ressemblance avec l'architecture égyptienne.

Les nombreux monuments élevés par les Indous et les livres qui sont parvenus jusqu'à nous semblent indiquer qu'ils ont su de très-bonne heure réduire en corps de doctrine les principes de cet art.

Mais, malgré leurs proportions gigantesques, les pagodes, entre autres édifices, n'ont ni l'harmonie, ni la majesté des constructions européennes.

Les palais se composent ordinairement de petites cours entourées de bâtiments élevés et le plus souvent plantées d'arbres. Une colonnade en forme de cloître règne autour de chaque cour. Les grands appartements sont aux étages supérieurs et ouverts d'un côté, comme les divans des musulmans On y parvient par des escaliers étroits et raides, pris dans l'épaisseur des murs.

Les maisons des particuliers riches présentent à peu près les mêmes dispositions. Les murs sont en stuc blanc ou peints en rouge foncé.

A l'intérieur, ces murailles sont recouvertes de peintures représentant des arbres ou des sujets mythologiques. Toutes ces habitations sont mal disposées, mal aménagées, aussi incommodes que possible.

Les réservoirs publics ont été l'objet des travaux les plus considérables des Indous. Ils servent aux bains et à l'irrigation des terres. Quelques-uns sont de véritables lacs de plusieurs milles de circonférence. Les digues qui les protégent, d'une élévation remarquable, d'une solidité à toute épreuve, sont des ouvrages vraiment magnifiques.

On remarque aussi des puits d'une profondeur considérable et d'une grande largeur.

Parmi les monuments de l'architecture indienne, il faut citer encore les ponts, qui se composent d'immenses blocs de pierre formant des piles et réunis par une autre pierre de taille énorme; puis les colonnes et les arcs de triomphe élevés en l'honneur des héros. Ces arcs de triomphe sont carrés.

L'industrie indienne fournit des produits remarquables.

Les Indous proprement dits ont porté à un étonnant degré de perfection les différents métiers. Malgré les guerres continuelles qui depuis plus de mille ans ont ravagé cette contrée, entravant les progrès de l'industrie et ruinant l'agriculture, malgré l'écrasante concurrence des manufactures anglaises, on a pu se convaincre aux différentes expositions, à Paris et à Londres, que l'Inde n'avait point perdu toute activité commerciale et pouvait même briller encore d'un certain éclat.

Les objets de fabrication indoue consistent en velours, châles, tapisseries, taffetas, basins, percales, mousselines, étoffes de soie, de laine et de coton, objets d'or et d'argent, de nacre, d'ivoire, ouvrages en cuir, etc.

Ces objets, assez recherchés sur les marchés de l'Europe, sont en général élégants et de bon goût.

C'est surtout en deçà du Gange que le commerce de l'Inde est animé.

Le cabotage est très-étendu, et parfois même les pirogues arrivent jusqu'à Ceylan ; on échange les produits agricoles et industriels du pays contre les marchandises européennes venues par les ports de la presqu'île indoustanique.

Le commerce intérieur est presque tout entier entre les mains des Anglais ; cependant les Français, les Américains, les Malais, les Portugais et les Chinois y prennent une part assez importante.

Parmi les principaux objets d'exportation, il faut citer au premier rang l'opium, puis le coton, le poivre, le salpêtre, le bois de teck, le bois de sandal, le sucre, les étoffes de soie et les cachemires.

Les brocarts d'or et de soie si célèbres semblent être une industrie inventée par les Indous, et l'éclat et la durée de leurs couleurs n'ont point été égalés en Europe.

Pour finir cette étude générale et trop courte de la société indienne, adressons-lui le reproche d'avoir sanctionné l'esclavage domestique, qui, quoique affectant une forme très-douce, est universel dans l'Inde.

Ou bien les enfants esclaves sont nés dans la maison, ou ils ont été vendus par leurs parents en temps de famine, ou bien encore ils ont été enlevés par les tribus de pasteurs errants, qui joignent ce trafic à leur commerce habituel consistant à transporter des grains et des marchandises de toute sorte et à élever des troupeaux.

Peut-être dans certaines maisons les esclaves sont-ils mieux traités que les domestiques ; en effet, ils peuvent être considérés comme faisant partie de la famille ; jamais on ne les vend, aucun signe extérieur ne les sépare du commun. Les cultivateurs eux-mêmes ont des esclaves qu'ils traitent comme des membres de leur famille. Dans certaines contrées, dans les pays de forêts principalement, les esclaves sont attachés au sol, ils en font en quelque sorte partie et sont vendus avec lui ; mais en réalité ils sont à peu près libres et reçoivent un salaire pour leur travail.

Ces esclaves n'existaient point chez les anciens Indous, ainsi que le prouve la loi de Manou. Mais il ne faut point s'exagérer le chiffre des esclaves, qui, relativement à celui de la population de l'Inde, est à peu près insignifiant.

Avant d'étudier la physionomie des jongleurs et des charlatans, il est utile d'ajouter, touchant le commerce des Indous, que si ce commerce ne s'est point accru, c'est parce que leur loi leur défend de quitter leur patrie. Ils n'ont donc point exporté les riches productions de leur territoire; il a fallu que les nations étrangères vinssent chercher elles-mêmes les richesses de l'Inde.

L'usage des lettres de change remonte dans ce pays à une très-haute antiquité. Dans tous les états de l'Inde, les princes font frapper des pièces d'argent appelées roupies, qui servent de types aux autres monnaies.

La roupie de Madras vaut 2 fr. 40, celle dite du Mogol 2 fr. 42. Il y a aussi des roupies d'or d'environ 40 francs, et des pagodes d'or qui veulent à peu près 10 francs. La monnaie courante des Indiens consiste en des cauris, petits coquillages dont 50 font un poni; il faut 10 ponis pour un fanon et 13 fanons pour une pagode.

Les grosses sommes se comptent par lak, mesure idéale de 100,000 roupies ou de 100,000 pagodes. Un crore comprend 100 laks.

Depuis que les nations européennes font presque exclusivement le commerce de l'Inde, les monnaies européennes y ont aussi cours, surtout la piastre, le ducat, le louis et la couronne.

Nous aurons occasion de dire encore quelques mots du commerce de cette contrée d'après les voyageurs modernes, mais avant il nous faut revenir aux basses classes de l'Inde, aux sudras ou soudras, aux parias et aux sauvages.

De toutes les populations sauvages, la plus étrange est celle des Thugs, dont nous avons parlé précédemment, et qui sont voués au mal et au brigandage. Ils adorent Kali, la divinité de la mort, et considèrent le meurtre comme un haut fait.

Leur théorie mérite d'être racontée. L'auteur de l'*Inde contemporaine*, M. de Lanoye, fait parler de la sorte un Thug :

« Vous trouvez un grand plaisir à attaquer la bête féroce dans sa tanière, à machiner et à poursuivre la mort d'un tigre, sans qu'il y ait là des dangers à braver et du courage à déployer. Songez donc combien cet attrait doit redoubler quand la lutte est engagée avec l'homme, quand c'est l'homme qu'il faut détruire ! Au lieu d'une seule faculté, le courage, c'est tout à la fois le courage, la ruse, la prudence, la diplomatie qu'il faut déployer. Jouer avec toutes les passions, faire vibrer même les cordes de l'amour et de l'amitié pour amener sa proie dans ses filets, c'est une chose sublime, c'est enivrant, c'est un délire! »

Il est impossible de rêver une plus parfaite apologie du crime, et voilà des théories capables d'ennoblir l'assassinat. Malheureusement ces théories ont des adeptes convaincus, car les Thugs ne comptent pas moins de cent mille sectateurs dans l'Inde; le meurtre est par eux érigé en loi, le meurtre est pour eux la joie suprême, le devoir. Assister à l'agonie d'un homme frappé par eux leur semble un bonheur ineffable.

Ces Thugs sont principalement répandus dans le Bandelkand, l'Aoude et le bassin de la Nerbédah.

Certaines contrées ont été presque entièrement dépeuplées par ces assassins.

L'un d'eux, fait prisonnier, avoua avoir tué sept cent dix-neuf individus, et ne manifesta qu'un regret, celui de n'avoir pu aller jusqu'à mille.

Dieu merci ! de nos jours on a trouvé moyen de mettre un frein à la fureur de ces fanatiques, et les Thugs ont à peu près disparu, mais depuis un petit nombre d'années seulement.

Au nombre des êtres dégradés qui forment le rebut de la société dans l'Inde, il faut citer les jongleurs, les charlatans, les bateleurs, les escamoteurs, les faiseurs de tours de force, les danseurs de corde.

On connait deux ou trois castes qui exercent ces professions, et qui courent de pays en pays, de ville en ville, cherchant à vivre de la crédulité publique.

Considérable est le nombre de ces sorciers de carrefours ; il est en rapport avec la superstition qui règne dans l'Inde, où l'on est surtout l'ami du merveilleux et de l'extraordinaire.

Ces magiciens sont considérés comme des êtres dangereux initiés à toutes les sciences occultes, à tous les maléfices.

On les évite, on les craint, mais on les méprise absolument.

Quelques-uns d'entre eux vendent des drogues, des orviétans, des panacées universelles ; ils s'arrêtent dans les carrefours, attroupent les badauds, chantent les vertus incomparables de leurs remèdes ; leur effronterie et leurs impostures dépassent de beaucoup celles de nos charlatans.

D'autres sont escamoteurs ou font des tours de force. Ils déploient une adresse, une dextérité, une souplesse étonnantes ;

nos jongleurs européens ne sont point de de force à lutter avec eux.

Un voyageur moderne m'a raconté l'un de leurs tours les plus extraordinaires.

Un de ces bateleurs s'arrête dans la rue ; il a avec lui une fille de sept à huit ans complétement nue. Quand la foule s'est amassée, le bateleur place la petite fille sous une sorte de cage d'osier où on la voit. Point d'estrade, point d'appareils, rien que la terre et la cage d'osier.

Soudain le jongleur saisit un sabre, il le brandit d'un air furieux, l'enfonce avec rage dans la cage d'osier, puis le retire fumant, teint du sang de la petite fille qui a fait entendre un cri terrible, et dont on entend encore les gémissements douloureux.

La cage enlevée, on aperçoit la terre tout humide de sang ; mais l'enfant a disparu. Vous tournez la tête et vous l'apercevez venant gaiement à vous et tendant la main pour avoir quelque menue pièce de monnaie,

Les mœurs de ces saltimbanques sont d'une immoralité révoltante. Tout ce qu'ils gagnent, ils le dépensent en bonne chère, sont presque constamment ivres et traînent péniblement leur misérable existence, demandant l'aumône lorsqu'ils n'ont point d'occasion d'exercer leurs petits talents.

Quelques bandes de ces vagabonds forment des troupes de comédiens ambulants, qui, élevant des tréteaux dans la rue, y jouent des farces dialoguées dans lesquelles l'obscène le dispute au ridicule, ou bien des comédies sacrées représentant, entre autres mystères, les incarnations de Vichnou.

En général c'est aux dépens de la décence et du bon goût que les spectateurs s'égayent.

Chacun sait que les jongleurs indiens jouissent de la réputation d'apprivoiser les serpents les plus redoutables et les plus venimeux, de les faire danser au son des instruments de musique, et de se livrer avec ces horribles reptiles à des exercices fort redoutables en apparence.

Ils ne parviennent à se prémunir contre les morsures souvent mortelles de ces animaux qu'en les irritant d'abord et en les forçant à mordre à plusieurs reprises des morceaux d'étoffe dans lesquels se dépose le venin que sécrètent les dents.

Les tribus sauvages qui habitent les montagnes du sud de la presqu'île sont divisées en castes qui se composent chacune de plusieurs peuplades.

Ces peuplades, qui se trouvent en grand nombre le long de la chaîne de montagnes du Mabar, sont nomades. Elles vivent en plein air, couchent dans les champs pendant la belle saison, se mettent à l'abri durant les pluies sous de misérables huttes ou dans des cavernes, dans des fentes de rochers ou même dans le creux de vieux arbres.

Ces sauvages trouvent dans les forêts ce qui suffit à leurs besoins, des racines, des animaux qu'ils attrapent à la course ou au piége, du miel qui se trouve en abondance sur les rochers ou sur les arbres, au sommet desquels ils grimpent avec l'agilité des singes. Ils ne connaissent même pas l'arc et les flèches, familiers aux sauvages d'Afrique.

Dans certaines de ces castes tous les individus sont nus, et rien n'a pu les résoudre à se vêtir.

Ils sont en général d'un naturel doux et paisible, et prennent toujours la fuite à la vue d'un étranger ; ils ne savent pas ce que c'est que la guerre, et paraissent ignorer les moyens de rendre le mal pour le mal. Ils ne redoutent que les hommes civilisés, craignant de se voir ravir leur indépendance et leur liberté, et d'être assujettis à cette civilisation qui pour eux n'est que l'esclavage.

Ils ont en général les mêmes habitudes que le reste des Indous touchant la souillure et la purification.

En somme, les sauvages sont moins méprisés que les parias, à qui sont réservés les plus durs travaux de l'agriculture, et qui, quoique rendant d'indispensables services, sont réduits à un degré de misère et d'oppression vraiment épouvantable.

Mais, élevés dans l'idée qu'ils sont nés pour être asservis aux autres castes, que c'est là leur destinée irrévocable, les parias ne se plaignent jamais, et personne ne les saurait convaincre que les hommes sont égaux.

Nous avons dit, en parlant des brahmanes, le dégoût qu'inspirent les parias, et, à vrai dire, s'ils sont réputés vils et infâmes, ils le méritent à bien des égards par le genre de vie qu'ils mènent.

Eux seuls se nourrissent de viande et même de viande à moitié pourrie, eux seuls s'enivrent, accablent leurs femmes de mauvais traitements !

Tous naissent esclaves de génération en génération, et n'ont pas même le droit d'acheter leur liberté.

Cependant il est des castes encore plus abjectes que celle des parias : telle est celle des savetiers.

Les aristocrates d'entre les parias sont les barbiers et les blanchisseurs, qui jouissent de certaines prérogatives et de certains priviléges.

Encore sont-ils soumis à de dures obligations. Ainsi le barbier est tenu de faire la barbe, de raser la tête, de rogner les ongles des mains et des pieds, et de nettoyer les oreilles des habitants de son village ; dans certaines provinces du Sud, ils doivent même épiler leurs concitoyens.

Ils sont, ainsi que nous l'avons indiqué, les chirurgiens du pays. Mais quelle que soit l'opération pour laquelle on réclame leur ministère, ils n'ont pour opérer que leur rasoir ou l'espèce de poinçon tranchant dont ils se servent pour rogner les ongles.

Les potiers, les tanneurs, en un mot les castes d'artisans, ne jouissent d'aucune considération et sont même méprisés.

En général, les arts mécaniques et les arts libéraux ne sont point en faveur, et ceux qui les exercent ne sont point tenus en haute estime. Une sorte d'infamie s'attache même aux joueurs d'instruments à vent, qui se souillent par la salive, pour laquelle les Indous ont une véritable horreur.

Ajoutons, pour compléter autant que possible le tableau des basses tribus de l'Inde, que de nombreuses bandes de diseurs d'aventures mâles et femelles parcourent les diverses contrées de l'Inde.

Nous en avons fini avec les généralités et l'étude du caractère et des mœurs des Indiens. Il nous reste maintenant à passer rapidement en revue les villes principales et à étudier les possessions des Européens dans l'Inde.

L'Inde. — Arbre banian.

CHAPITRE IV

VILLES PRINCIPALES. — POSSESSIONS DES EUROPÉENS

Population. — Gouvernement. — Villes principales : Cachemire et Lahore, la Rome et l'Athènes de l'Inde; Bénarès, le Dekan, pays du Midi; Ceylan. — Les voyageurs modernes. — L'Inde des Radjahs. — Les Maldives et les Laquedives. — Les côtes de Malabar et de Coromandel. —

L'Inde cisgangétique ou Indoustan, ainsi que nous l'avons indiqué sommairement, forme la grande presqu'île de l'Asie méridionale située à l'ouest des embouchures du Gange et du Brahmapoutra. Sa forme est celle d'un triangle dont la pointe se trouve au sud et la base au nord.

Elle a pour limites au nord les monts Himalaya, qui la séparent du Thibet, à l'est le golfe du Bengale, à l'ouest le Sind et la mer ou golfe Omain, et au sud la mer des Indes.

Cette presqu'île a 3,000 kilomètres du nord au sud, 2,500 kilomètres de l'est à l'ouest, 3,160,000 kilomètres carrés de superficie et une population d'environ 193,000 habitants, Indous ou indigènes, Malais, Mongols, Chinois, Guêbres ou Parsis, Arabes, Turcs et Européens, surtout Anglais.

Cette presqu'île comprend l'Indoustan proprement dit et le Dekan.

L'Inde transgangétique ou Indo-Chine est bornée au nord par l'empire chinois, à l'est par le golfe de Tonquin et la mer de Chine, au sud par la mer de Chine, le détroit de Malacca et celui de Singapour, à l'ouest par le golfe de Bengale.

A l'exception du royaume de Siam et de l'empire des Birmans, les différentes contrées qui forment les subdivisions de cette vaste péninsule sont très-peu connues.

Le pays peut se partager géographiquement en six grandes divisions comprenant chacune plusieurs États ; ces six grandes divisions sont l'empire birman, le royaume de Siam, le Malacca indépendant, l'empire d'Annam ou de Vietnam, les possessions anglaises et les îles.

Les habitants de la presqu'île, de même que les Thibétains, présentent, au point de vue de la conformation physique et de la langue, beaucoup d'affinité avec les peuples du Céleste-Empire ; cette affinité est d'autant plus grande que les populations sont plus rapprochées de ce foyer commun de toute la civilisation de l'Asie orientale. A l'exception des habitants d'Annam, ils ont tous reçu de l'Inde leur civilisation et leur religion.

Dans le bassin de l'Indus, qui s'étend au pied de l'Himalaya, se trouve la fameuse nation des Seykhs ; guerrière, industrieuse et sobre, cette nation se distingue par la haine qu'elle porte au mahométisme et sa croyance en un être suprême à qui elle adresse directement ses prières. Les Seykhs n'admettent point la distinction des castes ; ils mangent la chair de porc réputée impure. Leur principale force militaire consiste en cavalerie. Ils sont vêtus de pantalons bleus, de manteaux de diverses couleurs et de mauvais turbans ; les chefs ont les poignets ornés de bracelets d'or. Ils sont armés de mousquets à mèches et de sabres pour lesquels ils ont une sorte de vénération religieuse. Ils sont en général forts et bien faits ; les femmes sont moins belles que les hommes. Ils témoignent de la joie à la mort d'un compagnon, et pleurent quand meurt leur cheval.

Ils sont aujourd'hui presque entièrement sous la domination britannique. Un seul territoire est resté à leurs chefs indigènes, c'est la vallée de Cachemire.

Cette célèbre et magnifique vallée, entourée par de hautes montagnes, est à l'abri des débordements des fleuves dans la saison pluvieuse, des chaleurs étouffantes du Lahore, des vents glacés du Thibet. C'est le paradis de l'Inde, rien n'égale la surprise délicieuse qu'éprouve le voyageur lorsqu'il pénètre, par un des douze passages existants à travers les montagnes, dans cette vallée d'une incomparable fertilité.

Quoique opprimés tantôt par les Afghans et tantôt par les Seykhs, les habitants de Cachemire n'ont point abandonné leurs habitudes de plaisir et de mollesse. Ils sont beaux et bien faits, s'habillent avec un ample vêtement de laine dont la forme rappelle celle d'un sac.

Cinquante mille ouvriers, faisant mouvoir plus de seize mille métiers, fabriquent les admirables châles que l'on sait avec du poil de chameau et de la laine de chèvre.

Le métier, très-simple, est horizontal ; un enfant, les yeux fixés sur le dessin et placé en dessous, avertit le tisserand, assis sur un banc, lorsqu'il faut changer la couleur des bobines.

Les mœurs sont douces, l'hospitalité se pratique largement, mais la dépravation est grande.

Beaucoup de bourgs et de villages sont semés dans la féconde vallée, qui ne possède qu'une ville véritable, Cachemire ou Sirinagor, et encore cette ville, qui ne compte guère aujourd'hui plus de 40,000 habitants, n'a point d'édifices remarquables et ne possède que des rues sales et étroites.

Au sud du Cachemire s'étend le pays des Cinq-Rivières ou Pendjab, l'une des contrées les mieux cultivées de l'Inde, qui abonde en fruits de toute espèce. La population est d'environ 11 millions d'habitants.

Lahore, ancienne cité placée sur la route qui conduit de Delhy à la Perse, est la ville principale de cette province. On y remarque de jolis jardins, de beaux édifices et un château bâti en briques, ancienne résidence des souverains mogols, qui est un des palais les plus somptueux que l'on connaisse.

On trouve à Lahore, la capitale du pays, les marques évidentes du soin que mettent les Anglais à se faire bien venir des populations. Lahore a été mise au centre des grandes routes qui rayonnent sur tout le pays, et auxquelles viennent aujourd'hui s'ajouter des chemins de fer.

La ville a été entourée de jardins et de promenades, des rues ont été percées, la richesse et la population s'accroissent, et le confortable et le bien-être règnent dans la ville dont les maisons nouvelles sont construites commodément et avec élégance.

La population de Lahore est d'environ 100,000 habitants.

Victor Jacquemont raconte qu'il fut surpris d'entendre à Lahore un officier indigène faire à ses soldats des commandements en français. Trois officiers français avaient été chargés de l'instruction des troupes, à l'époque du premier empire, un peu après la chute de Napoléon.

Non loin de Lahore et un peu à l'est, on aperçoit Amretseyr, où s'élève un joli temple à toit doré, dans lequel on garde sous un dais de soie le Livre des lois écrit de la main du réformateur Nanek. Un grand nombre de pèlerins se rendent à ce temple pour y faire leurs dévotions.

Amretseyr est la cité sainte des Seykhs ; elle compte environ 91,000 âmes.

C'est aussi l'entrepôt principal du sel gemme de Miani. Chaque négociant est tenu d'avoir devant sa porte de gros blocs de ce sel, afin que les vaches sacrées que l'on nourrit dans la ville puissent les venir lécher à leur guise.

Toutes les géographies énumèrent ensuite : Djallinder, ville de 40,000 âmes, jadis plus importante, et qui est située au milieu de vergers de figuiers, de citronniers et d'orangers ; point d'édifices, des rues malpropres et fort étroites.

Nadàn, charmante cité, commerçante, admirablement située sur la route la plus fréquentée du bassin du Gange à la vallée de Cachemire.

Poghouara, série de villages, de villas, de gracieuses maisons de campagne, où viennent passer la belle saison les riches habitants de Lahore.

Kangra, ville fortifiée et très-ancienne, rendue aux Anglais en 1846, possède un très-beau temple indou, visité tous les ans, aux mois de septembre et d'octobre, par les pèlerins de toutes les provinces.

A quelque distance, environ deux jours de marche, s'élève un second temple plus fréquenté encore, celui de Dehouva-Lamotchi, qui renferme un souterrain d'où s'échappent des flammes ; les pèlerins y jettent des amandes, du riz, du bois de sandal ou d'autres objets qu'ils laissent se consumer, puis ils recueillent pieusement les cendres et les emportent comme des reliques.

Peychaver, chef-lieu de la province de ce nom, près du Caboul, est une grande ville d'environ 60,000 habitants, qui possède un caravansérail remarquable, et est placée au milieu d'une ravissante et fertile vallée qui produit des cannes à sucre et du riz renommé.

Moultan est la capitale de la province du même nom, qui est bornée au nord par le Pendjab, au sud par le Sindhi, à l'est par un désert qui le sépare du reste de l'Indoustan, et à l'ouest par l'Afghanistan.

Cette province produit beaucoup de coton, de l'opium, des pâturages ; elle contient de vastes étendues de terrain où errent des bandes de chameaux. Il y règne une chaleur excessive, et Moultan est célèbre pour ses tombeaux et aussi pour ses mendiants qui sont innombrables. La plaine, bien arrosée, est fertile et couverte de dattiers.

Moultan est une ville forte de premier ordre dans l'Inde, et qui cependant maintes fois fut prise et reprise ; le siége des Anglais en 1849 est mémorable. Des ruines de monuments attestent son ancienne splendeur. La population, qui s'élève au moins à 80,000 habitants, compte un assez grand nombre de brahmanes.

Les autres villes remarquables de cette province sont Choudja-Abad, place forte, Leia, Déra-Ismaïl-Khan, Déra-Glazi-Khan, sur un bras du Sind, Outch, étrange ville qui, en réalité, est composée de trois villes bien distinctes entourées chacune d'une muraille en briques.

Le Sindou ou Sindhi, pays situé dans le bassin inférieur du Sind auquel il doit son nom, et au sud du Moultan, est borné à l'ouest par le Beloutchistan. Il est divisé en deux parties bien distinctes, le Sirza ou pays du nord, et le lac ou pays bas.

Le Sindhi a beaucoup de rapports avec l'Égypte. C'est, d'après une description moderne, une plaine unie arrosée par un beau fleuve qui la fertilise à une certaine distance de chaque côté, tandis qu'au delà s'étend à gauche un désert immense et que s'élève à droite une masse de montagnes stériles que leur sol et leur climat rendent également inhospitalières. C'est un pays stérile. On y récolte dans le delta de l'Indus beaucoup de riz, et dans les pays supérieurs du blé ; mais l'indolence des habitants ne tire pas de la terre tout le parti possible. Des vergers produisant d'excellents fruits entourent presque toutes les villes.

Le climat y est malsain à cause des inondations qui sont fréquentes, et beaucoup d'habitants sont atteints de fièvres intermittentes ou de rhumatismes.

Avant la conquête des Anglais qui date de 1843, cette contrée était gouvernée par des émirs.

La capitale, défendue par une haute forteresse entourée de hautes murailles, s'appelle Haydec-Abad ; dans la citadelle, les émirs avaient réuni une collection d'armes qui passait pour être la plus belle du monde entier. L'habileté des couteliers de cette ville et la trempe de ses armes sont réputées.

Parmi les villes de second ordre, il faut citer Koratchi, Tatta, Khyrpour, Sakkar qui est sur le sud, et la forteresse de Bhakar, prise par les Anglais en 1839, et où les musulmans vont vénérer un poil de la barbe de Mahomet, conservé dans une boite d'or.

Cette contrée fournit largement les contrées voisines de mendiants, de voleurs et de vagabonds.

L'immense désert de sables qui arrêta Alexandre dans sa marche victorieuse s'étend entre l'Indus et le Paddair.

A la lisière maritime de ce désert, sont situées quelques villes sans grande importance ; il faut cependant nommer sur ce littoral Dabboï et Ahmed-Abab, l'une des plus grandes cités de l'Inde, qui actuellement compte encore 150,000 habitants environ, et le quart de la ville n'est pas habité ; de tous côtés l'œil découvre des ruines, cependant il y a dans les rues beaucoup d'animation.

M. Théodore Duret, dans son *Voyage en Asie*, remarque que dans l'Inde les Anglais mangent du bœuf partout, excepté au mont Abon, voisin d'Ahmed-Abab. Il y a prohibition absolue de par un traité spécial passé par la Compagnie des Indes avec le rao de Sirobi, chez lequel on se trouve.

Ce singulier traité est tout au long imprimé dans les recueils. Les Anglais se sont résignés à un pareil sacrifice non par gracieuseté pour le rao, mais par condescendance pour les jaïns, qui ont sur le mont Abou leurs sanctuaires les plus vénérés.

Les temples, dont les Anglais ne veulent point profaner le voisinage en tuant des bœufs, s'élèvent tout à côté de la colonie anglaise. Ces temples n'offrent rien de remarquable au point de vue de l'architecture.

Dans le Gondjérate, à la partie méridionale, se trouve Surate, l'une des places de commerce les plus importantes de l'Inde, située à cinq lieues de la mer, sur la rive gauche du Tapty. Malgré le voisinage de Bombay, qui lui fait beaucoup de tort, et malgré des revers de toute sorte, cette ville est encore dans un état très-florissant ; elle compte près de 150,000 habitants dont un très-grand nombre ont amassé dans le commerce une fortune véritable ; ces riches négociants, qui mènent une vie somptueuse digne des princes orientaux, se composent d'Européens, d'Anglais surtout, puis de juifs, de Persans, d'Arabes et d'Indous.

Surate a trois lieues de tour, elle renferme de beaux édifices en pierre de taille. La piété indoue y a élevé plusieurs hôpitaux pour les animaux et même pour les punaises et les puces.

Baroda est la capitale de la famille mahratte de Guykarar. Cette ville, dont la population a environ 140,000 âmes, est assez belle, mais n'offre guère de monuments remarquables, à l'exception du palais royal.

C'est au nord-est du Gondjérate, non loin des Mahrattes, qu'on rencontre la secte des Radjepouts, fils des Radjahs, qui jadis fiers et belliqueux, sont aujourd'hui humbles, serviles et adonnés à tous les vices.

Seuls ils ont le gouvernement et l'administration, mais leurs princes sont tributaires des Anglais.

La résidence du radjah ou rajah est à Djeypour, grande et belle ville fortifiée, dont les palais et les temples en marbre sont de véritables œuvres d'art.

Au milieu des États des Rajahs, la ville d'Adjemp et son territoire forment une enclave dépendante de l'Angleterre ; cette ville est bien construite, elle a trois lieues de tour et ne contient pas moins de 30,000 habitants.

Les habitants du Marouar, qui se trouve à l'est du Djeypour, ont le caractère franc, brave, généreux. Leur capitale, Djondpour, est une ville considérable, bien bâtie en pierre brune.

Nommons l'État de Bondi, l'État de Miouar, dont le chef commandait autrefois aux Rajahs de l'Inde, et dont la capitale, du nom d'Odeypour, est située dans une vallée délicieuse.

Elle a été ainsi décrite : « Un grand lac à droite déploie ses eaux argentées, et la route serpente sur une surface ondulée revêtue des plus riches productions de la nature. Un second lac, égal en beauté au premier, mais plus petit, borde la ville d'Odeypour dont les pagodes, les minarets, les tours du marbre le plus pur et resplendissant comme des perles au soleil, s'élèvent dans toute la pompe fantastique de l'architecture orientale. Le palais du maha-zanah, ou grand prince, est bâti en marbre sur le bord d'un rocher, et ressemble plus à un fort qu'à une résidence royale : l'architecture en est lourde, mais quelques détails en sont très-beaux, et l'ensemble vu de loin offre un aspect imposant. Le lac, qui étale sa surface brillante immédiatement au-dessus de cette terrasse naturelle, semble destiné au séjour de la reine des fées. Plusieurs petites îles apparaissent comme des émeraudes sur cette nappe éblouissante ; chacune est embellie d'un joli pavillon en treillage de marbre percé à jour, d'après les modèles les plus élégants et les plus achevés. Les palmiers, qui balancent leur tête altière au milieu de feuillages de teintes variées à l'infini sont les plus beaux qu'on rencontre dans l'Inde. Les insectes et les oiseaux n'y sont pas moins radieux que les fleurs. Les rochers qui entourent cette superbe vallée ont tous l'apparence de quelque substance précieuse ; ils consistent en une espèce de quartz d'un poli brillant et resplendissant comme de l'argent.

Tchitlore est une forteresse regardée par les Indous comme sacrée et inviolable ; non loin l'on trouve Saraouy, célèbre par ses manufactures d'armes, Kotah, fameuse par ses temples superbes, etc., etc.

Dans la province de Malrah, située à l'est de l'Adjemir et du Gondjérate, on remarque Yandéry, qui a, dit-on, renfermé 14,000 maisons en pierre, 376 marchés, 360 hôtelleries et 2,000 mosquées, et n'est plus importante aujourd'hui que par la fabrication de ses étoffes de coton ; Gonalior, une des plus remarquables forteresses de l'Inde, bâtie sur un rocher isolé haut de cinquante mètres et

d'un mille de tour ; en dedans des fortifications, il y a des maisons, des jardins potagers, des citernes, des champs fertiles. Cependant les Anglais prirent deux fois cette imprenable forteresse, en 1780 et en 1844.

Mondon, jadis grande ville de quatre lieues de tour, contient encore des obélisques et des mines curieuses. Bhopal, de deux lieues de tour, est située près d'un lac rempli de crocodiles.

La fertile province d'Agrah contient sa capitale du même nom, qui dut sa splendeur à l'empereur Akbar et fut appelée par lui Akbar-Abad. Il n'y reste qu'un petit nombre de monuments, entre autres le palais d'Akbar, un des plus beaux édifices de l'Asie, mais en partie ruiné ; il reste deux galeries immenses ornées de vingt-quatre colonnes doubles de marbre blanc, et un certain nombre d'appartements dans lesquels l'or, le marbre et les sculptures sont répandus avec profusion.

Là est aussi la Perle des mosquées, que nous laisserons décrire à Victor Jacquemont : « Sa beauté surprend d'autant plus que rien d'avance n'y prépare. Son enceinte extérieure ne montre que ce grès rouge et triste dont tout le fort est bâti ; mais dès qu'on a franchi la porte d'entrée, on se trouve isolé du monde entier, dans un petit monde de marbre blanc.

C'est une grande cour carrée avec un bassin au milieu pour les ablutions ; une galerie en arcades sur trois des côtés, et sur celui qui fait face à l'entrée une sorte de vestibule immense, élevé de quelques degrés au-dessus de la cour, et dont le toit est porté par une forêt de colonnes.

Au-dessus de sa terrasse s'élève un grand dôme renflé, flanqué de deux autres semblables, mais plus petits, selon l'usage. Point de minarets, peu de ces kiosques faits pour les nains, qui surchargent les terrasses des édifices de ce genre ; peu de moulures sur les marbres ; leurs panneaux sont seulement encadrés d'un mince filet noir qui paraît comme l'ombre d'une moulure. Du monde extérieur on ne voit rien que la tête touffue d'un bel arbre que le hasard a placé en face de la porte, à quelque distance.

De son tumulte, de ses agitations, on ne voit que le mouvement léger du feuillage de cet arbre où jouent ensemble la lune et le soleil. C'est une scène de paix, de sérénité douce, dont la coquetterie éclatante ou aimable des autres édifices d'Agrah ne saurait donner l'idée.

On peut être ébloui par eux, mais on aime la Perle des mosquée. »

Agrah était, avec Delhi, l'une des capitales de ces empereurs mongols qui ont tenu une si grande place dans l'histoire, et, chose remarquable, ces soi-disant Mongols n'étaient à vrai dire que des mahométans venus des pays voisins de l'Inde au nord-ouest.

Le tombeau d'Akbar, l'un des plus célèbres de ces empereurs et le petit-fils du fondateur de la dynastie, se trouve auprès d'Agrah.

Cet édifice est enfoui sous un entassement irrégulier de petits belvédères.

Il disparaît, pour ainsi dire, sous la recherche et la complication excessive des détails d'architecture.

Entre la Djemnah et le Gange, s'éten-dent de fertiles plaines où se trouvent l'antique ville Kanodje et Mathra, ville commerçante de plus de 50,000 âmes, qui, d'après les traditions religieuses, est la patrie de Krichna, incarnation de Vichnou. Les taureaux et les singes, les coqs, les poules et les perroquets vont et viennent librement dans cette cité, dévastant tout sans qu'on ose leur toucher, car ils sont considérés comme des fétiches.

La province de Delhi n'est pas très-fertile ; mais, bien cultivée, elle fournit cependant trois récoltes de riz par an.

Delhi, sa capitale, est la plus vieille des grandes capitales des mahométans dans l'Inde.

Le palais des empereurs mongols est, comme à Agrah, bâti au milieu d'une enceinte fortifiée ; avec ses dépendances, il occupait autrefois toute l'étendue de la forteresse ; mais, depuis la grande révolte de 1857, les Anglais ont rasé les constructions accessoires pour élever des casernes ; ils n'ont laissé debout que les parties principales du palais, le Derwani-Kwas ou salle du conseil, le Derwani-Aum ou salle d'audience publique, et la petite mosquée.

Tous ces édifices, d'une délicatesse merveilleuse, en marbre blanc incrusté de mosaïques ou orné de dorures, restent aujourd'hui, remarque M. Duret, dans un triste isolement au milieu des casernes bâties par les Anglais. En face de la forteresse, du côté de la ville, s'élève une mosquée, la Jumma-Musjid, monument d'une grandeur et d'une beauté remarquables.

Les ruines du vieux Delhi s'étendent

L'INDE. — Durbar de Ramah, dans l'Himalaya.

au loin, autour de la ville moderne ; la campagne, sur une superficie de plusieurs lieues, est couverte d'édifices abandonnés. Tous les conquérants et toutes les dynasties qui ont passé à Delhi sont là représentés par des tombeaux, des restes de palais, de temples, de forteresses. Quelques-uns des tombeaux, tels que ceux de l'empereur Humayoun et du visir Safdar-Jang, sont presque intacts et forment des spécimens de belle architecture, intéressants à visiter. De tous les monuments conservés, le plus curieux est le Kontoub-Minar. C'est un minaret très-élevé, d'une robuste architecture, qui doit sa construction à un des princes mahométans qui ont précédé les Mongols à Delhi, et qu'on désigne sous le nom de Pathans.

Du haut du Kontoub-Minar, on jouit d'une vue superbe sur la plaine couverte des ruines des anciennes villes.

Le voyageur Bernier, au temps d'Aureng-Zeb, contemporain de Louis XIV, comparant Agrah et Delhi avec les grandes capitales européennes, estimait qu'à cette époque la population de Delhi devait être à peu de chose près la même que celle de Paris. Aujourd'hui Agrah et Delhi n'ont plus chacune qu'une centaine de mille habitants ; de capitales qu'elles étaient du plus grand empire de l'Inde, elles sont passées à l'état de villes de province de troisième rang.

Agrah fait partie des provinces du Nord-Ouest, et relève de leur capitale Allahabad; Delhi, annexé au Pendjab, est sous l'administration de Lahore. Leurs palais sont vides, ou bien à leur place s'élèvent des casernes anglaises. Le dernier de leurs rois, l'héritier des Mongols, détrôné par les Anglais, est allé mourir dans l'exil à Rorgoun. La décadence de ces deux immenses cités n'est en quelque sorte que l'image de la décadence des mahométans dans l'Inde. La prépondérance politique et la civilisation anglaises se sont établies dans l'Inde, et ont remplacé la langue, le culte, les arts, en un mot la civilisation et la prépondérance des mahométans. Delhi est divisée en deux villes distinctes : l'une, habitée par les indigènes; l'autre, par les musulmans; celle-ci est la plus jolie.

Le palais impérial est magnifique ; il y a des écuries qui peuvent contenir 10,000 chevaux.

Le souverain de Delhi a été dépouillé de sa couronne en 1803; il a, à vrai dire, conservé le titre de Grand-Mogol et un revenu assez considérable ; mais il n'a plus que l'ombre du pouvoir.

Au sud du Delhi, s'étend la province d'Aoude, avec la capitale de ce nom, puis le Bandelkand, d'où sortent les bandes de Thugs dont nous avons parlé.

Après avoir cité à l'est de l'Aoude la province de Bahar, nous arrivons au district de Bénarès, sol classique des Muses indiennes, pays des lettres et des sciences. C'est là que les brahmanes conservent pieusement leurs traditions et leurs usages.

Bénarès, aujourd'hui traversé par un chemin de fer, est la ville sainte des Indous, c'est à la fois la Rome et l'Athènes de ce pays. C'est là que sont décidées en dernier ressort, par les brahmanes et les pandits, toutes les questions ayant rapport au dogme et au culte. De tous les côtés, les pèlerins arrivent là en foule pour adorer Siva, au culte duquel la ville est presque exclusivement adonnée ; ils s'en vont, de chapelle en chapelle, couverts de haillons, un bâton d'une main, un vase à boire dans l'autre, faire leurs dévotions. Bœufs et vaches, en leur qualité d'animaux sacrés, vaquent en liberté à travers la ville, et s'ils s'engagent dans les rues étroites, c'est au passant à se garder, comme il peut, de leurs cornes.

Nombre de mendiants encombrent les portes des temples, se recommandant à la charité des fidèles, et par leur aspect misérable, et par les énormes plaques de bouse de vache dont ils se couvrent le corps en qualité d'adorateurs de Siva.

On peut regretter que l'espèce des fakirs extraordinaires se perde à Bénarès, aussi bien que dans le reste de l'Inde. Le souffle sceptique venu d'Europe tend à faire disparaître de plus en plus ces pratiques du bon vieux temps. Non cependant que l'on n'aperçoive point encore de temps à autre un jongleur qui, dans le coin d'une place publique, se tient en équilibre sur une jambe, l'autre jambe retenue en l'air dans la main. Mais on peut hésiter à qualifier cet homme de fakir plutôt que de saltimbanque. Le nombre des temples et des édifices sacrés s'élève au moins à quinze cents. Ces temples sont en général petits et mesquins, et n'ont guère que la dimension de chapelles; parfois même ils ressemblent à des niches.

Détail particulier, ces temples n'ont même pas l'intérêt de l'ancienneté, vulgarité commune à la plupart des villes de la vallée du Gange, qui furent dévastées et détruites si souvent que les plus antiques monuments ne remontent pas à plus de trois siècles.

Beaucoup de dieux sculptés, plus que d'habitants; mais en général tous ces dieux sont affreux et représentés sous une forme grotesque. Les brahmanes sont loin d'atteindre l'art des bouddhistes, qui se sont efforcés d'idéaliser partout la forme humaine. On en a la preuve dans le seul monument encore debout qui fut élevé par les bouddhistes à l'époque de leur domination, la tour de Sarnah qui, par ses décorations élégantes et simples, l'emporte de beaucoup sur tout

ce que le Bénarès brahmanique peut offrir.

Vue des bords du Gange, où elle occupe un espace de 3 kilomètres, Bénarès a un aspect de grandeur véritable. D'immenses escaliers monumentaux descendent des édifices, des temples ou des maisons jusque dans le fleuve; le matin, au soleil levant, ces escaliers sont garnis d'une foule considérable qui se presse sur les derniers degrés pour faire ses ablutions. Les baigneuses emportent, dans des vases de cuisine qui reflètent les rayons du soleil, l'eau du fleuve sacré. Le tableau est pittoresque.

Bénarès a un commerce florissant. On y fait des études brillantes qui attirent un nombre considérable d'élèves. Ainsi que les philosophes grecs, les brahmanes enseignent les sciences et les lettres en plein air, sous des arbres, dans des carrefours, dans des places, dans les rues.

La population, qui dépasse 200,000 âmes, s'accroît d'année en année; le climat y est du reste fort beau, le ciel toujours serein, le sol fertile.

Auprès de Bénarès se trouve un village nommé Cachipour, où l'on remarquait jadis une lourde hache suspendue à une corde, une guillotine imparfaite; nombre d'Indous fanatiques venaient alors présenter leur cou à cette hache, croyant mériter par ce genre de mort la félicité éternelle.

Suivant les bords du Gange, nous remontons la ville moderne de Golconde, puis la province du Bengale, dont la capitale, Calcutta, est celle de toutes les possessions anglaises dans l'Inde. Calcutta compte environ un million d'habitants. Elle est divisée en deux parties : la ville noire, habitée par les indigènes, qui n'a guère que de misérables habitations couvertes en chaumes ou en bambous, et le quartier du Gouvernement, habité par les Européens, surtout par les Anglais, qui y ont construit de belles maisons, des palais même, car les modernes ont baptisé Calcutta la ville des palais, ce dont il faut rabattre.

La ville offre les institutions de toutes les grandes villes d'Europe; elle occupe le quatrième rang parmi les places maritimes du monde entier; son port, formé par l'Hougly, présente une forêt de mâts et peut contenir plus de 1,500 bâtiments de 500 tonneaux.

Citons, en remontant le fleuve l'Hougly, Chandernagor, possession française de médiocre importance; puis Plassy, Dakka, Midnapour, Berdouan.

Que si maintenant nous parcourons les contrées qui séparent les plaines du Gange du Thibet, nous rencontrons la pittoresque contrée de Gorval, Sirinagor, Dipang, dont le temple est célèbre : les brahmanes prétendent que son antiquité remonte à plus de 10,000 ans; puis le pays de Kemaon, pays de montagnes, fertile en troupeaux, le Sormour, dont le chef-lieu est Nakan, et enfin le Népaul, un des rares pays de l'Inde ayant conservé son indépendance.

La capitale du Népaul, Klabmandou, est célèbre par ses magnifiques temples dédiés à Bouddha. Au nombre des usages particuliers à ses habitants, on cite celui de faire accompagner les princesses par une garde de femmes armées.

Vient enfin, dans cette contrée, la principauté de Sikkin, qui est régie par un prince thibétain allié des Anglais.

La péninsule fertile qui porte le nom général de Dekhan, ou pays du Midi, s'étend au sud de l'Indoustan.

Les cinq grandes nations qui habitent cette contrée et la cultivent s'appellent les Cinq-Dranias.

Les noms et les limites des provinces du Dekhan ont souvent changé par suite des invasions et des révolutions. Nous citerons seulement le Coromandel, la côte de Malabar, puis l'empire des Mahrattes, inconnu aux Européens il y a deux cents ans, et qui, jusqu'au commencement de ce siècle, a été le plus vaste Etat libre de l'Inde. Leur constitution était une sorte de république militaire composée de rajahs indépendants les uns des autres, mais soumis au grand chef, au Peïchoua. Les Anglais ont asservi ce pays, dont les villes principales sont Pounah, Sétarah, Ellora, Golconde.

On donne le nom de *Nyzam* à l'ancien surintendant du Dekhan. Nous ne saurions passer sous silence Madras, la ville la plus grande et la plus peuplée de cette partie de l'Indoustan anglais; elle compte plus de 700,000 habitants, et est célèbre par ses tissus.

Plus loin, Pondichéry, le chef lieu des possessions françaises.

Tels sont les points principaux de la côte de Coromandel. Entre cette côte et celle de Malabar, on trouve le Karnatic et le royaume de Mysore.

La ville principale de la côte occidentale est Bombay, située sur la petite île de ce nom; Bombay est la capitale d'une présidence anglaise et le siége d'une vice-amirauté. On y publie des journaux anglais et indous ; la population est de 600,000 habitants environ ; le voyageur français Jacquemont, dont nous avons plus d'une fois parlé, mourut dans ses murs.

Le port, étant le meilleur et le plus sûr de l'Inde, est devenu l'entrepôt du monde entier.

Non loin, à Goa, réside le vice-roi portugais. Le territoire que possèdent les Portugais autour de la ville et de l'île de Goa comprend environ 400,000 habitants.

Le pays ou côte de Malabar s'étend le long de la mer depuis Tovela jusqu'au mont Dilly.

Les groupes d'îles qui entourent l'Inde au sud peuvent être justement considérés comme une dépendance de ce pays. Les Laquedives sont au nombre de 32, dont 13 ne sont que des écueils ; le reste est couvert de rizières et de cocottiers magnifiques.

Les Maldives, longue et très-remarquable chaîne d'îles qui s'allonge du nord au sud, tirent leur nom de Malé, la principale île de ce groupe.

Les principales productions sont le cocottier et le candu, arbre dont le bois est léger comme du liége. Les insulaires sont bien faits, ils ont le teint olivâtre. Beaucoup de leurs femmes sont blanches. Cette population est intéressante, industrieuse, adroite.

Enfin, il nous faut parler de la grande île de Ceylan, cette riche et magnifique terre « où les pierres sont des rubis et des saphirs, où l'amome parfume les marais, et le cannelier les forêts, où les plantes les plus communes fournissent des aromates précieux. »

On trouve dans l'île de Ceylan un nombre assez considérable d'éléphants, et il est important de dire que dans l'Inde ces animaux sont domestiques et rendent les mêmes services que les chevaux ; on peut même dire de plus grands services, car leur intelligence est de beaucoup supérieure à celle des chevaux.

On se sert, pour les chasser, d'éléphants déjà apprivoisés, qui vont chercher leurs frères sauvages jusqu'au fond des forêts leur servant de retraites, et les attirent près des villes, dans les piéges tendus par les hommes.

La longueur de Ceylan est d'environ 400 kilomètres ; sa largeur varie entre 50 et 250 kilomètres. Le climat est tempéré.

Le sol est très-fertile ; il produit surtout de la cannelle, du riz. Les cocottiers et les bananiers y abondent.

La pêche des perles, qui était autrefois d'un grand rapport, est aujourd'hui réduite à peu de chose, tant elle a été exploitée avec avidité par les Portugais. Nombre de plongeurs ont été victimes de cette pêche dangereuse, et sont morts asphyxiés ou dévorés par les requins.

Ceylan possède nos animaux domestiques et un grand nombre d'animaux musqués, entre autres les civettes, qui fournissent aux habitants un remède utile. Les oiseaux et les abeilles y abondent.

Les habitations ne sont pas dépourvues d'élégance.

On y observe la division en quatre castes avec une grande rigueur. Les Ceylanais sont doux, industrieux, intelligents. On y trouve encore des ruines d'un grand intérêt, de belles statues, des monuments remarquables, des mausolées bien conservés; tous ces vestiges d'une grandeur passée font regretter de ne pouvoir soulever complétement le voile qui entoure l'histoire des anciens habitants.

Nous avons rapidement parcouru l'Inde tout entière; il nous reste à dire que les possessions françaises, assez considérables au dix-huitième siècle, ne consistent plus guère qu'en cinq établissements, qui sont Pondichéry, Chandernagor, Mahé, Yanaon et Karikla.

Les établissements des Portugais, qui, ainsi que nous l'avons vu, sont arrivés les premiers dans l'Inde par la route du Cap de Bonne-Espérance, se trouvent sur la côte occidentale, et sont un peu plus étendus que les nôtres. Elles renferment environ 450,000 habitants.

De nos jours, chacun le sait, l'Inde est en grande partie sous la domination immédiate des Anglais; à l'exception de quelques princes qui sont restés indépendants, quoique cependant contraints de reconnaître la suprématie anglaise; tout ce qui n'est pas absolument soumis paye au moins tribut.

C'est une des plus puissantes colonies que jamais on ait fondées, et cependant l'apparition des Anglais dans l'Inde ne date que du siècle dernier. Mais ce siècle a été rempli par des guerres incessantes; la Grande-Bretagne l'emporta sur la France après une lutte longue et acharnée, et l'Inde fut concédée à la Compagnie des Indes orientales qui, après

l'insurrection de 1857, a cessé d'exister et a été remplacée par le gouvernement royal, exercé directement par l'Angleterre. On divise les possessions anglaises, qui ne comprennent pas moins de 145 millions d'habitants, en trois grandes présidences : celle du Bengale, qui est immédiatement régie par le vice-roi, gouverneur général de l'Inde, et à laquelle sont annexés la vice-présidence du Pendjab, le haut commissariat des provinces centrales et une partie considérable de l'Indo-Chine britannique; puis la présidence de Madras et la présidence de Bombay.

Les deux grandes voies navigables intérieures sont le Gange et l'Indus, ces fleuves magnifiques, sur lesquels les Anglais ont établi des bateaux à vapeur qui circulent régulièrement côte à côte avec les barques indigènes. Plusieurs canaux aident à la navigation; le plus long est celui qui longe le Gange durant 1,400 kilomètres environ.

6,000 kilomètres de chemins de fer traversent déjà l'Inde, et on travaille sans relâche à étendre ce réseau. Les principales voies en cours d'exploitation sont actuellement celles de Calcutta à Lahore; de Bombay à Mirzapour et à Calcutta; de Madras à Bombay avec des embranchements sur la côte de Malabar; enfin la ligne de Karatchy à l'Indus.

Pondichéry ne tardera pas à être réuni au grand réseau anglo-indien.

La ligne télégraphique qui unit Calcutta à Karatchy, et Karatchy au Belouchistan, devient alors sous-marine, franchit le golfe Persique, gagne Bassora et arrive en Europe. Malgré les travaux incessants des Anglais, les routes sont en général dans un mauvais état.

Quoi qu'il en soit, l'extension prise par le commerce anglais est considérable. En vingt-cinq ans, de 1840 à 1865, les importations se sont élevées de 210 à 704 millions, et dans le même délai les exportations ont augmenté de 500 millions environ.

Le coton figure, bien entendu, au premier rang pour l'exportation, et il faut placer sans conteste au second l'opium, que les Anglais expédient en Chine par quantités considérables , réalisant, il est vrai, de la sorte d'immenses bénéfices, mais des bénéfices qui coûtent l'abrutissement à tout un peuple.

Au moment où commença cette conquête anglaise, qui semble définitivement établie, aucune grande force capable de dominer le pays n'existait plus. Des guerres sans fin entre les mahométans, qui jadis avaient fondé une puissante monarchie, et les anciennes races indoues, entretenaient partout l'instabilité et l'anarchie.

Décomposition complète. Le bouddhisme, c'est-à-dire la religion plus pure que le brahmanisme, avait été remplacé à son tour par cette religion qu'il avait réformée. Ce pas en arrière a condamné l'Inde à l'impuissance et à la décrépitude morale et physique. Le développement intellectuel, qui n'avait jamais été que rudimentaire, était devenu nul, et l'Inde était la proie des brahmanes et des pratiques que nous avons décrites, au moment de la conquête anglaise.

Les Anglais ont mis fin à la guerre et au pillage, établi des juges, relevé le niveau moral ; ils se sont efforcés d'instruire la femme, de battre en brèche, en un mot, toute cette barbarie. Aussi, au contact des idées européennes , l'Inde subit une transformation véritable. On commence à rire des dieux grossiers du paganisme et à ne plus considérer la division des castes comme un cercle infranchissable. Considérable est le nombre des jeunes Indous qui parlent couramment aujourd'hui la langue anglaise ; beaucoup, élevés dans les nouvelles écoles, subissent en en sortant, avec succès et concurremment avec les Anglais, des examens qui leur ouvrent les portes de l'administration, de la médecine, du barreau, le commerce et les carrières libérales ; ils abordent toutes les carrières et savent s'y distinguer.

L'Inde peut donc être considérée comme entièrement soumise aux Anglais ; les puissances qu'ils décorent du titre d'alliées ne laissent aucun doute sur la nature réelle des relations du gouvernement avec ces Etats auxquels on donne pour la forme ce nom. Ils se croient trop forts et trop redoutés pour craindre en aucun cas une résistance sérieuse, et ils ont raison. Mais ils ne sauraient oublier que les dominations durables se fondent bien plus sur la confiance que sur la crainte, et que les éléments de résistance et de révolte ne disparaîtront du territoire de ce vaste empire que lorsque les populations auront foi pour leur bien-être matériel et moral dans l'avenir de la civilisation nouvelle.

La religion ne leur a pas été d'un secours aussi puissant qu'on eût pu le supposer ; le protestantisme qui, simple et froid surtout dans le rite de l'Eglise anglicane, s'adresse bien plus à la raison qu'à l'imagination et au cœur de l'homme, a trouvé peu de sympathie sur les rives de l'Indus et du Gange, et la domination chrétienne sous cette forme soutient une lutte dangereuse avec les habitudes séculaires, les préjugés superstitieux, la foi passionnée des Indous et des musulmans. Ce ne sera qu'à l'aide de ménagements extrêmes et d'immenses bienfaits qu'elle parviendra à se faire accepter. On la subit aujourd'hui, et les peuples ont même jusqu'à un certain point le sentiment de son intelligence et de sa force, mais elle n'a pas encore su se faire aimer.

L'Angleterre a à soutenir sous ce rapport une lutte morale, elle le sait et ne recule pas.

Cette race ambitieuse et prudente a commandé l'estime et excité l'admiration du monde entier sans jamais mériter les sympathies; saura-t-elle consolider absolument son influence en Asie? Le fait est probable, puisque dans certains pays on préfère leur domination à celle des rajahs eux-mêmes. Tel est le cas des paysans d'Ajmir. Dans les deux cas les populations ont affaire à des maîtres dont l'unique préoccupation est de les tondre; mais les Anglais s'arrangent de manière à laisser quelque chose aux malheureux diables, tandis que le rajah dévore tout ce qu'il peut. Entre deux ennemis de cette sorte le choix n'est pas douteux, on choisit le moindre.

Les Anglais tentent par tous les moyens de se rendre favorables les populations; ils se sont efforcés d'accroître le bien-être des populations rurales. La redevance territoriale qu'ils prélèvent est donc moins lourde que celle des rajahs, elle est régulière et répartie avec soin; les faibles sont, autant que possible, protégés contre les forts. La situation des diverses classes vis-à-vis du gouvernement et vis-à-vis les uns des autres est réglée par des lois fixes, connues de tous, appliquées avec impartialité. Le gouvernement des rajahs au contraire est resté, au point de vue fiscal comme à tous les autres, un despotisme grossier; il ne connaît qu'une seule source de revenu, l'impôt prélevé en nature sur le gouvernement de la terre. Les Anglais, au contraire, appliquent dans l'Inde un système de finances savant et compliqué; ils ont l'impôt sur le revenu, les impôts indirects, les douanes, le timbre.

Et cependant on sait combien de révoltes ont éclaté dans l'Inde depuis la domination anglaise, révoltes si considérables qu'elles semblent absorber toutes les forces vives de cette nation commerciale.

Bien du sang coulera encore avant que l'Angleterre ne tire de sa colonie que gloire et profit. Il est à craindre que Nana-Sahib, dont l'arrestation n'est pas encore certaine, au reste, ne compte des successeurs qui luttent de longues années contre la puissance européenne.

LA CHINE

La Chine. — Une porte de Pékin.

CHAPITRE PREMIER

LA CHINE : SON HISTOIRE ET SON ORGANISATION

Esquisse géographique de la Chine : ses limites et son étendue. — Origine du mot Chine et de la dénomination d'empire du Milieu. — Les Annales de la Chine. — Comment elles ont été écrites. — Les vingt-deux dynasties impériales. — Précis historique. — Les hauts faits de

Thsing-Chi-Hoang-Ti. — La grande muraille. — La dynastie actuelle. — Organisation politique et administrative de la Chine. — La religion. — Confucius et Bouddha. — Description de Pékin. — Le palais impérial. — Les édifices européens.

La Chine est un grand pays situé dans la partie orientale et moyenne de l'Asie, et formant une portion considérable de cet immense versant qui part du côté oriental des montagnes du Thibet, et qui est contigu, à l'est, avec les plages du grand océan Pacifique. La Chine est donc bornée, au nord, par la Sibérie russe. Ce sont les montagnes que les Chinois nomment Chaîne du repos élevé extérieure, et les Européens, monts Stanovoï, Yablonoï, alpes Douariennes, qui forment la limite la plus septentrionale de la domination chinoise du côté de la mer d'Okhotsk. Les monts Altaï continuent sa limite septentrionale, là où l'Irtich et l'Obi prennent leur source. A l'ouest, où les géographes chinois placent les Kosaks, sont les frontières occidentales de l'empire. Ces Kosaks sont les Kirghiz du Turkestan. Les monts Célestes, dont la direction est généralement et principalement d'orient en occident, constituent la frontière occidentale des possessions chinoises dans l'Asie centrale. Enfin, les hautes chaînes de l'Himalaya séparent le Népaul et le Boutan du Thibet, au sud; et au sud-ouest l'empire chinois confine à l'empire birman et au royaume d'Annam ou Cochinchine, dont il est séparé par une petite rivière et une simple muraille.

Mais la Chine proprement dite diffère essentiellement, sous tous les rapports, des autres possessions de l'empire dont nous venons de décrire les limites, et il est, par cela même, indispensable, pour ne pas donner une fausse idée des choses, de diviser l'empire chinois en Chine propre et en dépendances ou possessions chinoises. Quoique ces dernières soient de beaucoup supérieures en étendue à la Chine propre, qui est bornée au sud et à l'est par la mer Jaune, au nord par la grande muraille, et à l'ouest par le Kokonoor, le Thibet et l'empire birman, sous les autres rapports ces possessions lui sont très-inférieures, étant pour la plupart des contrées sauvages ou désertes, habitées par des populations barbares ou peu civilisées, d'où cependant s'échappèrent autrefois ces grandes armées qui firent trembler l'Europe et l'Asie. Les habitants de ces contrées diffèrent donc des habitants de la Chine propre en mœurs et en civilisation, comme ils en diffèrent en races et en langages. Ces deux divisions de l'empire sont aussi opposées l'une à l'autre que l'extrême civilisation et l'extrême barbarie, et il y a lieu d'être surpris de l'unité qui préside au gouvernement de cet immense empire, composé d'éléments si hétérogènes.

Disons, pour terminer cette esquisse géographique, que la Chine proprement dite possède une étendue de cinq cent vingt-cinq lieues du nord au sud, et de six cents lieues de l'est à l'ouest, à partir des points les plus éloignés; sa superficie équivaut donc à peu près à trois cent mille lieues carrés, c'est-à-dire à plus de six fois la surface de la France. Si l'on tient compte des dépendances ou possessions adjacentes, l'empire du Milieu se développe du nord au sud avec une étendue de plus de neuf cents lieues, et de l'est à l'ouest avec une étendue d'environ quinze cents lieues. Telle est l'immense région dont la nation la plus ancienne du monde et, entre tous les peuples de la terre, la plus considérable par le nombre, a fait son empire.

Ce vaste Etat a été, selon les temps, désigné par ses propres habitants et par les peuples qui l'avoisinent sous les noms les plus divers.

Les Mongols occidentaux, dit un auteur, l'appellent le pays de Kataï ou Cathay; les Tartares mantchoux, Tulimpa-Koron; les Japonais, Than; et les peuples de la Cochinchine, de Siam et de toute l'Asie orientale, Thsing, nom que les Malais et les Indous ont prononcé Tching, et, par euphémisme, Tchina. C'est le nom que les Portugais, tout d'abord, puis les autres peuples de l'Europe, venus après eux dans les mers de l'extrême Orient, ont connu le premier, et conséquemment adopté, en le modifiant chacun selon le génie de sa langue, pour désigner l'empire chinois.

Cette dénomination de Thsing, la plus répandue de toutes celles données à la Chine, est connue en Orient depuis les célèbres conquêtes par lesquelles l'empereur Thsing-Chi-Hoang-Ti rendit, vers la seconde moitié du troisième siècle avant notre ère, le nom de sa dynastie et celui de son peuple fameux en Asie. Les Chinois, d'après l'usage adopté chez eux depuis les temps les plus anciens, de

donner à leur empire le nom de la dynastie régnante, s'appelaient alors les Thsing-jin, hommes des Thsing, comme ils s'étaient précédemment appelés Thang-jin, hommes des Thang, Han-jin, hommes des Han, etc., et comme ils s'appelèrent depuis Ming-jin, hommes des Ming. Ils sont présentement connus sous le nom de Thsing-jin, hommes des Thsing, d'après la dénomination qualificative Thsing, pur, adoptée par la dynastie mantchoue, maîtresse actuelle de la Chine.

En dehors de ces appellations particulières et variables que les Chinois se donnent à eux-mêmes, il en est d'autres plus générales et permanentes usitées chez eux pour désigner leur empire; ils l'appellent, par exemple, Tchoung-hoa ou fleur du Milieu, Tien-tchao ou Empire céleste, et Tien-hia, le dessous du ciel ou le monde, expression qui rappelle tout à fait celle d'*orbis* ou univers, dont se servaient les Romains quand ils parlaient de leur propre empire. Mais parmi tous les noms que les Chinois aiment à donner à leur vaste monarchie, le plus ancien et le plus usité est celui de Tchoung-Kono, c'est-à-dire royaume ou empire du Milieu.

Cette dénomination, dans laquelle on a voulu voir en Europe une expression manifeste de l'orgueilleuse ignorance des Chinois, qui, d'après un trop grand nombre d'écrivains, sont censés croire que leur pays occupe le milieu du monde, est expliquée historiquement par eux-mêmes d'une manière d'autant plus simple que seule elle est la véritable. On lit, en effet, dans leurs *Annales*, que du temps de Thsing-Wang, second empereur de la dynastie des Tcheou, lequel régnait vers la fin du douzième siècle avant notre ère, la Chine était divisée en plusieurs principautés, qui prenaient toutes le titre de royaume, et qu'à cette époque Tcheou-Koung, oncle de l'empereur, donna à la ville de Lo-yang, dans la province actuelle du Honan, où était la résidence du monarque chinois, le nom de royaume du Milieu, parce que le royaume dont cette ville était la capitale, outre les droits de zuzeraineté qu'il exerçait sur toutes les autres principautés dont la Chine était alors politiquement formée, occupait géographiquement au milieu d'elles un point central, d'où il est résulté que, depuis ce temps, la portion de l'empire ou sa totalité, directement gouvernée par les empereurs, a toujours porté ce titre. Telle est, d'après les documents les plus authentiques de l'histoire, la seule et véritable origine de la fameuse dénomination d'empire du Milieu donnée à la Chine, et qui s'est conservée jusqu'à ce jour.

Ce ne fut que très-tard, vers la fin du treizième siècle seulement, que l'existence réelle de la nation chinoise et du colossal empire qu'elle avait fondé fut révélée à l'Europe par les récits de Marco Polo. Il serait donc impossible de connaître l'époque proprement dite historique de cette nation, si, plus heureuse que tant d'autres, elle n'avait eu le rare privilége d'être mise, presque dès son origine, en possession de sa propre histoire. A la vérité, les mêmes ténèbres qui pèsent sur le berceau de tous les peuples, dérobent à la pénétrante sagacité des érudits les plus clairvoyants les premiers temps du vieil empire chinois; mais il n'en est pas moins digne d'étonnement et d'admiration de voir l'histoire fleurir chez un peuple à une époque des plus reculées, comme un épanouissement de son propre génie.

Les *Annales de la Chine* embrassent une période de 4,458 années et présentent une authenticité incontestable. Elles ne sont point, comme toutes les histoires anciennes et modernes qui meublent nos bibliothèques, l'œuvre d'un écrivain, mais une relation officielle, un procès-verbal toujours ouvert où un tribunal historique inscrit les événements à mesure qu'ils se produisent. Or ce tribunal historique, fondé par Hoang-Ti 2,637 ans avant notre ère, n'a pas cessé de fonctionner jusqu'à ce jour.

Quant à la sincérité des écrivains chinois, elle se trouve garantie par une formalité singulière qui s'est constamment observée en Chine, et paraît bien propre à écarter le mensonge des fastes d'un peuple. Cette formalité consiste à ne rédiger les faits du règne d'un empereur qu'après l'extinction de sa race entière, ou lorsque le trône a passé dans une autre famille.

Pendant le cours d'une dynastie, les historiens publics recueillent chaque jour les faits dont ils sont témoins; ils les inscrivent sur des feuilles volantes, et, sans se communiquer leurs observations les uns aux autres, ils les déposent dans une espèce de coffre ou bureau scellé de tous les sceaux de l'empire, et auquel on a pratiqué une ouverture propre à recevoir les papiers qu'on y jette. Le bureau reste inviolablement fermé tant qu'une même famille impériale subsiste sur le trône; mais lorsqu'une autre la remplace et lui succède, on rassemble ces mémoires, on les confronte, on les discute, et d'après ceux qu'une critique sévère a adoptés, le gouvernement fait écrire l'histoire de la dynastie qui a précédé. C'est de toutes ces parties que s'est formé le corps d'histoire de l'empire.

Le Père Moyriac de Mailla, qui vécut pendant quarante-cinq ans à la cour de l'empereur Kang-Hi, vers le milieu du dix-huitième siècle, entreprit le premier la traduction des *Annales de la Chine*. Cette traduction, publiée en 1777 et considérée comme très-fidèle, permet d'embrasser une période de près de quatre mille cinq cents années. Depuis Hoang-Ti, fondateur du tribunal historique, jusqu'à nos jours, vingt-deux dynasties se sont succédé, sans compter celle de ce prince qui a donné neuf monarques à la Chine.

Il est à remarquer, toutefois, que les *Annales* représentent Yu comme le fondateur de la première dynastie, quoique Yu soit le sixième successeur de Hoang-Ti. C'est sans doute parce qu'avant Yu la couronne était élective, et qu'à la mort du prince régnant on cherchait dans tout l'empire l'homme le plus digne de lui succéder, quelles que fussent sa naissance et sa position. Depuis Yu, au contraire, ce principe reçut une modification essentielle, en ce sens que le choix ne devait régulièrement tomber que sur un des fils de l'empereur défunt. Or il n'y a de dynastie possible qu'avec une forme de gouvernement qui perpétue la couronne dans une même famille.

Selon les plus anciens historiens chinois, ce fut un empereur nommé Fou-Hi, dont ils placent le règne l'an 2953 avant notre ère, qui tira les Chinois de leur état sauvage et jeta les premiers fondements de leur civilisation. Malgré les histoires ridicules que, d'après les traditions populaires, les vieux chroniqueurs racontent de Fou-Hi et de ses successeurs, il est assez facile de se former une idée des faits généraux qui caractérisent cette époque reculée.

Ne reconnaissant que les droits de la force, exclusivement chasseurs, sans liens de famille, sans demeures fixes, les Chinois étaient de véritables sauvages dominés plutôt que gouvernés par des chefs. Parmi ceux-ci, Fou-Hi, doué d'une intelligence relativement très-supérieure, établit des lois pour protéger les faibles contre les forts et institua le mariage. Ses successeurs fécondèrent ces premiers rudiments sociaux, et, par la culture des terres, fixèrent les peuplades errantes dont ils étaient les pasteurs. Des huttes d'abord, des villages ensuite, s'élevèrent bientôt de toutes parts, et, grâce à une vie plus régulière, à une nourriture moins incertaine, la population s'accrut rapidement.

Il ressort également de la situation de l'empire chinois sous Hoang-Ti que cette nation passa sans transition, d'un seul élan, des ténèbres de la barbarie à une organisation sociale assez complète. Hoang-Ti, à qui revient en partie la gloire d'un progrès aussi rapide, monta sur le trône à la suite d'une guerre civile. Le fils de son prédécesseur s'était révolté contre son père, et celui-ci s'était vu forcé d'abdiquer. Cette action souleva peuples et grands contre le rebelle ; attaqué à son tour par Hoang-Ti, il fut vaincu et périt les armes à la main. Hoang-Ti avait une grande réputation de sagesse et de vertu. D'un consentement unanime il fut élu empereur ; son règne ouvre l'ère historique de la nation chinoise.

La première dynastie des empereurs de la Chine occupa le trône de 2205 à 1766 avant Jésus-Christ et compta dix-huit souverains. Son fondateur, Yu, se montra digne du pouvoir suprême et donna l'exemple de toutes les vertus ; mais ses successeurs, à quelques rares exceptions près, abandonnèrent les rênes de l'Etat à des ministres complaisants, afin de n'avoir à s'occuper que de chasses et de plaisirs. Aussi les historiens chinois cherchent-ils à tirer un voile sur ces tristes règnes, en se bornant à citer les noms des monarques avec cette simple annotation : « Ils n'ont rien fait de digne d'être rapporté. »

La cruauté, les exactions et la prodigalité de Kie, dernier prince de la première dynastie, finirent par soulever contre lui une partie du peuple et des grands vassaux. Ces derniers se déclarèrent successivement indépendants et formèrent une ligue dans le but avoué de renverser Kie. Ils réunirent toutes leurs troupes en une seule armée dont le commandement échut à Thsing-Thang, le plus influent et le plus capable des grands vassaux de la couronne. Kie s'efforça vainement de lui résister ; abandonné même par ses favoris, il s'enfuit dans le Sud et laissa le trône vacant. Thsing-Thang recueillit l'héritage impé-

rial et commença la seconde dynastie, qui finit, après vingt-huit empereurs, comme la première, par les vices de celui qui occupait le trône.

Le règne de la troisième dynastie ne fut qu'une interminable suite de guerres civiles sans cesse renaissantes. La Chine offrit alors le triste spectacle d'un grand corps en dissolution, dont une foule d'ambitieux se disputaient avec acharnement les provinces, les villes et jusqu'aux moindres bourgades. Plusieurs princes vassaux poussèrent l'aveuglement jusqu'à appeler à leur aide les Tartares occidentaux, et, dans l'intérêt de leurs misérables querelles, à introduire ainsi au cœur de l'empire les peuplades sauvages qui devaient le conquérir un jour.

La quatrième dynastie, de 249 à 206 avant notre ère, ne compta que trois souverains, dont l'un, Thsing-Chi-Hoang-Ti, c'est-à-dire « le premier souverain absolu de la dynastie des Thsing », se signala par les plus grands faits. Ce prince avait vingt ans à peine lorsqu'il prit les rênes du gouvernement. Tous les désordres que la guerre civile entraîne à sa suite étaient alors arrivés à leur comble, et si les dépouillés, les vaincus, invoquaient encore parfois dans leur détresse l'autorité suprême, les vainqueurs n'en avaient nul souci.

Une seule pensée animait Thsing-Chi-Hoang-Ti en montant sur le trône, et c'était une pensée d'orgueil et d'ambition. Effacer par l'éclat de son règne l'éclat des règnes passés, exécuter des choses qui fissent le désespoir des ambitieux qui viendraient après lui : tel fut le rêve présomptueux à la réalisation duquel il consacra son indomptable énergie. Avant tout, il voulut être empereur de fait comme il l'était de nom, et réunir dans sa main la puissance que l'imprévoyance de ses faibles prédécesseurs avait laissée s'éparpiller entre des vassaux devenus leurs égaux. Secondé par un ministre habile et dévoué, il se mit à l'œuvre. Trop faible encore pour marcher tête levée vers son but, il eut soin de raviver toutes les querelles de ses vassaux, de les pousser les uns contre les autres, en sorte que la Chine ne fut bientôt plus qu'un vaste champ de bataille où les ennemis de Thsing s'exterminaient mutuellement.

Au bout de quelques années, l'empereur eut à sa disposition toutes les forces et toutes les ressources du pays. Alors il donna un libre cours à ses gigantesques projets. Il s'occupa d'abord des embellissements de sa capitale, où il résolut de se créer une demeure digne de lui ; puis il entreprit plusieurs grands voyages dans ses États, pour examiner les lieux et indiquer les routes, les ponts et les canaux dont il projetait l'établissement. Cependant, non content de changer ainsi la face de son empire, il voulut encore reculer les limites de ses possessions. Il se mit en campagne à la tête d'une armée innombrable et subjugua une infinité de peuples. C'est alors qu'il entreprit de construire la fameuse muraille qui sert de frontière septentrionale à la Chine proprement dite.

On sait que l'idée d'élever des murailles pour se fortifier contre les incursions des ennemis n'a pas été particulière à la Chine ; l'antiquité nous offre plusieurs exemples de semblables travaux. Outre ce qui fut exécuté en ce genre chez les Egyptiens et les Mèdes, un large mur fut construit au sud de la Calédonie par ordre de l'empereur Septime-Sévère. Cependant aucune nation n'a rien fait d'aussi grandiose que la grande muraille élevée par Thsing-Chi-Hoang-Ti, vers l'an 215 avant notre ère. Un nombre prodigieux d'ouvriers y fut employé, et les travaux de cette entreprise gigantesque durèrent dix ans.

L'empereur ne permit pas aux ingénieurs de laisser en dehors de la muraille la plus mince parcelle des terres de l'empire. Cette exigence multiplia singulièrement les difficultés. Ce ne fut qu'avec des efforts inouïs que l'on put surmonter les obstacles naturels qui se présentaient sans cesse. Il fut fait cependant selon les ordres de Thsing et la muraille, d'un développement d'environ six cents lieues, suivit les limites des possessions impériales, ici suspendue aux flancs escarpés des montagnes, là perdue dans des gorges profondes, ailleurs enjambant fleuves et torrents, et quelquefois traversant sur pilotis des fondrières et des marécages.

L'importance de cet immense travail a été différemment jugée : les uns l'ont exalté outre mesure, et les autres se sont efforcés de le tourner en ridicule. Il est à croire que cette divergence d'opinions vient de ce que chacun a voulu juger de l'ensemble de l'ouvrage d'après l'échantillon qu'il avait sous les yeux.

M. Barrow, qui vint en Chine en 1793 avec lord Macartney, en qualité d'historiographe de l'ambassade, a fait le calcul suivant : il suppose qu'il y a dans l'Angleterre et l'Écosse dix-huit cent mille maisons; en estimant la maçonnerie de chacune à deux mille pieds cubes, il avance qu'elles ne représentent pas autant de matériaux que la grande muraille chinoise, qui, selon lui, suffirait pour construire un mur capable de faire deux fois le tour du globe.

Évidemment M. Barrow a pris pour base de son calcul la grande muraille telle qu'il a pu la voir au nord de Pékin; la construction en est réellement belle et imposante; mais il ne faut pas croire que cette barrière, élevée contre les irruptions des Tartares, soit, dans toute son étendue, également large, haute et solide. Les missionnaires, entre autres le Père Huc, ont eu occasion de la traverser sur plus de quinze points différents, et souvent, au lieu de ces doubles murailles crénelées qui existent aux environs de Pékin, ils n'ont rencontré qu'une simple maçonnerie, un modeste mur en terre, et parfois même simplement quelques cailloux amoncelés. Pour ce qui est des fondements consistant en grandes pierres de taille cimentées avec du mortier, nulle part on n'en trouve de vestige.

Au reste, on doit concevoir que Thsing-Chi-Hoang-Ti, dans cette grande entreprise, a dû naturellement s'appliquer à fortifier d'une manière spéciale les environs de la capitale de l'Empire, point sur lequel devaient se porter tout d'abord les hordes tartares. On peut encore supposer que les ingénieurs ont dû diriger consciencieusement les travaux qui se faisaient en quelque sorte sous les yeux de l'empereur, et se contenter d'élever un simulacre de muraille sur les points

les plus éloignés. Mais telle qu'elle est, la grande muraille témoigne de la prodigieuse patience du peuple qui l'a construite. Elle a toujours mal rempli, il est vrai, le but pour lequel elle avait été élevée; au moyen âge, elle fut un faible obstacle à l'invasion victorieuse de Dgengiz, et, dans le dix-septième siècle, elle ne put empêcher l'irruption et la conquête des cavaliers mantchoux.

Malgré les hauts faits de Thsing-Chi-Hoang-Ti, les *Annales de la Chine* glissent assez légèrement sur son règne glorieux, et les historiens, sans cependant fausser la vérité, semblent en parler comme à regret: c'est que ce monarque eut avec les lettrés de l'empire des démêlés qui amenèrent les plus déplorables conséquences. Accusé par cette puissante classe de citoyens de ne tenir aucun compte des anciennes traditions et des anciens usages, il répondit d'abord par des supplices aux représentations qui lui furent faites. Le seul résultat de mesures aussi extrêmes fut d'engager les lettrés à ne plus faire parvenir au souverain lui-même leurs doléances et leurs conseils; mais ils continuèrent à l'attaquer dans une foule d'écrits et de pamphlets.

Thsing-Chi-Hoang-Ti, blessé au vif, eut cependant la force de se contenir, et différa sa vengeance pour la rendre plus éclatante et plus sûre. D'après les conseils de son premier ministre, il attendit que les lettrés se prononçassent ouvertement contre lui, et lui fournissent le prétexte de frapper le grand coup qu'il méditait. Son attente ne fut point trompée. L'irritation des lettrés ne connaissant plus de bornes, un édit parut ordonnant

LA CHINE. — Mandarin recevant un visiteur.

la destruction de tous les livres, à l'exception de ceux qui traitaient de choses scientifiques. Une innombrable quantité de documents précieux devinrent la proie des flammes; mais si les incendiaires poussèrent leurs recherches avec vigueur, les lettrés n'hésitèrent pas à exposer leur vie pour arracher à la destruction les ouvrages proscrits. Le sein de la terre, les cavernes des montagnes, les tombeaux eux-mêmes, ces asiles inviolables, reçurent une foule de dépôts précieux qui furent rendus plus tard à la lumière.

Thsing-Chi-Hoang-Ti survécut peu à cette barbare exécution; il mourut la cinquantième année de son âge, après trois jours de maladie. Après lui, l'empire fut presque continuellement déchiré par des guerres civiles, qui dévorèrent rois et dynasties avec une effrayante rapidité. De 206 avant Jésus-Christ à 618 de notre ère, huit dynasties se succédèrent sur le trône, qu'elles déshonorèrent, soit par leurs folies et leurs vices, soit par leur désespérante nullité. L'empire redevint un instant prospère, grâce aux sages réformes qu'opéra Tai-Tsoung, fondateur de la treizième dynastie ; mais, à la mort de ce prince, les intrigues de palais jetèrent de nouveau le trouble dans les affaires gouvernementales, et, chose étonnante, en Chine surtout, une femme sortie des derniers rangs de la société usurpa l'autorité impériale, et, moitié par ruse, moitié par force, vit toute la Chine à ses pieds.

De 909 à 1279, six dynasties se succédèrent encore avec rapidité. Jusque-là, l'intégrité de l'empire, sans cesse menacé par les Tartares-Mongols, avait été conservée soit par la force des armes, soit par des traités ; mais à partir de cette époque, la lutte entre ces voisins entreprenants et les Chinois n'eut plus d'alternative de succès et de revers. La puissance des uns grandissait sans cesse, tandis que celle des autres allait s'effaçant de plus en plus, et une dernière bataille navale consomma la ruine de la plus vieille monarchie du monde.

Le Tartare-Mongol qui venait de soumettre la Chine prit le nom de Hou-Pi-Lie. Jamais souverain ne protégea plus magnifiquement les savants, les poëtes, les historiens, et ne leur témoigna plus de déférence. Ce fut sous son règne que le Vénitien Marco Polo arriva en Chine.

Sous les successeurs de Hou-Pi-Lie, les Tartares, en perdant leur écorce rude et sauvage, perdirent leur énergie ; et quand cette fougue impétueuse, cette soif de périls et de conquêtes se fut éteinte chez eux, il ne leur resta plus rien de ce qui constituait leur supériorité sur les Chinois. Ce revirement d'habitudes et de caractère qui s'opéra dans toute la race mongole fut bien plus complet encore chez les souverains. A l'exception de trois d'entre eux, qui subordonnèrent leurs plaisirs aux devoirs de la couronne, tous ne se servirent de leur puissance que pour étendre le cercle de leurs voluptueuses folies. Des révolutions de palais, dans lesquelles plusieurs empereurs périrent assassinés, furent les sanglants préludes de la chute de la dynastie étrangère, dont le dernier représentant, Chun-Ti, accéléra la ruine par ses débordements et sa cruauté.

Les mandarins chinois, qui suivaient avec une joie secrète la démoralisation de plus en plus rapide de leurs vainqueurs, surent habilement tirer parti des désordres de Chun-Ti pour exaspérer les esprits contre un joug doublement odieux. Des révoltes ne tardèrent pas à éclater sur différents points. Comprimées d'abord, elles furent bientôt si nombreuses que, pour renverser la dynastie mongole, il ne manquait plus aux rebelles qu'un homme capable de réunir en un faisceau tous les efforts isolés.

Cet homme se trouva ; et pendant que Chun-Ti, se reposant sur ses généraux du soin de lui conserver sa couronne, s'abandonnait avec frénésie à tous les raffinements de la débauche, un autre Spartacus, échappé d'une pagode qu'il était chargé de balayer, rejoignait un corps de rebelles et en devenait le chef. Bientôt sa réputation d'habileté et de sagesse se répandit au loin. De tous côtés on accourut vers lui, en sorte qu'au bout de quelques mois l'ancien domestique des bonzes se trouva à la tête d'une puissante armée. Vaincus en plusieurs rencontres, les généraux mongols furent refoulés jusque sous les murs de Pékin, d'où le dernier successeur de Hou-Pi-Lie sortit en fugitif, avec une partie de sa cour. Ainsi finit la dynastie tartare-mongole, après avoir occupé le trône pendant environ un siècle.

Le libérateur de la Chine, Houng-Wou, commença la vingt-et-unième dynastie. Les traits les plus distinctifs du caractère de cet empereur étaient un dévouement absolu à sa patrie et une abnégation personnelle dont les annales des peuples offrent peu d'exemples ; aussi jamais la Chine ne jouit d'un calme plus profond et n'atteignit à un si haut point de prospérité.

Jusqu'en 1600, les successeurs de Houng-Wou maintinrent les Tartares dans une certaine dépendance, ou du moins repoussèrent leurs excursions. Mais vers cette époque les Mantchoux, qui jusque-là, plus patients ou plus ménagés, n'avaient donné au gouvernement chinois aucun sujet de plainte, se joignirent à leurs frères de l'Est, et, tous ensemble, ils franchirent une seconde fois les frontières du Céleste-Empire et subjuguèrent rapidement plusieurs provinces.

De tous côtés se formèrent alors des bandes nombreuses de gens sans aveu qui, sous prétexte de défendre le pays, se livrèrent au brigandage le plus effréné. Ces bandes finirent par se fondre en une seule et par devenir une véritable armée sous la conduite d'un chef audacieux, nommé Li-Tsen-Thsing. Enhardi par ses succès, ce chef aspira à la dignité impériale, et s'avança jusque dans les provinces restées fidèles à l'empereur, brûlant, saccageant tout sur son passage. Rien ne put arrêter ce farouche conquérant, qui, après trois jours de siége, prit la ville de Pékin et se fit proclamer empereur.

Un seul général chinois refusa de reconnaître l'usurpateur et envoya un message au chef tartare-mantchou pour réclamer son aide. Ce dernier s'empressa d'accourir ; mais en s'avançant vers Pékin, il mourut presque subitement, et ce fut son fils, nommé Chun-Ti, qui chassa Li-Tsen-Thsing. Les Chinois oublièrent tout d'abord que Chun-Ti était un Tartare, pour ne voir en lui qu'un sauveur ; peu après, cependant, ils essayèrent de secouer le joug étranger qui pesait sur eux. Malheureusement leurs efforts furent toujours isolés, et la victoire resta aux Mantchoux. Une nouvelle dynastie commença, et c'est cette dynastie qui occupe encore actuellement le trône de la Chine.

Nous devons dire, pour compléter ce précis historique, quelques mots des rapports des Chinois avec les nations étrangères.

Marco Paulo visita, vers 1274, le royaume de *Cathay*, et il en rapporta une relation très-intéressante qui était bien faite pour tenter l'esprit aventureux et commerçant des Vénitiens, ses compatriotes. Mais ce royaume, dont le voyageur traçait une description si séduisante, était trop éloigné, et ce fut seulement un siècle et demi plus tard, dans le cours du seizième siècle, que les Portugais d'abord, puis les Espagnols, apparurent dans les mers de la Chine. Ils y furent suivis, au commencement du dix-septième siècle, par les Hollandais et par les Anglais. Les Français ne vinrent que plus tard.

Les Portugais avaient réussi à s'établir à Macao ; des factoreries anglaises et hollandaises avaient été fondées dans quelques villes du littoral, à Ningpo, ainsi que dans l'île de Formose. Le gouvernement chinois traitait avec mépris ces étrangers avides qui étaient sans cesse en concurrence ou en guerre les uns avec les autres, se dénigraient mutuellement et n'apportaient dans le pays que le contre-coup de leurs désordres. Le thé n'était encore considéré que comme une plante médicinale, l'opium n'existait pas, de telle sorte que les transactions étaient fort peu actives.

La Compagnie anglaise des Indes orientales eut la première le pressentiment de l'avenir qui était réservé à ce commerce, et, vers la fin du dix-septième siècle, elle créa la factorerie de Canton, et parvint à s'assurer le monopole des relations de l'Angleterre avec la Chine, monopole qui ne devait disparaître qu'en 1834.

Les ambassades envoyées à Pékin, en 1792, sous la direction de lord Macart-

nay, et, en 1806, sous la direction de lord Amherst, attestent le prix que la Grande-Bretagne attachait à l'établissement de rapports réguliers avec le Céleste-Empire. Mais ces efforts, imités plus timidement par les autres nations, demeurèrent infructueux. Ce fut seulement après 1815 que le trafic de l'Europe avec l'extrême Orient commença à prendre quelque importance, et que les diverses puissances tournèrent de ce côté leurs préoccupations politiques et commerciales.

L'abolition du monopole de la Compagnie des Indes, en 1834, fut un progrès sérieux. Le commerce anglais, affranchi des anciennes restrictions, noua des relations directes avec la Chine, où il rencontrait la concurrence du commerce américain. Mais, si le monopole était supprimé du côté des Anglais, il était maintenu du côté des Chinois, le privilége de trafiquer avec les Européens à Canton, seul port ouvert aux pavillons étrangers, demeurant réservé à la corporation des Hanistes.

Le gouvernement chinois subissait avec regret la présence des étrangers ; ceux-ci étaient exposés à des avanies continuelles, à de violentes exactions, aux insultes des mandarins et du peuple. Pendant de longues années, les nations européennes avaient supporté cette série d'affronts, en se bornant à des réclamations plus ou moins timides, qui ne prouvaient que leur désir de ne point s'engager dans la voie des hostilités. Mais, en 1839, le vice-roi de Canton ayant fait saisir et brûler 23,000 caisses d'opium, d'une valeur de plus de 50 millions de francs, et ayant répondu avec mépris aux représentations du capitaine Elliot, l'honneur et les intérêts de l'Angleterre se trouvèrent trop directement compromis pour qu'il fût possible de persister dans la politique de tolérance·à laquelle ou s'était résigné jusqu'alors.

La guerre fut déclarée en 1840. Les Chinois, aux prises pour la première fois avec les armées européennes, éprouvèrent défaites sur défaites, et, le 29 août 1842, ils durent subir, sous les murs de Nankin, les conditions de paix que leur imposa le plénipotentiaire anglais, sir Henry Pottinger.

Aux termes de ce traité, le monopole des Hanistes était aboli ; quatre· nouveaux ports, Shanghaï, Ningpo, Futchou et Amoy étaient ouverts au commerce ; l'île de Hongkong devenait une possession britannique, et les relations commerciales étaient régies par un tarif régulier, dans lequel, toutefois, ne figurait pas l'opium, cause principale de la guerre .

Les Chinois s'étaient refusés obstinément à reconnaître la légalité d'un trafic qu'ils considéraient comme odieux et immoral ; les Anglais n'avaient point jugé nécessaire d'exiger, en face de l'opinion européenne, la libre introduction d'un poison. Restait l'infaillible ressource de la contrebande.

Le traité de Nankin inaugurait l'intervention diplomatique de l'Europe dans les affaires de la Chine. Après l'Angleterre, les États-Unis et la France voulurent avoir leur traité spécial. Indépendamment des clauses commerciales, analogues à celles qu'avait obtenues l'An-

gleterre, le négociateur français, M. de Lagrenié, obtint la publication d'un édit qui autorisait en Chine les pratiques de la religion catholique, et conférait ainsi aux puissances chrétiennes un droit de réclamation contre toute persécution nouvelle.

Ce fut un grand succès d'humanité et de politique, mais arraché non sans peine aux craintes de la cour de Pékin. Le christianisme était appelé, en droit du moins, à profiter de la tolérance que la législation chinoise accorde si largement à tous les autres cultes.

Après la signature de ces traités, le commerce reprit une activité plus grande. Le port de Shanghaï, notamment, devint un marché considérable. Mais, pour le gouvernement chinois, ces avantages matériels n'avaient en réalité aucune importance.

Les déroutes de ses armées et la situation qu'il avait dû subir, en traitant sur le pied de l'égalité avec les représentants des *Barbares*, lui avaient fait perdre son prestige. En 1849, une insurrection éclata dans la province de Kouang-Si ; elle prit bientot des proportions formidables et s'empara de Nankin. Le désordre s'était ainsi introduit dans l'intérieur de l'empire à la suite de la guerre étrangère.

Les relations avec les Européens ne tardèrent pas à s'aigrir. Des symptômes plus ou moins graves indiquaient soit que la cour de Pékin désirait retirer ou tout au moins restreindre les concessions de 1842, soit qu'elle n'était pas de force à dominer les préjugés populaires demeurés hostiles aux étrangers.

Enfin, au mois d'octobre 1856, un incident assez futile, l'arrestation par les autorités de Canton de plusieurs matelots chinois embarqués sur un bâtiment indigène qui portait le pavillon anglais, fut l'occasion et le prétexte d'une nouvelle guerre. La France, qui avait à se plaindre des traitements infligés aux missionnaires catholiques, se joignit à la Grande-Bretagne.

Après une campagne de plusieurs mois, les alliés, maîtres de Canton, se dirigèrent vers le nord, s'emparèrent des forts de Takou, et remontèrent le fleuve Pei-ho jusqu'à Tien-tsin, où la cour de Pékin, effrayée de les voir campés si près de la capitale, se décida à signer la paix (juin 1858), en donnant satisfaction pour le passé, et en accordant de nouveaux avantages au commerce européen par l'ouverture d'un plus grand nombre de ports et du fleuve Yang-tse-Kiang. Les traités stipulaient, en outre, que les puissances alliées pourraient accréditer des légations à Pékin.

Cette dernière clause, à laquelle les mandarins ne consentirent que sous le coup de la défaite, était, selon les idées chinoises, une véritable énormité. Comment admettre que des étrangers eussent accès dans la capitale, dans la ville sainte, et que des ambassadeurs fussent introduits à la cour !

Aussi, lorsque l'année suivante, en juin 1859, les ministres de France et d'Angleterre se présentèrent à l'embouchure du Pei-ho pour échanger à Tien-tsin les ratifications des traités, ils trouvèrent le fleuve barré, les forts de Takou armés, et les Chinois préparés à une énergique résistance. Les alliés essayèrent de forcer le passage, mais ils éprouvèrent un échec et il fallut recommencer la guerre.

Les hostilités furent alors poussées avec la plus grande activité, et, en octobre 1860, après plusieurs combats livrés aux approches de Pékin, les drapeaux alliés flottèrent sur les murs de la capitale, où la Chine, vaincue pour la troisième fois, signa définitivement son humiliation et sa défaite.

Depuis cette époque, les légations étrangères ont été installées à Pékin, où leurs rapports directs avec le gouvernement chinois ne sont pas exempts de difficultés. Il se produit assez fréquemment des incidents causés par l'antipathie que conserve une partie de la population, notamment la classe des lettrés, contre les Européens et surtout contre les missionnaires. Il y a eu des rixes graves et mêmes des attaques à main armée contre les établissements étrangers. Les légations ont eu à présenter les réclamations les plus énergiques, et le gouvernement chinois, sous l'impression des souvenirs de 1858 et de 1859, s'est tiré d'embarras par des excuses et par des indemnités.

C'est ainsi que le plus vaste empire de l'Asie a été vaincu par quelques milliers d'Européens. Cette population presque innombrable, ce gouvernement qui, encore au siècle dernier, avait toutes les apparences de la force, cette administration fondée sur les principes les plus rationnels, cette civilisation si originale et si ancienne, tout cela a plié au premier choc.

La Chine a expié cruellement le vice radical de ses institutions, exclusivement faites pour la vie solitaire et pour la paix.

Le système de gouvernement de l'empire du Milieu repose, en effet, de temps immémorial, sur le principe de l'autorité paternelle. L'empereur est souverain absolu; mais il n'est point un despote. Il est, selon l'expression officielle et consacrée, *père et mère du peuple*. On retrouve dans le gouvernement l'émanation du principe de la famille. Partout, en Chine, la paternité est toute-puissante et la vieillesse honorée. La qualité de père confère une responsabilité presque formidable, car les conséquences de la faute paternelle rejaillissent sur toute la génération. La qualité de vieillard procure l'autorité qui s'attache aux conseils de l'expérience. Voilà tout le système qui, excellent dans son principe, est fortifié, dans l'application, par la notion de hiérarchie.

Il n'y a pas de contrée au monde où la notion de hiérarchie soit mieux respectée dans la famille d'abord, puis dans le gouvernement, qui est l'image agrandie de la famille, et cela seul fait comprendre comment, du fond de son palais de Pékin, le souverain, assisté d'un conseil de ministres, gouverne, presque facilement, un empire aussi étendu.

Ainsi, le gouvernement repose sur la hiérarchie, c'est-à-dire sur le respect. Et il faut ajouter que ce sentiment de respect est entretenu par le système d'après lequel sont conférées, à tous les degrés, les fonctions publiques. C'est à l'instruction, à l'intelligence constatée dans des concours publics qu'appartiennent les grades.

Le fonctionnaire est donc respecté, non-seulement à raison de l'autorité supérieure qu'il représente, mais encore par suite de l'estime qui entoure son titre de lettré. De plus, l'enseignement est répandu sur toute la surface de l'empire avec une libéralité dont la plupart des nations européennes pourraient être jalouses ; le moindre village a son école, ou plutôt ses écoles. L'éducation populaire est plus avancée en Chine que partout ailleurs. Or, ce sont les nations les plus éclairées que l'on gouverne le plus facilement, parce qu'elles sentent le mieux la nécessité d'obéir, et que leur raison résiste le plus fermement aux mauvaises passions et à l'esprit de désordre.

Il faut aussi tenir compte de ce fait, que la Chine est une nation essentiellement pacifique ; elle n'a point d'esprit militaire. Elle a eu, dans le cours de sa longue histoire, des périodes de guerre, elle a été plusieurs fois conquise, elle possède une armée dont les statistiques évaluent l'effectif à près d'un million de soldats; mais les idées de paix ont toujours été prépondérantes, et ce million de soldats, chiffre très-faible si on le rapproche du total de la population, n'existe probablement que sur le papier. Parmi les souverains dont le nom est demeuré populaire, on ne citerait pas un seul conquérant ; le souvenir et la reconnaissance de la nation ne s'attachent qu'aux dignitaires et aux empereurs qui ont fait fleurir l'agriculture, les lettres et la paix.

Les conquérants, les Mongols, qui ont gouverné la Chine aux treizième et quatorzième siècle, comme les Tartares-Mantchoux, dont la dynastie occupe aujourd'hui le trône, ont en quelque sorte désarmé devant les traditions pacifiques du peuple conquis, et leur pouvoir, fondé par les armes, ne s'est maintenu qu'en respectant la constitution exclusivement civile du pays. Partout le militaire est subordonné au civil, et le militaire présente les armes au lettré.

Un autre point à noter, c'est que la Chine n'a pas de religion d'État, on pourrait même dire qu'elle n'a pas de religion. Sauf l'exception qui a frappé le christianisme, non point parce qu'il prêchait une doctrine religieuse, mais parce qu'on lui supposait une pensée politique et des vues de conquête, une complète tolérance a été pratiquée de tout temps, et le gouvernement chinois n'a jamais connu les luttes religieuses, les querelles du temporel et du spirituel, les antagonismes de la foi et de la philosophie, qui ailleurs ont suscité et entretenu les discordes et le désordre. Les âmes ont toujours été calmes, parce qu'elles n'ont été à aucune époque opprimées ni persécutées ; c'est là un grand élément de conservation.

Au point de vue administratif, la Chine proprement dite est divisée en dix-huit provinces. Chacune de ces provinces, dont la population dépasse celle de la plupart des États de l'Europe, comprend à son tour plusieurs subdivisions qui répondent à celles que nous nommons départements, arrondissements, cantons.

Il n'est peut-être aucun État dans le monde où l'administration soit plus régulière et plus savamment combinée qu'en Chine ; tout y est si sagement ordonné, que rien ne semble pouvoir y laisser place à l'imprévu ni à l'arbitraire. C'est ce qui explique comment l'empire a pu traverser tant de siècles et subir tant de changements de dynasties, en conservant son unité.

En première ligne des grands corps administratifs, on trouve la « Chambre intérieure du conseil, » ou « cabinet de l'empereur », et le « Conseil privé ». Puis viennent les six grandes cours souveraines ou ministères, savoir : le ministère des fonctionnaires civils, le ministère des finances, le ministère des rites, le ministère des armes, le ministère des peines ou de la justice, et le ministère des travavx publics.

Ces six ministères résident à Pékin. Ils ont chacun deux présidents, l'un tartare et l'autre chinois ; leurs assesseurs sont pareillement choisis, en nombre égal, parmi les Chinois et les Mantchoux. Cette règle, commandée par l'intérêt de la conquête, s'étend à toutes les autres institutions, toujours formées par moitié de membres appartenant aux deux races, conquérante et conquise, du Céleste-Empire.

Tels qu'ils sont composés, ces ministères ne peuvent qu'avoir une grande influence sur les affaires de l'État ; mais pour que cette influence ne fût jamais à même de contre-balancer l'autorité souveraine, la jalousie politique des empereurs leur a fait imaginer des moyens propres à maintenir ces grands corps administratifs dans les strictes limites de leurs attributions respectives. C'est

LA CHINE. — Brouette à voile.

ainsi qu'aucun d'entre eux ne dispose d'un pouvoir absolu, même dans son propre intérêt, et que les décisions de chacun, pour avoir leur effet, ont besoin du concours de quelque autre institution et souvent de plusieurs. Cette combinaison maintient forcément les ministères vis-à-vis les uns des autres dans une dépendance mutuelle, qu'utilise à son profit l'autorité du souverain. Ces ministères voulussent-ils s'entendre pour conspirer en commun, la chose leur serait absolument impossible, car la même politique de défiance qui veut qu'en Chine tout soit surveillé, bien connu et apprécié, a placé auprès de chaque ministère, un fonctionnaire spécial, qui assiste à toutes les assemblées, sans y avoir voix délibérative, il est vrai, mais chargé de tout entendre et de porter immédiatement à la connaissance de l'empereur le résultat de ses observations.

Nous avons dit que la Chine pouvait être considérée comme n'ayant point de religion : elle admet, en effet, la morale et la philosophie, et, en fait de piété, elle ne connaît et ne prescrit que la piété filiale. Elle n'a point par elle-même de traditions religieuses; elle n'invoque le nom d'aucun apôtre, d'aucun saint; elle respecte les doctrines de la saine morale, et invoque Lao-Tseu et Confucius. Ces notions générales, qui n'exigent ni les ardeurs de la foi ni les subtilités du rationalisme, forment le fond populaire de ses croyances.

Lao-Tseu naquit environ 600 ans avant notre ère. On sait peu de chose de sa vie: comme les sages de la Grèce, il voyagea, et on s'est plu à prétendre qu'il rencontra Pythagore dans le cours de ses voyages. Plus tard, ses disciples ont fait de pieuses additions à sa légende et l'ont divinisé; ils ont prétendu qu'il naquit d'une mère vierge, et qu'au lieu de laisser, comme les autres hommes, sa dépouille à la terre, il remonta au ciel. Peu importent ces détails ; ce qui fait la gloire de Lao-Tseu, c'est le *Tao-te-King*, ou livre de la Voie et de la Vertu, l'un des monuments les plus authentiques de la civilisation chinoise.

Cet ouvrage se recommande, malgré sa confusion et son obscurité, par de grandes qualités de sens et de raison. Le philosophe ne pense pas qu'il soit donné à l'homme d'exprimer par aucun nom la nature de Dieu : « Avant le chaos, dit-il, qui a précédé la naissance du ciel et de la terre, un seul Etre existait, immense et silencieux; il est l'auteur de l'univers. J'ignore son nom, mais je lui donne celui de Tao (raison). Tout émane de son sein, tout revient à lui ; il n'a ni forme, ni couleur, ni nom; il est sans commencement, sans fin… »

Les êtres, selon Lao-Tseu, sont des modifications de l'Être universel, modifications temporaires qui naissent et s'évanouissent comme une fumée ; et l'homme et tout ce qui l'entoure, joie et douleur, peines et plaisirs, ne sont que des accidents passagers, les contours flottants et vaporeux de l'ombre. Vivre en indifférent, regarder passer la vie comme un spectateur verrait de la rive se heurter les lames des flots, tel est, selon Lao-Tseu, le rôle du sage.

Cette doctrine portait en elle un grave défaut : elle était trop abstraite, et ne convenait pas à la foule. Que voulait Lao-Tseu? Quels étaient ses préceptes de sagesse ? Impassible, non par fierté, mais par indifférence, le sage devait donc s'écarter de la vie factice, rompre avec les préjugés du bien et du mal créés par les hommes, et revenir aux lois naturelles de la vie réelle. Mais en cherchant l'innocence primitive, il arrivait à la simplicité de la brute.

Ce n'est pas, on le voit, seulement en Grèce et dans nos sociétés que la philosophie, prenant la raison pour point de départ, aboutissait de déductions en déductions à des conclusions impossibles. Le législateur Lao-Tseu a droit sans doute aux méditations des sages, et son mysticisme s'est créé des partisans parmi les laborieux mandarins qui ont cru le comprendre, mais il ne pouvait pas être l'apôtre de la foule.

Ce rôle de moraliste populaire, de grand législateur, était réservé à un homme plus positif et qui, avant de s'égarer dans les régions de la métaphysique et du doute, songea à porter autour de lui ses regards pour donner aux hommes qui l'entouraient des règles de conduite.

Confucius est postérieur de cinquante-trois ans à Lao-Tseu. Il naquit dans la province de Canton, d'une ancienne famille qui déjà avait donné à la Chine le célèbre législateur Hoang-Ti.

De bonne heure, le jeune homme se complut dans l'étude des lois et des plus anciens usages. La gravité précoce de son caractère, son érudition et ses vertus éminentes lui méritèrent de hautes fonctions de surveillance sur les campagnes et sur l'agriculture.

Confucius avait vingt-cinq ans lorsque sa mère mourut; un antique usage interdissait aux enfants les fonctions publiques lorsqu'ils perdaient leurs parents. Observateur religieux de la coutume de ses pères, le futur législateur se renferma dans sa demeure, et passa trois années dans la solitude et la méditation. Cette retraite décida de sa glorieuse destinée.

Entièrement consacré à l'étude, il réfléchit sur les grands principes de la morale, sur leur application et sur les moyens de rendre les hommes meilleurs; il ne crut pas, comme Lao-Tseu, qu'un philosophe dût s'isoler du monde pour se livrer exclusivement à la vie contempla-tive; il lui sembla plus utile de vivre au milieu de ses semblables, leur sacrifiant son repos et sa fortune, consacrant sa vie à leur instruction. Il ne s'entoura pas de prestige religieux, il ne se donna pas pour un être divin, mais pour un ami de la sagesse et de la vertu, aidant les hommes à découvrir dans leur cœur les éternelles vérités que Dieu y a inscrites, et faisant revivre les vertus enseignées par les anciens sages de la Chine.

A l'époque à peu près où Solon donnait des lois à la cité jeune encore d'Athènes, Confucius était le Socrate du vieil empire de l'Orient.

Après ses trois années de retraite, Confucius essaya, mais en vain, d'intéresser l'empereur et les vice-rois des provinces aux réformes qu'il avait conçues. Pendant dix années, il se borna à la vie privée, ouvrant sa maison à tous ceux qui cherchaient à s'instruire, et propageant sa doctrine parmi ses concitoyens.

Plus tard, Confucius occupa de nouveau des fonctions publiques. Premier ministre du souverain de la province de Canton, il fit admirer sa justice et son désintéressement; mais l'envie et les intrigues le renversèrent. Pendant onze années il fut proscrit; il erra de province en province sans cependant sortir de la Chine. Ce ne fut qu'après de longues vicissitudes qu'il put rentrer dans sa patrie et terminer les ouvrages destinés à propager après lui sa doctrine. Il mourut 479 ans avant notre ère, dans la 73° année de son âge.

Les travaux laissés par Confucius à ses compatriotes sont : la révision des six *Kings* ou *Livres sacrés*, qui contiennent les plus anciens monuments écrits des Chinois. Le philisophe attachait une extrême importance à cette entreprise; on rapporte que, quand il l'eut achevée, il fit élever un autel sur les tertres où l'on avait anciennement coutume d'offrir des sacrifices; il s'y rendit en grande pompe avec ses disciples, et après y avoir placé les six *Kings*, il se prosterna, le visage tourné vers le nord, et rendit à Dieu des actions de grâces de ce qu'il lui avait permis de conduire à bonne fin un aussi long travail.

Ses autres ouvrages, le *Che-King* et le *Tchun-Tsieou*, contiennent une partie des annales de la province de Canton. Le *Chou-King* renferme les maximes fondamentales de la morale politique, et présente la vie et les discours des empereurs, ministres, sages et grands hommes qui étaient les plus dignes de servir de modèles. Enfin dans le *Ta-Hio* ou *Grande-Science* et le *Tchong-Yong* ou *Juste-Milieu*, qui, dit-on, ne sont pas son œuvre personnelle, mais celle de ses disciples, on retrouve l'ensemble le plus complet de la morale et de la politique du philosophe chinois.

Jamais Confucius ne rechercha le rôle de prophète ou même de législateur; ennemi de l'ostentation, il se borna à cultiver la morale; il ne voulait pas même qu'on lui attribuât sa doctrine, et il répétait sans cesse que ses maximes n'étaient autres que celles des sages de la vertueuse antiquité. Ses préceptes sont toujours simples, naturels, conformes à la nature de l'homme; ils tracent les devoirs qu'imposent les relations du souverain et des sujets, du père et des enfants, du mari et de la femme. Ils indiquent avant tout cinq vertus essentielles : l'humanité, la justice, l'exacte observation des cérémonies et des usages, la droiture et l'amour de la vérité, la bonne foi.

Tel fut le philosophe dont s'honore justement la Chine. Sa belle morale a longtemps guidé ses compatriotes dans les sentiers de la justice et de la vertu ; aujourd'hui encore elle compte, sinon beaucoup de disciples, du moins d'innombrables admirateurs. Si elle a cédé une large place au bouddhisme, c'est que dans le Céleste Empire, comme partout, les hommes se lassent de la vertu et de la justice, et qu'ils préfèrent aux austères prescriptions de la morale les superstitions faciles d'un culte indulgent.

Ce fut au premier siècle de l'ère chrétienne que le bouddhisme, originaire de l'Inde, s'introduisit en Chine; il s'y propagea avec une telle rapidité, qu'il y devint bientôt une des religions les plus répandues.

De vagues annonces éparses dans les livres chinois présageaient qu'un grand Saint apparaîtrait du côté de l'Occident. Confucius lui-même en avait parlé comme d'une tradition ayant cours parmi les anciens sages de la nation.

Depuis plus de mille ans déjà le bouddhisme avait fait son apparition dans l'Inde. En l'année 65 de l'ère chrétienne, l'empereur chinois Ming-Ti envoya des députés pour prendre des informations sur cette religion, dont la renommée était parvenue jusqu'en Chine; ceux-ci crurent avoir trouvé le Saint de l'Occident dans le dieu Fo, qui n'est autre que Bouddha.

Ils se procurèrent, avec une statue de ce dieu, les livres contenant sa doctrine, et les transportèrent, disent les *Annales de la Chine*, sur un cheval blanc jusqu'à la ville de Lo-yang. Ils étaient venus accompagnés de deux prêtres de la religion nouvelle, qui rendirent visite à l'empereur. Dans la onzième année qui suivit, ajoutent les *Annales*, l'empereur ordonna de bâtir le couvent du Cheval Blanc et fit traduire les livres sacrés. A partir de cette époque, la Chine fut envahie par toutes les erreurs de la religion de Bouddha.

Nous avons exposé déjà [1] en quoi consiste cette religion, où l'on ne trouve rien autre chose qu'un matérialisme pratique autorisé par un nihilisme métaphysique absolu, d'une part, et d'un autre côté, par un ensemble monstrueux de superstitions populaires et d'idolâtrie.

Les prêtres de Bouddha sont appelés, en Chine, *Ho-chang*. Quoique formant une sorte d'ordre religieux voué au célibat, à la prière et aux œuvres de pénitence, ils ne sont pas, à proprement parler, assujettis à une hiérarchie régulière : ils vivent tantôt isolément, tantôt en communauté. Pendant quelque temps, ils ont joui d'un très-grand crédit, grâce à l'engouement des peuples pour les superstitions qu'ils étaient habiles à entretenir ; mais leur charlatanisme à fini par devenir tellement déhonté et leurs supercheries si grossières, qu'ils sont généralement aujourd'hui frappés de mépris, ou traités avec une souveraine indifférence.

On ne saurait dire le nombre de temples dont le bouddhisme a parsemé l'empire chinois pour le service des idoles. Ces édifices, appelé *miao* ou pagodes, se voient au sein des villes et dans les campagnes, répandus partout avec une incroyable profusion. Le voyageur en aperçoit en tous lieux, au bord des chemins et des fleuves, au milieu des champs, sur les collines et au fond des vallées. On n'en compte pas moins de dix mille dans la seule ville et aux environs de Pékin. Dans le nombre, il s'en trouve d'immenses et dont l'architecture, quelquefois d'assez bon goût, souvent étrange et bizarre, se fait toujours remarquer par une singulière originalité.

Tous ces temples, même ceux dont les vastes dimensions en font de véritables monuments, sont presque tous bâtis sur des plans divers. Les uns sont formés de nefs contiguës, les autres de salles superposées faisant étages. On ne voit partout qu'idoles monstrueuses et bizarres, dont le nombre et l'aspect font de chacun de ces édifices le plus affreux pandæmonium qu'il soit possible d'imaginer.

Quand on a franchi les nombreux degrés qui conduisent à l'entrée de quelques-uns de ces temples, on aperçoit tout d'abord dans la première partie de l'édifice, sorte de porche que soutiennent d'énormes colonnes de bois ou de granit, plusieurs statues de grandeur colossale, placées en nombre égal à droite et à gauche, et ressemblant de la sorte à d'immobiles mais redoutables sentinelles.

A l'intérieur siége, au lieu principal de la nef, la divinité à laquelle le temple

<hr>

[1] Voir *le Japon*, p. 40 et suiv.

est particulièrement dédié : c'est le plus souvent la trinité bouddhique, représentée par trois statues accroupies et juxtaposées de manière à n'en former qu'une seule. Le Bouddha du milieu, les mains entrelacées et gravement posées sur son majestueux abdomen, représente l'idée du passé et de la quiétude inaltérable et éternelle à laquelle il est parvenu. Les deux autres, symbolisant le présent et l'avenir, tiennent le bras et la main droite élevés en signe de leur activité actuelle et future. Devant chaque idole est un autel sur lequel on dépose les offrandes et où brûlent sans cesse, dans des cassolettes de métal ciselées, de petits bâtons de parfum.

Autour de la même salle sont rangées, comme pour faire honneur à la divinité principale du lieu, une foule d'autres divinités secondaires. On voit là ou dans les autres dépendances du temple tous les dieux du ciel et de la terre réunis dans un indescriptible pêle-mêle : ici ce sont les patrons de la guerre, de l'artillerie, des manufactures de soie, de l'agriculture, de la médecine, les grands hommes des temps anciens, philosophes, littérateurs, guerriers, hommes d'Etat illustres, et là des monstres fabuleux à figure d'ogre ou de reptile, hideux à voir.

Il est impossible, au dire de tous les voyageurs, de pouvoir se figurer jamais, quand on ne l'a pas vu, rien d'aussi étrange ni d'aussi effrayant que cet assemblage bizarre de tant de figures grossières et disparates ; c'est tout à la fois un assortiment complet d'idoles diaboliques et le plus désolant témoignage des avilissements de l'intelligence humaine.

A côté du bouddhisme, le judaïsme et le mahométisme sont également venus prendre place en Chine, mais dans des proportions infiniment moindres. Le christianisme a été, de son côté, prêché de très-bonne heure en Chine ; on l'y voit apparaître dès le cinquième et le sixième siècle, briller d'un vif éclat au quatorzième siècle, et vers la fin du seizième, apparaître de nouveau.

Après avoir résumé l'histoire politique et religieuse de l'empire chinois, il nous reste à donner une description de la capitale de ce vaste État.

Pékin, bâti plusieurs siècles avant notre ère, descendu au rang de ville provinciale après la dissolution du royaume de Yen, dont il était la capitale, conquis par les Tartares, abandonné, puis rebâti, n'est redevenu la capitale de l'empire que depuis le commencement du quinzième siècle. Son nom signifie « Cour du Nord », en opposition à Nankin ou « Cour du Midi. » C'était dans cette dernière ville que les monarques chinois avaient autrefois leur résidence ; mais les Tartares, peuples inquiets et belliqueux, qui faisaient de continuelles irruptions sur les terres de l'empire, forcèrent ces souverains à transporter leur cour dans les provinces septentrionales, pour être plus à même de s'opposer aux envahissements de ces tribus nomades.

Pékin est situé au milieu d'une vaste plaine sablonneuse et fangeuse en plusieurs endroits. Les temples qui se trouvent hors de ses murs, par leur immensité, les monastères, par leur magnificence, les cimetières, par leur exposition pittoresque, formeraient d'admirables points de vue, sans l'usage qu'ont les Chinois d'ensevelir leurs édifices dans les enclos de leurs cours, ce qui détruit toute la majesté extérieure des lieux les plus dignes d'admiration. Les campagnes environnantes, couvertes de moissons en été, offrent dans leur inégalité montueuse, des paysages variés et agréables ; mais en hiver elles sont défigurées par les ravins et par les excavations. La ville elle-même, du haut des monts qui la dominent au loin, se présente comme si elle était au milieu d'une épaisse forèt ; cet effet est produit par la disposition oblique des bouquets de bois attenants aux différents cimetières, puis des arbres plantés en avenue, près des couvents et de l'enceinte de la ville.

Lorsque le voyageur approche de la capitale du côté du nord, la hauteur des murailles arrête son regard impatient. Les formes extraordinaires et gigantesques des tours surprennent par leur nouveauté ; mais dès qu'on a pénétré dans l'intérieur de Pékin, l'étonnement absorbe tout sentiment.

On n'aperçoit point de ces beaux, ces superbes édifices et de ces rues propres et régulières qui font l'ornement principal des capitales des États de l'Europe. Au lieu de rues se découvrent de longues files de marchandises étalées ; au lieu d'hôtels et de palais, un mélange de boutiques, d'auberges et de couvents. On rencontre rarement, même dans les rues de premier ordre, quelques palais ou quelques cours de justice. Les bâtiments de cette espèce, de même que les maisons des habitants, sont dans de petites rues et dans d'étroits passages.

A la vérité, les principales rues, et même le plus grand nombre des rues communes, sont assez larges et assez droites ; dans quelques endroits les maisons sont mal alignées ; ailleurs se trouvent des puits au milieu même des rues, qui sont, en outre, bordées d'égouts infects. En général, l'inégalité, le mauvais entretien des rues, ou plutôt des sentiers qu'on est obligé de suivre dans les rues, est un juste sujet de blâme contre la police chinoise.

Mais comme la partie antérieure de chaque boutique ou magasin est disposée d'une façon particulière et avec des ornements variés selon la nature des marchandises qu'on y vend, cette diversité de constructions, embellies par le cinabre, le bleu, le vernis et la dorure, comme aussi par l'arrangement symétrique et remarquable des marchandises, enfin les nombreux arcs de triomphe qui décorent les places publiques, ces choses-là attirent l'attention de l'étranger et lui font oublier tout désagrément.

Il n'y a autour de Pékin aucune rivière navigable, et qui mérite d'être nommée. Un seul petit canal, honoré du nom de rivière, traverse la ville, et encore les eaux qu'il apporte ne sont-elles destinées qu'à alimenter les étangs et les canaux du palais impérial. Les habitants, du moins, ont de l'eau à discrétion, mais en général cette eau, dans l'intérieur de la ville, se trouve être salée, et il faut envoyer au delà des barrières pour se procurer de l'eau douce et potable.

Ainsi Pékin n'a qu'à se louer des avantages de son emplacement et des proportions colossales de ses murailles ; mais, d'autre part, cette ville ne reçoit que par le sud-est toute sa subsistance. Le canal de transport, par où arrivent les vivres et le combustible, se dessèche quelquefois à la suite de grandes chaleurs, et dans le temps des discordes civiles, il est facile d'en fermer le passage. Cette dernière circonstance, qui met la capitale pour ainsi dire à la merci de la force extérieure, fut une des principales causes de la chute de la dynastie mongole.

Comme presque toutes les villes chinoises, Pékin forme un vaste carré, et sa superficie est évaluée à six mille hectares. Cette vaste enceinte comprend deux villes tout à fait distinctes, mais reliées entre elles et entourées chacune de remparts et de fossés : la première, située au nord, est habitée par les Tartares, dominateurs actuels de la Chine ; on l'appelle Neï-Thsing ou « ville intérieure » ; c'est la ville officielle et militaire. L'autre, Oueï-Thsing ou « ville extérieure », est la ville chinoise ou marchande, plus large de cinq cents mètres environ, à l'est et à l'ouest, que la ville tartare.

Celle-ci contient encore une autre ville également entourée de murailles, et qu'on appelle Hoang-Thsing, « ville impériale ou ville jaune. » C'est au sein de cette troisième ville que se trouve la résidence impériale, connue sous le nom de Tsen-Kin-Thsing, » ville interdite ou ville rouge », véritable Kremlin de Pékin, tout entourée, comme les deux villes qui l'enferment, de remparts fortifiés.

Cette triple enceinte, dont chaque enclave affecte la forme carrée, constitue un ensemble de fortifications parallèles qu'il serait possible, en cas d'attaque, de défendre l'une après l'autre. Les côtés de ces diverses enceintes sont dirigés vers les quatres points cardinaux, auxquels ils correspondent exactement. Il n'y a que l'angle nord-ouest de l'enceinte extérieure qui est abattu, pour laisser place à un lac qui avoisine de ce côté les murailles de la ville.

La ville tartare compte neuf portes, consistant chacune en deux pavillons et formant une redoutable forteresse. La ville jaune ou ville impériale contient beaucoup de pagodes et de palais appartenant aux grands dignitaires de l'empire. La ville chinoise est séparée de la ville tartare par une large chaussée dallée, bordée d'un côté par les hautes murailles des remparts, de l'autre par des fossés pleins d'eau. On n'y trouve guère, en fait d'édifices remarquables, que les deux célèbres temples du Ciel et de l'Agriculture, dont les vastes coupoles bleues s'élèvent à l'extrémité sud de la ville, au-dessus de la masse sombre de la forêt dont les parcs qui les enferment sont ombragés. C'est, en un mot, la ville des marchands, des revendeurs, des histrions, de la populace, des mendiants.

Les rues marchandes de Pékin présentent journellement un spectacle aussi étrange que bruyant. C'est là que la foule accourt pour acheter et vendre, ou bien pour exercer les plus bizarres industries.

Ce qui frappe tout d'abord le regard et attire l'attention du touriste étranger, c'est la vue d'une longue suite de pilastres ornés à leur sommet de drapeaux,

LA CHINE. — Un Jardin suspendu.

de pavillons, de banderolles aux couleurs les plus éclatantes; ces espèces de mats de cocagne sont de larges planches, hautes de trois à quatre mètres, peintes, vernies et souvent chargées de dorures, sur lesquelles sont indiquées en gros caractères les marchandises à vendre. Chaque marchand place une de ces singulières enseignes devant sa boutique; on y lit son nom, son éloge, ses titres à la confiance du public, et souvent sa généalogie. Quelques-uns, désireux d'allécher tout à fait les acheteurs, y ajoutent d'autres mots; tels que ceux-ci, par exemple : « Ici on ne trompe pas. »

On a peine à se figurer, si on ne l'a pas

vu, quelle foule immense, compacte, affairée, va, vient, se pousse, se presse chaque jour dans les rues commerciales de Pékin. Une quantité prodigieuse de chevaux, de mulets, de voitures, de chariots, de brouettes à bras, de chaises à porteurs qui se croisent ou se rencontrent, ajoute tout ce qu'on peut imaginer à cette indescriptible confusion.

A travers tout ce pêle-mêle de gens, de bêtes et de véhicules, on voit aller, venir, circuler en tous sens une foule de marchands ambulants et de revendeurs. Les uns portent leurs denrées dans des mannes suspendues à leur cou, les autres sur les plateaux d'une immense balance, dont le fléau s'appuie sur leurs épaules.

Ici, ce sont des marchands de comestibles avec leur cuisine portative, là des marchands de fruits, puis à côté et partout, tant et plus, d'autres petits industriels de tous les genres, tantôt marchant, tantôt s'arrêtant pour débiter aux passants leurs menues marchandises. Afin de mieux attirer l'attention des chalands, ils poussent à l'envi des cris particuliers, capables de rompre les oreilles d'un sourd, offrant à chacun, au gré de ses besoins ou de sa convoitise, les objets de leur petit commerce, et ne manquant jamais de débattre avec feu le prix de chaque chose.

De son côté, le barbier en plein vent appelle avec sa clochette bruyamment agitée tous les gens qui n'ont pu, le matin, parfaire leur toilette. D'un geste, le frater chinois fait asseoir son client sur un petit escabeau, d'un tour de main il lui savonne la tête et y passe avec une dextérité sans pareille son rasoir triangulaire ; puis il lui nettoie les oreilles, peint ses sourcils, brosse ses épaules, ajuste sa queue et, moyennant quelques sapèques, le renvoie satisfait.

Ailleurs la foule stationne nombreuse et à des espaces rapprochés, pour écouter les discurs de bonne aventure, les joueurs de gobelets, les chanteurs et mille autres charlatans qui lisent et racontent des histoires propres à faire rire, ou qui distribuent des remèdes dont ils exposent éloquemment les effets merveilleux.

Il arrive souvent que cette foule est obligée de se serrer ou de se mettre à l'écart pour laisser la voie libre à quelque personnage de haut rang qui vient à passer, porté dans sa chaise mandarine et accompagné d'un nombreux cortége. Un mandarin du premier ordre ne sort jamais sans traîner à sa suite tous les mandarins subalternes de son tribunal, qui, de leur côté, sont suivis de nombreux domestiques. Les seigneurs de la cour et les princes du sang ne paraissent en public qu'environnés d'un gros de cavalerie ; leur train suffirait seul à embarrasser la ville.

Malgré cette multitude presque infinie de gens de toutes sortes dont Pékin est encombré, il est peu de villes au monde où la police soit mieux faite, mieux réglée et aussi efficace. Toutes les grandes rues sont garnies de corps de garde, dont les soldats rôdent jour et nuit, portant un sabre à la ceinture, et tenant un fouet à la main, pour en frapper, sans distinction, ceux qui causent du désordre ou qui excitent des querelles. Chaque rue est, en outre, divisée en quartiers de dix maisons, dont la surveillance et la sécurité sont confiées à la vigilance de quelques-uns des habitants.

Dès que le soir est venu, chacun doit allumer la lanterne appendue devant sa maison ; pauvre ou riche, négociant ou mandarin, personne n'est exempté. Toute circulation nocturne est interdite; on n'ouvre les barrières qui forment les extrémités de rues que rarement, et seulement aux personnes connues ou à celles qui sortent pour une bonne raison.

On se soumettrait difficilement, en Europe, à toutes ces mesures de la police de Pékin; mais les Chinois pensent tout bonnement que la nuit est faite pour dormir et le jour pour vaquer aux affaires.

La ville rouge, ou ville interdite, s'élève au milieu de la ville jaune, entourée de hautes murailles et défendue par de larges fossés ; elle est essentiellement destinée à la résidence de l'empereur et de sa cour, et couvre une superficie de cent hectares.

A la vue de cette immense cité de palais, l'œil et l'imagination, surpris tout à la fois de la beauté, de la grandeur et du nombre considérable des édifices isolés qu'elle renferme, demeurent comme frappés d'un indescriptible étonnement. Il n'est aucune ville du monde, aucune capitale d'empire qui présente un ensemble aussi vaste, aussi imposant, aussi merveilleux d'édifices royaux et d'un aspect aussi pittoresque. Les jardins qui entourent ces palais, les immenses parcs qui en dépendent et s'étendent au loin, en dehors même de l'enceinte fortifiée, avec leurs frais ombrages, leurs cours d'eau, leurs lacs, leurs ponts, leurs îles, leurs rochers, leurs vallées, leurs collines, leurs pavillons, leurs tours, leurs pagodes, et une foule d'autres merveilles, font rêver à quelque lieu enchanté qu'aurait embelli la baguette magique d'une fée.

Le palais de l'empereur comprend neuf vastes cours qui se succèdent les unes aux autres, et qui communiquent par des portes de marbre blanc, surmontées de pavillons tout étincelants d'or et de vernis. Des bâtiments ou des galeries forment l'enceinte de ces cours, qui sont accompagnées d'un grand nombre d'autres. La première, qui est celle d'entrée, est très-spacieuse ; on y descend par un escalier de marbre, orné de deux grands lions d'airain et d'une balustrade de marbre blanc, qui forme le fer à cheval; elle est arrosée d'un ruisseau qui la traverse en serpentant, et qu'on passe sur des ponts de marbre. Au fond de cette cour, s'élève une façade percée de trois portes : celle du milieu n'est que pour l'empereur ; les mandarins et les grands passent par les portes latérales.

Ces portes introduisent dans une cour qui est la plus vaste du palais ; une immense galerie l'environne de toutes parts, et sur cette galerie sont situés les magasins des choses précieuses qui appartiennent en propre à l'empereur. Le premier de ces magasins est rempli de vases et d'autres ouvrages de différents métaux ; le second renferme les plus belles espèces de pelleteries et de fourrures; le troisième, des habits fourrés de petit gris, de peau de renard, d'hermine, de zibeline, que l'empereur donne quelquefois en présent à ses officiers ; le quatrième est un dépôt de pierres précieuses, de marbres rares et de perles pêchées en Tartarie ; le cinquième, qui est à deux étages, est plein d'armoires et de coffres qui contiennent les étoffes à l'usage de l'empereur et de sa famille ; d'autres magasins renferment les flèches, les arcs et autres armes enlevées à l'ennemi ou offertes par différents princes.

C'est dans cette seconde cour que se trouve la salle impériale ou « salle de la Grande-Union ; » elle est bâtie au haut de cinq terrasses placées les unes sur les autres, et qui se rétrécissent graduellement en s'élevant. Chacune de ces terrasses est revêtue de marbre blanc et ornée de balustrades artistement travaillées. C'est devant cette salle que se rangent tous les mandarins lorsqu'aux jours marqués ils viennent renouveler leurs hommages et faire les cérémonies prescrites par les lois de l'empire.

Cette salle, qui est presque carrée, a environ 130 pieds de longueur ; son lambris est sculpté, vernissé en vert et chargé de dragons dorés. Les colonnes qui en soutiennent le faîte en dedans ont 6 à 7 pieds de circonférence vers leur base, et sont enduites d'une espèce de mastic revêtu d'un vernis rouge. Le pavé est en partie couvert de tapis en façon de Turquie, très-médiocres ; les murailles sont sans aucun ornement, sans tapisseries, sans lustres, sans peintures.

Le trône est au milieu de la salle ; il consiste en une estrade assez élevée, fort propre, et sans autre inscription que le caractère *tchin*, que les auteurs de relations ont interprété par le mot *saint*.

Sur la plate-forme qui porte cette salle, sont de grands vases de bronze dans lesquels on brûle des parfums les jours de cérémonie. On y voit des candélabres façonnés en oiseaux et peints de diverses couleurs, ainsi que les bougies et les torches qu'on y allume. Cette plate-forme se prolonge vers le nord, et porte deux autres salles : l'une est une rotonde percée de beaucoup de fenêtres et toute brillante de vernis ; c'est là que l'empereur change d'habits avant ou après la cérémonie ; l'autre est un salon, dont une des portes est tournée vers le nord, et c'est par où l'empereur, sortant de son appartement, doit passer lorsqu'il vient recevoir sur son trône les hommages des grands de l'empire.

Outre cette salle de la Grande-Union ou de la Grande-Concorde, on trouve, soit dans la direction du sud au nord, avant d'arriver jusqu'au palais proprement dit de l'empereur, soit sur d'autres points, la salle du trône de la Moyenne-Concorde, la salle de la Concorde-Protectrice, la salle de la Concorde-Occidentale, celles des Fleurs littéraires, des Offrandes à Confucius ; puis l'édifice du Conseil privé, la bibliothèque, l'intendance, le palais de la Pureté-Céleste, le palais de l'Impératrice et d'autres encore dont il serait difficile de donner une description intérieure, car ce sont autant d'asiles inviolables où ne pénètre jamais personne du dehors.

Tout autant que cette mystérieuse cité, résidence exclusive de l'empereur, la célèbre capitale de la Chine était demeurée, durant des siècles, impénétrable à tout étranger ; mais aujourd'hui elle n'a plus rien de caché ; elle renferme même quelques édifices européens, parmi lesquels se distinguent l'observatoire et des établissements catholiques.

L'observatoire de Pékin est une grosse tour carrée adossée intérieurement aux murs du sud-est de la ville tartare ; il avait été primitivement construit pour l'usage des astronomes chinois. Ce fut un missionnaire qui, au dix-huitième siècle, parvint à faire fabriquer sur place, d'après les principes de l'astronomie européenne, les instruments qu'on y voit encore aujourd'hui.

Les monuments catholiques sont la Mission du Nord, située dans l'enceinte de la ville Jaune ; la Mission du Sud, qui contient la cathédrale ; les Missions de l'Est et du Nord-Ouest, écoles pour les néophytes chinois, situées dans la ville mongole, et une nouvelle et superbe cathédrale, qui a été solennellement consacrée le 1er janvier 1867.

La population de Pékin est évaluée à 2 millions d'habitants environ. Elle se divise en trois classes : la première est composée des soldats mantchoux, dont la fortune a bien changé depuis la conquête. Ils reçurent à cette époque, pour leur part de butin, les maisons de la ville du Midi ; beaucoup d'entre eux ont dissipé en prodigalités la fortune qu'ils avaient due à l'usurpation, et les autres ne sont plus que locataires des demeures que les Chinois sont parvenus à reconquérir à force d'adresse et d'économie. Les officiers mantchoux sont encore de droit membres des tribunaux civils ; mais, par paresse, ils abandonnent la conduite des affaires à leurs secrétaires, qui sont des lettrés chinois. La seconde classe d'habitants est celle des commerçants et des artisans ; la troisième est celle des domestiques[1].

[1] Cf. *Lettres édifiantes.* — *La Chine moderne,* par G. Pauthier. — *France et Chine,* par O. Girard.— *Souvenirs d'un voyage dans la Tartarie, le Thibet et la Chine,* par le Père Huc. — *Les Chinois,* par H. de Chavannes de la Giraudière. —*Sept années en Chine,* par Pierre Dobel. — *Géographie universelle,* par Malte-Brun. — *Voyage à Pékin,* par de Guignes. —*Annales de la propagation de la foi.*

CHAPITRE II

LES CHINOIS : LEURS MŒURS ET LEURS USAGES

Le type chinois. — Une mode aristocratique. — Ongles de plusieurs pouces de longueur. — Costume des Chinois. — Les Chinoises. — Les petits pieds. — Physionomie morale des Chinois. — Intérieur et usages domestiques. — Description d'une maison. — La cuisine et les repas. — Mets étranges. — Le mariage. — La polygamie. — L'infanticide. — Les funérailles. — Respect des Chinois pour les morts. — Fêtes et cérémonies. — Amusements. — La classe pauvre. — Les institutions de bienfaisance en Chine.

La beauté est différemment sentie chez tous les peuples : tel visage qui paraît laid, hideux même, enchante et ravit les peuples qui y sont accoutumés. Les hommes ne se ressemblent point, et chacun préfère sa figure ou la croit beaucoup plus agréable que celle de son voisin ; on s'attend bien, d'après cela, que la beauté en Chine ne doit pas être la même qu'en Europe.

Un Chinois a la figure large et carrée, le front découvert ; ses yeux allongés, placés à fleur de tête, sont assez saillants pour être aperçus tous les deux à la fois quand on le regarde de profil ; son nez est petit et sans élévation entre les yeux ; sa bouche est ordinaire, mais ses oreilles sont larges ; aussi en tire-t-il un grand parti : le portefaix s'en sert pour y placer sa cigarette, et le lettré pour arrêter les cordons qui soutiennent ses lunettes.

La taille, pour être belle, ne doit pas être svelte et bien proportionnée ; il faut, dans ce pays, pour obtenir de la considération, être gros et replet. Un homme avec le simple bon sens, mais remarquable par son embonpoint, fait beaucoup plus d'impression sur les Chinois qu'un homme doué de beaucoup d'esprit, mais maigre et de petite stature.

Le teint des Chinois est d'un brun clair, mais cette couleur varie suivant la qualité des individus et leur profession. Les portefaix, les matelots, les ouvriers, les laboureurs, plus exposés par état à l'ardeur du soleil, sont plus bruns et même d'un brun foncé, tandis que l'homme en place a le teint plus clair, plus blanc et quelquefois fleuri.

Les Chinois modernes aiment à porter au sommet de la tête une touffe de cheveux qu'ils laissent croître dans toute leur longueur naturelle, et qu'ils tressent avec art pour en former une superbe queue qui leur pend derrière le dos. A l'exception de ce long appendice, ils se rasent tout le reste de la chevelure. Cette mode étrange leur a été imposée par leurs nouveaux maîtres, les Tartares. Les Chinois portaient auparavant leur chevelure entière et en avaient le plus grand soin. Pour les forcer à se raser la tête, il y eut du sang versé.

Les gens riches, les lettrés et les mandarins sont dans l'usage de laisser croître les ongles de la main gauche, surtout celui du petit doigt; cet ongle a ordinairement quelques lignes. C'est une mode établie et qui distingue les gens comme il faut; car un ouvrier ne pourrait avoir les ongles longs, puisque un travail continuel l'aurait bientôt privé de cet agrément.

« J'ai vu, dit un voyageur, le mandarin chef de la police de Canton, dont les ongles de la main gauche avaient près de six pouces ; mais ce que j'ai pu voir, et ce qu'il faut avoir touché pour le croire, c'est la main d'un médecin chinois dont l'ongle le plus long avait douze pouces et demi et les autres neuf à dix pouces; son petit doigt n'était plus de rang : ce Chinois nous le dit avec douleur en nous apprenant qu'il avait été cassé.

Qu'on se figure la peine que cet homme avait prise pour que ses ongles parvinssent à cette excessive longueur, la gêne continuelle dans laquelle il vivait, obligé de tenir sans cesse ses doigts renfermés dans de petits tubes de bambou, dont l'usage lui avait entièrement aminci la peau.

Mais s'il avait souffert avec tant de constance, il s'était acquis en retour une grande considération. Qu'il eût été conduit, par exemple, pour quelque dispute, devant un mandarin, celui-ci lui aurait donné gain de cause. Un homme doué d'une telle patience, aurait dit ce mandarin, un homme assez raisonnable pour veiller constamment sur lui-même, n'est point querelleur : il est incapable de s'immiscer dans une mauvaise affaire. »

En comparant le costume des personnages représentés sur les plus anciennes peintures chinoises avec les vêtements aujourd'hui en usage, il est facile de s'assurer combien les Chinois sont restés étrangers aux fluctuations de la mode, si fréquentes en Europe. Cela tient à deux causes : d'abord à l'attachement aux vieux usages, ensuite à ce que l'habillement de tous les citoyens est réglé par le ministère des rites et cérémonies, arbitre suprême de la coupe, de la matière et de la couleur des habits.

Le vêtement principal consiste en une longue robe, ouverte à la manière d'une veste et descendant jusqu'à terre. Le pan gauche de cette robe se replie sur celui de droite, et s'attache sur le côté par quelques boutons d'or, d'argent ou de tout autre métal, placés à une assez grande distance les uns des autres. Ce vêtement, dont les manches, larges près des épaules, vont en se rétrécissant vers le poignet et recouvrent la main jusqu'au bout des doigts, se serre autour de la taille avec une large ceinture de soie à bouts pendants jusqu'aux genoux.

Les Chinois utilisent encore cette ceinture en y suspendant une foule d'objets qu'à première vue on serait tenté de prendre pour des armes défensives, et dont la destination, au contraire, est toute pacifique : ce sont ordinairement un fourreau de soie renfermant un éventail, un étui qui contient un couteau de table et les deux indispensables batonnets qui servent pour manger ; une bourse brodée pour renfermer le tabac ; puis un petit sac de cuir assez semblable à une giberne, destiné à recevoir une pierre à feu et un briquet pour allumer la pipe.

Par-dessus la longue robe qui leur sert de vêtement principal, les Chinois ont l'habitude d'endosser une sorte de veste ou de surtout à manches larges et courtes, faite d'étoffe légère en été, et doublée de chaudes fourrures en hiver. Leurs vêtements de dessous consistent en un large caleçon, serré à la ceinture et fermé à la hauteur des chevilles ; puis en une chemise de taffetas ou de toile, selon les saisons. Ce dernier vêtement est très-large et très-court ; il est d'usage de porter par-dessous une espèce de filet de soie pour l'empêcher de s'attacher à la peau.

La coiffure est une sorte de bonnet qui a la forme d'un cône ou d'un entonnoir renversé, et dont le sommet est terminé en pointe. Ce bonnet est ordinairement doublé de soie et recouvert d'une natte de bambou artistement travaillée. On attache au sommet un gros flocon de soie ou de crin rouge, qui le couvre et se répand sur les bords ; c'est le bonnet commun.

Les mandarins et les lettrés le portent doublé à l'intérieur de soie rouge et recouvert d'un riche satin blanc ; il est toujours orné d'une superbe houpe de la plus belle soie cramoisie, qu'on laisse flotter au gré des vents. Si l'on y voit, pendant en arrière, une magnifique plume de paon, c'est la marque d'une rare et haute distinction, dont l'empereur gratifie les personnages méritants qu'il veut honorer ; le globule placé tout au sommet du cône est aussi, selon sa couleur ou la matière dont il est fait, le signe du rang qu'on occupe dans les charges publiques.

Le bonnet dont on fait usage pendant l'hiver, au lieu d'être conique comme celui qu'on porte pendant l'été, prend davantage la forme de la tête, et est muni d'un rebord en velours noir ou garni de riches fourrures, retroussé tout autour, mais un peu plus relevé devant et derrière que sur les côtés. Quant aux ornements accessoires, ils sont absolument les mêmes que ceux de la coiffure d'été.

Au commencement de chaque saison, les vice-rois des provinces prennent leur bonnet d'été ou d'hiver. L'insertion de ce fait dans la gazette officielle équivaut à un ordre de changer de coiffure.

Les Chinois se chaussent, à l'intérieur de leurs maisons, de pantoufles légères en étoffe de soie, artistement travaillées et dont l'extrémité se relève en pointe recourbée vers le dessus du pied. Les gens d'un certain rang ne sortent jamais que chaussés de bottines de satin ou d'une autre étoffe de soie. Ils portent également des bas d'une étoffe piquée ou doublée de coton, et brodés de satin ou de velours pour l'hiver.

Ce que nous venons de dire du costume chinois en général ne peut guère s'ap-

LA CHINE. — Supplice de la cangue.

pliquer qu'aux classes aisées. L'habit ordinaire des gens du bas peuple et des campagnes se réduit à une chemise de grosse toile, que recouvre une tunique de coton descendant jusqu'à la moitié de la cuisse. Un large caleçon qui prend à la ceinture et se prolonge jusqu'au bas des jambes complète l'essentiel du costume.

Les paysans chinois savent aussi se confectionner une sorte de vêtement aussi peu coûteux qu'utile pour les garantir du froid et de la pluie. Ce bizarre accoutrement consiste en un filet ou réseau, sur lequel on fixe différentes couches de joncs ou d'herbes sèches, non tressées, placées dans leur longueur les unes à côté des autres. Un vaste chapeau fait de la même matière sert de couvre-chef.

Les femmes chinoises ont en général la taille médiocre et assez mince, le nez court, les yeux fendus, la bouche petite et les lèvres vermeilles, les oreilles un peu grandes. Leurs traits sont réguliers et leur air enjoué ajoute à l'aspect agréable que présente à première vue tout l'ensemble de leur physionomie.

L'embonpoint excessif, sans lequel en Chine un homme comme il faut n'est pas réputé avoir bonne tournure, est redouté des Chinoises comme un grand défaut dans leur sexe ; sans avoir recours aux moyens souvent meurtriers mis en usage par les élégantes de l'Europe, elles s'efforcent néanmoins de conserver toute la finesse et la délicatesse de leur taille.

Leur costume se rapproche beaucoup de celui des hommes ; elles s'enveloppent de la tête aux pieds de longues robes très-amples, qui n'accusent aucune des formes du corps. Elles considèrent, sous ce rapport, nos modes comme très-indécentes. A l'inverse des hommes, qui se rasent la tête et ne laissent croître qu'une longue queue, les jeunes filles tressent leur chevelure en plusieurs nattes. Jusqu'à ce qu'elles se marient, elles laissent flotter ces nattes sur leurs épaules ; devenues femmes, elles les relèvent avec deux longues aiguilles et les ornent de perles, de fleurs et de rubans.

L'habitude de se farder est générale à toutes les classes de la société. Le blanc pour le visage, le rouge pour les lèvres, le noir pour les sourcils, entrent nécessairement dans l'assortiment d'une toilette chinoise. Il faut y joindre une foule de parfums, de poudres et d'eaux de senteur de toutes sortes, dont on fait en Chine, plus qu'en aucun autre pays du monde, une prodigieuse consommation.

Mais une des choses qui frappent le plus les yeux d'un voyageur lorsqu'il pénètre en Chine, c'est la mutilation qu'on inflige aux femmes et dont on cherche vainement l'origine et la raison d'être : nous voulons parler de leurs petits pieds et des cruels artifices à l'aide desquels on les obtient.

Dans une maison, lorsqu'il naît une fille, ce qui est toujours considéré comme un malheur, on attend, pour arrêter l'évolution naturelle des membres inférieurs, qu'elle ait atteint l'âge de quatorze mois, parfois même de seize ou dix-huit, selon que la croissance de l'enfant a été plus ou moins prompte.

Lorsqu'on juge le moment favorable, on enveloppe les pieds de la pauvre enfant dans deux grandes bandelettes de toile, en ayant soin de ramener tous les doigts sous la plante des pieds. De cette façon, lorsque l'enfant marchera, il prendra son point d'appui, non sur la partie inférieure du pied, mais sur les doigts qui se trouveront pliés au-dessous dans toute leur longueur. La pointe de ce pied artificiel se forme tout naturellement par le pouce qu'on laisse libre, et qui, se trouvant dans sa position normale, atteint peu à peu un volume assez considérable.

Pour bien se représenter ce que nous essayons de décrire, on n'a qu'à plier, par exemple, tous les doigts de la main en laissant le pouce allongé. En posant ainsi le poing fermé sur une surface plane de façon que la partie supérieure et externe des doigts touche cette surface, on aura une image aussi exacte que possible du pied des femmes chinoises.

Si cette monstruosité artificielle permet de chausser de très-petites pantoufles, elle entraîne aussi de bien fâcheuses conséquences. On se rappelle malgré soi la démarche si gracieuse de la Parisienne, rasant le sol, lorsqu'on voit s'avancer la femme chinoise hésitant, titubant et marchant comme sur des œufs. Aussi, lorsque les Chinoises marchent ensemble dans la rue, ont-elles soin de se tenir par les mains afin d'obtenir le plus d'équilibre possible. La gymnastique naturelle des muscles de la jambe n'ayant pas lieu, les mollets sont nuls et la jambe est tout d'une venue.

Le pire de tout cela, c'est la souffrance perpétuelle de ces pauvres créatures tant qu'elles n'ont pas atteint toute leur croissance. Aux médecins de dire l'influence que ce sourd malaise peut exercer sur le physique et, par suite, sur le moral de la femme.

Cependant, selon plusieurs voyageurs, cette barbare coutume tend à disparaître. Déjà la plupart des familles riches, imitant les femmes des conquérants tartares, laissent aux pieds des enfants leur développement naturel.

Quelques auteurs pensent qu'il ne faut rechercher l'origine de la mode de mutiler les pieds nulle part ailleurs que dans le calcul secret et intéressé de rendre les femmes sédentaires et de les obliger par ce moyen de se tenir renfermées dans leurs appartements ; mais d'autres combattent cette opinion, et disent, pour appuyer leur sentiment, que dans les contrées où cette clôture des femmes est beaucoup plus austère et plus rigoureuse qu'en Chine, il n'a pas été nécessaire pour l'obtenir de recourir à ce barbare expédient.

Pour en finir sur le chapitre du costume et de la toilette, nous ajouterons qu'en général les Chinois, ni sur eux, ni dans leurs maisons, ne sont très-délicats. L'auteur hollandais qui prétend que la saleté des Chinois passe toute imagination pourrait être taxé d'exagération par certains peuples de l'Europe ; mais il est dans le vrai si, en lançant cette accusation, il compare les habitudes chinoises à celles de ses compatriotes.

Les Chinois ne se servent presque point de linge de corps, soit de toile, soit de coton. La plupart de leurs vêtements ne se lavent pas ; cela, joint à l'usage très-fréquent des fourrures de toute espèce, permet de conclure qu'il ne faut pas parler de la propreté en énumérant les bonnes qualités des habitants du Céleste-Empire.

Le portrait moral que font des Chinois le plus grand nombre des voyageurs est généralement peu flatteur. Ils sont représentés comme étant très-intéressés et très-enclins à tromper. Ils se font une telle habitude de la fraude, qu'ils ne croient pas faire mal ; c'est adresse, suivant eux. Ils aiment le jeu et la débauche ; et, sous un extérieur grave et décent, ils savent mieux que personne cacher leurs vices et leurs dérèglements.

Humbles dans leurs discours, minutieux dans leurs écrits, polis sans sincérité, ils masquent sous des dehors froids un caractère vindicatif; ils ne s'aiment pas même entre eux, et cherchent à se nuire. Cruels lorsqu'ils sont les plus forts et lâches dans le danger, ils sont attachés à la vie. Il en est cependant quelquefois qui se donnent la mort; mais le suicide est plus commun parmi les femmes que parmi les hommes; chez elles c'est l'effet de la colère ou de la jalousie.

Ce n'est pas que, dans un aussi vaste empire, il ne se trouve des gens doux, honnêtes et désintéressés; mais il y en a moins qu'ailleurs. La forme du gouvernement s'y oppose : obligés de vivre dans une crainte continuelle, sans cesse occupés à cacher leurs biens, toujours forcés de tromper, comment une pareille contrainte n'étoufferait-elle pas chez eux les germes d'un heureux caractère?

On a dit encore, avec raison, que le Chinois est vindicatif; il attend avec patience le moment favorable pour accuser son ennemi auprès des mandarins; mais souvent celui-ci, aussi adroit, réussit, avec des présents, à faire retomber sur son accusateur le châtiment qu'on lui préparait à lui-même. De là naissent des haines mortelles, qui se terminent souvent par l'incendie de l'habitation d'un des deux adversaires.

Cette conduite ne doit pas étonner chez un peuple qui n'est arrêté que par la crainte et non par des principes de vertu ou de saine morale. Les livres de Confucius existent, mais le peuple ne les lit pas; l'homme instruit qui les a lus ne s'en livre pas moins à ses passions lorsque l'intérêt le domine, et chez les Chinois l'intérêt est un mobile tout-puissant.

Les Chinois cependant n'ont pas que des vices et des défauts. Ils sont, en effet, économes, patients au travail, doux, affables, polis même jusqu'au scrupule; et si on laisse de côté l'homme souvent trop policé des villes pour étudier l'homme des champs, on trouvera la plupart du temps chez lui de la cordialité, de la franchise, une bienveillance secourable, du désintéressement, de la vertu enfin. On doit reconnaître aussi que les Chinois sont essentiellement industrieux; cette qualité se dénote surtout dans l'agencement et dans l'ameublement de leurs demeures particulières.

Ce qui frappe tout d'abord le voyageur européen à l'aspect des maisons chinoises, c'est leur grande ressemblance avec les maisons romaines découvertes sous les cendres de Pompéi; sauf quelques différences d'une importance secondaire, la disposition générale des unes et des autres est, en effet, à peu près la même.

Les demeures des personnes de distinction renferment jusqu'à cinq avant-cours séparées entre elles par un grand corps de logis, qu'on traverse par trois portes donnant accès à l'intérieur; celle du milieu sert de porte d'honneur; elle est toujours plus grande que les deux autres. Les demeures des gens de condition inférieure, si elles n'ont pas la même étendue ni le même nombre de cours, sont toujours cependant plus ou moins disposées d'une manière à peu près semblable.

On ne rencontre des maisons ayant un

étage que dans les rues les plus fréquentées et les plus centrales des villes de premier ordre. Les Chinois ont à ce sujet des préjugés singuliers : ils s'imaginent que l'homme qui vit habituellement au-dessus du sol s'expose à de grands malheurs.

Les murs extérieurs des maisons sont toujours excessivement ornés. Depuis quelque temps, le goût chinois, en faisant invasion en Europe, nous a trop familiarisés avec la nature de ces enjolivements pour que nous les décrivions. Ce sont toujours des formes bizarres et contournées, une profusion de figures fantastiques, d'animaux fabuleux et souvent de paysages plus fabuleux encore. Les portes et les fenêtres, au lieu d'afficher comme chez nous des formes régulières, sont tantôt rondes, tantôt carrées, tantôt ovales, tantôt découpées de manière à ce que leur ouverture représente des vases, des fleurs, des oiseaux.

Beaucoup de maisons possèdent de grandes cours intérieures et jusqu'à des jardins. Comme les Chinois jugent de l'importance d'une maison par l'étendue de terrain qu'elle occupe, les propriétaires de ces cours et de ces jardins emploient toutes sortes de moyens pour tromper l'œil et les faire paraître beaucoup plus vastes qu'ils ne le sont en effet. Il faut avouer que nulle part on ne sait mieux tirer parti du moindre espace, et que souvent, grâce à des dispositions très-ingénieuses, on se croit en pleine campagne au milieu d'un enclos de quelques ares.

Les Chinois, dont le goût prononcé pour la symétrie est si justement remarqué, affectent presque de s'en départir dans leur ameublement pour une sorte de désordre régulier. Leurs salons sont décorés avec élégance et richesse. Au lieu de boiseries ou de tapisseries, on fait usage pour orner les murs de riches tentures de satin blanc ou simplement de papier.

Les meubles et les objets de tout genre sont en très-grand nombre dans les salons ; on y trouve des tables, des guéridons, des paravents, des fauteuils et des chaises, dont, seuls peut-être parmi tous les peuples de l'Asie, ils font usage comme en Europe. On remarque, placés çà et là sur les tables, mille objets précieux, chefs-d'œuvre de leur industrie nationale ou productions de l'art étranger.

La pièce principale de l'ameublement de la chambre à coucher est naturellement le lit. Chez les gens riches, ce meuble est souvent d'un luxe extraordinaire ; il est garni de rideaux de satin en hiver, et d'une simple gaze en été. Chez les gens de condition moins fortunée, deux ou trois planches, deux bancs ou tréteaux sur lesquels on les pose, une paillasse et quelques bâtons de bambou pour étendre des rideaux de toile, constituent tout le lit du commun des Chinois.

Dans les provinces septentrionales, les personnes du peuple couchent sur un lit de briques, qu'on réchauffe au moyen d'un petit fourneau construit tout auprès, et qui sert aussi à faire cuire les aliments. Le jour venu, ce lit singulier est débarrassé des objets de nuit, recouvert de tapis ou de nattes, et devient un vaste canapé sur lequel toute la famille s'assied et travaille.

Le Chinois de bon ton se lève généralement tard. Son déjeuner se compose de divers ragoûts de viande, de poisson et de légumes servis dans une douzaine de soucoupes, avec une tasse ou deux d'une boisson légèrement acidulée qui se distille du riz. Vient ensuite le thé préparé comme à l'ordinaire, en versant de l'eau bouillante sur les feuilles. Le thé est la boisson de toutes les classes de la nation, et les Chinois le boivent toujours chaud et sans sucre. A deux heures de l'après-midi, on sert une collation composée de fruits de la saison, après laquelle on prend encore du thé. A six heures du soir a lieu ordinairement le dîner.

Lorsqu'il s'agit d'un repas de cérémonie, les invitations ne sont supposées parfaites qu'après avoir été renouvelées trois fois par écrit. On commence par envoyer quelques jours à l'avance ou la veille du festin, à la personne qu'on désire avoir, une carte de couleur cramoisie, indiquant le jour et l'heure, et par laquelle on la prie d'accorder « l'illumination de sa personne ». On renouvelle cette invitation dans la matinée du jour fixé, et on la répète pour la troisième fois à l'heure où tout est prêt pour recevoir les convives. Le cérémonial chinois est, du reste, le plus compliqué qui existe ; des règles déterminées indiquent jusque dans les plus minces détails la manière de boire et de manger.

Le nombre des mets qui paraissent dans un grand dîner effrayerait tout autre estomac qu'un estomac chinois ; on en compte parfois vingt-cinq de natures différentes. Ces mets sont tous en gras et sous forme de ragoûts accompagnés de sauces variées. En dehors des aliments dont tous les peuples font plus ou moins usage, tels que le riz, le bœuf, le mouton, le porc, les légumes, le poisson, il en est d'autres qui ont valu aux habitants du Céleste-Empire la renommée d'étranges gastronomes. Un mandarin chinois mange, par exemple, et souvent avec délices, des nageoires de requin, la chair des juments sauvages, des pattes d'ours, des pieds de divers animaux féroces, les nerfs de quelques autres, des vers et des insectes de plus d'une sorte. Mais ce que les gourmets chinois estiment le plus, ce sont les fameux nids comestibles.

L'oiseau qui fournit ce riche et singulier produit est une espèce d'hirondelle très-petite. On n'a pas toujours été d'accord sur la nature de la matière dont ces oiseaux composent leurs nids : les uns disent que ces nids sont formés d'une espèce de goëmon qui croît au fond de la mer, le long de ses rivages, ou bien encore d'une écume blanche et visqueuse, sorte de salive que l'oiseau aurait la propriété de sécréter ; d'autres veulent y voir du frai de poisson et une écume gluante que l'agitation de la mer forme autour des rochers, auxquels ces nids sont fixés. Il en est, enfin, qui prétendent que les insectes dont les hirondelles se nourrissent servent aussi à ces oiseaux pour la construction de leurs nids. Il paraît toutefois, mieux démontré que le frai de poisson seul, qui, dans certaines mers et à certaines époques vient à former sur l'eau comme une sorte de colle forte à demi délayée, est la véritable composition de ces nids comestibles.

Les Chinois ont aussi, outre le thé et les espèces de vin et d'eaux-de-vie qu'ils préparent avec de l'orge, du riz, du seigle, du millet, de l'avoine, certaines boissons qui dénotent un goût au moins étrange. Qui pourrait, en effet, si ce n'était une réalité, s'imaginer jamais qu'ils ont eu l'idée d'inventer un vin d'agneau et une eau-de-vie de mouton, qu'ils savent extraire, au moyen de procédés à eux connus, de la chair de ces animaux? Ces boissons ont beaucoup de force, mais elles exhalent, comme il est facile de le croire, une odeur des plus désagréables et des plus repoussantes.

Si, comme on vient de le voir, les riches cherchent à satisfaire leur sensualité par des mets recherchés, les pauvres, quand il s'agit de vivre, mangent à peu près tout ce qui leur tombe sous la main. Sans compter les chats, que revendiquent les meilleures tables après quelques mois d'engraissement, ils se nourrissent sans scrupule (scrupule d'estomac) des animaux pour lesquels nous éprouvons une répulsion si générale que l'on pourrait la considérer comme instinctive. Les bouchers chinois tiennent constamment des quartiers de chiens à la disposition des petites bourses; et si les artisans et les journaliers de la campagne font une guerre acharnée aux rats, aux mulots, aux souris, c'est pour varier par ce gibier leur ordinaire de riz et de porc.

Il existe, dans la plupart des grandes villes, des espèces de restaurateurs où beaucoup d'ouvriers et de petits marchands vont prendre leurs repas; il paraît qu'ils trouvent beaucoup d'économie dans cette manière de vivre.

Quoique les Chinois connaissent depuis longtemps la pomme de terre, importée de Macao par les Hollandais, ils n'en font presque aucun usage. Leur légume principal est le *pe-tsai*, qui est une espèce de chou-blanc.

Pour faire diversion aux détails qui précèdent, nous dirons que les Chinois composent, avec une infinité de fruits, des confitures vraiment délicieuses qui forment le dessert de leurs festins. Ils savent aussi se procurer des rafraîchissements agréables pendant les grandes chaleurs. L'usage de la glace leur est connu depuis longtemps et il est si apprécié de tous, que l'empereur, en certains jours de munificence, en fait distribuer au peuple.

Nous avons parlé du cérémonial usité par les Chinois lorsqu'il s'agit d'un dîner d'apparat. Même chose a lieu en toutes circonstances. Le ministère des rites a promulgué un véritable code où tout ce qui regarde l'étiquette a été minutieusement réglé et défini.

Le nombre et la forme des saluts, les préséances dues à chacun, et qui varient nécessairement suivant les rangs respectifs des interlocuteurs, forment l'objet d'autant de prescriptions que personne n'oserait enfreindre. Un Chinois bien élevé est ordinairement très-ferré sur ce chapitre et sait parfaitement de quels termes honorifiques il doit se servir, quelle place il doit offrir et occuper, comment il doit s'asseoir ou passer une porte.

Un homme comme il faut, qui va rendre une visite, se fait précéder par un domestique portant une immense pancarte roulée où sont inscrits ses noms et ses titres. Cette singulière carte est si longue, qu'elle ferait facilement le tour d'une chambre moyenne. En recevant cette carte, le visité se hâte de mettre ses bottes, s'il les avait quittées, et s'avance plus ou moins bien au-devant du visiteur. Dès qu'ils sont en présence, tous deux commencent une série de salamalecs entrecoupés d'instances pour prévenir des marques de déférence, dont chacun est fermement décidé de ne pas rabattre un iota.

Quand le visiteur est assis, des domestiques apportent le thé et une boîte à compartiments où sont disposées avec beaucoup de goût des friandises de toutes sortes. Aussitôt recommence un nouveau manége; il faut prendre la tasse d'une certaine façon, la vider presque en mesure, et la rendre au valet en saluant légèrement le maître de la maison. On se retire comme on est entré, et, selon l'expression d'un missionnaire, il en coûte autant pour finir la comédie que pour la commencer.

Voilà pour les visites ordinaires. Quand il s'agit d'une visite de cérémonie, les choses ne se passent pas si simplement. Si l'on est admis, on se met auprès de la porte du salon et l'on se courbe jusqu'à terre; ensuite viennent les génuflexions, les détours qu'il faut prendre pour être tantôt à droite, tantôt à gauche, le salut des chaises, car on leur fait des compliments comme aux personnes, on les frotte avec un pan de sa veste pour en ôter la poussière, on se courbe devant elles avec respect; on offre, on refuse la première place. Mais tout se passe dans l'ordre, et comme ils sont faits à ce manége, ils s'attendent mutuellement dans les cérémonies, et l'on n'y voit ni embarras ni confusion.

Les siéges sont toujours disposés de manière à ce que chacun ait un vis-à-vis. On ne peut, sans manquer aux convenances, remuer les pieds ou les bras. Il faut se tenir droit, fixe, les yeux baissés, les mains étendues sur les genoux et les pieds également avancés; les croiser serait le comble de l'impudence. La conversation répond à la tenue. Elle se borne à un échange de phrases banales, où chacun se rabaisse à plaisir et exalte son interlocuteur outre mesure.

Pour un mariage, le cérémonial prescrit est tellement compliqué qu'il nécessite plusieurs jours si on veut le suivre à la lettre. Nous nous bornerons à mentionner les six cérémonies principales : convenir du mariage; demander le nom de la jeune fille, le jour, le mois, l'année de sa naissance; consulter les devins sur le mariage futur et en porter l'heureux augure aux parents de la fille; offrir des présents; proposer le jour des noces; enfin aller au devant de l'épouse, pour la conduire ensuite dans la maison de l'époux et y célébrer le mariage par des festins et des réjouissances.

La Chinoise est nubile de très-bonne heure. Il est rare qu'elle puisse s'occuper elle-même du choix de son mari. D'ordinaire tout s'arrange entre parents, quand les conventions ne sont pas faites par un simple entremetteur. Si, chez nous, la

LA CHINE. — Les ombres chinoises.

jeune fille achète trop souvent son mari au prix d'une dot splendide, c'est tout le contraire en Chine, car le futur y paye en quelque sorte le prix de sa femme et ne reçoit rien d'elle. N'oublions pas que, la plupart du temps, il l'achète sans l'avoir jamais vue.

Les Chinois sont monogames en ce sens que chaque homme ne peut épouser qu'une seule femme ; mais la loi autorise un mari à prendre chez lui autant de femmes que bon lui semble. Ces dernières sont de droit, sinon toujours de fait, sous la dépendance de l'épouse légitime. Le plus étrange, c'est que les enfants de ces femmes ne leur accordent point le titre de mère. Par une fiction légale, leur véritable mère est l'épouse légitime, dont ils portent le deuil, et à laquelle ils doivent amour, obéissance et respect. Tous les enfants nés du père ont des droits égaux, qu'ils soient issus de la femme légitime ou non.

Pour nous, Européens, qui savons que la femme vaut l'homme par voie de compensation, car elle a ce qu'il n'a pas, comme il possède ce que la femme ne possède pas, nous ne saurions jeter un regard dans un tel intérieur sans souffrir et sans songer à ce que le christianisme a déjà fait, à ce que la civilisation fera encore pour l'émancipation de la femme.

En Chine, l'enfant n'est protégé que par l'affection qu'il inspire. Comme chez les Romains d'autrefois, les parents ont droit de vie et de mort sur les produits de leur amour. Ils peuvent les vendre, et l'on voit souvent un homme riche acheter un enfant pauvre pour s'en faire un héritier. La loi autorise même l'exposition pure et simple sur la voie publique ; mais la vente est ce qu'il y a de plus profitable.

Les enfants mâles se vendent assez bien, même dans la plus grande enfance. Quant aux jeunes filles, elles sont d'un placement plus difficile lorsqu'elles n'ont pas une huitaine d'années. Les petits garçons sont destinés à devenir domestiques de quelque mandarin, employés chez quelque marchand, ouvriers de fabrique ou simplement hommes de peine. Les bonzes achètent aussi beaucoup de ces pauvres créatures, les élèvent comme leurs domestiques et leurs disciples pour en faire parfois leurs successeurs. Les malheureuses petites filles ne sont guère achetées que pour être destinées à la prostitution, et être élevées à cette fin dès leur plus bas âge.

Il est bon d'insister sur ces tristes spéculations pour faire tomber le préjugé européen qui, convertissant les Chinois en pères cruels et insensés à la fois, leur fait jeter à l'eau une masse d'enfants dont une partie seulement peut être sauvée à l'aide des gros sous venus de France, de Belgique et d'ailleurs. Ce préjugé, du reste, ne manque pas d'un certain fondement historique. Parfois des enfants venus au monde dans un état de difformité repoussante ont été noyés par leurs parents, et, de nos jours encore, on cite des exemples de ce triste expédient chez les populations nombreuses qui habitent sur des bateaux amarrés les uns aux autres et formant à Canton, à Shanghaï et dans beaucoup d'autres lieux, de véritables villes flottantes.

C'est encore à des récits des voyageurs qui, ne sachant pas la langue du pays, ne pouvaient se faire expliquer ce qu'ils voyaient ou croyaient voir, que nous devons une autre erreur non moins grossière. Il y a en Chine, racontent-ils, des puits où l'on jette les enfants tout vivants. Voici la vérité sur ce fait.

Il existe dans toutes les villes chinoises plusieurs larges tours dont les murs s'élèvent à trois mètres au-dessus du sol. Quelques marches conduisent jusqu'à mi-hauteur de ces constructions, et, lorsqu'on est parvenu à la dernière, on est séparé de l'intérieur par un parapet de plus d'un mètre cinquante centimètres. La circonférence de chaque tour offre un diamètre de six à dix mètres ; sa profondeur au-dessous du sol est d'environ quinze mètres, ce qui donne pour la profondeur totale une mesure approximative de vingt mètres.

C'est là, alors qu'il meurt un enfant, que ses parents viennent le jeter. Ils font bien proprement du cadavre un petit paquet, entouré d'une natte bien ficelée, puis, sans autre démarche à faire, ils le jettent par-dessus le parapet. On ne comprend guère que l'odeur qui s'exhale de ces tours ne donne pas la peste aux quartiers voisins. Les Chinois ne semblent nullement s'apercevoir qu'il y ait dans ces exhalaisons infectes quelque chose qui puisse les incommoder ou nuire gravement à leur santé. Dire que çà et là quelques parents ne jettent pas dans ces tours certains enfants vivants, dont ils veulent cacher l'existence, ce serait exagérer et vouloir rendre l'infanticide moins répandu en Chine qu'en Europe.

A Pékin, dans les divers quartiers, il passe chaque jour, dès l'aube, des tombereaux, et ceux des habitants qui ont envie de se défaire d'enfants vivants ou morts, les remettent aux conducteurs, pour être, ceux-ci enterrés, ceux-là élevés aux frais de l'Etat. A ce sujet, il ne faudrait pas trop se hâter de jeter la pierre aux Chinois; mieux vaudrait, en effet, se souvenir de l'immense quantité d'enfants trouvés que les parents abandonnent en cachette aux portes de nos hôpitaux ou ailleurs. En Chine, on agit plus ouvertement : c'est là que gît toute la différence; l'infanticide n'y est pas plus répandu que dans les autres pays.

Au sein de la famille chinoise, il est un point d'éducation qui domine tous les autres; nous voulons parler de l'ensei-

gnement et de la pratique des devoirs qui lient les enfants devant les auteurs de leurs jours. On ne saurait se faire, en Europe, une idée du respect presque religieux des enfants pour leurs parents. Un fils n'est jamais rien dans la maison de son père, et celui-ci a le droit de vendre sa progéniture si bon lui semble. L'étrange raison qu'ils donnent pour expliquer cet étrange pouvoir, c'est que tout homme pouvant toujours se vendre lui-même, il n'est pas admissible qu'un père ne puisse avoir autant de droit sur la personne de son fils que son fils n'en a sur lui-même.

Un fils qui, dans la rue, accompagne son père, n'oserait pas marcher à son côté; il le suit respectueusement à un pas de distance, toujours prêt à exécuter ses ordres. D'une tout autre nature est le respect du fils pour sa mère.

Le rôle de la femme, en Chine, est si malheureux, on pourrait dire si abject, qu'elle se trouve toujours dans une position secondaire. C'est ainsi qu'après la mort de son mari, elle doit, d'après la loi, rester soumise à son fils. Il n'y a dans la législation du Céleste-Empire qu'une seule disposition favorable à la femme, c'est la loi qui l'autorise à prendre un second mari si le premier reste éloigné du domicile conjugal durant trois années.

Chez un peuple qui porte le sentiment de la piété filiale à un si haut degré, il n'est pas surprenant de voir la mémoire des ancêtres conservée avec un grand respect religieux. La solennité des funérailles dont les Chinois honorent leurs défunts et le soin pieux qu'ils prennent des tombeaux, sont les manifestations les plus frappantes de ce respect.

Il existe, d'abord, en Chine un usage aussi surprenant que bizarre et que l'on chercherait vainement ailleurs. On sait qu'en tous lieux le cercueil est un objet lugubre qu'on prend souci de dérober aux regards, à cause des idées tristes que sa vue peut inspirer. Il n'en est pas de même dans l'empire du Milieu, et l'objet principal de la sollicitude d'un Chinois est, avant tout, de se procurer de son vivant ce meuble funèbre : c'est un soin, quand il peut faire autrement, qu'il ne laisse jamais à ses héritiers. Aussi les cercueils sont-ils, en Chine, des meubles dont il se fait un commerce considérable et lucratif : on en trouve chez les marchands de tout faits et de tous prix, et c'est un trait remarquable de piété filiale de pouvoir offrir à ses parents ce dernier et indispensable objet.

Un Chinois vient-il de mourir, ou, comme on dit en Chine, de « saluer le monde », le jour de sa mort devient véritablement pour lui un jour d'éclat : jamais, durant sa vie, il n'aura reçu autant d'honneurs, autant d'hommages, autant de marques de respect, qu'à partir du moment où il a cessé d'exister. C'est d'ailleurs un crime puni par la loi, de ne pas s'acquitter en conscience des plus insignifiantes cérémonies funèbres.

Le corps du défunt est revêtu de ses plus riches habits et des marques de toutes ses dignités et placé dans le cercueil sur une couche épaisse de coton mélangé d'un peu de chaux vive. La chaux et le coton ont la propriété d'absorber toute humeur méphitique qui pourrait s'échapper du cadavre. Au jour fixé pour les obsèques, l'affluence à la maison mortuaire devient considérable, et alors commencent des cérémonies extrêmement longues et compliquées qui se terminent d'ordinaire par un splendide repas. Souvent la vanité et l'ostentation plus que la piété filiale donnent lieu à ces dispendieuses manifestations : il n'est pas rare de voir des familles vendre leurs propriétés, se ruiner même complétement pour procurer au chef qu'elles ont perdu de pompeuses funérailles.

Les sépultures des Chinois sont toujours placées en dehors des villes et ne sont point agglomérées en un seul lieu, comme dans nos cimetières d'Europe. Les endroits préférés sont communément des points élevés auxquels on donne le sombre ornement des arbres verts, tels que les pins et les cyprès. Le pauvre se contente d'abriter les restes de ceux qu'il a perdus d'un simple toit de chaume, ou, quand il le peut, d'une petite loge en briques en forme de tombeau. Les citoyens plus aisés construisent leurs sépulcres de famille avec plus de recherche et d'apparence ; ils ont soin de les blanchir ou de les peindre en bleu et de les entourer d'une enceinte qui a la forme d'un oméga.

Le sentiment de profond respect dont les Chinois sont pénétrés pour leurs défunts a poussé la plupart des familles à élever en l'honneur des trépassés une sorte de temple domestique consacré à leur perpetuelle mémoire, et qu'on appelle la salle des ancêtres. Telle est dans une habitation chinoise l'importance de cette salle, que sa destruction par ordre de l'empereur, en punition d'une conduite blâmable, est considérée comme le plus grand malheur qui puisse affliger une famille.

Cette pièce est ordinairement carrée et présente en face de l'entrée principale une petite construction en maçonnerie formant une espèce d'autel sur lequel on brûle des parfums. Au-dessus de ce petit autel et adossé au mur, se trouve parfois le portrait du fondateur de la famille. Tout à côté, on voit une petite tablette sur laquelle on inscrit les noms de tous ceux qui naissent et qui meurent. Après le décès d'un membre de la famille, les survivants placent sur l'autel de petites soucoupes pleines de mets dont le défunt avait coutume de se nourrir. S'ils agissent de la sorte, ce n'est pas, comme l'ont cru plusieurs voyageurs, dans le but de fournir à l'âme du mort des offrandes dont elle puisse se réconforter, mais bien pour témoigner à l'absent que, malgré son départ, ils sont encore heureux de le servir.

Les Chinois ont voulu aussi faire refluer sur les morts les honneurs et les dignités que pouvaient conquérir leurs descendants. Aussi la noblesse, en Chine, est-elle ascendante et non descendante.

Lorsqu'un homme se distingue, soit comme lettré ou comme soldat, soit dans les arts, les sciences ou le gouvernement, il obtient facilement de l'empereur de reporter sur son père, son grand-père, son aïeul, son bisaïeul, et même son trisaïeul, les dignités qu'il a lui-même acquises. Il est rare qu'on puisse dépasser dans cette marche ascendante son trisaïeul, considéré d'habitude comme le fondateur de la famille ; il faut pour cela des services exceptionnels et une autorisation toute spéciale de l'empereur.

Quand un dignitaire a obtenu l'autorisation de reporter sur ses ancêtres les honneurs dont il est revêtu, il peut les faire peindre dans le costume de mandarin et avec le rang qu'il a lui-même, que son père ait été menuisier, bûcheron ou simple cultivateur. Ce n'est pas tant pour avoir la satisfaction de contempler leurs ancêtres représentés en un semblable costume que les Chinois briguent l'honneur de cet anoblissement rétroactif; non, leur piété filial ne s'arrête pas à ces détails puérils, et beaucoup plus grande est leur ambition. Ils voient dans cet anoblissement une question de justice.

Leur vénération pieuse est si grande pour leurs aïeux, ils éprouvent un tel besoin de se tenir devant eux dans une sorte d'infériorité morale, qu'ils veulent pouvoir faire en leur honneur toutes les cérémonies funèbres qu'on devra leur faire un jour à eux-mêmes. Ne fallait-il pas, au demeurant, que ces parents fussent bien remarquables pour engendrer un fils aussi distingué? n'est-il pas juste que cela soit reconnu, proclamé?

En dehors de la maison impériale et des descendants de Confucius, les priviléges héréditaires sont rares en Chine. Il y en a pourtant, et c'est aux héritiers de quelque soldat illustre qu'ils ont été accordés par les empereurs. Ce mot d'illustre nous gêne bien un peu depuis que nous l'avons écrit, car la plupart du temps les faits d'armes auxquels on avait décerné de tels honneurs n'étaient pas toujours d'un éclat à percer la nuit des temps. Jamais, du reste, un Chinois n'estimera un privilége de noblesse héréditaire ou descendante à l'égal de l'autorisation d'anoblir son père.

Les soins pieux de la famille ont parfois un objet plus pressant encore que le culte plus intime et plus calme des habitants de l'autre monde. Quand la mort a fait son œuvre, la famille chinoise tient à garder longtemps auprès d'elle les restes inanimés de celui qui est parti. On met bien une grande quantité de chaux dans le cercueil pour hâter le travail de réduction chimique ; mais ce cercueil on le garde chez soi très-longtemps dans la salle des ancêtres.

Il n'est pas rare de voir huit ou dix cercueils dans la même maison. Ceux à qui la fortune ne permet pas de posséder une telle salle de morts gardent devant la porte de leur maison les restes vénérés. Après un an au plus de ce culte *at home* des reliques de famille, on les transporte au champ du repos.

Enfin le deuil lui-même offre, en Chine, quelque chose de plus sérieux et de plus sévère. Après la mort de son père, un fils couche sur la dure pendant cent jours, et il serait malade qu'il n'accepterait pas de coucher dans un lit. Durant toute la première année, il n'aura de commerce avec personne, pas même avec sa femme ou avec ses concubines. Et ce deuil durera trois ans. Pour son mari, une femme doit rester dans le deuil au moins vingt-sept mois ; pour sa femme, le deuil d'un mari est d'un an complet. Mais tous ces témoignages de respect dureront plus que le deuil officiel, et tous

les ans de lugubres cérémonies réuniront auprès des tombeaux tous les membres d'une même famille.

Nous venons de voir les Chinois dans la douleur, voyons-les maintenant dans la joie.

Il n'y a, en Chine, que deux époques de réjouissance publique, le nouvel an et la fête des lanternes ; mais les habitants du Céleste-Empire semblent vouloir se dédommager amplement ces jours-là de la sévérité de leur calendrier.

Un mois avant la fin de l'année, chacun se prépare à fêter dignement celle qui va commencer. Les négociants arrêtent leurs comptes, les magistrats et les officiers publics s'efforcent, comme nous le disons en France, de se mettre au pair en expédiant tout l'arriéré ; les artisans travaillent jour et nuit pour se procurer quelque argent, et commettent même au besoin une foule de petits vols dont le nombre prend à cette époque un accroissement prodigieux.

Chacun, selon la somme dont il peut disposer, procède discrètement à ses emplettes ; car les Chinois, qui ont inventé tant de choses, ont probablement aussi inventé les surprises, qui ordinairement ne surprennent personne.

Enfin, au moment précis où le soleil commence sa nouvelle évolution, une cloche, qui ne sonne que la minute suprême de l'année, fait entendre de joyeux carillons. A ce signal, que tout vrai Chinois attend debout et dans une anxiété fébrile, une foule immense, armée de fusées, de pétards, de boîtes d'artifice, se précipite dans les rues. C'est à qui brûlera le plus de poudre et allumera les plus beaux feux de joie.

A ce vacarme, à cette confusion, dont il est impossible de se faire une idée, succèdent avec le jour des scènes d'un autre genre. Aussitôt que dans leurs maisons, lavées, nettoyées, parfumées, jonchées de fleurs, les chefs de famille ont exécuté devant les statuettes des dieux domestiques toutes les cérémonies prescrites, ils se rendent dans les temples, accompagnés de leurs femmes et de leurs enfants, pour ne rentrer chez eux qu'après avoir rendu les visites obligatoires.

Comme chacun a revêtu ses plus pompeux habits, il n'est point pour un Européen, au dire des voyageurs, de spectacle plus étrange et plus curieux à la fois, que cette foule bigarrée des plus éclatantes couleurs, qui s'incline, se prosterne, s'agenouille, et se livre au milieu de la rue à toutes les évolutions éminemment grotesques de la courtoisie chinoise.

Aux visites de cérémonie succèdent les visites d'amitié. Celles-ci sont toujours accompagnées de cadeaux. Ces cadeaux se composent d'objets de fantaisie et d'agrément, tels que petits meubles délicatement travaillés, fleurs artificielles, laques, bonbons, raretés.

L'usage veut encore qu'on échange entre amis des cartes de félicitation. Ces cartes, d'une dimension formidable, sont ordinairement illustrées d'une gravure représentant les trois principales félicités qu'ambitionnent les Chinois, savoir : un héritier, un emploi public ou de l'avancement et une longue vie. Ces trois souhaits sont indiqués par la figure d'un enfant, d'un mandarin et d'un vieillard accompagné d'une cigogne, emblème de la longévité.

Il est de bon goût, généralement, de ne pas accepter la totalité des cadeaux qu'un parent ou un ami vous adresse, Sur le catalogue qui accompagne les objets, le destinataire ajoute de sa main une note indiquant ceux qu'il accepte ou refuse. La haute valeur d'un vase ou d'un bijou sert toujours de prétexte à ce refus, sur lequel l'envoyeur compte parfois, dit-on.

Les réjouissances se prolongent plus ou moins longtemps, selon la position des personnes. Les ouvriers qui vivent au jour le jour de leur travail, se remettent forcément les premiers à la besogne; mais pour les gens aisés, ils ne reprennent leurs occupations qu'au bout de dix jours et passent tout ce temps en festins, en visites, en divertissements.

Les usages des Chinois et ceux observés chez nous à pareille époque de l'année ne sont pas, on le voit, sans analogie. Mais si ce premier jour de l'an n'est pour nous qu'un jour d'étiquette, commode ou gênante, de généreuses ou maigres libéralités, il est incontestable que les Chinois ont l'avantage d'avoir su le conserver comme un jour de fête agréable et comme un temps de joyeux plaisirs.

La première lune de la nouvelle année amène, presque aussitôt après les réjouissances du premier jour de l'an, une fête toute particulière et qui, certes, n'est pas la moins brillante, puisqu'il s'agit de la fête des lanternes. Comme ce soir-là le plus pauvre artisan se procure un falot, il s'ensuit qu'au coucher du soleil une innombrable quantité de lumières s'allument de tous côtés et produisent la plus féerique illumination qu'on puisse imaginer.

Il y a des lanternes de toutes les formes, de toutes les espèces, en papier, en corne, en soie, en verre, en nacre; de grandes comme une chambre, de petites comme une orange. Les fenêtres, les toits, les colonnes des maisons, en sont surchargés. Au milieu des places, on dispose de véritables faisceaux, de manière à représenter des figures naturelles ou fantastiques.

De grands cerfs-volants portent quelques-unes de ces lanternes jusqu'au milieu des airs, où l'on voit briller, parmi les astres de la nuit, des soleils, des lunes et des étoiles de toutes couleurs.

Dans les palais et dans les jardins de l'empereur, il n'y a point de salle, de galerie, de pont et presque d'arbre qui n'ait sa lanterne. Il y en a sur tous les canaux, sur tous les bassins, en façon de petites barques, que les eaux amènent et ramènent; elles sont toutes d'un ouvrage fin et délicat, en figures de poissons, d'oiseaux, de vases, de fruits, de fleurs. Rien n'est comparable à ce spectacle.

Outre les lanternes et les feux de joie, les Chinois, qui raffolent des feux d'artifice, se cotisent pour en tirer au moins un sur chaque place publique. Les pièces les plus curieuses de ces feux sont celles figurant des arbres entiers couverts de feuilles, de fleurs et de fruits.

Les premiers voyageurs, qui ne connaissaient point encore les procédés em-ployés, regardèrent ces représentations comme des chefs-d'œuvre de l'art pyrotechnique; rien de plus simple cependant. Les artificiers chinois possèdent une gomme excessivement inflammable, avec laquelle ils produisent à volonté des feux de toutes les couleurs, d'un éclat et d'une douceur extraordinaires. Lorsqu'ils veulent, par exemple, représenter un arbre, ils enduisent toutes les parties d'un arbre naturel d'une couche de gomme préparée de manière à ce qu'en brûlant, les couleurs de la flamme correspondent à la couleur des parties enduites. L'arbre entier s'enflamme donc à la fois, et se dessine en traits de feu sur l'horizon.

Au moyen de cette gomme, qui se consume très-lentement, les Chinois, dans leurs illuminations, représentent non-seulement des arbres, mais des hommes, des chevaux, des palais, des vaisseaux. Si, pour celui qui ne connaît pas le secret, ce genre de spectacle a quelque chose de merveilleux, l'homme mieux instruit n'en admire pas moins l'effet obtenu. Il est impossible de donner à des matières embrasées une forme plus nette et plus arrêtée.

La fête du jour de l'an et celle des lanternes sont rigoureusement annuelles: mais il en est d'autres qui reviennent à certaines époques et aux magnificences desquelles les souverains de la Chine joignent d'ordinaire des dons et des largesses immenses : telles sont les fêtes anniversaires de la naissance de l'empereur et de celle de sa mère, ou fêtes de longue vie; les fêtes en l'honneur des vieillards; les fêtes que les souverains

LA CHINE. — Cérémonie du labourage.

donnent à l'occasion de la réception des souverains tributaires, de leurs ambassadeurs et de ceux des puissances étrangères.

Dans ces solennelles circonstances on voit paraître, à la grande joie du peuple et même des plus graves personnages, la gent nombreuse des histrions de toutes les espèces, depuis les simples danseurs de corde et sauteurs ordinaires, acrobates en tous les genres, hercules sans pareils, faiseurs de tours prodigieux de force et d'agilité, jusqu'aux escamoteurs les plus émérites et montreurs de phénomènes curieux et surprenants. Les bateleurs chinois jouissent, au reste, d'une réputation méritée et peuvent soutenir, par l'habileté rare qu'ils déploient, une avantageuse comparaison avec leurs confrères du Japon.

Puisque nous parlons ici des fêtes des Chinois, nous dirons un mot de leurs amusements. Ils sont en général des plus puérils, ce qui a lieu de surprendre chez un peuple qui vise autant à la gravité. Ainsi la passion des cerfs-volants est générale : enfants, hommes d'un âge mûr, vieillards, tout le monde s'en mêle et s'efforce de surpasser ses rivaux dans la construction de ces jouets de prédilection.

Ils les font d'ailleurs dans la perfection. Les cerfs-volants chinois l'emportent de beaucoup sur les nôtres par leur ingénieuse composition ; ils ont des formes plus variées, plus agréables, des couleurs plus riches et plus éclatantes. Tantôt ils offrent l'image d'un immortel qui s'élève majestueusement porté sur un nuage ; tantôt ils représentent des oiseaux de proie, des dragons ailés, de brillants papillons, des animaux, des monstres.

Lorsque le cerf-volant s'est élevé dans les airs, on fait quelquefois partir, sur la corde qui le retient, une boîte de papier qui renferme un papillon fait aussi de papier ; dès que la boîte, poussée par le vent, atteint le cerf-volant, elle se heurte, se brise, et au même instant le papillon se dégage, étend et développe ses ailes.

Le Père de Mailla raconte que pendant la première année de son séjour à Pékin, il fut un jour très-surpris de voir planer au-dessus de son jardin un oiseau d'une taille gigantesque. A l'aide d'une lunette, il examina longtemps l'étrange volatile, dont le mouvement des ailes et de la queue imitait à s'y méprendre le vol des milans. L'idée d'un cerf-volant ne lui vint nullement à l'esprit ; mais en calculant, d'après la distance présumée, l'immense envergure de l'animal, il ne pouvait en croire ses yeux. Sa persplexité dura d'autant plus longtemps, que plusieurs Chinois présents s'amusèrent à prolonger son embarras par des explications moitié sérieuses, moitié plaisantes. Le Père de Mailla avoue que l'illusion avait été si complète, qu'il fallut pour le convaincre lui apporter l'oiseau de soie et de bambou.

L'exercice du volant est un autre divertissement qui plaît aussi beaucoup aux Chinois. Les jeunes gens, qui en sont pour l'ordinaire les plus ardents amateurs, y montrent une adresse remarquable. Ce jeu est assujetti chez eux à des difficultés que nous ne connaissons pas : ils ne se servent ni de raquette ni de la main pour recevoir et rechasser le mobile emplumé. Rangés en circonférence, au nombre de sept ou huit environ, ils le frappent et se le renvoient avec la tête, les coudes et les pieds, avant qu'il retombe à terre ; leur agilité et leur prestesse sont telles, qu'il est rare qu'ils ne lui fassent pas prendre la direction qu'ils veulent lui donner.

L'enfance et l'adolescence ont encore, en Chine, des jeux qui leur sont particuliers, et d'autres qui, pour la plupart, sont les mêmes qu'en Europe. Ces heureux âges s'y divertissent, comme chez nous, avec le sabot que fouettent les lanières, avec la toupie qui tourne en pivotant, avec le palet qu'on lance, avec la boule qui roule, avec l'escarpolette et la balançoire dont le va-et-vient s'accélère et se ralentit, enfin avec une foule d'autres jeux encore.

Malheureusement on ne trouve pas en Chine que des amusements naïfs ou innocents. Il en est d'autres où l'amour du gain seul passionne et domine les joueurs. Parmi ces jeux, les uns sont soumis à des règles dont l'application exige du praticien la science des combinaisons et du calcul, d'autres sont purement de hasard.

Les Chinois connaissent les échecs, dont ils ont deux sortes : l'une se rapproche beaucoup de la nôtre, l'autre est plus compliquée. Ils ont les cartes, qu'on suppose même avoir été importées de chez eux chez nous par Marco Polo ; les dés dont les coups ruinent si bien et si vite, et quantité d'autres jeux aléatoires que nous ne pouvons énumérer.

Les habitants du Céleste-Empire se livrent à tous ces jeux avec une violente ardeur ; leurs lois cependant défendent les jeux de hasard, mais il est rare qu'une passion aussi violente admette quelque frein et puisse être contenue par les peines même les plus sévères. Les Chinois ne craignent pas de les braver.

Ils sont, ainsi que les Mantchoux, qui habitent aujourd'hui la Chine, de toutes les nations du monde peut-être celles qui, en apparence, ont le plus d'aversion pour le jeu. L'opinion publique les force à déguiser cette funeste passion, parce qu'un joueur, un homme capable de tous les crimes et un malfaiteur avéré sont

en Chine des termes presque synonymes.

On ne laisse pourtant pas de jouer et de jouer avec fureur. On a fait en différents temps des ordonnances sévères contre le jeu. Les empereurs de la dynastie actuelle ont eu même recours à une politique semblable à celle d'un de nos rois, qui, pour arrêter le cours du luxe en France, permit aux seules courtisanes ce qu'il défendait aux femmes honnêtes. Ces monarques, en proscrivant rigoureusement le jeu dans toute l'étendue de l'empire, le permirent seulement aux porteurs de chaises, gens sans aveu et qui sont dans un mépris général. Mais cette politique n'a pas eu tout le succès qu'on s'en était promis. L'empereur régnant, en renouvelant les défenses anciennes, n'a excepté personne de la loi commune.

Le goût effréné des Chinois pour tous les jeux de hasard, au lieu de céder aux lois, semble, au contraire, avoir grandi en raison même de leur sévérité. Il a envahi tous les rangs, tous les âges de la société. Les hommes, les enfants, tout le monde joue. Dans toutes les rues des grandes villes, on rencontre de petits tripots ambulants.

Deux dés dans une tasse placée sur un escabeau sont, pour l'ouvrier qui se rend au travail, une tentation presque irrésistible. Une fois qu'il a eu le malheur de s'accroupir devant ce petit étalage, il lui est bien difficile de s'en arracher. Il perd souvent dans quelques heures toutes les pénibles épargnes de son travail. Les enfants se rendent toujours en grand nombre et avec empressement autour des tables de jeu, et les personnes âgées sont les premières à les pousser dans un abîme d'où ils auront ensuite tant de peine à se retirer.

Les joueurs chinois ont trouvé le moyen de pousser leur passion pour le jeu jusqu'aux extrêmes limites de la folie. Quand ils ont perdu leur argent, non-seulement ils jouent leurs vêtements, leur maison, leur champ et enfin leur femme, mais on en voit qui, n'ayant plus rien à perdre, se réunissent à une table particulière pour jouer les doigts de leurs mains, qu'ils se coupent mutuellement avec un horrible stoïcisme.

La funeste passion du peuple chinois pour le jeu n'est pas la seule cause des misères qui l'accablent; il en est une autre plus désastreuse encore, la débauche. Le vernis de décence et de retenue dont s'enveloppe la société chinoise cache la corruption la plus profonde; la moralité publique n'est qu'un masque jeté sur une perversité de mœurs qui dépasse tout ce qu'on a pu lire sur les anciens, tout ce qu'on sait des mœurs actuelles des Persans et des Indous.

L'ivrognerie, telle qu'on l'entend en Europe, est le moindre des vices des Chinois. Le vin de raisin a été défendu, il y a des siècles, par des empereurs qui firent arracher les plants de vigne. Cette interdiction ayant cessé avec la dynastie mantchoue, on cultive le raisin pour la table, mais on ne fait usage que du vin de riz. On en extrait, ainsi que du gros millet ou sorgho, une eau-de-vie aussi forte que la nôtre et qui produit une ivresse terrible.

Les maisons de thé vendent des liqueurs alcooliques, mais ce sont surtout les restaurants et les auberges qui en font un grand débit. Ces établissements sont aussi multipliés que les cafés et les cabarets en France; l'élégance de l'ameublement et du service, ainsi que l'élévation des prix, les distinguent entre eux : le riche marchand et le désœuvré élégant, évitant de s'y rencontrer avec l'ouvrier aux mains noires et le rude campagnard, ne se réunissent que dans les maisons consacrées par le bon ton.

On reconnaît les maisons de thé au laboratoire qui occupe le fond des salles et qui est garni de vastes bouilloires, de théières massives, de fours et d'étuves alimentant d'eau bouillante des chaudrons monstrueux aussi hauts qu'un homme. Une horloge singulière est placée au-dessus du laboratoire : elle se compose d'un gros bâton d'encens moulé portant des marques à égale distance, afin que le progrès de la combustion de la mèche donne la mesure des heures. C'est ainsi que les Chinois peuvent se servir littéralement de l'expression : consumer le temps.

Dans certaines villes, les maisons de thé sont installées dans des bateaux. On y voit des salles obscures et infectes où des prostituées servent l'opium à des gens hâves, couchés sur des nattes malpropres. On y trouve aussi des bateleurs de toute espèce, des guérisseurs de tous maux, des poëtes mendiants, des coquins racontant de saintes histoires, des aveugles qui voient et des épileptiques artificiels : c'est un petit monde. On y joue de la menue monnaie, des gâteaux et des bonbons; on y regarde, par de petits trous, des tableaux mobiles représentant des sujets religieux, et plus souvent des sujets de la plus extrême obscénité : les femmes et les enfants surtout forment le public de ces spectacles.

Quand un peuple est travaillé comme le peuple chinois par tant de vices réunis, il est facile de s'expliquer dès lors l'existence chez lui de l'effrayant paupérisme auquel il est en proie ; ce mal se voit en Chine dans des proportions indescriptibles. A côté des misères locales et accidentelles qui sont assez fréquentes, le paupérisme fixe et permanent, engendré pour l'ordinaire par mille perversités morales, exerce des ravages bien plus sinistres encore.

D'après le Père Huc, témoin oculaire, la multitude des pauvres qu'on rencontre dans les grandes villes est effrayante. On voit ces malheureux circuler partout le long des rues, sur les places, dans les carrefours, étalant leurs difformités, leurs plaies hideuses, leurs membres disloqués, pour exciter la commisération publique. N'ayant pas de domicile, ils vont ordinairement se réfugier autour des pagodes et des tribunaux, le long des remparts, où ils se construisent de misérables huttes avec des lambeaux de nattes en toile que le hasard leur a donnés.

Beaucoup de ces malheureux forment de véritables compagnies en commandite pour l'exploitation des riches. Chacun apporte à la masse quelque infirmité vraie ou supposée, et l'on cherche ensuite à faire valoir le plus possible ce formidable capital de misères humaines. Tous les pauvres se trouvent enrégimentés par escouades et par ba-

taillons. Cette grande armée de gueux a un chef qui porte le titre de roi des mendiants, et qui est légalement reconnu par l'État. Il répond de la conduite de ses sujets en guenilles, et c'est à lui qu'on s'en prend lorsqu'il règne parmi eux des désordres par trop criants et capables de compromettre la tranquillité publique.

Le roi des mendiants de Pékin est une véritable puissance. Il y a des jours fixes où il est autorisé à mettre en campagne ses nombreuses phalanges et à les envoyer demander l'aumône ou plutôt marauder aux environs de la capitale. Il faudrait le pinceau de Callot pour peindre l'allure burlesque, cynique et désordonnée de cette armée de pauvres, marchant fièrement à la conquête de quelque village.

Pendant qu'ils se répandent de toute part comme une invasion d'insectes dévastateurs, et qu'ils cherchent par leur insolence à intimider tout le monde, le roi convoque les chefs de la contrée et leur propose de les délivrer, moyennant certaine somme, de tous ces hideux garnisaires. Le village paye rançon et les mendiants décampent pour aller se précipiter ailleurs comme une avalanche.

Mais tous ceux que des malheurs immérités ou bien le jeu et le libertinage ont jetés dans la misère sont loin d'être soumis à ce semblant d'ordre et de discipline. On en voit un grand nombre vagabonder libres de tout lien d'association et mendier pour leur profit personnel. Réunies ou séparées, ces innombrables multitudes de malheureux dont la Chine offre le hideux spectacle, toujours disposées à s'enrôler, à la première occasion, sous la bannière du vol et du brigandage, sont à tout moment une cause d'inquiétude ou de trouble pour la tranquillité publique.

Le gouvernement chinois n'est pas sans se préoccuper de ce triste état de choses. Outre des greniers publics dont il est facile de comprendre l'importante utilité, il a établi de nombreuses maisons de prêt sur gages, sortes de monts-de-piété, dont l'existence de date récente en Europe est très-ancienne en Chine. Ces établissements, il est vrai, n'offrent leurs ressources qu'à ceux qu'une gêne momentanée force d'y recourir, et ne sont d'aucun secours pour les vrais indigents. A ces derniers on fait des distributions d'argent, de riz et de vêtements.

Il existe encore certains établissements publics de bienfaisance, sortes d'hospices où l'on doit recueillir les plus nécessiteux. Ainsi le déterminèrent, du moins, les règlements relatifs à la bienfaisance publique; mais, il faut bien le dire, leur application laisse tant à désirer qu'il s'en faut de beaucoup que ces secours officiels soient efficaces à soulager les misères sans nombre qu'enfante le paupérisme en Chine.

Le démon de la spéculation a soufflé à certains industriels chinois l'idée de tirer profit de cette plaie sociale. Dans les faubourgs de Pékin, se trouve un établissement philanthropique des plus curieux : c'est la « maison aux plumes de poule ».

Qu'on se figure deux vastes hangars en bois, construits avec des poutres non équarries et couverts de lattes cimentées avec de la boue. Le sol, soigneusement battu, est couvert d'une couche épaisse de plumes de volailles achetées par l'entrepreneur dans tous les marchés et restaurants de Pékin.

Aussitôt que le couvre-feu a sonné, les bandes de mendiants se précipitent dans cet asile, où, moyennant un sapèque (un centime) qu'ils payent en entrant, ils reçoivent l'hospitalité pour la nuit. Tout le monde étant rentré, le gardien abaisse, au moyen d'une mécanique, une grande pièce de feutre de la dimension de la salle : cette couverture publique reste suspendue à quelques pouces au-dessus de la tête des dormeurs qu'elle défend contre le vent, contre la froidure des hivers rigoureux et contre la pluie, qui passe facilement à travers les trous de la fragile toiture. La plume et la concentration de tous ces corps humains suffisent pour entretenir dans l'établissement une chaleur suffocante.

Le soir, lorsque les soldats de police amènent dans ce taudis les mendiants retardataires, il faut avoir vu grouiller, se démener, se tordre, cette cohue forcenée, pour comprendre ce que peut être la maison aux plumes de poule. Les rayons des lanternes venant à tomber dans ce trou profond sans horizon, où s'agitent, comme dans un boyau de mine, des centaines de créatures, on se croirait à l'entrée d'une bouche de l'enfer.

C'est un entassement de bras, de jambes, de têtes. On y voit toutes les infirmités, tous les âges et tous les sexes; et quand les malheureux que les soldats y poussent à coup de fouet et de bâton y sont brusquement jetés, ils sont accueillis dans cette géhenne par un tonnerre de huées et de blasphèmes. On dirait alors que tout va s'écrouler, et on se précipite vers la porte, heureux d'échapper à des odeurs insupportables, à la vue et aux clameurs de ce pandæmonium humain : on se demande après si on n'a pas rêvé.....

Telle est ce peuple étrange, auquel il est cependant permis d'être glorieux et content de son gouvernement et de ses usages, puisque pendant quarante siècles ils ont suffi à son bonheur [1].

[1] Cf. *Description générale de la Chine, Mémoires sur les Chinois*, par les PP. Grosier, Duhalde, Amiot, Cibot, Davis. — *L'Empire chinois*, par le Père Huc. — *Voyage autour du monde*, par Le Gentil. — *France et Chine*, par O. Girard. — *Histoire générale dé la Chine*, par le Père Moyriac de Mailla. — *Lettres édifiantes. Annales de la propagation de la foi.* — *Mémoires sur la Chine*, par le comte d'Escayrac de Lauture. — *Études sur la Chine*, par Maurice Irisson. — *Les Chinois*, par H. de Chavannes de la Giraudière.

CHAPITRE III

LES ARTS, L'INDUSTRIE ET L'AGRICULTURE EN CHINE

La langue chinoise. — La langue parlée et la langue écrite. — Système graphique des Chinois. — La poésie et le roman. — Le théâtre. — Drames et comédies. — Connaissances scientifiques des Chinois. — Les arts en Chine. — La musique, la peinture et la sculpture. — L'industrie chinoise. — Ses produits. — Productions naturelles de la Chine. — L'agriculture. — La fête du printemps. — La cérémonie du labourage. — La fête des moissons. — Cultures particulières et horticulture. — Le commerce. — Conclusion.

La langue chinoise est incontestablement le plus ancien des idiomes connus. Sans analogie appréciable avec aucune autre langue, pas plus avec celles parlées dans l'antiquité que celles usitées dans les temps modernes, elle est aussi extraordinaire que le peuple lui-même qui s'en sert.

Ce qui distingue essentiellement cette langue, c'est l'absence d'un alphabet proprement dit. Les Chinois n'ont pas de lettres, mais ils emploient deux cent quatorze caractères radicaux, autour desquels viennent se grouper un nombre infini de caractères composés. Ces caractères expriment des idées simples ou composées.

On est tout d'abord frappé de la nature elliptique de la langue chinoise, dont les mots, tous monosyllabiques, n'ont aucune terminaison qui indique les genres, les cas, les nombres des substantifs, les voix, les temps et les personnes des verbes ; et cependant cette absence complète de désinences grammaticales est une des moindres difficultés de la langue chinoise.

L'homme courageux qui veut l'étudier a tout à apprendre : possédât-il la connaissance la plus approfondie des langues savantes et parlées de l'Europe, comme il n'existe aucune analogie entre elles et le chinois, il ne peut en aucune façon se guider par l'application des règles fondamentales qui forment, par exemple, la base du grec, du latin et de ses dérivés. Cependant toutes les assertions émises sur les difficultés insurmontables que présentent les caractères chinois, à cause de leur multiplicité et de leur variété, ne sont, d'après certains savants, que des exagérations de l'ignorance.

Les racines ou signes primitifs ne sont qu'au nombre de deux cent quatorze,

LA CHINE. — Une rue de Pékin.

ainsi que nous l'avons dit; on pourrait même, avec un peu d'analyse, les réduire encore. Les racines servent, comme notre alphabet, à la classification des noms dans le grand dictionnaire chinois composé il y a plus de cent ans. Ils sont si méthodiquement rangés, qu'il n'est pas plus difficile d'y trouver n'importe quel mot que dans nos dictionnaires européens.

Comme les deux cent quatorze racines ou caractères radicaux, dont la combinaison avec d'autres caractères forme toute la langue, ne servaient dans l'origine qu'à des usages bornés, ou représentaient simplement les principaux objets de la nature ou les idées primitivement acquises, les Chinois classèrent tous ces radicaux en catégories de genres et d'espèces existant dans la nature, et formèrent par là les éléments d'un systèmes philologique. A mesure que le cercle de leurs connaissances, s'étendit, le besoin de mots nouveaux se faisant sentir; les instituteurs du langage, au lieu de créer de nouveaux caractères, imaginèrent ingénieusement de les exprimer en combinant les symboles élémentaires qu'ils possédaient déjà. Ainsi, par exemple, au nombre des racines se trouve *cheval*, *chien*, *métal*, plus l'addition de quelque autre symbole exprimant une propriété particulière, et servant à désigner les principales espèces comprises sous les principales catégories.

La grammaire chinoise est extrêmement simple. Tous les mots étant invariables et indéclinables, il en résulte que leur position respective établit seule les rapports qu'ils doivent avoir entre eux.

Les Chinois ne connaissent que trois grandes classes de mots : les mots vivants, c'est-à-dire les verbes, qui expriment les actions; les mots morts, c'est-à-dire les substantifs et les adjectifs, les noms et les qualités des choses; les auxiliaires de la parole, c'est-à-dire les particules qui remplacent nos désinences, nos temps, nos modes, nos cas, et qui concourent à établir les rapports des mots entre eux.

Une des particularités qu'offre encore le chinois, c'est que chaque mot chinois peut recevoir cinq espèces d'accents, qui modifient sa prononciation et sa signification. A la lecture il n'y a aucune diffi-

culté, parce qu'on a l'accent devant les yeux et que toute équivoque est impossible. Mais il est aussi difficile à la personne qui parle de donner à sa voix, en prononçant un mot, l'inflexion voulue pour exprimer sa pensée, qu'à la personne qui écoute de saisir la valeur de cette inflexion et par conséquent la pensée de son interlocuteur ; or la moindre erreur de part ou d'autre a pour effet de la dénaturer complétement, car le même mot, qui, prononcé d'une certaine façon, est un compliment, devient une grosse injure avec une intonation différente.

Le premier accent est une prononciation uniforme, sans élever ou abaisser la voix. Le second élève la voix notablement plus haut. Le troisième est très-aigu. Dans le quatrième, de ce ton aigu on descend tout à coup à un ton grave. Dans le cinquième on passe encore à une note plus profonde.

Les caractères écrits de la langue chinoise ne représentent pas des mots, mais des idées; en sorte qu'on peut les comparer aux chiffres arabes, que les Anglais, les Allemands, les Espagnols comprennent tout en les prononçant différemment. C'est ainsi qu'une population de plusieurs centaines de millions d'individus, couvrant une étendue de pays égale à l'Europe, peut, malgré des différences de prononciation, communiquer par écrit.

Il s'ensuit encore que la prononciation, qui finit toujours par modifier plus ou moins la représentation de la pensée elle-même, lorsque cette pensée est exprimée par des mots composés de lettres alphabétiques, comme cela est arrivé pour nos langues anciennes ou modernes, n'a eu aucune influence sur le chinois. La prononciation seule a varié; mais les livres, si vieux qu'ils soient, pour être lus différemment, sont restés parfaitement intelligibles.

Du reste, si dans chaque province de l'empire la prononciation est différente, elle est uniforme pour les classes élevées. C'est cette prononciation que les Européens ont nommée prononciation mandarine, et que tout homme doit apprendre lorsqu'il veut étudier le chinois, parce qu'avec elle il pourra converser ou du moins se faire entendre dans les diverses parties de l'empire.

Enfin, un avantage immense de la langue chinoise, c'est que l'on peut, sans s'occuper le moins du monde de la prononciation, apprendre à lire les ouvrages chinois, c'est-à-dire à lire en français les caractères chinois, ces caractères représentant purement et simplement des idées.

Les Chinois débutèrent dans l'art d'écrire, comme les anciens Égyptiens, par le mode figuratif, mode tout au plus suffisant pour représenter les objets matériels et sensibles, mais impropre à exprimer les opérations de l'esprit et les sentiments de l'âme. La nécessité se fit bientôt sentir de représenter d'une façon quelconque les sons de la langue parlée, qui ne pouvait être figurée. L'élément phonétique s'introduisit de cette manière, par des signes devenus conventionnels, dans l'écriture primitive, qui, sans cesser d'être figurative, acquit cependant un plus haut degré de perfection en devenant idéographique.

Les Chinois sont arrivés de cette manière à former une innombrable multitude de signes, composés le plus souvent arbitrairement, mais qui offrent quelquefois des symboles ingénieux, des définitions vives et pittoresques, des énigmes d'autant plus intéressantes que le mot n'en est pas perdu. Tels qu'ils sont aujourd'hui, les caractères de l'écriture chinoise représentent une figure formée de la combinaison d'un certain nombre de traits, ou droits ou légèrement courbés.

Pour écrire, les Chinois se servent d'un pinceau qu'ils tiennent perpendiculairement au papier. Leurs livres commencent où les nôtres finissent et l'écriture est rangée en colonnes verticales, qui partent du sommet et vont de droite à gauche. Tout le monde connaît ces petits bâtons d'une pâte noire et compacte plus ou moins ornés d'arabesques d'or, et connus sous le nom d'encre de Chine. Lorsqu'un Chinois veut tracer les caractères de sa langue, il prend un de ces bâtons, en trempe le bout dans un peu d'eau, le frotte sur une tablette de marbre ou d'ivoire, et compose ainsi son encre. Cette encre, d'un noir vif et brillant, a la proprété de ne jamais s'étendre au delà de la ligne tracée par le pinceau.

Les habitants du Céleste-Empire attachent une très-grande importance à la calligraphie; tandis que chez nous les gens instruits ont, pendant longtemps, semblé tiré vanité de l'imperfection déplorable de leur écriture, les lettrés chinois s'efforcent de tracer avec sûreté et avec grâce les symboles de la pensée.

On a vu des gens devenir célèbres par le seul fait de leur habileté calligraphique, et une page de leur main être recherchée comme le sont, en Europe, les tableaux des bons peintres.

C'est probablement cet amour pour les caractères qui pousse les Chinois à décorer les vases précieux de sentences dont le seul mérite consiste dans les formes gracieuses des lettres employées pour les exprimer; car les Chinois ont des lettres de prédilection, des lettres qui leur semblent se rapprocher du type de la beauté. Ce sont celles-là qu'ils multiplient le plus possible dans les inscriptions et même dans les billets à leurs amis, afin d'offrir à ceux-ci l'occasion d'exposer aux regards une missive dont l'éxécution matérielle a été soignée.

Le respect des Chinois pour tout ce qui tient de loin ou de près à la littérature est si grand, que jamais on ne les verra employer du papier écrit ou imprimé à faire des enveloppes ou à d'autres usages. Ils évitent même de fouler aux pieds les fragments d'un livre usé. Ils brûlent respectueusement un volume devenu, par sa vétusté ou par une autre cause, impropre à tout service.

On s'accorde à reconnaître dans la langue écrite des Chinois trois sortes de styles: le style antique ou sublime, le style vulgaire, et le style académique. Le style antique ne présente que des formes grammaticales très-rares, qui sont comme la marque distinctive de tous les anciens monuments de la littérature chinoise. Le style vulgaire se fait remarquer par un grand nombre de li-

gatures et par l'emploi des mots composés pour éviter la consonnance des caractères et empêcher toute ambiguïté dans la conversation dont il est l'instrument. On l'emploie aussi pour les lettres particulières, les proclamations destinées à être lues au peuple, et les productions de la littérature légère. Le style académique, moins concis que le style antique et moins prolixe que le style vulgaire, participe de l'un et de l'autre et ne convient qu'à certains sujets particuliers: on l'emploie généralement dans les ouvrages du genre historique, ou qui traitent des matières politiques ou scientifiques.

La littérature chinoise est incontestablement la première de l'Asie, si l'on tient compte du nombre et de l'authenticité de ses monuments. Le seul catalogue de la bibliothèque impériale de Pékin ne contient pas moins de douze mille titres d'ouvrages. En 1773, l'empereur Kian-Long institua une commission chargée de rééditer les principaux livres chinois sur toutes les connaissances humaines. Le travail a marché depuis sans interruption ; en 1818, près de 80,000 volumes avaient déjà paru, et on a calculé qu'il en faudra encore autant pour achever cette immense anthologie.

Les œuvres de la littérature chinoise se classent en quatre grandes divisions, correspondant aux principaux genres littéraires aimés des Chinois. La première comprend les livres sacrés et les livres classiques, la seconde les ouvrages historiques, la troisième les ouvrages spéciaux relatifs aux sciences et aux professions, et la quatrième les œuvres de littérature légère, telles que les poésies, les drames, les comédies, les romans.

Les livres sacrés ou canoniques des Chinois sont connus sous le nom de *King*. Ces antiques monuments, dus à leurs premiers sages, sont les dépositaires des principes fondamentaux des vieilles croyances et des usages des anciens. Rien n'égale le respect avec lequel la Chine entière vénère ces livres précieux, dont l'autorité, consacrée par une longue série de siècles, est regardée comme irréfragable. Nous avons déjà dit l'importance et la faveur dont l'histoire a été dans tous les temps, en Chine, l'objet particulier. C'est par centaines que l'on compte les auteurs qui ont écrit, les uns des chroniques et des mémoires, les autres l'histoire générale de la nation. Le plus renommé entre tous est Sse-ma-Tsien, qui vivait au premier siècle avant notre ère et que tous les lettrés proclament comme le père de l'histoire. Les ouvrages spéciaux relatifs aux sciences et aux professions sont également nombreux; quant aux œuvres de littérature légère, elles remontent à une très-haute antiquité.

Les premières poésies chinoises, d'après l'opinion des lettrés indigènes et des sinologues étrangers, ont été des chansons et des ballades destinées à être chantées avec accompagnement de musique. Les sentiments, lorsqu'ils sont excités, prennent la forme des paroles; lorsque les paroles sont insuffisantes pour les exprimer, les sons ou les signes inarticulés leur succèdent; lorsque ces derniers aussi sont impuissants, alors on a recours à la poésie: telle est, selon les Chinois, l'origine de ce langage divin.

La versification chinoise a des règles infiniment plus sévères et plus compliquées que la versification française. Le vers chinois, par exemple, formé d'un nombre arrêté de cinq ou sept mots monosyllabiques, doit toujours renfermer un sens complet. A cette difficulté, grande déjà, vient s'ajouter celle du système périodique ou retour de certains sons, primitivement limité aux finales, introduit ensuite par les poëtes dans l'intérieur même du vers. Le choix des mots poétiques offre, de son côté, un autre et sérieux embarras. La poésie chinoise n'admet que les expressions les plus énergiques, les plus pittoresques, les plus harmonieuses, et il faut toujours les employer dans le sens que les anciens leur ont donné. C'est là assurément chez un peuple un signe incontestable d'un goût littéraire sévère et délicat, mais on conçoit aussi combien une telle exigence oppose d'entraves au libre essor de l'imagination et doit nuire aux heureuses inspirations d'un talent original.

Les romanciers chinois ne sont soumis à aucune des règles imposées aux poëtes; aussi n'y a-t-il peut-être pas de nation dans le monde chez laquelle on trouve autant de romans qu'en Chine, quoique cependant ce genre de productions y soit en général fort peu estimé. On distingue trois espèces de romans: les romans historiques, les romans mythologiques et les romans de mœurs.

Les romans historiques sont de tous les romans chinois les meilleurs; ils sont généralement écrits avec élévation; le style en est concis, et a le plus grand rapport avec le style historique proprement dit. Les romans mythologiques présentent, à côté de l'exactitude historique, une foule de récits légendaires; le merveilleux s'y mêle au naturel, la féerie à la réalité. Les romans de mœurs offrent les tableaux les plus variés de la société chinoise. C'est pour cette raison, sans doute qu'ils sont, de tous les romans de la Chine, les plus licencieux et les plus abjects. A la vérité, la plupart des écrivains poussent la modestie des expressions jusqu'à l'affectation la plus ridicule; mais il y a aussi un bon nombre d'ouvrages où règne le cynisme le plus révoltant.

Indépendamment des grandes compositions des romanciers, la littérature légère des Chinois est féconde en petits romans, poésies fugitives, récits merveilleux et fantastiques et autres productions éphémères de l'esprit auxquelles une foule de lettrés se plaisent à consacrer leurs faciles pinceaux. Les Chinois possèdent dans l'art de raconter une remarquable facilité qui les fait merveilleusement réussir dans le conte et la nouvelle. On trouve ordinairement dans les morceaux qu'ils produisent en ce genre une multiplicité d'incidents et de détails propres à soutenir l'attention et à donner une connaissance parfaite de la vie privée et des habitudes domestiques dans les conditions inférieures de la société.

Ce qu'il y a de remarquable, c'est que toutes ces œuvres, d'une apparence fu-

tile, ont un but moral et instructif; elles sont remplies de maximes de sagesse et de conseils excellents. Il en est de même des œuvres dramatiques, dont le but, suivant les règlements chinois, est « d'offrir sur la scène des peintures vraies ou supposées des hommes justes et bons, des femmes chastes et des enfants affectueux et obéissants, qui peuvent porter les spectateurs à la pratique de la vertu. »

Les Chinois ne font aucune distinction entre le drame et la comédie; ils n'ont conséquemment point de règles particulières appropriées à ces genres si différents. Toute pièce dramatique débute ordinairement par une sorte de prologue ou d'introduction et se divise en plusieurs parties qui correspondent aux actes de nos pièces de théâtre, avec cette différence que les scènes ne sont point distinguées les unes des autres; on y indique néanmoins par certaines expressions consacrées l'entrée et la sortie de chaque personnage, ainsi que les apartés.

On a dit souvent que les Chinois n'ont point de théâtre public; c'est une erreur. On trouve, dans le nord de la Chine, des édifices consacrés aux exercices de la musique, du chant et de la danse, et qui, durant les jours de spectacle, sont appropriés aux besoins des représentations dramatiques. Il est vrai que dans les provinces du Sud il n'y a point de théâtres permanents ouverts au public; mais le gouvernement, qui ne manque jamais d'encourager les divertissements dramatiques, permet qu'on élève un théâtre dans les rues au moyen de souscriptions recueillies parmi les habitants. On construit alors, dit un voyageur, un théâtre public dans une couple d'heures. Quelques bambous pour supporter un toit de nattes, quelques planches posées sur des tréteaux et élevées de six à sept mètres au-dessus du sol, quelques pièces de coton peintes, pour fermer trois des côtés de la place destinée à la scène, en laissant entièrement ouverte la partie qui fait face au spectateur, suffisent pour dresser et construire un théâtre chinois.

Indépendamment de ces théâtres temporaires, il existe encore dans les maisons des riches et dans les hôtels particuliers des salles de spectacle où les comédiens ambulants jouent des pièces de théâtre. La scène y est de plain-pied et occupe un grand espace vide que laissent les tables rangées sur deux files. On couvre seulement le pavé de la salle d'un tapis, et, pour coulisses, les acteurs font usage de quelques chambres voisines, d'où ils sortent pour jouer leurs rôles. Il y a ordinairement plus de spectateurs qu'on n'a rassemblé de convives; l'usage est, en effet, de laisser entrer un certain nombre de personnes qui, placées dans la cour, jouissent aussi du spectacle qu'on n'a point préparé pour elles.

De même que les acteurs n'étaient réputés infâmes, à Rome, que par le vice de leur naissance et non pas à cause de leur profession, de même, chez les Chinois, les comédiens ne jouissent ni du respect ni de l'estime de leurs compatriotes, parce que les directeurs, au mépris d'un statut formel du code pénal, achètent ordinairement des enfants d'esclaves, qu'ils élèvent pour faire des acteurs, et qui sont, par cette raison, classés hors des rangs de la société. Une compagnie de comédiens est, pour l'ordinaire, composée de huit à dix personnes, qui sont à la lettre les esclaves du maître ou directeur.

À l'exception de la capitale et de quelques grandes villes, les comédiens chinois sont ambulants, courent les provinces et vont jouer dans les maisons particulières, où on les appelle lorsqu'on veut joindre les amusements de la comédie aux délices d'un festin. Au moment où l'on se met à table, on voit entrer dans la salle quatre à cinq acteurs richement vêtus; ils s'inclinent tous ensemble, et si profondément, que leur front touche quatre fois la terre; ensuite, l'un d'eux présente au principal convive un livre dans lequel sont inscrits, en lettres dorées, les noms de cinquante ou soixante comédies, qu'ils savent par cœur et qu'ils sont en état de représenter sur-le-champ. Le principal convive ne désigne celle qu'il adopte qu'après avoir fait circuler cette liste, qui lui est renvoyée en dernier ressort.

La représentation commence au bruit des tambours de peau de buffle, des flûtes, des fifres et des trompettes. Chaque personnage, lorsqu'il paraît sur la scène, commence toujours par se faire connaître aux spectateurs; il leur apprend quel est son nom et le rôle qu'il va jouer dans la pièce. Le même acteur représente souvent plusieurs rôles dans la même pièce. Telle comédie, par exemple, sera jouée par cinq acteurs, quoiqu'elle contienne et fasse successivement paraître dix ou douze personnages qui parlent.

Ce n'était pas assez pour les Chinois

d'avoir établi l'utilité morale comme but des représentations dramatiques, il fallait encore qu'ils imaginassent un moyen d'atteindre ce but ; de là le rôle du personnage qui chante, admirable conception de l'esprit, caractère essentiel qui distingue le théâtre chinois de tous les théâtres connus. Le personnage qui chante est le héros de la pièce ; toutes les fois que les événements surviennent, que les catastrophes éclatent, il reste sur la scène pour émouvoir douloureusement les spectateurs et leur arracher des larmes.

Les Chinois ont compris depuis longtemps les hautes fonctions expressives et moralisatrices de la musique. Ils vont plus loin : ils la regardent comme la science des sciences ; car elle peut à elle seule expliquer toutes les autres qui naissent d'elle ou, tout au moins, se rapportent à elle. Aux temps historiques, Confucius jugeait de la moralité d'une province chinoise par l'état où se trouvait la musique dans cette même province. Quand on a lu toutes ces belles choses sur la musique dans les livres chinois, et qu'on entend n'importe quel excellent orchestre de l'Empire du Milieu, on se demande si la plus affreuse décadence n'a pas affligé ce bel art. En écoutant tous ces unissons, toutes ces octaves, on voudrait pouvoir se dire, fût-ce seulement en faveur de la légende, que les anciens Chinois connaissaient l'harmonie ou l'art de faire entendre simultanément plusieurs mélodies concordantes, se pénétrant sans se confondre et concourant à la production du même effet sur les oreilles et sur l'âme de l'auditeur. Mais

il n'en est rien ; et le Père Amiot, qui a déchiffré un grand nombre d'ouvrages chinois sur la musique, déclare qu'on n'y trouve rien qui ressemble à la connaissance de l'harmonie. Les instruments de musique chinois sont très-variés ; ils sont à cordes ou à percussion. Quelques-uns d'entre eux ont assez de rapport avec nos hautbois, nos violons, nos flûtes ; il en est d'autres de formes tellement bizarres qu'il serait difficile de les décrire.

La peinture et la sculpture, dans leur état actuel, en Chine, laissent, ainsi que la musique, beaucoup à désirer. Dans les œuvres de peinture, le dessin est généralement incorrect, l'entente de la perspective et du clair-obscur nulle, et la connaissance des belles proportions humaines absente. Les œuvres de sculpture, que devraient toujours distinguer l'élégance et la correction des formes, pèchent, de leur côté, par les défauts tout contraires. On y remarque pourtant quelquefois des détails d'une rare perfection, tout comme on est frappé, à la vue de certains tableaux, de la beauté des couleurs et de l'habile entente de leur application.

Si l'on compare l'état actuel des sciences en Chine aux immenses développements qu'elles ont atteints à l'heure présente chez les peuples occidentaux, l'infériorité des Chinois sous ce rapport est encore plus évidente. Pour nous avoir précédés dans certaines connaissances scientifiques et fait avant nous d'importantes découvertes, la Chine n'en est pas moins demeurée cependant de beaucoup en arrière, et ne semble pas devoir, selon toutes les apparences, progresser dans la voie des sciences, autrement que par le contact des Européens.

Les causes principales de la stagnation séculaire dans laquelle sont restés les Chinois, doivent être recherchées bien moins dans leur manque d'aptitude que dans l'imperfection de leur langue et dans le fond même de leur caractère. Toute science a pour instrument indispensable une langue bien faite ; or, avant toute langue scientifique il y a la langue usuelle, l'instrument habituel des opérations de l'esprit. Si, par des vices radicaux de son organisation, cette forme de la pensée ne correspond pas rigoureusement au fond qu'elle enveloppe, il s'ensuit, en matière d'exactitude logique, une foule d'inconvénients. D'un autre côté, le Chinois, toujours avare de son temps et de son travail, semble porter cet esprit d'épargne jusque dans ses études mêmes, dès qu'il n'en voit pas immédiatement le côté usuel et pratique ; et quelque attrayante que soit la théorie, si elle ne se rapporte pas immédiatement aux besoins et aux aisances de la vie, elle n'aura jamais pour lui rien qui pique et puisse émouvoir son indifférence. De là, sans aucun doute, cette longue et perpétuelle enfance qui a condamné les sciences en Chine à rester sans fin à l'état élémentaire.

Malgré cela, il est juste néanmoins de reconnaître que, si les Chinois n'ont aucun système scientifique digne de ce nom, s'ils manquent de théories et de vues générales, s'ils n'ont découvert aucun de ces principes larges et féconds d'où découlent une foule de corollaires lumineux, ils ont conquis, on ne sait comment, une multitude de recettes industrielles, qui ne peuvent être que le résultat d'expériences et de tâtonnements empyriques poursuivis avec une patience à toute épreuve pendant des centaines d'années. Il existe, en effet, en Chine quelques industries dont l'origine se perd dans la nuit des temps. Ainsi, d'après M. Stanislas Julien, l'art d'élever les vers à soie, la culture du mûrier et la fabrication des étoffes remontent chez les Chinois au vingt-sixième siècle avant notre ère. La polarité de l'aimant, suivant M. Abel Rémusat, avait été remarquée par eux, quoiqu'ils n'en eussent pas tiré parti pour les usages de la navigation, et, suivant M. Klaproth, les Chinois inventèrent la boussole pour les voyages de terre et de mer mille ans avant Jésus-Christ. Les indications fournies par le *Chi-King*, le plus beau et le plus ancien monument, comme tableau de mœurs, que l'Asie orientale nous ait transmis, montrent que, six cents ans avant notre ère, l'or, l'argent, le fer, le plomb, le cuivre, étaient connus des Chinois. Plusieurs odes mentionnent l'art de tailler et de polir les pierres précieuses. On trouve dans le musée impérial de Pékin des objets d'art, et particulièrement des vases, qui datent de plus de trois mille ans et qui, suivant certains voyageurs, peuvent rivaliser avec ce que la Grèce et l'Étrurie nous ont laissé de plus beau en ce genre. On peut donc affirmer avec raison que de tout temps les Chinois ont su travailler les métaux, faire des instruments de musique, tailler les pierres dures. C'est de la Chine que nous est venu, dans le dix-huitième siècle, l'art de fabriquer la porcelaine. Quatre cents ans avant notre ère, les Chinois connaissaient les propriétés de la poudre à canon ; au sixième siècle de notre ère ils possédaient l'imprimerie avec des planches de bois gravées. Enfin, dit M. Abel Rémusat, ils excellent dans la broderie, la teinture, les ouvrages de vernis. On n'imite qu'imparfaitement en Europe certaines productions de leur industrie, leurs couleurs vives et inaltérables, leur papier à la fois solide et fin, leur encre et une infinité d'autres objets qui exigent de la patience, du soin et de la dextérité.

Un autre art où excellent les Chinois, c'est celui de la culture de la terre. Les voyageurs et les missionnaires qui ont parcouru le Céleste-Empire s'accordent à faire le tableau le plus séduisant de l'aspect que présentent les campagnes. Point de ces landes arides qu'on rencontre si souvent dans nos plus fertiles provinces ; point de friches, pas un coin de terre oublié : la culture a tout envahi, quelquefois même jusqu'à la surface des rivières, qu'en certains endroits elle couvre de jardins flottants. Partout aussi se presse une population industrieuse, principalement adonnée aux travaux agricoles. Si le travail et la production pouvaient à eux seuls constituer la prospérité réelle d'un peuple, la Chine devrait occuper le premier rang dans la hiérarchie des nations civilisées ; car l'excessif développement de la culture semble y avoir atteint sa dernière limite. Malheureusement pour les Chinois, ces grands résultats sont dus à leur état permanent de gêne et de souffrance,

et ce que nous admirons surtout chez eux, ce sont les efforts continuels d'une population exubérante qui doit arracher sa subsistance au sol ; efforts sans lesquels la disette, avec son hideux cortége de troubles et de maladies, viendrait fondre sur le pays.

En Chine, les fermes sont, en général, très-petites, et chaque famille, soit tenancière, soit propriétaire, ne fait valoir que la portion de terre qu'elle peut cultiver elle-même sans le secours de journaliers. Ce système, excellent dans un pays très-peuplé, fait naturellement éclore des méthodes simples, expéditives, économiques. Chacun travaille avec ardeur, avec soin, comme ne travaillent presque jamais des salariés. D'un autre côté, les Chinois, patients, adroits, industrieux, ont successivement découvert une foule d'outils et de mécaniques, pour s'aider, dans les plus rudes travaux, de toute les forces naturelles à leur portée. Partout dans les campagnes, il existe une multitude d'appareils ordinairement construits en bambou, et dont l'utilité et la simplicité sont également admirables. Les moteurs animés, tels que chevaux, buffles et dromadaires, sont très-rarement employés par les cultivateurs chinois, et c'est un des caractères les plus distinctifs de leur agriculture de ne point entretenir d'animaux domestiques ; le porc seul fait exception à cette règle. L'élève du bétail est une industrie spéciale reléguée dans les cantons offrant des pacages non cultivables. Un fermier interrogé à ce sujet répondit qu'il ne comprenait pas pourquoi il ferait manger son bien par des animaux dont, avec son intelligence et ses bras, il pouvait facilement se passer. Il est indubitable que si les Chinois possédaient et employaient, proportion gardée, autant de gros animaux que nous, leur territoire ne suffirait pas à l'alimentation de ses habitants. Des calculs rigoureusement établis démontrent que la quantité de terre nécessaire pour produire la masse de nourriture consommée par un cheval pendant une année peut assurer l'existence d'une famille composée de dix individus.

Quoique le blé croisse abondamment dans plusieurs régions de l'empire, c'est le riz qui constitue la nourriture des Chinois et qui est l'objet principal de leurs soins agricoles. Cette plante, comme on sait, ne peut se développer qu'autant qu'elle végète dans un terrain inondé ; l'inondation est donc d'une nécessité absolue. Les procédés pour la culture du riz sont les mêmes que ceux des Japonais. Les Chinois possèdent les meilleures vignes du monde, mais il ne font pas de vin ; ils en faisaient autrefois et ils en abusaient, paraît-il ; ils en abusèrent tant, qu'il se trouva des empereurs pour en défendre la fabrication dans toute l'étendue du pays. Il y en eut même qui firent arracher les vignes et qui déclarèrent que ces plantes dangereuses encombraient des terrains qui, ensemencés, pouvaient produire de riches moissons. Aujourd'hui les Chinois, en guise de consolation, mangent avec délices les produits des belles treilles qui leur restent ; ils font même sécher une bonne partie de leurs raisins, dont s'em-

pare le commerce. Il est une chose que tout le monde sait, c'est l'importance que possède en Chine, depuis longtemps, la culture du thé ; cela s'explique aisément par une consommation générale et de tous les instants du jour, dans toutes les parties du pays, et par une exportation qui prend chaque année de plus vastes proportions. Outre les céréales, la Chine produit abondamment la plus grande partie des arbres, des fruits et des légumes répandus sur la surface du globe. Les montagnes sont couvertes de pins, de frênes, de mélèzes, d'ormeaux, de cèdres. Toute la famille des palmiers végète dans les provinces méridionales, Si le chêne manque, il est remplacé par le bois de fer, dont la dureté est excessive, et par le bambou, le plus commun et le plus utile de tous les grands végétaux de la Chine.

Les Chinois qui, comme nous l'avons vu, attachent une médiocre importance aux animaux domestiques, ne paraissent pas avoir sérieusement songé à améliorer leurs races. Les buffles, les taureaux, les vaches, les brebis, les chèvres, sont médiocres et d'assez triste apparence ; les chevaux, généralement fort doux, n'ont aucune qualité. Seuls, les porcs constituent une espèce excellente. Généralement, on peut dire de la Chine que c'est un pays très-giboyeux ; les daims, les cerfs, les chevreuils abondent dans la plupart des provinces. Les fleuves, les lacs, les rivières et les canaux sont également peuplés d'une multitude de poissons. Cette abondance est le résultat de mesures préservatrices prises depuis un temps immémorial par le gouvernement. Les œufs de poissons sont partout recueillis avec le plus grand soin et placés dans des réservoirs, d'où sortent chaque année des myriades de poissons de toutes les espèces qui comblent chaque année les vides faits par la pêche.

Les Chinois ont naturellement institué des fêtes en l'honneur de l'agriculture ; les principales sont la fête du Printemps, la fête du Labourage et la fête des Moissons.

La fête du Printemps se célèbre dans les premiers jours de février. Le premier magistrat de chaque département sort le matin de son palais ; il est couronné de fleurs, porté dans sa chaise au bruit de divers instruments et précédé d'une troupe nombreuse. Sa chaise est entourée de plusieurs brancards ornés de riches tapis de soie, sur lesquels sont placées des figures qui représentent des personnages mythologiques. Toutes les rues sont tapissées et garnies de lanternes, et l'on y élève d'espace en espace des arcs de triomphe. On promène dans cette cérémonie un grand buffle de terre cuite et dont les cornes sont dorées : quarante hommes ont quelquefois beaucoup de peine à le porter. Un enfant le suit, ayant un pied chaussé et l'autre nu : on le nomme l'esprit du travail et de la diligence ; il frappe sans cesse avec une verge ce simulacre de buffle, comme pour le faire avancer. Il est suivi de tous les laboureurs armés de leurs instruments aratoires. Des masques, des comédiens ferment la marche et donnent au peuple des spectacles plus ou moins grotesques. Le gouverneur s'avance vers la porte orientale de la ville, comme s'il voulait aller à la rencontre du printemps, et de là il retourne à son palais dans le même ordre. Lorsqu'il y est arrivé, on dépouille le buffle de tous ses ornements ; on tire de son ventre un nombre prodigieux de petits buffles d'argile, et on les distribue à tout le peuple. On met en pièces le grand buffle, et les morceaux en sont également distribués. Le gouverneur termine la cérémonie par un discours à la louange de l'agriculture et par une exhortation.

La fête du Labourage a lieu vers le milieu du mois d'avril. L'empereur, après avoir jeûné trois jours, sacrifie au Chang-Ti, en le suppliant d'accorder à son peuple une heureuse année, et trace lui-même trois sillons. Pour montrer plus de respect et de vénération dans cette cérémonie, disent les statuts, la charrue dont se sert l'empereur est peinte en jaune, couleur impériale, et le fouet est de soie couleur jaune. Le coffre à semence est de couleur verte. Suivent la charrue : trois princes impériaux et neuf grands dignitaires, avec chacun une charrue peinte en rouge et un fouet de soie de couleur rouge. La charrue dont se sert l'empereur est attelée d'un bœuf également couleur jaune ; les charrues qui suivent sont traînées chacune par un bœuf de couleur noire. De vieux et honorables laboureurs sont convoqués à cette cérémonie, au nombre de trente-cinq, pour y prendre part, et d'autres laboureurs, au nombre de quarante-deux, sont chargés de diriger et d'accomplir ponctuellement la cérémonie du labourage. Lorsque l'empereur s'approche de la charrue pour labourer la terre, le maire de Pékin lui présente le fouet ou l'aiguillon, et l'accompagne jusqu'au bout du champ. La cérémonie finie, le même magistrat, à la tête des employés placés sous ses ordres, accompagné des vieillards et autres laboureurs, se range en ordre devant la « Tour de la contemplation du labourage, » sur le côté occidental et la face tournée vers le nord. A la voix du maître de cérémonie, l'assistance se prosterne neuf fois. La cérémonie finie et les rites accomplis, les vieillards et les autres laboureurs continuent de labourer le champ commencé. Ce champ sera, à partir de la germination des grains jusqu'à la maturité de la récolte, l'objet des plus grands soins et des plus attentives observations, car selon que la semence impériale prospère ou trompe les espérances, il sera pronostiqué de l'abondance ou de la pauvreté des moissons à venir pour tout l'empire. Le blé qu'on recueille de ce champ est respectueusement déposé dans un grenier sacré et réservé pour les sacrifices de l'année suivante.

La fête des Moissons est célébrée au commencement du mois de septembre. Elle a lieu après toutes les récoltes, et a été instituée pour célébrer, par des actions de grâces et des réjouissances publiques, la constante fécondité de la terre et la fin des travaux de l'année. Cette fête dure plus de quinze jours, pendant lesquels on fréquente les temples et l'on mêle à la joie des festins l'amusement qu'offrent de toutes parts des représentations de comédies. Dans toutes les villes, et de distance en distance dans les campagnes, surtout dans le voisinage des temples importants, sont des théâtres en plein air, fixes et solidement construits. Tous les chemins sont alors couverts d'une foule d'habitants des campagnes qui sortent de leurs villages pour assister aux représentations.

Les Chinois ne sont pas seulement d'excellents agriculteurs, ils sont encore passés maîtres dans la science du jardinage, et possèdent même certaines pratiques, certains secrets, pour mieux dire. que nous aurions tout intérêt à leur emprunter. Nulle part au monde on ne cultive mieux les plantes potagères qu'en Chine, comme nulle part aussi on n'en cultive un plus grand nombre d'espèces. Ici se montre dans tout son jour l'adresse du jardinier chinois qui, sur une parcelle de terre où chez nous un homme vivrait à peine, trouve le moyen de se nourrir avec sa famille, et quelquefois de s'enrichir par la vente des produits de quatre ou cinq récoltes annuelles. On pourrait dire d'une manière générale, pour caractériser le jardinage en Chine, qu'il vise à surmonter les difficultés, ou, si l'on veut, à faire des tours de force, ce qui est du reste tout à fait en harmonie avec le goût des Chinois. Remarquons encore que si chez nous on aime les fleurs, en Chine on se passionne pour elles. Ce qui nous plaît dans un jardin, c'est la variété du coup d'œil, la richesse des couleurs, la beauté ou la rareté des espèces; pour les Chinois, chaque plante est l'objet d'un culte véritable, d'une espèce d'amour mystique, qui inspire à lui seul une grande partie de leurs poésies. Dans les romans, dans l'histoire, jusque dans les habitudes de leur vie privée, on trouve des exemples de cet amour naïf et passionné. De graves magistrats s'invitent mutuellement à venir admirer leurs pivoines et leurs chrysanthèmes. Il est même question, dans les monuments de la littérature chinoise, d'une sorte d'extase, que nos mœurs ne permettent guère de comprendre, et qui consiste à s'enivrer de la vue des plantes en cherchant à saisir, par une attention continue, les progrès de leur développement. Cette passion s'explique, du reste, chez un peuple étranger à toutes les préoccupations de la politique, et qui, placé comme un voyageur sur une route unie, entre un passé sans bornes et un horizon dont il n'aperçoit pas les limites, s'abandonne tout entier à la contemplation des objets qui l'entourent, en y mettant tout ce que son âme et son imagination peuvent avoir de forces vives et de poésie.

On ne s'étonnera donc pas si les Chinois excellent dans l'art d'embellir les espèces rustiques, d'en faire doubler les fleurs, d'en modifier les couleurs et la forme primitives, tout comme d'en hâter la floraison; c'est ainsi qu'ils en sont venus tantôt à donner à des espèces naines un développement considérable, tantôt à réduire aux plus chétives proportions des arbres ordinairement de grande taille.

Quand l'industrie et l'agriculture ont créé la richesse, le commerce la distribue et l'échange contre toute espèce de valeurs. A ce titre, la Chine semblerait devoir occuper, sous le rapport des opérations commerciales tant extérieures qu'intérieures, un des premiers rangs parmi les nations adonnées au négoce; mais la loi des échanges suppose la loi de l'équilibre, et celle-ci se base sur la juste proportion qui doit s'établir entre la consommation et la production; il faut donc, pour que le commerce d'une contrée acquière ses plus larges développements, que la nécessité de consommer soit au niveau de la faculté de produire. Or la Chine a besoin de vendre et non d'acheter; elle a, en effet, chez elle le nécessaire et l'utile, sans parler des objets de luxe et de fantaisie que son industrie nationale, mieux que le commerce étranger, lui fournit conformes au goût de ses habitants; d'où il résulte forcément que le commerce chinois, trouvant à l'intérieur de l'empire les éléments d'une prodigieuse activité, se réduit, quant au commerce extérieur, à des proportions relativement minimes. L'historique du commerce étranger avec la Chine est facile à faire. Jusqu'à la fin du dix-huitième siècle, l'Europe n'envoyait en Chine que son argent pour être échangé contre du thé; elle a commencé au dix-neuvième siècle à importer des cotonnades, des draps, des métaux travaillés. L'Inde anglaise y porte ses épices, du camphre, de l'ivoire et malheureusement une immense quantité d'opium pour lequel les Chinois se sont passionnés. D'après les derniers documents statistiques, la Chine livre au commerce étranger une valeur de deux cents millions environ, en échange de deux cent soixante millions de produits bruts ou manufacturés que lui versent l'Inde et l'Occident[1].

[1] Cf. *La Chine moderne*, par Bazin. — *Nouveaux*

L'empire chinois, tel que nous venons de le décrire dans ses traits les plus essentiels, a paru jusqu'à ce jour défier l'action du temps, et on peut dire que ce vieil édifice social conserve présentement encore toute son antique et surprenante physionomie. Mais, à vrai dire, cet état présent apparaît déjà presque comme le passé, car les temps actuels ont des signes annonçant que tous les vieux peuples de l'Orient, demeurés si longtemps stationnaires, sont appelés à sortir de leur séculaire isolement. Il n'y a point de progrès pour les nations qui s'isolent du mouvement général; il arrive un moment où les forces et les richesses qu'elles ont tirées de leur propre fonds s'épuisent et s'arrêtent. C'est ce qui est advenu à la Chine. Pendant ce temps, les nations européennes se fortifiaient par la science et par les armes, elles s'é-

Mélanges asiatiques, par Abel Rémusat. — *Description de la Chine,* tome V, par le Père Grosier. — *Études sur la Chine contemporaine,* par Maurice Irisson.

tendaient par le commerce, et peu à peu, franchissant les plus longues distances, elles se présentaient au seuil de la Chine, non plus seulement avec l'Évangile aux mains de quelques pauvres missionnaires, mais avec toutes les puissances de la civilisation, avec les prières et les menaces de leur intérêt commercial. La Chine n'a pu résister à ce contact, qui, au lieu d'aboutir à une fusion politique, devait être fatalement un choc.

Le jour où des idées nouvelles, des habitants nouveaux ont forcé la porte de l'édifice, celui-ci a commencé à crouler; l'air pénétrant du dehors a été trop vif pour une constitution affaiblie par l'âge et l'immobilité; le souffle étranger a soulevé cette vieille poussière. Jamais l'histoire n'a démontré par un exemple plus saisissant qu'il n'est permis à aucune société de se soustraire à la loi de la solidarité humaine : aux nations, comme aux individus, il est interdit de vivre seules.

FIN

TABLE DES MATIÈRES

TABLE DES ILLUSTRATIONS

LE JAPON

LES VILLES DISPARUES

L'INDE

LA CHINE

Paris. — Typ. de Rouge, Dunon et Fresné, rue du Four-St-Germ., 43.